国家社科基金
后期资助项目
GUOJIA SHEKE JIJIN HOUQI ZIZHU XIANGMU

银行资产负债管理优化模型与应用

Optimization Models and Applications of Bank Asset-Liability Management

周 颖 著

科学出版社
北 京

内 容 简 介

资产负债管理是商业银行重要的风险管理工具。当前，外部经济环境下行、同业竞争压力增大使得商业银行资产负债管理的转型势在必行。本书探讨了如何实现资产负债在数量结构和利率结构方面相匹配的方法，为实现银行安全性、流动性和营利性的统一提供计划与决策工具。第一篇介绍了银行资产负债管理的研究背景与意义、研究现状及优化原理，第二至五篇从增量角度延伸到增量和存量角度对全资产组合进行信用风险、利率风险及联合风险的控制和调整。各篇章详尽地给出各模型的建模思路、建模原理及应用实例，极具实用性、可检验性和可推广性。

本书可供金融类和银行管理类等专业的高校师生、金融机构的资产负债管理部门人员和银行监管部门管理人员阅读参考。

图书在版编目（CIP）数据

银行资产负债管理优化模型与应用/周颖著. —北京：科学出版社，
2023.2
　 ISBN 978-7-03-074686-3

　Ⅰ.①银…　Ⅱ.①周…　Ⅲ.①商业银行-资产负债结构-资产管理
-研究　Ⅳ.①F830.56

　中国版本图书馆 CIP 数据核字（2023）第 014653 号

责任编辑：郝　悦 / 责任校对：张亚丹
责任印制：张　伟 / 封面设计：有道设计

科 学 出 版 社 出版
北京东黄城根北街 16 号
邮政编码：100717
http://www.sciencep.com

北京中石油彩色印刷有限责任公司 印刷
科学出版社发行　各地新华书店经销
*

2023 年 2 月第 一 版　开本：720×1000　B5
2023 年 2 月第一次印刷　印张：22 1/2
字数：390 000

定价：198.00 元
（如有印装质量问题，我社负责调换）

国家社科基金后期资助项目
出版说明

后期资助项目是国家社科基金设立的一类重要项目，旨在鼓励广大社科研究者潜心治学，支持基础研究多出优秀成果。它是经过严格评审，从接近完成的科研成果中遴选立项的。为扩大后期资助项目的影响，更好地推动学术发展，促进成果转化，全国哲学社会科学工作办公室按照"统一设计、统一标识、统一版式、形成系列"的总体要求，组织出版国家社科基金后期资助项目成果。

全国哲学社会科学工作办公室

序

资产负债管理（asset and liability management，ALM）是指在一定的负债总量和结构的前提下，通过合理地调整资产负债总量上平衡、结构上对称、质量上优化，实现商业银行经营的流动性、安全性和营利性的目标。

由于商业银行的自有资本很少，故银行的资产主要是由负债形成的。因此，资产负债管理水平的高低决定银行是否能够控制风险，并实现价值创造。有研究表明：银行危机的实质是资产配置的失误。因此，资产负债管理理论与模型方法在商业银行管理中有着极其重要的地位和作用。

本书分为五篇14章，共包含11个适用于不同条件的资产负债管理模型。各个部分的内容层层递进，独成一体。该书由前后几个国家自然科学基金项目和国家社会科学基金项目的研究成果汇集而成，可以称得上是厚积薄发之作，反映了作者严谨的治学态度、深厚的理论功底和纯熟的数理技术。

阅读全书，可以发现至少五个方面的特色。

（1）风险种类控制的特色在于既包括第二篇第 4~6 章的信用风险控制，又包括第三篇第 7~8 章的利率风险控制，还包括第四篇第 9~10 章的联合风险控制。

（2）风险控制范围的特色在于既涵盖众多篇章的增量资产组合风险控制，又涵盖第五篇第 11~14 章的基于增量与存量的全资产风险控制与调整。

（3）优化方法上的特色在于既包括静态优化方法又包括动态优化方法。

（4）通俗性特色在于详尽地给出了各种不同种类模型的建模思路、建模原理、资产负债管理的优化配置模型和应用实例。

（5）实用性特色在于通过银行实践的资产负债管理实例，详尽地描述了各个不同参数的来龙去脉和算法，对银行实践中的资产负债管理具有可检验性、可复制性和可推广性。

《银行资产负债管理优化模型与应用》一书在银行资产组合的最优配置、资产与负债的数量结构匹配和利率期限结构匹配、资产增量组合与存量组合整体风险的调整与控制等方面，均进行了富有成效的探索，取得了一批有深度和广度的成果。

　　希望该书的出版不仅能推动在资产负债管理领域的科学研究，而且能对商业银行的资产负债管理实践发挥重要作用。

迟国泰

2020 年 1 月

前　言

ALM 是商业银行为规避各种风险，增强流动性及提升其市值，基于监管法规、市场等约束条件，考虑不同目标对银行资产负债所有项目的动态计划，是银行重要的风险管理工具之一。

由于金融机构的资产为各种放款及投资，而负债主要为各种存款、费用收入，或投资人委托的资金。因此，资产负债管理的目的，即在于使银行以有限的资金，在兼顾安全性（safety）、流动性（liquidity）、获利性（profitability）及分散性（diversification）的情况下，进行最适当的资产与负债的分配（asset allocation）。

资产负债管理起源于 20 世纪 60 年代的美国，最初是针对利率风险而发展起来的。美国在放松利率管制前，金融产品或负债的市场价值波动不大，但随着 1979 年美国对利率管制放松以后，金融资产负债就有了较大的波动，导致投资机构做决策的同时考虑资产和负债。尽管 ALM 最初是为了管理利率风险而产生的，随着 ALM 方法的发展，非利率风险，如市场风险等也被纳入 ALM 中，使 ALM 成为金融机构管理风险的重要工具之一。目前，无论是投资者还是监管机构都对 ALM 方法的适用性给予了足够的重视。

本书分为五篇 14 章，共包含 11 个适用于不同条件的资产负债管理模型。

第一篇为银行资产负债管理优化模型与应用概述，包含第 1 章的绪论、第 2 章的银行资产负债管理的研究现状和第 3 章的银行资产负债管理优化原理。

第二篇为基于信用风险控制的银行资产组合优化模型，包含第 4 章的基于 Copula 尾部风险控制的行业贷款配置模型、第 5 章的基于非预期损失控制的银行贷款组合优化模型、第 6 章的基于非预期损失非线性叠加的增量贷款组合优化模型。

第三篇为基于利率风险控制的资产负债管理优化模型，包含第 7 章的基于"四维久期"利率风险免疫的资产负债组合优化模型和第 8 章的基于动态利率风险免疫的银行资产负债优化模型。

第四篇为基于联合风险控制资产负债管理优化模型，包含第 9 章的基于违约强度信用久期的资产负债优化模型和第 10 章的基于层次算法多组最优解的银行资产负债多目标规划模型。

第五篇为基于增量与存量的全资产负债管理优化模型，包括第 11 章的基于总体信用风险迁移的贷款组合优化模型、第 12 章的基于半绝对偏差的全部贷款组合区间优化模型、第 13 章的基于随机久期利率免疫的银行全资产负债优化模型、第 14 章的基于随机久期缺口控制的全资产负债优化模型。

本书内容的具体创新与特色如下。

（1）基于 Copula 尾部风险控制的行业贷款配置模型的创新与特色在于通过建立不同行业的尾部相关系数与尾部风险价值的函数关系，建立了基于极端风险控制的行业贷款配置模型；改进了经典均值方差模型由于使用 Pearson 线性相关系数导致的无法度量尾部极端风险的弊端；建立了基于 t 分布的风险值（value at risk，VaR）约束，提高了 VaR 约束与"尖峰厚尾"特征的契合度，增强了 VaR 约束控制尾部极端风险的能力；解决了 VaR 约束的正态性假设与"尖峰厚尾"特征不一致的弊端。

（2）基于非预期损失控制的银行贷款组合优化模型的创新与特色在于通过构建资产组合的非预期损失与国内生产总值和贷款健康状态的离散函数关系，确定了条件风险价值 CVaR 的函数表达式，解决了银行资产组合的非预期损失的控制问题。通过蒙特卡罗法（Monte Carlo method）模拟得到资产组合的非预期损失分布，改变了银行由于贷款损失的历史数据严重缺失，而无法有效地估测和控制未来资产组合非预期损失的不足；通过信用等级迁移矩阵将信用等级变化产生的风险纳入风险度量体系中，从而在总体上对信用风险的不确定性有了较可靠的把握。完善了仅考虑贷款违约风险而忽略信用等级变化风险的不足；以银行资产组合的经济增加值最大化为目标函数来追求风险调整后的资本回报最大化，完善了以组合收益率最大化为目标的资产配置优化忽略资产组合的预期风险和资本占用因素的不足；利用条件风险价值 CVaR 来度量资产组合的风险，对可能发生的尾部极端损失进行约束，弥补了 VaR 无法反映尾部损失信息、不满足次可加性的缺陷；CVaR 约束降低了银行发生灾难性损失的可能性。

（3）基于非预期损失非线性叠加的增量贷款组合优化模型的创新与特色在于通过先计算既有存量又有增量贷款的这类客户的非预期损失后，再与其他仅有存量贷款客户和仅有增量贷款客户的非预期损失建立非线性函数关系，得到全部贷款的非预期损失，改变了计算非预期损失时仅立足于增量贷款而忽略了存量贷款非预期损失的弊端；以"存量+增量"全部贷款的风险调整资本收益率（risk adjusted return on capital，RAROC）最大为目标函数，确保了银行"存量+增量"全部贷款的调整资本收益率最大的同时，非预期风险最小，改变了贷款配置时仅立足于增量贷款，而忽略存量贷款的弊端；以"存量+增量"全部贷款的经济资本小于等于银行经济资本限额为主要约束来控制银行整体风险可承受能力，改变了现有研究忽略全部贷款经济资本控制的弊端。

（4）基于"四维久期"利率风险免疫的资产负债组合优化模型的创新与特色在于将反映收益率曲线水平因子、斜率因子、曲率因子、峰度因子四个维度变化的 Svensson 模型参数引入经典的 Nelson-Siegel 久期模型，建立起"四维久期"模型，从四个维度更加准确地衡量利率风险。不但可以反映 Nelson-Siegel 久期的水平因子、斜率因子、曲率因子，而且还反映了峰度因子；以"四维久期"的利率风险免疫条件为约束，以商业银行利息收益最大为目标函数建立控制利率非移动风险的资产负债组合优化模型，确保在利率发生变化时银行的净资产不受损失。

（5）基于动态利率风险免疫的银行资产负债优化模型的创新与特色在于通过引进随时间变化的动态利率久期参数构造利率风险控制条件，建立了控制利率风险的资产负债优化模型。改变了现有研究忽略利率动态变化，进而忽略平均久期动态变化的弊端。事实上，利率的动态变化必然会引起平均久期的变动，忽略利率变动的控制条件是无法高精度地控制资产配置的利率风险的；通过以银行资产收益最大化为目标函数，以动态利率久期缺口免疫为主要约束条件，辅以监管的流动性约束匹配银行的资产负债，回避了利率风险对银行所有者权益的影响，避免了利率变动对银行资产所有者造成的损害。

（6）基于违约强度信用久期的资产负债优化模型的创新与特色在于根据资产的价值等于风险贴现率对现金流贴现的简约化定价理论，通过违约强度和违约损失率确定资产负债各期现金流的违约风险溢价，通过含违约风险溢价的折现利率对 Macaulay 经典利率久期模型的参数进行修正，构建了同时反映信用风险和利率风险的信用久期测度模型，完善了经典的 Macaulay 利率久期测度参数，提高了利率风险免疫的精度；通过同时反映信用风险和利率风险的信用久期，来揭示资产和负债的信用久期缺口对银行净值的影响，通过信用久期缺口为 0 的免疫条件，建立了同时控制利率风险和信用风险的资产优化模型，改变了 Macaulay 经典利率久期的免疫条件仅考虑利率风险，而忽略了事实上存在的违约风险对银行净值影响的弊端；根据 Cox 比例风险回归模型（Cox proportional hazards model，由英国统计学家 D.R.Cox 在 1972 年提出，简称 Cox 回归模型）的生存分析，通过违约强度为基准违约强度与企业自身风险因素乘积的思路，以银行贷款真实的违约数据作为生存时间参数，拟合出不同时间点对应的违约强度，确定了不同时间点上的企业违约风险溢价，改变了现有研究的信用风险久期忽略不同时点的违约风险溢价会随时间变化的不足。

（7）基于层次算法多组最优解的银行资产负债多目标规划模型的创新与特色在于建立资产已有的巨额存量组合和待配置的增量组合所形成的全部资产组合的违约风险、流动性风险、收益三重目标的资产优化配置模型，兼顾"存量+增量"的全部组合资产的流动性、安全性和收益性，对增量资产进行优化配置，改变了现有研究仅考虑增量资产优化配置而忽视存量资产对全部资产配置风险影响的弊端；根据违约风险、流动性风险、净利息收入的三重目标建立多目标规划模型，通过多目标规划的层次算法解出多组，而非一组最优解，保证了银行可以在多组优先顺序的最优解中根据实际需要选取一个组的最优解。改变了现有研究设定同等或主观差异化优先级，把多目标规划变成单目标规划，仅得一组最优解，导致银行无法根据实际情况选择切合实际的最优解的弊端；在基期负债规模的基础上考虑计划期的增长情况进行未来计划期的资产优化，改变了现有研究仅对基期现有头寸的静态数值进行配置，无法满足未来需要的状况。

（8）基于总体信用风险迁移的贷款组合优化模型的创新与特色在于通过 0-1 规划的风险价值贡献度模型，构建存量与增量贷款组合非线性叠加后的风险函数关系，解决现有研究中忽略巨额存量，仅立足于增量贷款风险进行配置的不足。通过不同信用等级迁移状态下贷款收益率与其对应等级迁移概率的加权平均值表示信用风险迁移后的收益率，进而根据信用风险迁移后的贷款收益率与总体贷款组合风险的离散函数关系，建立了信用风险迁移与风险价值贡献度之间的内在联系，使优化模型的约束条件和目标函数不但反映了增量贷款组合，而且反映了巨额的、未到期的存量贷款组合的信用风险迁移对全部贷款组合风险的影响。

（9）基于半绝对偏差的全部贷款组合区间优化模型的创新与特色在于基于组合半绝对偏差风险函数来描述组合的风险区间，考虑了多笔贷款收益率之间的相关性，改变了现有线性区间型算法忽略各笔贷款之间的相关性，从而夸大组合风险的弊端；以全部贷款组合半绝对偏差区间中点 m（σ^{total}）最小为目标来控制风险的大小，以全部贷款组合半绝对偏差区间的半径 w（σ^{total}）最小为目标来控制风险变动的范围，通过多目标规划来兼控"存量组合+增量组合"的全部贷款风险的大小和变动范围。改变了现有研究忽略控制风险区间范围的不足，完善了现有的区间型规划仅仅立足于增量资产配置，忽略巨额存量风险的弊端；基于模糊两阶段算法来求解多目标规划模型，解决了多目标线性叠加组合风险的不合理现象，从而导致无法真正实现对两目标同时控制的问题。

（10）基于随机久期利率免疫的银行全资产负债优化模型的创新与特色在于通过建立全部资产负债组合的利率免疫条件，对包括存量与增量在内的全部资产组合利率风险进行控制。改变了现有研究在进行资产配置时，仅对增量组合风险控制的弊端；通过资产负债的随机久期缺口等于 0 的利率风险免疫条件建立资产负债优化模型，确保在利率发生变化时，银行股东的所有者权益不受损失；以银行各项资产组合收益率最大化为目标函数，通过随机久期的利率免疫条件控制利率风险，建立了全部资产负债组合的随机久期利率风险免疫模型，改变了现有研究的资产负债管理模型忽略随机久期变动的影响。

（11）基于随机久期缺口控制的全资产负债优化模型的创新与特色在于以控制 CIR（Cox-Ingersoll-Ross）利率期限结构的随机久期缺口为约束条件建立非线性规划模型、对资产配置进行利率风险免疫，反映了利率随时间的动态变化，突破了 Macaulay 久期、F-W（Fisher-Weil）久期等现有研究的利率随时间的变化是固定不变或平行移动的限定条件，使资产配置的利率风险免疫更加符合现实情况；建立了包括增量资产负债与存量资产负债的全资产负债优化配置模型，改变了现有资产负债模型大多只考虑增量资产负债，而忽略存量资产负债的弊端；以市场利率朝着最不利方向变动时，预留缺口损失后的资本充足率仍满足监管要求为约束条件，保证了在利率不利变动时损失仍在可控范围内，在利率有利变动时银行净值增加。

由于作者的学识水平有限，书中难免存在疏漏之处，诚恳地希望读者批评指正。

作　者
2020 年 1 月

目　　录

第四篇　基于联合风险控制资产负债管理优化模型

第五篇　基于增量与存量的全资产负债管理优化模型

第一篇 银行资产负债管理优化模型与应用概述

第1章 绪 论

1.1 银行资产负债管理的研究背景

ALM 是在一定的负债总量和结构的前提下,通过合理地调整资产负债总量上平衡、结构上对称、质量上优化,实现商业银行经营的流动性、安全性和营利性的目标。由于商业银行的自有资本很少,故银行的资产主要是由负债形成的。因此,资产负债管理水平的高低决定银行是否能够控制风险,并实现价值创造。

当前,我国金融市场进入快速变革时期,宏观形势的复杂多变加大了资产负债管理的难度。传统资产负债管理视角更多地集中在总量的扩张上,而当前我国宏观经济进入"三期叠加"的新常态时期、经济增速放缓,加之金融脱媒加快、利率管制放开,使得外部经济环境下行且同业竞争压力增大,银行业无法通过高额的利差来吸收风险,传统的规模偏好和速度情节已经走到了尽头。在经济步入新常态、结构调整深入的大背景下,商业银行资产负债管理的转型发展势在必行。

(1)金融市场上信用危机频发,我国的不良贷款率居高不下,暴露出银行在信用风险管理方面存在严重问题。

信用风险是现代商业银行面临的最突出、影响最深远的风险。巴塞尔银行监管委员会(简称巴塞尔委员会)秘书处指出,商业银行 60%的风险来自信用风险。近年来,金融市场上信用危机频发,2008 年席卷全球的美国次贷危机、2009 年迪拜信用危机及 2010 年愈演愈烈的欧洲主权债务危机。根据世界银行的研究结论,信用风险已成为导致银行破产的主要原因之一。

2008 年由美国次级贷款违约引发的次贷危机一夜之间彻底颠覆了美国的金融格局,随之引发的金融海啸席卷全球,逐渐演变为全球性的金融危机。欧美等发达国家和地区的银行业纷纷遭受重创,资产质量状况不断恶化,贷款损失不断上升。股市经历前所未有的全面暴跌,世界经济遭受了巨大的损失与打击。面对金融危机,究其根源,是银行信用风险管理的失控。这警示着我们,银行信用风险不仅影响银行自身的发展,而且严重影响到宏观经济的健康运行，甚至会引发经济危机、影响整个世界经济发展和社会的稳定。

我国经济正处于新常态时期，经济增速放缓、产业结构调整、经济发展转型。一方面，国家产业结构的调整使得银行这种抗风险能力弱的亲周期性行业的经营状况受到严重影响，信用风险加剧。另一方面，金融行业处于过热阶段，大量的资本涌入，金融业务创新、金融产品创新推入市场。信用衍生品、理财产品的迅猛发展在提供利润的同时，由于其复杂性和高杠杆性，信用风险也越来越难以把控。

面对内外经济金融环境和国家产业政策调整等因素的影响，我国商业银行的信用风险管理问题陷入重围。近年来，我国商业银行的不良贷款余额和不良贷款率一直居高不下。从 2011 年第四季度以来，我国商业银行的不良贷款余额连续 12 个季度环比增加。截止到 2017 年第三季度末，我国商业银行不良贷款余额已高达 1.67 万亿元，不良贷款率为 1.74%。

面对如此庞大的融资体量，以及巨额的不良贷款，商业银行如何合理地配置资产、科学地调整资产结构，有效降低资产组合的信用风险，是亟待解决的难题。

（2）伴随着我国利率市场化改革的推进，市场利率的波动加大、同业竞争压力的加剧，这些都加重了我国商业银行的利率风险。

市场风险是商业银行的第二大风险源。巴塞尔委员会认为利率风险是商业银行面临的最主要的市场风险之一。当市场利率发生不利变动时，银行资产和负债的市场价值都会发生变化，造成银行股东的权益受到损失，影响银行的净利息收益。这是利率风险最直接的表现形式。

随着 2015 年 10 月中国人民银行彻底放开存款利率浮动上限，我国存贷款利率管制至此完全放开，中国利率终于步入了市场化运行阶段。利率市场化从长远来看有助于提升商业银行的竞争力，但也会让商业银行暴露在利率风险中。利率市场化以后，利率由市场自主确定，长期受到管制的利率一旦放开，在市场的推动下会出现不规则、随机的波动。

作为资金融通中介桥梁的商业银行，往往存在大量的资产负债期限错配缺口。摆脱管制的市场利率增加了波动性，由此提高了商业银行期限错配导致的利率风险。银行若不能正确地管理利率风险，往往会引起流动性紧缺，导致银行挤兑、停业和倒闭的后果。根据利率市场化改革的国际经验，大量中小银行没有及时做好应对利率自由变动的准备，产生了倒闭潮。在我国，2013 年 6 月发生的"钱荒"事件，银行间隔夜拆借利率涨至 13.44%，最高甚至飙升至 30%，创下自 2006 年运行以来的历史纪录，一度引起了市场的恐慌。这次罕见的"钱荒"事件为商业银行的资产负债管理和利率风险管理敲响了警钟。

银行资产负债结构受市场化波动的影响加剧了银行业的利率风险,对银行的资产负债管理提出了更高的要求和挑战。如何优化银行的资产结构、合理地控制银行的利率风险缺口、系统地控制利率风险,是亟待解决的难题。

(3)信用风险和利率风险是商业银行的主要风险源,二者相互联系、共同作用。

商业银行的资产同时面临信用风险和利率风险,而信用风险与利率风险并不是各自独立的,二者相互关联、共同作用。单独考虑其中的一种风险,显然不能全面地衡量资产组合的总风险。而把两种风险割裂、简单地相加,忽略了两种风险之间的相关性,可能造成风险被高估或者被低估。因此,商业银行的资产负债管理不仅要考虑信用风险和利率风险每一种风险的单独度量和管理问题,而且需要对信用风险与利率风险进行综合度量和整体管理。

(4)对增量资产组合进行最优配置时,应该综合考虑数量巨大的存量资产,通过增量组合的配置,来实现包括巨额存量组合在内的"存量+增量"全部资产负债的最优配置。

银行在发放贷款时,往往仅评价增量贷款风险,忽略存量贷款风险;或是分开考虑增量贷款和存量贷款风险。这些做法均会导致对整体风险估计不足或是估计错误。很多银行和其他金融机构,缺乏对增量加存量贷款信用风险整体考量的意识,甚至缺乏对这一风险有效计量的方法。由于"存量+增量"叠加形成的总体风险并不是"存量组合风险"和"增量组合风险"的简单相加,而是非线性叠加,研究起来难度更大。或许这也正是资产负债管理的现有研究忽略包括存量组合在内的总体风险控制的主要原因。因此,这是一个亟待解决的关键问题。

1.2 银行资产负债管理的研究意义

1.2.1 理论意义

(1)提出了通过控制资产已有的存量组合和待配置的增量组合所形成的全部组合风险来优化配置资产,开拓了金融资产优化配置的新思路,改变了现有研究仅仅是立足于增量资产优化配置的传统思路。

本书寻求测算银行总体贷款风险的合理方式,寻找贷款预期收益率和风险的函数关系。不仅要解决增量贷款的风险问题，更要解决存量贷款持续期的风险问题。在发放增量贷款时，对贷后的总体贷款信用状况要有风险预估，即要完成增量和存量贷款风险的总体评估。探索增量存量贷款非线性叠加的问题解决方法。增量贷款加存量贷款的组合优化思路，是贷款组合优化的重要组成，如何有效地解决其中存在的两种组合非线性叠加问题，是理论研究关注的一个重点，其不仅对贷款风险叠加具有重要意义，对其他金融产品的风险叠加也起到参照作用。拓展了贷款组合优化模型，通过对单位风险收益的测算，探索以此为基础构建 0-1 规划的贷款组合优化模型，进一步完善优化模型对风险和收益的有效选择问题，构架符合现实条件的政策约束，拓展组合优化的思路。

（2）弥补了现有资产负债优化理论缺乏对信用风险与利率风险整体控制性的不足。

现有银行资产负债管理的研究通常侧重于信用风险或利率风险单方面的风险控制。但是信用风险与利率风险并不是独立的，二者相互共联，共同作用于资产组合。近年来，仅有少量的研究关注于信用风险和利率风险的整体度量，但仅限于二者联合风险的度量方法，没有从资产配置的角度建立优化模型来兼控信用风险和利率风险。因此，本书通过建立基于违约强度信用久期的资产负债优化模型、基于利率尖峰厚尾特征的资产负债优化模型、基于信用与利率双因子 CIR 的资产负债优化模型，从而建立一套兼控信用风险和利率风险的资产负债优化模型，对于完善和深化现有的银行资产负债管理理论，具有重要的研究意义。

案例一　英国诺森罗克银行挤兑危机[1]

2007 年受美国次级债危机导致的全球信贷紧缩影响，英国第五大抵押贷款机构——诺森罗克银行（Northern Rock）发生储户挤兑事件。自 2007 年 9 月 14 日全国范围的挤兑发生以来，截止到 9 月 18 日，仅仅几天的时间就有 30 多亿英镑从诺森罗克银行流出，占该行 240 多亿英镑存款总量的 12%左右，其电话银行和网上银行业务一度出现崩溃。受此影响，几天来，诺森罗克银行股价下跌了将近 70%，创下 7 年来新低，成为英国遭遇本次信贷危机以来的最大受害者。为防止系统性银行危机的出现，英国财政部、英格兰银行（英国央行）与金融管理局先后采取了注资及存款账户担保等救助措施，截至 9 月 18 日，诺森罗克银行的储户挤兑情况才有所缓解，各大银行的股价也出现不同程度地上涨，银行体系的恐慌局面才得以控制。

诺森罗克银行始建于 1850 年，其早期只是一家住房贷款协会，1997 年变成一家银行并上市。该行是英国第五大抵押贷款机构，拥有 150 万储户，向 80 万购房者提供房贷，可谓规模庞大。2007 年上半年，诺森罗克银行新增的抵押贷款额占全国新增总量的 18.9%，排名居英国第一。然而，曾经是房贷市场佼佼者的诺森罗克银行，缘何会陷入挤兑危机呢？这可能是以下几个因素造成的。

一是融资过于依靠批发市场。与其他银行资金主要来自储户不同，尽管诺森罗克银行在 1997 年已经转变为一家上市银行，但是其大部分资金仍来源于金融机构。在诺森罗克银行的资金中，由零售存款业务所获的资金不足全部的 1/4，而超过 3/4 的资金来自批发市场，即通过同业拆借、发行债券或卖出有资产抵押的证券来融资，而 75% 的比例远远高于英国其他几大抵押贷款公司。鉴于零售存款融资的稳定性，资金绝大部分来源于批发市场的诺森罗克银行也就更容易受到市场上资金供求的影响。

二是资产负债的利率缺口过大。批发市场和住房贷款市场不同的定价机制，又加大了诺森罗克银行的利率缺口。无论是发行债券还是住房贷款的资产证券化，它们都是依据市场上 3 个月的 Libor① 来定价的。然而，诺森罗克银行的住房抵押贷款则按照英格兰银行的基准利率来发放。这种投融资的定价方式在货币市场利率大幅高于官方利率时会造成银行损失。在诺森罗克银行的资产中，发放给消费者的抵押贷款达 967 亿英镑，占总资产的 85.2%。据估计，在这 960 多亿英镑的抵押贷款中，有 120 亿英镑是直接暴露在这种利率缺口风险之下的。这也就是说，Libor 每超过基准利率一个基点，诺森罗克银行每年将多支付 1200 万英镑。

三是银行原有的融资渠道受阻。7 月份以来，受美国次贷危机造成的全球货币市场流动性紧张的影响，主要靠批发市场来融资的诺森罗克银行已经很难再获得稳定的融资渠道。

四是上半年以来经营收益下降。资产负债利率缺口的扩大及因流动性不足导致的贷款业务放缓都降低了银行经营的收益，而引起储户挤兑的直接原因也许就是诺森罗克银行预期收益的下降。

住房抵押贷款的证券化是这次全球次贷危机的"罪魁祸首"，尤其

---

① Libor 指伦敦同业拆出利息率（London interbank offered rate，Libor），是大型国际银行愿意向其他大型国际银行借贷时所要求的利率，是国际金融市场中大多数浮动利率的基础利率。

是那些次级贷款的证券化资产。然而，在美国次贷危机爆发之前，贷款的证券化作为重要的金融创新产品一直被人们所称道，以致人们忽视了其存在的风险。在英国，不少银行和抵押贷款机构通过发放房贷—房贷的资产证券化—再发放房贷的方式来经营，但是，当房地产贷款的风险增加时，投资者也就对银行发行的住房抵押贷款证券失去了兴趣，以此来经营的银行或抵押贷款机构也就会出现流动性的危机。因此，要密切关注金融创新过程中的金融风险，合理配置银行的资产负债。

1.2.2　现实意义

一是有助于商业银行提高资产负债管理水平，优化投资组合，控制信用风险和利率风险。全球银行危机案例研究表明：银行危机的实质在于商业银行资产配置失误。而资产配置的好坏在于资产与负债匹配是否合理。由于资产负债金额错配、利率期限结构错配引发信用风险、利率风险，乃至经济危机的例子屡见不鲜。可见，规避风险、避免危机的关键在于商业银行科学合理的资产负债管理。因此，对商业银行资产负债优化模型的研究，有助于商业银行合理地配置资产、优化资产结构，有效地规避信用风险和利率风险。

二是有助于商业银行提高资金利用效率，增强盈利能力和竞争能力。商业银行盈利的前提条件是高效的资金利用率和稳健的投资回报率。而这些的根本都在于资产负债的合理匹配。只有做到资产和负债优化匹配，才能使得商业银行避免信用风险、利率风险等风险因素带来的损失，保证资金的流动性，实现资产的经营效率和经济效益。

三是有助于商业银行提高经营管理水平，提高风险规避能力，防范银行业危机。银行业是国民经济活动的"纽带"和整个国民经济活动的"神经中枢"。一家或多家银行由于自身资产负债经营不善导致倒闭或引发流动性风险，极易引发整个金融行业和经济社会的危机，2008 年的次贷危机有力地证明了这一点。因此，对商业银行资产负债优化管理的研究，有助于银行规避风险，避免整个金融行业的危机。

案例二　雷曼兄弟破产[2]

2008 年 9 月 15 日，美国第四大投资银行雷曼兄弟按照美国公司破产法案的相关规定提交了破产申请，成为美国有史以来倒闭的最大金融公司。雷曼兄弟在短期内由盛而衰的原因是多方面的。

首先，外部经济环境使得在繁荣时期隐藏起来的风险都暴露了出来，市场信心大大下降。

从雷曼兄弟的发展历程可见其飞速发展和遭遇变故的时期都与美国经济局势密切相关，其在提交破产申请之时也正处于市场下行周期之中。20 世纪 90 年代后，金融机构开始利用金融创新谋求利润。在利率降低、房价上升的时期，银行将贷款人信用状况不好、没有合法收入和资产置于次要地位，大量发行次级资产支持证券（asset-backed securities，ABS）、担保债务凭证（collateralized debt obligation，CDO）、信用违约互换（credit default swap，CDS）等产品。衍生工具在市场上的层层交易已经远远脱离了实体经济，评级机构也无法合理判断和评估其价值。一旦住房市场疲软，按揭贷款违约率就上升，导致抵押资产价格下跌，对冲基金难以满足银行追加保证金的要求，保险合约难以履行。由于投行在发行、承销的同时，为获得高额利润，自身也持有次级债券，并进行杠杆融资、投资 CDS，最终在危机爆发时遭受严重损失。

其次，雷曼兄弟公司内部的业务结构、高杠杆性、薪酬激励制度等也都决定其面临较大风险。

雷曼兄弟在很长一段时间内注重于传统的投资银行业务（证券发行承销，兼并收购顾问等）。住房抵押贷款证券化在美国金融市场兴起，雷曼兄弟曾经做得相当成功，其业务多集中于固定收益证券交易，被称为"债券之王"。1998~2005 年固定收益业务部分占其总收入的比例为 40%，位居投行首位。雷曼兄弟也曾尝试多元化发展，但结构金融、私募基金和杠杆借贷等新型业务在次贷危机中受到重创，兼并收购、股票交易等其他业务不够完善，缺乏应急手段。

雷曼兄弟在破产清算前买入了大量的住房抵押债券和高风险资产，加上净资本不足，其杠杆率达到了近 30 倍。2007 年，雷曼兄弟资产中 45% 是金融头寸，这些头寸中垃圾债券和贷款达 327 亿美元。高杠杆的同时，雷曼兄弟还持有大量不良资产。作为华尔街上房产抵押债券的主要承销商和账簿管理人，雷曼兄弟将很大一部分难以出售的债券都留了自己的资产表上。对于金融衍生工具，特有模型依数理模型计算而来的定价忽略了现实中社会因素和人为因素的多样性、突变性。市场情况好的时候，这些"有毒"资产的潜在问题被隐藏起来。但次贷危机中其资产急剧减值。

激励机制是人力资源管理的重点，雷曼兄弟采取的方式是鼓励员工持股。相当比例的员工报酬以公司股票和期权的方式支付，且锁定期较长。巨大的财富激励调动员工积极性的同时也带来弊端，职业经理人不断冒险以推高股价来获得高收益，公司的风险也不断累积。

1.3 本书的主要工作

（1）通过构建存量组合风险 σ_i 与增量组合风险 σ_j 非线性叠加后的全部组合风险 $\sigma_p = f(\sigma_i, \sigma_j)$ 的函数关系，建立了控制包括存量组合和增量组合在内的全部贷款组合风险的优化模型。通过构建信用风险迁移后的收益率与贷款组合风险的离散函数关系，建立了组合风险与信用风险迁移的内在联系，使优化模型的约束条件和目标函数不但反映了增量贷款组合，而且反映了巨额的、未到期的存量贷款组合的信用风险迁移对全部贷款组合风险的影响。这是对当代银行资产负债管理理论的进一步发展与完善。

（2）通过违约强度和违约损失率确定资产负债各期现金流的违约风险溢价，通过含违约风险溢价的折现利率对 Macaulay 经典利率久期模型的参数进行修正，构建了同时反映信用风险和利率风险的"信用久期"测度模型。通过同时反映信用风险和利率风险的信用久期，揭示资产和负债的信用久期缺口对银行净值的影响。通过信用久期缺口为 0 的免疫条件，建立同时控制利率风险和信用风险的资产优化模型。根据 Cox 回归的生存分析模型，通过违约强度为基准违约强度与企业自身风险因素乘积的思路，以银行贷款真实的违约数据作为生存时间参数，拟合出不同时间点对应的违约强度，确定了不同时间点上的企业违约风险溢价，反映了违约风险的时变性特点。该项工作既能帮助银行规避利率风险、信用风险等威胁银行稳健经营的不利因素，也有助于银行提高资产经营效率和经济效益，实现流动性、安全性和营利性的经营管理目标。

（3）本书所建立的银行资产负债管理的新模型，有助于银行等金融机构提高资产管理水平、增强盈利能力和竞争力。良好的风险管理能力和资产配置能力是金融机构赖以持续经营和发展的必要条件。建立一套合理的资产负债优化模型，对于金融机构提高资产管理水平和风控能力具有重要意义。同时，本书提出的新模型有助于金融市场的稳定，降低系统性风险。2008 年由次级贷款引发的全球金融危机及 2010 年的欧洲债务危机，以惨烈的教训提醒着资产负债管理的重要性。良好的资产负债管理优化模型和方法能够促进金融市场的良性发展，降低系统性危机发生的可能。

1.4　本书的创新与特色

1.4.1　本书整体的特色

（1）风险种类上控制的特色在于既包括第二篇第 4~6 章的信用风险控制，又包括第三篇第 7~8 章的利率风险控制，还包括第四篇第 9~10 章的联合风险控制。

（2）风险控制范围的特色在于既涵盖众多篇章的增量资产组合风险控制，又涵盖第五篇第 11~14 章的基于增量与存量的全资产风险控制与调整。

（3）优化方法上的特色在于既包括静态优化方法又包括动态优化方法。

（4）通俗性特色在于详尽地给出了各种不同种类模型的建模思路、建模原理、资产负债管理的优化配置模型和应用实例。

（5）实用性特色在于通过银行实践的资产负债管理实例，详尽地描述了各个不同参数的来龙去脉和算法，对现有银行实践中的资产负债管理具有可检验性、可复制性和可推广性。

1.4.2　本书内容的创新与特色

（1）通过建立不同行业的尾部相关系数与尾部风险价值的函数关系，建立了基于极端风险控制的行业贷款配置模型，改进了经典均值方差模型由于使用 Pearson 线性相关系数导致的无法度量尾部极端风险的弊端。并且建立了基于 t 分布的 VaR 约束，提高了 VaR 约束与"尖峰厚尾"特征的契合度，增强了 VaR 约束控制尾部极端风险的能力，解决了 VaR 约束的正态性假设与"尖峰厚尾"特征不一致的弊端。

（2）通过构建资产组合的非预期损失与国内生产总值和贷款健康状态的离散函数关系，确定了条件风险价值 CVaR 的函数表达式，解决了银行资产组合的非预期损失的控制问题。通过 Monte Carlo 模拟得到资产组合的非预期损失分布，改变了银行由于贷款的损失历史数据严重缺失，而无法有效地估测和控制未来资产组合非预期损失的不足。通过信用等级迁移矩阵将信用等级变化产生的风险纳入风险度量体系中，从而在总体上对信用风险的不确定性有了较可靠的把握。完善了仅考虑贷款违约风险而忽略信用等级变化风险的不足。以银行资产组合的经济增加值最大化为目标函数来追求风险调整后的资本回报最大化，完善了以组合收益率最大化为目标的资产配置优化忽略资产组合的预期风险和资本占用因素的不足。利用条件风险价值 CVaR 来度量资产组合的风险，对可能发生的尾部极端损失进行约束，弥补了 VaR 无法反映尾部损失信息、不满足次可加性的缺陷；CVaR 约束降低了银行发生灾难性损失的可能性。

（3）通过先计算既有存量又有增量贷款的这类客户的非预期损失后，再与其他仅有存量贷款客户和仅有增量贷款客户的非预期损失建立非线性函数关系，得到全部贷款的非预期损失，改变了计算非预期损失时仅立足于增量贷款而忽略了存量贷款非预期损失的弊端。以"存量+增量"全部贷款的 RAROC 最大化为目标函数，确保了银行"存量+增量"全部贷款的 RAROC 最大的同时，非预期风险最小，改变了在贷款配置时仅立足于增量贷款，而忽略存量贷款的弊端。以"存量+增量"全部贷款的经济资本小于等于银行经济资本限额为主要约束来控制银行整体风险可承受能力，改变了现有研究忽略全部贷款经济资本控制的弊端。

（4）将反映收益率曲线水平因子、斜率因子、曲率因子、峰度因子四个维度变化的 Svensson 模型参数引入经典的 Nelson-Siegel 久期模型，建立起"四维久期"模型，从四个维度更加准确地衡量利率风险。不但可以反映 Nelson-Siegel 久期的水平因子、斜率因子、曲率因子，而且还可以反映峰度因子。以"四维久期"的利率风险免疫条件为约束，以商业银行利息收益最大化为目标函数建立控制利率非移动风险的资产负债组合优化模型，确保在利率发生变化时，银行的净资产不受损失。

（5）通过引进随时间变化的动态利率久期参数构造利率风险控制条件，建立了控制利率风险的资产负债优化模型。改变了现有研究忽略利率动态变化，进而忽略平均久期动态变化的弊端。事实上，利率的动态变化必然引起平均久期的变动，忽略利率变动的控制条件是无法高精度地控制资产配置的利率风险的。通过以银行资产收益最大化为目标函数，以动态利率久期缺口免疫为主要约束条件，辅以监管的流动性约束匹配银行的资产负债，回避了利率风险对银行所有者权益的影响，避免了利率变动对银行资产所有者带来的损害。

（6）根据资产的价值等于风险贴现率对现金流的贴现的简约化定价理论，通过违约强度和违约损失率确定资产负债各期现金流的违约风险溢价，通过含违约风险溢价的折现利率对 Macaulay 经典利率久期模型的参数进行修正，构建了同时反映信用风险和利率风险的信用久期测度模型，完善了经典的 Macaulay 利率久期测度参数，提高了利率风险免疫的精度。事实上，久期是折现利率的函数，而折现利率又是信用风险溢价的函数，因此久期必须反映信用风险。通过同时反映信用风险和利率风险的信用久期，来揭示资产和负债的信用久期缺口对银行净值的影响；通过信用久期缺口为 0 的免疫条件，建立了同时控制利率风险和信用风险的资产优化模型。改变了 Macaulay 经典利率久期的免疫条件仅考虑利率风险，而忽略了事实上存在的违约风险对银行净值影响的弊端。根据 Cox 回归的生存分析模型，通过违约强度为基准违约强度与企业自身的风险因素的乘积的思路，利用银行贷款真实的违约数据作为生存时间参数，拟合出不同时间点对应的违约强度，确定了不同时间点上的企业违约风险溢价，改变了现有研究的信用风险久期忽略不同时点的违约风险溢价会随时间而变化的不足；通过企业真实的违约状态，改变了现有研究的 Cox 生存分析利用企业特别处理（special treatment，ST）状态代替违约风险的不足。

（7）建立资产已有的巨额存量组合和待配置的增量组合所形成的全部资产组合的违约风险、流动性风险、收益三重目标的资产优化配置模型，兼顾"存量+增量"的全部组合资产的流动性、安全性和收益性，对增量资产进行优化配置，改变了现有研究仅考虑增量资产优化配置而忽视存量资产对全部资产配置风险影响的弊端。根据违约风险、流动性风险、净利息收入的三重目标建立多目标规划模型，通过多目标规划的层次算法解出多组，而非一组最优解，保证了银行可以在多组优先顺序的最优解中根据实际需要选取一组最优解。改变了现有研究设定同等或主观差异化优先级，把多目标规划变成单目标规划，仅得一组最优解，导致银行无法根据实际情况选择切合实际的最优解的弊端。在基期负债规模的基础上考虑计划期的增长情况进行未来计划期的资产优化，改变了现有研究仅对基期现有头寸的静态数值进行配置，无法满足未来需要的状况。

（8）通过构建存量组合风险 σ_i 与增量组合风险 σ_j 非线性叠加后的全部组合风险 $\sigma_p=f(\sigma_i,\sigma_j)$ 的函数关系，并采用 0-1 规划建立了控制全部贷款组合风险价值贡献度的贷款配置优化模型，弥补了现有研究中忽略巨额存量，仅立足于增量贷款进行配置的不足。并通过建立信用风险迁移后的收益率与全部贷款组合风险之间的离散函数关系，构建了风险价值贡献度和信用风险迁移的内在联系，使优化模型的约束条件和目标函数不但反映增量贷款组合，而且反映了巨额的、未到期的存量贷款组合的信用风险迁移对全部贷款组合风险的影响。

（9）基于半绝对偏差的全部贷款组合区间优化模型的创新与特色在于用组合半绝对偏差风险函数来描述组合的风险区间，考虑了多笔贷款收益率之间的相关性，改变了现有线性区间型算法忽略各笔贷款之间的相关性从而夸大组合风险的弊端；以全部贷款组合半绝对偏差区间中点 m

（σ^{total}）最小为目标来控制风险的大小，以全部贷款组合半绝对偏差区间的半径 w（σ^{total}）最小为目标来控制风险变动的范围，通过多目标规划来兼控"存量组合+增量组合"的全部贷款风险的大小和变动范围。改变了现有研究忽略控制风险区间范围的不足，完善了现有的区间型规划仅仅立足于增量资产配置，忽略巨额存量风险的弊端；基于模糊两阶段算法来求解多目标规划模型，解决了多目标线性叠加组合风险的不合理现象，从而导致无法真正实现对两目标同时控制的问题。

（10）通过建立全部资产负债组合的利率免疫条件，对包括存量与增量在内的全部资产组合利率风险进行控制。改变了现有研究在进行资产配置时，仅对增量组合风险控制的弊端。通过资产负债的随机久期缺口等于 0 的利率风险免疫条件建立资产负债优化模型，确保在利率发生变化时，银行股东的所有者权益不受损失。以银行各项资产组合收益率最大化为目标函数，通过随机久期的利率免疫条件控制利率风险，建立了全部资产负债组合的随机久期利率风险免疫模型，改变了现有研究的资产负债管理模型忽略随机久期变动的影响。

（11）以控制 CIR 利率期限结构的随机久期缺口为约束条件建立非线性规划模型，对资产配置进行利率风险免疫，反映了利率随时间的动态变化，突破了 Macaulay 久期、F-W 久期等现有研究的利率随时间的变化是固定不变或平行移动的限定条件，使资产配置的利率风险免疫更加符合现实情况。建立了包括增量资产负债与存量资产负债的全资产负债优化配置模型，改变了现有资产负债模型大多只考虑增量资产负债，而忽略存量资产负债的弊端。以市场利率朝着最不利方向变动时，预留缺口损失后的资本充足率仍满足监管要求为约束条件，保证了在利率不利变动时损失仍在可控范围内，在利率有利变动时银行净值增加。

1.5　本书的框架

本书分为五篇 14 章，包括四大类资产负债管理模型。本书试图向读者展示资产负债管理的一个个科学问题，不断对"提出问题—理论建模—求解—实际应用"的过程进行思考和探索，以实现其研究层次的不断递进及解决问题方法的创新。本书试图对商业银行风险管理的前沿深入细致地进行探索和研究，构建一个逻辑严谨、体系完整的资产负债管理理论与方法体系。如图 1.1 所示。

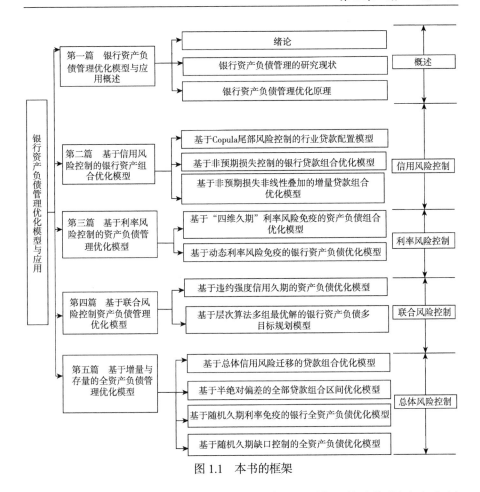

图 1.1 本书的框架

第一篇的 3 章为绪论和银行资产负债管理的研究现状及优化原理,包括第 1 章的绪论、第 2 章的银行资产负债管理的研究现状和第 3 章的银行资产负债管理优化原理,系统介绍本书的研究思路和使用的基本模型和方法。

第二篇的 3 章为基于信用风险控制的银行资产组合优化模型,包括第 4 章的基于 Copula 尾部风险控制的行业贷款配置模型、第 5 章的基于非预期损失控制的银行贷款组合优化模型和第 6 章的基于非预期损失非线性叠加的增量贷款组合优化模型。

第三篇的 2 章为基于利率风险控制的资产负债管理优化模型,包括第 7 章的基于"四维久期"利率风险免疫的资产负债组合优化模型和第 8 章的基于动态利率风险免疫的银行资产负债优化模型。

第四篇的 2 章为基于联合风险控制资产负债管理优化模型,银行面临的主要风险有三种,即信用风险、利率风险和流动性风险,所谓联合风险控制指的是同时控制了两种或以上的风险模型,包括第 9 章同时控制信用

风险和利率风险的基于违约强度信用久期的资产负债优化模型，还包括第
10 章同时控制信用风险和流动性风险的基于层次算法多组最优解的银行
资产负债多目标规划模型。

　　第五篇的 4 章为基于增量与存量的全资产负债管理优化模型，包括两
类模型：第 11 章的基于总体信用风险迁移的贷款组合优化模型，第 12 章
的基于半绝对偏差的全部贷款组合区间优化模型，第 13 章的基于随机久期
利率免疫的银行全资产负债优化模型和第 14 章的基于随机久期缺口控制
的全资产负债优化模型。

参 考 文 献

[1] 刘华，李亚培. 英国诺森罗克银行挤兑事件透视[J]. 银行家，2007，（10）：89-92，7.
[2] 张继德. 雷曼兄弟公司破产过程、原因和启示[J]. 中国管理信息化，2009，12（6）：
　　48-53.

第2章　银行资产负债管理的研究现状

2.1　基于信用风险控制的银行资产组合优化管理的研究现状

2.1.1　基于收益最大化的组合优化研究

国内外学者对信用风险控制的研究大体有三类。一类是基于收益最大化的组合优化研究。这类研究主要分为两个方面：一是基于 RAROC 最大化的组合优化研究。文忠平等以行业综合收益下的 RAROC 最大和行业综合风险方差最小为目标，建立了多目标行业贷款组合优化模型[1]。Ou 等基于遗传算法和 RAROC 对基金性能优化，避免了衡量市场风险时高估或低估 VaR 的弊端[2]。秦学志等通过引入宏观经济变量，建立贷款利率因子模型和 RAROC 因子模型，以贷款组合 RAROC 方差最小为主要目标函数，对各行业贷款进行优化配置[3]。Li 和 Guo 以 RAROC 最大化为目标函数，以风险价值为约束条件建立了组合优化模型[4]。Stoughton 和 Zechner 分别以风险调整后的资本收益率 RAROC 最大和经济增加值（economic value added，EVA）最大为目标函数，对银行的经济资本进行最优配置[5]。聂广礼等基于 RAROC 对商业银行信贷资产组合进行管理[6]。

二是基于非 RAROC 的收益类参数最大化的组合优化研究。He 等以各期收益率的均值和收益率方差之差最大为目标函数，建立了多阶段投资组合优化模型[7]。凌爱凡等用下偏度来度量投资组合的损失，通过控制最坏情形下的下偏度在可承受范围内，最大化投资组合的收益[8]。冯宝军等根据区间数理论，以资产组合收益率区间最大为目标函数，以资产负债的区间数持续期缺口构建区间型利率风险免疫条件对贷款进行配置[9]。迟国泰等以银行增量贷款收益率最大化为目标函数，以"新增和存量"全部贷款的风险在可控范围内对增量贷款进行组合优化[10]。Li 和 Ng 通过以资产组合收益最大为目标函数，控制组合风险在目标值范围内，建立了多期的均值–方差优化模型[11]。许启发等以 Sharpe 比率和广义 Omega 比率为目标，基于 Copular-分位数回归进行多期贷款组合优化研究[12]。Lwin 等基于回报率最大和风险最小两个目标建立了均值-VaR 的资产组合优化模型[13]。

2.1.2   基于风险最小化的组合优化研究

国内外学者对信用风险控制的另一类研究是基于风险最小化的组合优化研究。Yang 等基于泰勒 robust M 估计量和 Ledoit-Wolf 收缩估计量改进协方差矩阵，以风险最小为目标进行组合优化[14]。刘艳萍和曲蕾蕾以下偏度最小为目标函数控制贷款组合的重大损失，以 VaR 为约束控制贷款的整体风险，以最低收益限额为约束确保贷款收益，实现对贷款组合风险的双重控制[15]。Deng 等以 CVaR 衡量的极端风险最小为目标函数，基于 Copula-GARCH-EVT-CVaR 建立了投资组合优化模型[16]。迟国泰等通过以"增量和存量"全部资产、负债的持续期缺口与 0 的偏差尽可能小为主要目标，以确保资产负债匹配的利率风险最小[17]。Fissel 等以贷款组合风险最小为目标函数，以贷款组合的收益不小于目标收益为约束条件，建立了贷款组合优化模型[18]。迟国泰和丁士杰以 CVaR 为主要约束，以 EVA 最大为目标，建立了基于非预期损失控制的银行资产组合优化模型[19]。Gao 等基于均值-LMP 和均值-CVaR 建立了动态投资组合模型[20]。

以上两类研究的不足在于仅以资产收入最大或者风险最小为目标进行组合优化，忽略了银行经济资本与收益、风险的联系，无法实现银行经济资本的风险收益最大化。

2.1.3   基于 Monte Carlo 模拟的组合优化研究

国内外学者对信用风险控制的第三类研究是基于 Monte Carlo 模拟的组合优化研究。迟国泰等利用 Monte Carlo 方法模拟贷款在各个年度的收益率以判断其信用等级迁移情况，进而预测出每笔贷款的年平均收益率和标准差，建立了基于 Monte Carlo 模拟和 VaR 约束的银行资产组合优化模型[21]。有别于传统的独立度量不同种类风险的方法，陈荣达和陆金荣以可违约零息债券为对象，基于信用风险强度定价模型，建立了一个联合考虑信用风险和市场风险、度量综合风险 VaR 值的 Monte Carlo 方法[22]。Allen 等根据不同行业的特性改进了信用迁移矩阵，使得新的信用迁移矩阵能够反映出不同行业的特点，并利用 CVaR 度量风险，建立了基于新信用迁移矩阵的信用风险度量模型[23]。这类研究的不足仅通过模拟贷款收益率来确定贷款未来的信用迁移情况，忽略了影响贷款信用状态的更为根本的因素——宏观经济状态和贷款自身健康状态。

2.2　基于利率风险控制的资产负债管理优化管理的研究现状

2.2.1　基于久期模型免疫的资产负债管理研究

目前基于利率风险控制的资产负债管理优化模型大致可以分为两大类。第一类模型是基于久期模型免疫的资产负债管理研究,第二类模型是基于连续时间随机过程理论的投资组合利率风险控制模型。在前面的研究中,Macaulay[24]和 Samuelson[25]最早提出了久期的概念。Fisher 和 Weil 通过使用久期构造出对利率风险免疫的证券组合[26]。刘湘云和唐娜计算了商业银行总资产和总负债的 Macaulay 久期,并构建出久期缺口模型[27]。于鑫和霍春光分析研究了债券价值对利率变动的免疫策略,得出当 Macaulay 久期等于持有期的时候,选择合适的资产(负债)能够对利率风险免疫[28]。孔婷婷和张杨通过建立起久期缺口管理模型,实现了对商业银行利率风险的有效管理和控制[29]。刘韵婷等在利率敏感性缺口模型基础上,构建久期模型对其进行补偿,进而对商业银行的利率风险进行了研究分析[30]。施恬构建出修正久期缺口模型来衡量商业银行的利率风险,并提出相应的管理策略[31]。Macaulay 久期的不足在于:一它假设收益率曲线是平坦的。二它假设利率期限结构是平行移动的。事实上,平坦的收益率曲线只是一种非常特殊的情况,这使得 Macaulay 久期在现实中的应用范围十分有限,存在很大的局限性。

Fabozzi 首先构建出有效久期和有效凸度模型[32]。杨飞研究有效久期和有效凸度在利率风险管理中的应用[33]。张远为和林江鹏在传统久期和凸度模型的基础上,提出了一种简化的方法来计算久期和凸度,同时不需要以收益率曲线平坦且平行移动作为前提假设[34]。唐恩林通过构建跳跃模型,分析了隐含期权对商业银行久期匹配策略的影响[35]。有效久期的不足在于:计算非常繁杂、步骤较多,从而导致应用成本较高。

Reitano 首先提出方向久期的概念[36]。吴灏文和迟国泰通过方向久期及方向凸度免疫条件来控制利率风险,构建了商业银行资产负债管理优化模型[37]。方向久期的不足在于:模型中方向参数的设定具有一定的随意性,这使得方向久期在实际中的应用受到一定限制。

2.2.2　基于连续时间随机过程理论的投资组合利率风险控制模型

在基于连续时间随机过程理论的投资组合利率风险控制模型的研究

中，Bierwag 和 Kaufman 提出在久期概念中，现金流和折现因子的形式是与随机过程相联系的[38]。Vasicek 使用连续随机计算描述出利率在无风险和无套利状态下的移动情况[39]。Bharati 等通过构建 L-S 两因素 CIR 总体均衡模型，改进了动态缺口管理方法[40]。王克明和梁成在 Vasicek 和 CIR 利率期限结构模型的基础上，构建出随机久期模型实现对利率风险的免疫[41]。殷樱等建立了随机久期模型对商业银行利率风险进行控制，通过对久期缺口的分析研究，得到了增加商业银行价值的路径[42]。李鹏程等将传统久期免疫模型与随机久期免疫模型进行了对比分析，发现当利率期限结构变化复杂的时候，随机久期免疫模型得到的结果要优于传统久期免疫模型得到的结果[43]。上述模型的不足在于：模型较复杂、计算成本高、存在一定的随机过程风险。

2.3　基于联合风险控制的资产组合优化管理的研究现状

利率风险是银行面临的主要风险之一。当市场利率发生变动时，银行资产和负债的市场价值都会发生变化，这样就会造成银行股东的权益受到损害。但若银行资产和负债的平均持续期或久期匹配合理，则可以对市场利率变动带来的风险免疫[44]。

然而，信用风险与利率风险不是各自独立的[45]，利率风险的免疫会受到信用风险的影响。当市场利率变动时，资产和负债的价值发生变化，而导致银行净值的变化。与此同时，由于信用资产的违约，本息无法如额回收，银行净值也会发生亏损。因此，利率风险和信用风险会同时影响银行净值，资产负债匹配就不能仅考虑利率风险或信用风险，而是需要对信用风险与利率风险整体免疫。

2.3.1　基于信用风险的资产负债管理模型

基于信用风险的资产负债管理模型的相关研究如下。卞世博等利用简约化模型对信用债券进行定价，并给出其价格的动态过程，通过随机控制的方法求出了最优策略的解析解[46]。迟国泰等根据 Credit Metrics 信用风险迁移矩阵的时间效应和布朗运动来反映贷款风险的非系统因素，建立银行贷款决策模型[47]。Birge 和 Júdice 通过利率周期描述最优银行政策下的信贷风险，建立银行资产负债优化模型[48]。Deng 等通过 CVaR 测量投资组合的极端风险，建立了基于 Copula-GARCH-EVT-CVaR 的投资组合优化模型[49]。

2.3.2　基于利率风险的资产负债管理模型

基于利率风险的资产负债管理模型的相关研究如下。尹力博和韩立岩利用基于利率水平、斜率和曲率的离散情景树刻画未来利率期限结构动态演化过程，对国债组合投资进行有效匹配[50]。杨宝臣等在单因子 HJM（Heath-Jarrow-Morton）模型的假设下提出了引入非参数方法的随机久期进行利率风险免疫[51]。Topaloglou 等构建随机规划模型优化资产组合，并控制利率风险和汇率风险[52]。Gajek 和 Krajewska 推导了资产与负债关于利率的二阶导数关系——凸度，并在此基础上研究了凸度免疫对利率风险的控制[53]。

以上两类研究的不足是仅针对利率风险或信用风险一方面进行风险控制，忽略了信用风险与利率风险对银行净值的联合影响。

2.3.3　基于信用和利率风险的资产负债管理模型

基于信用和利率风险的资产负债管理模型的相关研究如下。王春峰等通过违约概率、违约补偿等参数，测算违约风险债券的预期现金流，建立含违约风险的利率风险管理模型[54]。刘艳萍等利用看跌期权公式建立了贴现率与违约风险间的函数关系，构造了含信用风险的久期免疫条件[55]。Chance 利用或有期权的方法对零息债券的违约风险定价，建立含有违约风险的久期测度[56]。Drehmann 等综合信用风险和利率风险对银行资产负债率的影响，优化银行资产配置[57]。

这类研究是基于违约概率、补偿率等参数方法或是基于或有期权的结构化定价模型，建立含违约风险的久期测度模型。不足是没有考虑资产在不同时间点上现金流的违约风险的变化，而事实上，违约风险是随着时间的推移而变化的。

2.4　基于增量与存量的全资产负债管理的研究现状

2.4.1　基于均值-方差的风险控制模型

现有研究中与资产组合优化相关的内容主要为以下四方面。在基于均值-方差的风险控制模型方面，Markowitz 开创性采用风险资产的期望值表示预期收益率，同时应用方差代表风险来研究资产的配置和组合优化问题[58]。Fu 等研究了一种均值-方差的两阶段优化问题，资产配置完成后任何一笔交易都会产生线性成本,通过均值-方差模型,可以得到最优阈值的闭式表达式,帮助投资者重新配置资源[59]。Dyer 等提供了一种根据均值-方差估算股票定期收益的统计方法,从业者可以在不同均值-方差的股票中选择相似的构建投资组合[60]。蒋春福和彭泓毅[61]、何朝林[62]探讨了均值-方差模型新的特征和应用场景。

2.4.2　基于信用风险迁移理论和风险价值控制的模型

在信用风险迁移理论方面,Gupton 等在 1997 年推出了信用迁移矩阵,并验证了其在实际应用中的有效性[63]。BoruLelissa 研究了与风险和风险管理相关变量的数量和质量对银行信用风险水平的重要影响,并以此作为信用迁移矩阵的构建框架[64]。沈凤武等从信用评级质量的检验方法入手,系统分析了信用迁移矩阵等方法在检验评级结果中起到的作用及其不足,给出了检验评级质量的一般方法,并验证了该评级检验方法的科学性和准确性[65]。进一步,有学者将这一方法推广到了债务[66]、债券[67]和资产配置[68]等领域。

在风险价值 VaR 控制理论方面,VaR 方法的出现,使得风险控制进入了一个"有备无患"的新时期,诸多学者对 VaR 模型的建立[69,70]和计算[71,72]做出了杰出的工作。刁训娣等比较了 VaR、TSRMs 与 ES 在正态分布和极值分布下的结果[73]。CVaR 方法[74-77]的提出进一步完善了 VaR 的应用领域。

2.4.3　基于增量加存量决策优化模型

在增量加存量决策优化模型方面,张志鹏和迟国泰[78]、迟国泰和丁士杰[79]提出了贷款增量加存量的优化思路,即银行不仅关注增量贷款带来的收益和风险,更关注巨额存量加增量总收益和总风险的大小,通过约束 VaR,构建包含已有贷款、增量贷款的全资产组合风险最小的配置模型,弥补了现有研究仅立足增量贷款忽略大额存量组合的问题。周颖和柳煦建立基于存量、增量贷款组合风险叠加的配置模型,并基于层次算法解出多组而非一组最优解,保证银行可以在多组优先顺序的最优解中根据实际情况选择切合实际的一组最优解[80]。

现有研究存在的不足:一方面,无论是均值-方差理论、信用迁移理论还是 VaR 理论,在衡量贷款风险时,都没有考虑到增量贷款组合风险 σ_j 与存量贷款组合风险 σ_i 之间存在非线性叠加函数关系 $\sigma_p = f(\sigma_i, \sigma_j)$,对贷款总额的风险估计不足。另一方面,现有增量加存量的研究思路没有考虑到信用风险及信用风险在持续期内发生变化的可能。

参 考 文 献

[1] 文忠平，周圣，史本山. 基于资本效率约束的多目标行业组合贷款优化管理模型[J]. 系统管理学报，2013，22（5）：611-618.

[2] Ou S L，Liu L Y D，Ou Y C. Using a genetic algorithm-based RAROC model for the performance and persistence of the funds [J]. Journal of Applied Statistics，2014，41 （5）：929-943.

[3] 秦学志，魏强，胡友群. 经济增长贡献率视角下的多目标信贷配置模型[J]. 运筹与管理，2012，21（6）：189-196.

[4] Li Y F，Guo W. The stock portfolios simulated annealing genetic algorithm based on RAROC[C]. Guilin：The 2009 Chinese Control and Decision Conference，2009.

[5] Stoughton N M，Zechner J. Optimal capital allocation using RAROC™ and EVA®[J]. Journal of Financial Intermediation，2007，16（3）：312-342.

[6] 聂广礼，李军彦，袁平. 基于 RAROC 的商业银行信贷资产组合管理[J]. 农村金融研究，2017，（1）：18-23.

[7] He J P，Wang Q G，Cheng P，et al. Multi-period mean-variance portfolio optimization with high-order coupled asset dynamics [J]. IEEE Transactions on Automatic Control，2015，60（5）：1320-1335.

[8] 凌爱凡，杨晓光，唐乐. 具有多元权值约束的鲁棒 LPM 积极投资组合[J]. 管理科学学报，2013，16（8）：31-46.

[9] 冯宝军，闫达文，迟国泰. 基于非线性区间数风险控制的资产负债优化模型[J]. 中国管理科学，2012，（1）：79-90.

[10] 迟国泰，迟枫，赵光军. 基于新旧两组贷款风险叠加的新增贷款组合优化模型[J]. 系统工程理论与实践，2009，29（4）：1-18.

[11] Li D，Ng W L. Optimal dynamic portfolio selection：multiperiod mean-variance formulation[J]. Mathematical Finance，2000，10（3）：387-406.

[12] 许启发，李辉艳，蒋翠侠. 基于 Copula-分位数回归的供应链金融多期贷款组合优化[J]. 中国管理科学，2017，25（6）：50-60.

[13] Lwin K T，Qu R，MacCarthy B L. Mean-VaR portfolio optimization：a nonparametric approach[J]. European Journal of Operational Research，2017，260 （2）：751-766.

[14] Yang L S，Couillet R，McKay M R. A robust statistics approach to minimum variance portfolio optimization[J]. IEEE Transactions on Signal Processing，2015，63（24）：6684-6697.

[15] 刘艳萍，曲蕾蕾. 基于下偏度最小化贷款组合优化模型[J]. 中国管理科学，2014，22（2）：32-39.

[16] Deng L，Ma C Q，Yang W. Portfolio optimization via pair copula-GARCH-EVT-CVaR model[J]. Systems Engineering Procedia，2011，（2）：171-181.

[17] 迟国泰，张玉玲，王元斌. 基于全部资产负债利率风险免疫优化的增量资产组合决策模型[J]. 管理工程学报，2011，25（2）：161-172.

[18] Fissel G S，Goldberg L，Hanweck G A. Bank portfolio exposure to emerging markets and its effects on bank market value[J].Journal of Banking and Finance，2006，30（4）：1103-1126.

[19] 迟国泰，丁士杰. 基于非预期损失控制的资产组合优化模型[J]. 数量经济技术经济研究，2018，35（3）：150-167.

[20] Gao J J，Zhou K，Li D，et al. Dynamic mean-LPM and mean-CVaR portfolio optimization in continuous-time[J]. SIAM Journal on Control and Optimization，2017，55（3）：1377-1397.

[21] 迟国泰，郑杏果，许文. 基于 Monte Carlo 模拟和 VaR 约束的银行资产组合优化模型[J].系统工程理论与实践，2006，26（7）：66-75.

[22] 陈荣达，陆金荣. 可违约零息债券风险综合度量 Monte Carlo 方法[J]. 管理科学学报，2012，15（4）：88-98.

[23] Allen D E，Kramadibrata A R，Powell R J，et al. Modelling tail credit risk using transition matrices[J]. Mathematics and Computers in Simulation，2013，93：67-75.

[24] Macaulay F R. Some Theoretical Problems Suggested by the Movements of Interest Rates，Bonds，Yields，and Stock Prices in the United States Since 1856[M]. New York：National Bureau of Economic Research，1938.

[25] Samuelson P. The effect of interest rate increases on the banking system[J]. American Economic Review，1945，35（1）：16-27.

[26] Fisher L，Weil R L. Coping with the risk of interest-rate fluctuations：returns to bondholders from naive and optimal strategies[J]. The Journal of Business，1971，44（4）：408-431.

[27] 刘湘云，唐娜. 商业银行利率风险：基于久期缺口的免疫策略及实证分析[J]. 南京航空航天大学学报（社会科学版），2006，8（3）：38-41，53.

[28] 于鑫，霍春光. 基于久期模型的债券免疫策略分析[J].商，2012，（11）：55.

[29] 孔婷婷，张杨. 基于久期缺口模型的商业银行利率风险免疫策略及实证分析[J].西安工业大学学报，2013，33（11）：922-929.

[30] 刘韵婷，曾秀文，黄嘉英. 利率市场化下商业银行的利率风险研究[J].经济研究导刊，2014，（14）：193-196.

[31] 施恬. 商业银行利率风险管理中久期缺口测算及其防御策略——基于中国股份制商业银行的实证分析[J]. 上海金融，2014，（5）：103-106.

[32] Fabozzi F J. Bond Market，Analysis and Strategies[M]. Upper Saddle River：Prentice Hall，1993.

[33] 杨飞. 久期技术与基于隐含期权的商业银行利率风险管理[J]. 科技与管理，2006，8（6）：104-106，112.

[34] 张远为，林江鹏. 一种计算债券久期和凸度的简单方法[J]. 西南金融，2014，（3）：12-15.

[35] 唐恩林. 隐含期权对商业银行久期匹配策略的影响分析[J]. 安徽农业大学学报（社会科学版），2014，23（3）：54-59.

[36] Reitano R R. Non-parallel yield curve shifts and spread leverage[J]. The Journal of Portfolio Management，1991，17（3）：82-87.

[37] 吴灏文，迟国泰. 基于方向久期与凸度免疫的资产负债优化模型[J]. 系统工程学报，2012，27（4）：506-512.

[38] Bierwag G O，Kaufman G G. Coping with the risk of interest-rate fluctuations：a note[J]. The Journal of Business，1977，50（3）：364-370.

[39] Vasicek O. An equilibrium characterization of the term structure[J]. Journal of Financial Economics，1977，5（2）：177-188.

[40] Bharati R，Nanisetty P，So J. Dynamic gap transformations：are banks asset-transformer or both?[J]. The Quarterly Review of Economics and Finance，2006，46（1）：36-52.

[41] 王克明，梁戍. 基于利率期限结构的随机久期与凸度模型构建及应用[J]. 统计与决策，2010，（24）：158-160.

[42] 殷樱，宋良荣，徐春晓. 基于随机久期的商业银行价值优化研究[J]. 财务与金融，2013，（4）：1-4.

[43] 李鹏程，李晶晶，杨宝臣. 随机久期利率风险免疫策略研究[J]. 经济与管理研究，2014，35（11）：50-54.

[44] 赫尔 C J. 风险管理与金融机构（原书第 3 版）[M]. 王勇，董方鹏，译. 北京：机械工业出版社，2014.

[45] Alessandri P，Drehmann M. An economic capital model integrating credit and interest rate risk in the banking book[J]. Journal of Banking & Finance，2010，34（4）：730-742.

[46] 卞世博，刘海龙，张晓阳. 信用债券型基金的最优资产配置策略[J]. 系统管理学报，2012，21（5）：596-601.

[47] 迟国泰，王化增，杨德. 基于信用迁移全部贷款组合优化下的新增单笔贷款决策模型[J]. 系统管理学报，2008，17（1）：1-8.

[48] Birge J R，Júdice P. Long-term bank balance sheet management：estimation and simulation of risk-factors [J]. Journal of Banking & Finance，2012，37（12）：4711-4720.

[49] Deng L，Ma C Q，Yang W. Portfolio optimization via pair copula-GARCH-EVT-CVaR model [J]. Systems Engineering Procedia，2011，2：171-181.

[50] 尹力博，韩立岩. 基于多阶段随机规划模型的国债动态积极投资策略[J]. 中国管理科学，2015，23（6）：9-16.

[51] 杨宝臣，李晶晶，苏云鹏. 随机久期免疫：一种非参数方法[J]. 系统工程，2013，31（1）：37-43.

[52] Topaloglou N，Vladimirou H，Zenios S A. Optimizing international portfolios with options and forwards[J]. Journal of Banking & Finance，2011，35（12）：3188-3201.

[53] Gajek L，Krajewska E. A new immunization inequality for random streams of assets，liabilities and interest rates[J]. Insurance：Mathematics and Economics，2013，53（3）：624-631.

[54] 王春峰，杨建林，蒋祥林. 含有违约风险的利率风险管理[J]. 管理科学学报，2006，9（2）：53-60.

[55] 刘艳萍，涂荣，迟国泰. 基于信用风险久期免疫的资产负债管理优化模型[J]. 管理学报，2010，7（2）：278-288.

[56] Chance D M. Default risk and the duration of zero coupon bonds[J]. The Journal of Finance，1990，45（1）：265-274.

[57] Drehmann M，Sorensen S，Stringa M. The integrated impact of credit and interest rate risk on banks：a dynamic framework and stress testing application[J]. Journal of Banking & Finance，2010，34（4）：713-729.

[58] Markowitz H. Portfolio selection[J]. The Journal of Finance，1952，7（1）：77-91.

[59] Fu Y H, Ng K M, Huang B, et al. Portfolio optimization with transaction costs: a two-period mean-variance model[J]. Annals of Operations Research, 2015, 233(1): 135-156.

[60] Dyer J N, MacKinnon R J, Elder K L. A survey and discussion of competing mean-variance statistics in portfolio analysis[J]. Journal of Financial Education, 2014, 40(3/4): 22-55.

[61] 蒋春福, 彭泓毅. 奇异协方差阵及不同借贷利率下均值-方差模型的解析解[J]. 运筹与管理, 2015, 24(2): 192-200.

[62] 何朝林. 均值-方差模型具有一般不确定性下的最优资产组合选择[J]. 中国管理科学, 2015, 23(12): 63-70.

[63] Gupton G M, Finger C C, Bhatia M. CreditMetrics^{TM}-technical document—Technical Document[M]. New York: J. P. Morgan & Co, 1997, 5(3): 48-51.

[64] BoruLelissa T. Factors influencing the level of credit risk in the Ethiopian commercial banks: the credit risk matrix conceptual framework[J]. European Journal of Business & Management, 2014, 6(23): 139-145.

[65] 沈凤武, 沈跃峰, 杜明艳, 等. 国家主权信用评级质量检验方法研究[J]. 国际金融研究, 2012, (5): 12-18.

[66] Forster J J, Buzzacchi M, Sudjianto A, et al. Modelling credit grade migration in large portfolios using cumulative t-link transition models[J]. European Journal of Operational Research, 2016, 254(3): 977-984.

[67] Hu B, Liang J, Wu Y. A free boundary problem for corporate bond with credit rating migration[J]. Journal of Mathematical Analysis and Applications, 2015, 428(2): 896-909.

[68] 史永奋. 基于修正的 CVaR 动态优化模型的商业银行贷款组合优化研究[J]. 金融经济学研究, 2013, 28(6): 22-33.

[69] Cui X T, Zhu S S, Sun X L, et al. Nonlinear portfolio selection using approximate parametric value-at-risk[J]. Journal of Banking & Finance, 2013, 37(6): 2124-2139.

[70] de Jesús R, Ortiz E, Cabello A. Long run peso/dollar exchange rates and extreme value behavior: value at risk modeling[J]. The North American Journal of Economics and Finance, 2013, 24(1): 139-152.

[71] 杨继平, 袁璐, 张春会. 基于结构转换非参数 GARCH 模型的 VaR 估计[J]. 管理科学学报, 2014, 17(2): 69-80.

[72] 许启发, 陈士俊, 蒋翠侠, 等. 极端 VaR 风险测度的新方法: QRNN+POT[J]. 系统工程学报, 2016, 31(1): 33-44.

[73] 刁训娣, 童斌, 吴冲锋. 基于 EVT 的谱风险测度及其在风险管理中的应用[J]. 系统工程学报, 2015, 30(3): 354-369, 405.

[74] 范波, 孟卫东, 代建生. 双边道德风险下基于 CVaR 的回购合同协调模型[J]. 系统工程学报, 2016, 31(1): 78-87.

[75] 黄金波, 李仲飞, 姚海祥. 基于 CVaR 两步核估计量的投资组合管理[J]. 管理科学学报, 2016, 19(5): 114-126.

[76] 肖佳文, 杨政. 混合分布的 VaR 非参数估计: 对期货市场的实证分析[J]. 系统工程学报, 2016, 31(4): 471-480.

[77] 代建生. 销售努力下基于 CVaR 的供应链协调[J]. 系统工程学报, 2017, 32(2): 252-264.

[78] 张志鹏，迟国泰. 基于随机久期利率免疫的银行资产负债优化模型[J]. 运筹与管理，2018，27（8）：135-148.

[79] 迟国泰，丁士杰. 基于非预期损失控制的资产组合优化模型[J]. 数量经济技术经济研究，2018，35（3）：150-167.

[80] 周颖，柳煦. 基于多组最优解的银行资产负债多目标优化模型构建[J].管理评论，2018，30（6）：13-27.

第3章 银行资产负债管理优化原理

3.1 均值-方差理论基本原理

组合优化理论的根本思路是对收益与风险的测量与权衡。现代商业银行及科研机构针对贷款组合优化提出的理论与应用，首先是对风险和收益的测量；其次是对风险和收益的权衡；最后是在此基础上衍生和丰富的其他理论。从这个角度来说，VaR 理论、信用风险理论本质都是对风险和收益的测量，针对目标函数变化的组合优化理论本质是对风险和收益的衡量，而增量存量本质上也是对风险收益的测量，只是测量的主体有所不同。这些研究的骨架就是均值-方差理论，或者说，这些研究的基础就是Markowitz 提出的均值-方差理论。

Markowitz 认为均值方差理论可以分为两个阶段：第一个阶段始于对标的物的经验和观察，终止于对标的物未来表现和安全性的确信。第二个阶段始于对标的物未来表现的相关性分析，终止于对投资组合的选择。而均值-方差理论考虑的主要是第二个阶段。

均值-方差理论是建立在以下一系列假设的基础上的。

假设 1　投资者对风险的选择是规避的，投资者在可选择的条件下，愿意追求预期效用最大。

假设 2　投资者会根据分散化投资组合的均值及方差来选择资产配置的组合方式。

假设 3　默认所有投资者处于同一个投资周期内，而且是单一的投资周期。

基于以上的假设基础，通过表示投资组合预期收益、投资组合的风险，Markowitz 构建了均值-方差模型：

$$E_p = \sum w_i r_i \tag{3.1}$$

其中，E_p 表示投资组合的预期收益；w_i 表示第 i 笔贷款的权重系数；r_i 表示第 i 笔贷款的收益率。式（3.1）表示投资组合的收益为单笔贷款收益的加权平均值。

在商业银行的贷款组合中，w_i 是通过单笔贷款的额度除以总的金额，这个做法就是默认的上文假设 3，认为当前的贷款均处于同一投资周期内。r_i 是通过对贷款收益的历史数据求均值得到的，在这个做法下，其本质实际是应用历史数据的收益代替预期收益。

$$\sigma\left(r_p\right)^2 = \sum\sum w_i w_j \mathrm{COV}\left(r_i, r_j\right) \qquad (3.2)$$

其中，$\sigma(r_p)^2$ 表示贷款组合的总风险；w_i 表示第 i 笔贷款的权重系数；w_j 表示第 j 笔贷款的权重系数；$\mathrm{COV}(r_i, r_j)$ 表示第 i 笔贷款同第 j 笔贷款的相关系数。式（3.1）表示投资组合的风险为各笔贷款收益率的协方差。

式（3.1）与式（3.2）组成的模型即 Markowitz 构建的均值-方差模型，在这两个公式的基础上，以其中一个为约束条件，另一个为目标函数，即可构建出适合不同情况的贷款组合优化模型。

3.2　全资产负债优化原理

存量组合（existing portfolio）：过去已经配置的资产，其特点是数额巨大。

增量组合（incremental portfolio）：待配置的贷款、证券等资产组合。

总体风险：总体风险=f（存量组合风险，增量组合风险），即 $\sigma_{\text{total}}=f(\sigma_E, \sigma_I)$。总体风险在增量资产配置前是一个函数表达式，配置后则是一个特定的常数。

全（total）资产负债优化：同时将过去已经配置的资产的存量组合与待配置的增量组合一并考虑后与全部负债结构进行匹配，即"存量组合+增量组合"资产⇐匹配⇒全部负债。

问题：现有研究仅对增量资产进行优化配置，这种增量组合优化的致命缺陷是忽略了巨额存量资产组合所形成的风险。

思路：通过对增量组合风险和存量组合风险进行叠加后的总体风险进行控制，在控制全部组合的信用风险和利率风险的前提下，对增量资产进行组合配置。

模型：以 RAROC 等收益类参数为目标函数，以"存量组合+增量组合"资产风险叠加后的 VaR、CVaR 等信用风险类的参数建立约束条件控制总体信用风险；以存量与增量组合后的全部资产负债的广义利率风险免疫条件来控制利率风险；建立一类基于存量与增量叠加风险控制的全资产负债优化模型。

特色：通过对存量与增量组合风险叠加后的总体风险进行控制，建立增量资产组合优化模型，使银行增量资产组合优化配置，控制包括存量组合和增量组合在内的全部风险，开拓资产负债配置的新思路。

3.2.1 基于总体信用风险控制的原理

问题：现有研究仅控制增量资产组合的信用风险，忽略了巨额存量资产组合的信用风险。

难点：存量与增量两个组合叠加后的总体信用风险并不等于存量组合信用风险和增量组合信用风险的简单相加。两个以上资产组合的标准差是非线性的，存量与增量两组资产组合后的标准差更是如此。

思路：总体信用风险=f（存量组合的信用风险，增量组合的信用风险），即 $\sigma_{total}= f(\sigma_E, \sigma_I)$。"存量+增量"两个组合信用风险的非线性叠加原理如图 3.1 所示。

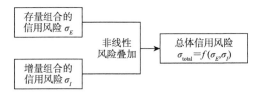

图 3.1　存量与增量全部组合信用风险的非线性叠加原理

特色：通过建立不但包括增量组合而且包括存量组合的总体信用风险的非线性叠加函数，并在增量资产的组合优化中对银行全部资产的总体信用风险进行控制，开拓金融资产配置的新思路，改变现有研究仅立足于增量组合信用风险控制的弊端。

3.2.2 全资产负债利率风险控制的原理

问题：当市场利率发生变化时，银行资产和负债价值都会发生变化，导致所有者权益变化，给银行股东带来损失。现有研究仅仅立足于增量组合的利率免疫，事实上，巨额的存量组合的利率风险对银行的影响更大。

思路：考虑巨额存量组合的利率风险对银行的影响，建立包括"存量+增量"全部组合久期、凸度等免疫条件，配给增量资产组合，保证利率变动时有效免疫全部资产负债的利率风险。

"存量+增量"全部组合的利率风险控制原理，如图 3.2 所示。

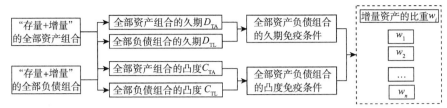

图 3.2　"存量+增量"全部组合的利率风险控制原理

特色：以"存量+增量"全部资产负债组合的久期、凸度等免疫条件为约束，建立基于利率风险控制的全资产负债优化模型，弥补现有研究仅立足于控制增量组合利率风险，忽略了巨额存量组合的利率风险对银行影响的弊端。

银行在发放贷款的时候，必然会考虑增量贷款可能带来的风险，与此同时，相对巨额的存量贷款在其存续期内也存在风险，而这两种贷款的总体风险，同二者单独的风险存在非线性关系，因此，在发放新贷款时有必要考虑总体的风险，这就是贷款增量与存量非线性风险叠加的原理。

3.3　贷款组合风险量度

3.3.1　风险价值 VaR

VaR 是指在一定置信水平 $1-\alpha$ 下，某金融资产组合在将来的一段时间内可能的最大损失。利用公式表示[1]：

$$P(X<-\text{VaR}_\alpha)=\alpha \qquad （3.3）$$

其中，X 表示金融资产组合在某持有期内的收益率，若 $X>0$ 表示收益，若 $X<0$ 表示损失；VaR_α 表示在 $1-\alpha$ 的置信水平下金融资产收益率的风险价值，或者说，资产组合的损失超过风险价值 VaR_α 的概率为 α。

例如，设定 $\alpha=0.01$，$\text{VaR}_{0.01}=5\%$，则表明该金融资产损失超过 5% 的概率为 0.01。

令贷款组合收益率 X 的累积分布函数为 $F(x)$，则可将式（3.3）转化为[1]

$$\text{VaR}_\alpha = -F_X^{-1}\left(\alpha\right) \qquad （3.4）$$

其中，$F_X^{-1}(\cdot)$ 表示金融资产组合收益 X 的累积分布函数的逆。用贷款组合收益分布函数的 α 分位点 $-F_X^{-1}\left(\alpha\right)$ 表示损失 VaR_α。

3.3.2 条件风险价值 CVaR

条件风险价值 CVaR 是指在一定置信水平 $1-\alpha$ 下，某金融资产组合在未来一段时间内损失超过 VaR 的平均值，利用公式表示[2]：

$$\text{CVaR} = E\left(X \mid X \leqslant -\text{VaR}_\alpha\right) = -\frac{1}{\alpha} \int_0^\alpha F_X^{-1}(p)\,\mathrm{d}p \qquad (3.5)$$

其中，$F_X^{-1}(\cdot)$ 表示金融资产组合收益 X 的累积分布函数的逆，其他字母的含义与式（3.3）和式（3.4）相同。

式（3.5）中 CVaR 指在 $1-\alpha$ 置信水平下贷款组合收益 X 小于 $-\text{VaR}_\alpha$ 全部收益的算数平均值，即贷款组合损失大于 VaR_α 的全部损失值的算数平均值。

案例三　美国长期资本管理公司破产[3]

美国长期资本管理公司（Long-Term Capital Management，LTCM），成立于 1994 年，是一家主要从事定息债务工具套利活动的对冲基金。LTCM 的投资策略主要为针对投资组合中两种或多种证券进行不同获利方向的交易，从而对冲风险。对冲基金的一个重要特征是他们大量使用杠杆投资。杠杆投资在增加他们总资产的同时也放大了风险。成立之初，LTCM 创下了辉煌的盈利纪录：1994~1996 年，每年的投资回报率分别为 28.5%、42.8% 及 40.8%，大大高于同期的美国股市收益。

LTCM 的资产结构呈现倒金字塔形：最核心的资产为 30 亿美元；通过向银行抵押借款等手段拥有资产 1400 亿美元；而其他交易的资产负债表以外的衍生品价值达到 12 500 亿美元。在经历了前两年每年高达 40% 投资收益率增长的情况下，1997 年 LTCM 投资收益率仅为 27%，与当年美国国债收益率持平。1998 年 5 月和 6 月，LTCM 开始亏损：住房抵押贷款市场的下挫使 LTCM 蒙受了严重损失。5 月的收益率为 -6.42%，6 月的收益率为 -10.14%，资产下降了约 7 亿美元。所罗门债券套利交易组的解散对 LTCM 的损失起了推波助澜的作用，因为其头寸和 LTCM 头寸非常类似。LTCM 期望通过抛售最具流动性头寸，如国债来恢复收益率。

在利率互换中，LTCM 向拥有俄罗斯 GKO 债券的投资银行支付美元浮动利率，收取 GKO 卢布息票；同时，与别家投资银行签订远期合约，约定在数月后以今天的汇率将收到的卢布利息换成美元。若俄罗斯违约，那么卢比必然贬值。因此，在外汇市场的收益可以冲抵债券投资损失。而实际上，1998 年 8 月 17 日俄罗斯政府宣布卢布贬值、对 GKO 违约，而且禁止国内银行在一个月内履行外汇合约。随着俄罗斯信用危机的发生，国际游资涌向高质量的金融工具，首选是最具流动性的美国国债和 G-7①国的政府债券。全球性的投资狂潮导致了新发行的国债与原先的国债间投资收益率差价的急剧扩大。

LTCM 损失最惨烈的两类交易是互换交易和股票波动率交易。自 20 世纪 90 年代以来，美国的互换利差水平一直保持在 35 个基点左右。但在 1998 年 4 月，美国的互换利差已经上升到了 48 个基点；8 月，上升到 76 个基点。高风险债券的市场溢价全面上升，LTCM 在每个市场上都出现了大量亏损。在互换交易中，损失达到了 16 亿美元。与此同时，1998 年 8 月，指数期权的隐含波动率不降反升，9 月中旬，股票价格的波动幅度为 33%。1998 年夏天，LTCM 仅在长期股票期权这一项交易中就亏损了 13 亿美元。

总结美国长期资本管理公司的失败原因主要有以下几点。

一是 LTCM 用于风险管理的手段是 VaR 模型。但是历史数据表明，金融数据的分布与正态分布相比存在"肥尾现象"。VaR 模型没有考虑流动性风险、主权债券违约风险等因素，所用的历史数据时间又比较短，因而低估了风险。

二是压力测试：只考虑最大的 12 笔交易，计算出来的最坏情况下的损失为 30 亿美元。其他诸如流动性较差的交易并没有被考虑进去。

三是相关性改变：LTCM 认为不同市场上的不同交易是无关联的或关联极小，因此只要将投资充分分散化，波动率就会保持在较低水平。LTCM 在不同市场进行的交易关联性较小，一般在 0.1~0.3。然而 1998 年 8 月，俄罗斯信用危机转变了市场状况。所有资金从不安全和流动性差的资产上撤离，转向安全和具有良好流动性的资产。这种状况导致不同市场不同交易的关联性加强。

四是流动性：LTCM 的不少交易策略都是通过持有流动性差、安全性低的资产，同时出售市场青睐的流动性好的资产来进行的。但当 LTCM 急需流动性时，却没有人能提供。

LTCM 让我们看到了严谨数据支持下的投资策略的魅力，但信用风险与流动性风险却很难计量，计量化管理工具是有缺陷的。当市场出现系统性流动性风险时，原先的避险策略都失效，造成巨大损失。

---

① G-7 指"七国集团"，即美国、加拿大、法国、德国、意大利、日本和英国。

计量模型依赖历史统计数据，会忽略小概率事件的风险。风险管理与准确投资同样重要，对于如此高的杠杆性操作决不允许赌错，即使是1%的概率，对交易也会产生很大影响。

3.4   信用风险迁移原理和迁移矩阵

3.4.1   原理

信用风险难以观察，可从信用风险迁移来反映信用等级状态的变化。如果假定其他影响因素不变，类似于一个平稳的马尔可夫过程[4]，即一类企业在这一时期内移往任何特定信用等级的概率与过去时期的结果无关，就可估计几个时间间隔后信用风险的变化情况。

信用等级迁移矩阵（credit rating migration probability matrix）描述的是在一段时间内，贷款人的信用品质发生变化而使它的信用等级由原始的等级转变为更好或更差的等级的概率。下面以企业信用等级为 AAA 级为例介绍，如图 3.3 所示。

在图 3.3 中，企业在第一阶段的信用等级要由 1 个状态向 8 个状态变化，即向 7 个非违约状态和 1 个违约状态迁移。在第二阶段由于信用等级经过了第一阶段的迁移，共面临 8 种状态，即向 7 个非违约状态和 1 个违约状态。在第二阶段中每一个非违约状态都要向 8 个状态迁移。因此，经过第二阶段共有 7 组 49 个非违约状态（一共 56 个状态）。

信用风险迁移原理的特色是考虑了贷款企业的信用等级迁移，更加客观地反映了贷款的真实收益与风险的关系，解决了现有研究仅简单求解各笔贷款收益率期望值而忽略信用风险迁移的问题。

3.4.2   信用等级迁移矩阵

信用迁移矩阵是解决信用风险的主要方法，也是实际应用中，控制信用风险的主要思路之一。

信用迁移是指债务人或客户的信用质量发生变化，如从 AAA 级降低到 AA 级等，或从 BBB 级提高至 A 级等。信用迁移的数值是用百分比表示的概率值，可以通过对历史数据的统计得到。这些统计得到的信用迁移概率应用在单笔增量贷款时，可以从概率统计学的角度，做到对信用风险的覆盖。

信用迁移矩阵反映了债务人或客户信用在不同信用等级间的变动概率，揭示了债务人信用风险变化的趋势，实现对企业的信用风险完全覆盖。

表 3.1~表 3.5 给出 Keenan 和 Carty 的 1~5 年期信用迁移矩阵[5]。

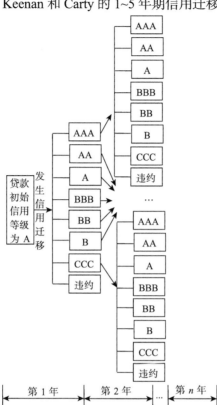

图 3.3　多阶段信用风险转移图

表 3.1　第 1 年信用等级迁移概率矩阵 P_{ik}^1 [5]

最初等级（序号 i）	1 年后可能的等级（序号 k）							
	（1）AAA	（2）AA	（3）A	（4）BBB	（5）BB	（6）B	（7）CCC	（8）违约
（1）AAA	87.74%	10.93%	0.45%	0.63%	0.12%	0.10%	0.02%	0.02%
（2）AA	0.84%	88.23%	7.47%	2.16%	1.11%	0.13%	0.05%	0.02%
（3）A	0.27%	1.59%	89.05%	7.40%	1.48%	0.13%	0.06%	0.03%
（4）BBB	1.84%	1.89%	5.00%	84.21%	6.51%	0.32%	0.16%	0.07%
（5）BB	0.08%	2.91%	3.29%	5.53%	74.68%	8.05%	4.14%	1.32%
（6）B	0.21%	0.36%	9.25%	8.29%	2.31%	63.89%	10.13%	5.58%
（7）CCC	0.06%	0.25%	1.85%	2.06%	12.34%	24.86%	39.97%	18.6%

表 3.2　第 2 年信用等级迁移概率矩阵 P_{ik}^2 [5]

最初等级（序号 i）	2 年后可能的等级（序号 k）							
	（1）AAA	（2）AA	（3）A	（4）BBB	（5）BB	（6）B	（7）CCC	（8）违约
（1）AAA	77.09%	19.26%	1.66%	1.37%	0.37%	0.18%	0.05%	0.05%

最初等级	2 年后可能的等级（序号 k）							
（序号 i）	（1）AAA	（2）AA	（3）A	（4）BBB	（5）BB	（6）B	（7）CCC	（8）违约
（2）AA	1.54%	78.13%	13.40%	4.36%	2.07%	0.32%	0.13%	0.07%
（3）A	0.63%	3.03%	79.85%	12.95%	2.93%	0.36%	0.16%	0.10%
（4）BBB	3.20%	3.73%	9.06%	71.73%	10.47%	1.05%	0.50%	0.26%
（5）BB	0.28%	4.95%	6.70%	9.85%	56.91%	12.21%	5.57%	3.53%
（6）B	0.51%	0.97%	14.85%	13.31%	5.13%	43.56%	10.64%	11.07%
（7）CCC	0.18%	0.84%	5.21%	5.44%	14.89%	26.82%	19.01%	27.59%

表 3.3　第 3 年信用等级迁移概率矩阵 P_{ik}^3 [5]

最初等级	3 年后可能的等级（序号 k）							
（序号 i）	（1）AAA	（2）AA	（3）A	（4）BBB	（5）BB	（6）B	（7）CCC	（8）违约
（1）AAA	67.83%	25.48%	3.36%	2.21%	0.71%	0.27%	0.08%	0.09%
（2）AA	2.13%	69.46%	18.10%	6.50%	2.92%	0.54%	0.22%	0.16%
（3）A	1.03%	4.35%	72.12%	17.08%	4.28%	0.66%	0.29%	0.22%
（4）BBB	4.19%	5.45%	12.40%	61.85%	12.75%	1.89%	0.86%	0.60%
（5）BB	0.56%	6.40%	9.94%	13.17%	44.26%	13.81%	5.84%	6.01%
（6）B	0.84%	1.73%	18.36%	16.44%	7.25%	30.95%	8.91%	15.56%
（7）CCC	0.36%	1.53%	8.30%	8.43%	14.52%	23.09%	10.94%	32.82%

表 3.4　第 4 年信用等级迁移概率矩阵 P_{ik}^4 [5]

最初等级	4 年后可能的等级（序号 k）							
（序号 i）	（1）AAA	（2）AA	（3）A	（4）BBB	（5）BB	（6）B	（7）CCC	（8）违约
（1）AAA	59.78%	30.01%	5.36%	3.15%	1.10%	0.36%	0.12%	0.15%
（2）AA	2.62%	62.01%	21.79%	8.54%	3.69%	0.77%	0.32%	0.29%
（3）A	1.46%	5.54%	65.61%	20.12%	5.48%	0.99%	0.43%	0.40%
（4）BBB	4.91%	7.01%	15.17%	54.02%	13.95%	2.67%	1.17%	1.08%
（5）BB	0.89%	7.47%	12.83%	15.68%	35.17%	13.91%	5.60%	8.46%
（6）B	1.18%	2.56%	20.57%	18.40%	8.59%	22.65%	7.03%	19.06%
（7）CCC	0.57%	2.21%	10.75%	10.69%	13.42%	18.68%	7.33%	36.34%

表 3.5　第 5 年信用等级迁移概率矩阵 P_{ik}^5 [5]

最初等级	5 年后可能的等级（序号 k）							
（序号 i）	（1）AAA	（2）AA	（3）A	（4）BBB	（5）BB	（6）B	（7）CCC	（8）违约
（1）AAA	52.78%	33.19%	7.51%	4.17%	1.53%	0.46%	0.17%	0.23%
（2）AA	3.04%	55.62%	24.67%	10.43%	4.38%	1.01%	0.42%	0.47%
（3）A	1.88%	6.64%	60.13%	22.32%	6.51%	1.34%	0.58%	0.64%
（4）BBB	5.42%	8.41%	17.48%	47.81%	14.45%	3.33%	1.42%	1.68%
（5）BB	1.22%	8.27%	15.32%	17.53%	28.57%	13.19%	5.14%	10.76%
（6）B	1.51%	3.42%	21.94%	19.58%	9.34%	17.00%	5.51%	21.77%
（7）CCC	0.80%	2.86%	12.58%	12.29%	12.24%	14.89%	5.40%	38.93%

下面以表 3.1 企业信用等级为 AAA 级为例进行说明，企业在下一年信用等级要由 AAA 向 AAA、AA 等 7 个等级或是违约状态迁移，即为表 3.1 第 1 行所表示的概率。例如，表 3.1 第 1 行第 2 列表示企业在一年后，由 AAA 的信用等级变为 AA 的信用等级的概率是 10.93%。表 3.1 第 1 行最后一列，表示企业在一年后，由 AAA 的信用等级变为违约的信用等级的概率是 0.02%。

案例四　海南发展银行破产[6]

1998 年 6 月 21 日，中国人民银行发表公告，关闭刚刚诞生 2 年 10 个月的海南发展银行。这是新中国金融史上第一次由于支付危机而关闭一家有省政府背景的商业银行。

海南发展银行从开业之日起就步履维艰，不良资产比例大，资本金不足，支付困难，信誉差。1997 年底按照省政府意图海南发展银行兼并 28 家有问题的信用社之后，公众逐渐意识到问题的严重性，开始出现挤兑行为。随后几个月的挤兑行为耗尽了海南发展银行的准备金，而其贷款又无法收回。为保护海南发展银行，国家曾紧急调了 34 亿元资金救助，但只是杯水车薪。为控制局面，防止风险蔓延，国务院和中国人民银行当机立断，宣布 1998 年 6 月 21 日关闭海南发展银行。同时宣布从关闭之日起至正式解散之日前，由中国工商银行托管海南发展银行的全部资产负债，其中包括接收并行使原海南发展银行的行政领导权、业务管理权及财务收支审批权；承接原海南发展银行的全部资产负债，停止海南发展银行新的经营活动；配合有关部门实施清理清偿计划。对于海南发展银行的存款，则采取自然人和法人分别对待的办法，自然人存款即居民储蓄一律由工行兑付，而法人债权进行登记，将海南发展银行全部资产负债清算完毕以后，按折扣率进行兑付。6 月 30 日，在原海南发展银行各网点开始了原海南发展银行存款的兑付业务，由于公众对中国工商银行的信用，兑付业务开始后并没有造成大量挤兑，大部分储户只是把存款转存工商银行，现金提取量不多，没有造成过大的社会震动。

海南发展银行的倒闭最主要的原因是不良资产比例过大。可以说，海南发展银行建立本身就是一个吸纳海南非银行金融机构不良资产的怪胎。1992 年开始海南房地产火爆，1993 年 5 月以后，国家加大金融宏观调控力度，房地产热逐步降温，海南的众多信托投资公司由于大量资金压在房地产上而出现了经营困难。在这个背景下，海南省政府决定成立海南发展银行，将 5 家已存在严重问题的信托投资公司合并为海南发展银行。据统计，合并时这5家机构的坏账损失总额已达26亿元。有关部门认为，可以靠公司合并后的规模经济和制度化管理，使它们的经营好转，信誉度上升，从而摆脱困境。1997年底，遵循同样的思路，有关部门又将海南省内28家有问题的信用社并入海南发展银行，从而进一步加大了其不良资产的比例。海南发展银行最终被关闭的本质原因还是其自身存在的违规经营。海南发展银行建立起来以后，并没有按照规范的商业银行机制进行运作，而是大量进行违法违规的经营，其中最为严重的是向股东发放大量无合法担保的贷款。海南发展银行是在1994年12月8日经中国人民银行批准筹建，并于1995年8月18日正式开业的。成立时的股本16.77亿元。但仅在1995年5~9月，就已发放贷款10.60亿元，其中股东贷款9.20亿元，占贷款总额的86.79%。绝大部分股东贷款都属于无合法担保的贷款，许多贷款的用途根本不明确，实际上是用于归还用来入股的临时拆借资金，许多股东的贷款发生在其资本到账后的一个月，入股单位实际上是刚拿来，又拿走。股东贷款实际上成为股东抽逃资本金的重要手段。这种违法违规的经营行为显然无法使海南发展银行走上健康发展的道路。

3.5 久 期

3.5.1 现有研究的久期模型

现有研究中代表性的久期模型大致分为5种，如表3.6所示。

表3.6 现有研究的久期

（1）序号	（2）久期	（3）符号	（4）特点
1	Macaulay久期	$MacD$	以每期现金流的折现值与总现值之比为权重，对现金流的到期期限进行加权平均[7]
2	F-W久期	D_{F-W}	在Macaulay久期的基础上，考虑了未来即期利率的变化。利用每一期限的利率估计值对未来现金流折现，再以现金流折现值与总现值为权重，计算加权平均期限[8]
3	有效久期	D_{eff}	利率发生一定变化时资产价格变动的百分比，是资产价格变动与利率变动的比值，改变了Macaulay久期中现金流不随利率而变化的假设[8]
4	方向久期	D_d	以每一特定时段的利率变化量除以全部时段利率变化量的均值作为权重，对现金流进行加权，反映不同时段的利率变化量对现金流平均回收期的影响，刻画利率非平行移动下的利率风险[9]
5	信用风险久期	D_{credit}	基于违约概率、补偿率等参数方法或是基于或有期权的结构化定价模型，测算违约风险溢价。利用违约风险溢价来修正Macaulay久期中现金流的折现利率。改变了Macaulay久期忽略违约风险影响的不足[10-13]

1）Macaulay 久期等四类久期

Macaulay 久期是最经典的久期模型，其定义久期概念为"现金流的加权平均期限"[7]，其函数表达式为 MacD=f（现金流 c_i，无风险收益率 r，现金流到期期限 t）。F-W 久期、有效久期、方向久期则是对 Macaulay 久期的改进模型。

表 3.6 前 4 行的四类久期共同问题是利用未经违约风险调整的现金流来计算久期，忽略信用风险对久期的影响。但事实上，久期是关于收益率的函数，而现金流收益率要受到信用风险的影响，所以久期必然要反映信用风险。

2）现有研究中"信用风险久期 D_{credit}"

表 3.6 第 5 行是现有研究中"信用风险久期 D_{credit}"，其通常的做法是通过违约风险溢价 r_c，对 Macaulay 久期中折现利率进行修正，用函数表示为 D_{credit}=f（现金流 c_i，无风险收益率 r，违约风险溢价 r_c，现金流到期期限 t）[10-13]。

这类研究的问题是违约风险溢价 r_c 是一个固定值，忽略了不同时间点的违约风险溢价会随时间而变化。事实上，资产信用状况是随着时间的推移而变化的，违约风险溢价必然是关于时间的函数。

3.5.2　综合控制违约风险和利率风险的信用久期 D_C

"信用久期 D_C"系指根据资产的价值等于风险贴现率对现金流的贴现简约化定价理论，利用违约强度和违约损失率计算时变的违约风险溢价 $r_c(t)$。利用含违约风险溢价 $r_c(t)$ 的折现利率对每期现金流进行折现，以现金流的折现值为权重，计算出资产负债的加权平均期限。这就是本节"信用久期 D_C"的定义。

"信用久期"用函数表示的数学表达式为 D_C=f（现金流 c_i，无风险收益率 r，违约风险溢价 $r_c(t)$，现金流到期期限 t），即 D_C=f（c_i，r，$r_c(t)$，t）。

（1）与 Macaulay 久期 MacD=f（c_i，r，t）的区别：表达式的右端多了一项"违约风险溢价 $r_c(t)$"，反映信用风险对久期的影响。

（2）与现有研究中含信用风险的久期 D_{credit}=f（c_i，r，r_c，t）的区别：违约风险溢价增加了时间 t 为自变量，反映不同时间点的违约风险溢价随时间的变化对久期的影响。

参 考 文 献

[1] Carlo A，Prospero S. Portfolio optimization with spectral measures of risk[J]. Quantitative Finance，2002，79（7）：1-28.

[2] Lim A E B，Shanthikumar J G，Vahn G Y. Conditional value-at-risk in portfolio optimization：coherent but fragile[J]. Operations Research Letters，2011，39（3）：163-171.

[3] 迈克尔·斯克诺尔夫，安尼塔·拉齐哈冯，米歇尔·佩勒斯. 满盘皆输——美国长期资本管理公司（LTCM）是如何失败的[J]. 经济导刊，1999，（2）：68-77.

[4] Hogan W W，Warren J M. Toward the development of an equilibrium capital-market model based on semivariance[J]. The Journal of Financial and Quantitative Analysis，1974，9（1）：1-11.

[5] de Jesús R，Ortiz E，Cabello A. Long run peso/dollar exchange rates and extreme value behavior：value at risk modeling[J]. The North American Journal of Economics and Finance，2013，24（1）：139-152.

[6] 林海. 金融机构退出与金融消费者保障——海南发展银行倒闭风波简析[J]. 中国商贸，2014，（4）：133-134.

[7] 赫尔 C J. 风险管理与金融机构（原书第3版）[M]. 王勇，董方鹏，译. 北京：机械工业出版社.

[8] 闫达文. 基于信用与利率风险控制的银行资产负债优化模型研究[D]. 大连：大连理工大学，2010.

[9] 吴灏文，迟国泰. 基于方向久期与凸度免疫的资产负债优化模型[J]. 系统工程学报，2012，27（4）：506-512.

[10] 王春峰，杨建林，蒋祥林. 含有违约风险的利率风险管理[J]. 管理科学学报，2006，9（2）：53-60.

[11] 刘艳萍，涂荣，迟国泰. 基于信用风险久期免疫的资产负债管理优化模型[J]. 管理学报，2010，7（2）：278-288.

[12] Chance D M. Default risk and the duration of zero coupon bonds[J]. The Journal of Finance，1990，45（1）：265-274.

[13] Drehmann M，Sorensen S，Stringa M. The integrated impact of credit and interest rate risk on banks：a dynamic framework and stress testing application[J]. Journal of Banking & Finance，2010，34（4）：713-729.

第二篇　基于信用风险控制的
银行资产组合优化模型

第4章 基于 Copula 尾部风险控制的行业贷款配置模型

4.1 引　言

银行危机的本质是资产配置失误，行业资产配置又是银行资产配置的顶级层次。避免银行巨额亏损乃至银行危机的核心是控制资产配置的极端风险。本章建立了基于尾部风险控制的行业贷款配置模型。

本章的创新和特色：一是通过构造不同行业的尾部相关系数与尾部风险价值的函数关系，建立了基于极端风险控制的行业贷款配置模型；改进了经典均值方差模型由于使用 Pearson 线性相关系数导致的无法度量尾部极端风险的弊端。二是建立了基于 t 分布的 VaR 约束，提高了 VaR 约束与"尖峰厚尾"特征的契合度，增强了 VaR 约束控制尾部极端风险的能力，解决了 VaR 约束的正态性假设与"尖峰厚尾"特征不一致的弊端。

4.2 基于 Copula 理论的尾部相关性度量

4.2.1 Copula 函数的定义

Copula 函数[1]是将 n 个一元分布函数连接成一个 n 维联合分布函数的连接函数。以二元情况为例：设随机变量 X、Y 的概率密度函数为 $f_X(x)$ 和 $f_Y(y)$，概率分布函数记为 $F_X(x)$ 和 $F_Y(y)$。记 $u=F_X(x)$，$v=F_Y(y)$，则 X、Y 的 Copula 函数记为 $C(u,v)$ 且 $\mathrm{d}u=f_X(x)\,\mathrm{d}x$，$\mathrm{d}v=f_Y(y)\,\mathrm{d}y$，$f(x,y)\,\mathrm{d}x\mathrm{d}y=c(u,v)\,\mathrm{d}u\mathrm{d}v$。令 (u,v) 的密度函数 $c(u,v)=\dfrac{\partial^2(u,v)}{\partial u\partial v}$，则有[1]

$$f\left(F_X^{-1}(u),F_Y^{-1}(v)\right)=c(u,v)f_X\left(F_X^{-1}(u)\right)f_Y\left(F_Y^{-1}(v)\right) \tag{4.1}$$

4.2.2 两种适合描述下尾相关性的 Copula 函数

1）二元 Clayton Copula 函数

生成元为 $\varphi(u;a)=(u^{-a}-1)/a, a\in(0,+\infty)$ 为参数，其分布函数和密度函数分别为[2]

$$C(u,v;a)=\left(u^{-a}+v^{-a}-1\right)^{-1/a} \tag{4.2}$$

$$c(u,v;a)=(1+a)(uv)^{-a-1}\left(u^{-a}+v^{-a}-1\right)^{-2-\frac{1}{a}} \tag{4.3}$$

2）二元 t-Copula 函数的分布函数和密度函数[3]

$$C(u,v;\rho,k)=\int_{-\infty}^{t_k^{-1}(u)}\int_{-\infty}^{t_k^{-1}(v)}\frac{1}{2\pi\sqrt{1-\rho^2}}\left(1+\frac{x^2-2\rho xy+y^2}{k(1-\rho^2)}\right)^{-\frac{k+2}{2}}\mathrm{d}x\mathrm{d}y \tag{4.4}$$

$$c(u,v;\rho,k)=|\rho|^{-\frac{1}{2}}\frac{\Gamma\left(\frac{k+2}{2}\right)\Gamma\left(\frac{k}{2}\right)\left(1+\frac{1}{k}\left(t_k^{-1}(u),t_k^{-1}(v)\right)^{\mathrm{T}}\rho^{-1}\left(t_k^{-1}(u),t_k^{-1}(v)\right)\right)^{-\frac{k+2}{2}}}{\left(\Gamma\left(\frac{k+1}{2}\right)\right)^2\left(1+\frac{t_k^{-1}(u)}{k}\right)^{-\frac{k+1}{2}}\left(1+\frac{t_k^{-1}(v)}{k}\right)^{-\frac{k+1}{2}}} \tag{4.5}$$

ρ 为一元 t 分布函数值 $t_k^{-1}(u)$ 和 $t_k^{-1}(v)$ 的 Pearson 线性相关系数，自由度为 k；t_k^{-1} 为 t 分布函数的逆，自由度同为 k；Γ 为 Γ 函数。

本章的目的是描述银行的行业贷款收益率降低时产生的尾部极端风险，因此选取这两种均适用于描述随机变量下尾相关性[3]的 Copula 函数，并进行优选。

4.2.3 下尾相关系数的计算

设随机变量 X、Y 的 Copula 函数为 $C(F(x),\ F(y))$，边缘分布为 $F(x)$ 和 $F(y)$，$a\in[0,1]$，若[4]：

$$\lambda_L=\lim_{a\to 0}P\left(Y\leqslant F(a)\big|X\leqslant F(a)\right) \tag{4.6}$$

存在，则称此极限为随机变量 X、Y 的下尾相关，记为 λ_L。

下尾相关系数 λ_L 描述了随机变量 X、Y 共同达到数据的极小值时的相关性，下尾相关系数 λ_L 越大则表明随机变量 X 靠近极小值时，随机变量 Y 同时靠近极小值的可能性越大。

当 $\lambda_L=0$ 时，称随机变量 X、Y 下尾独立；当 $\lambda_L=1$ 时，称随机变量 X、

Y 下尾相关。

1）Copula 函数参数的估计

采用非参数法[5]估计 Clayton Copula 函数的参数，非参数法通过计算 kendall 相关系数 τ 反推出参数 a[5]。设随机变量 X,Y 的样本集合为 $\{(x_1,\ y_1),\ (x_2,\ y_2),\cdots,(x_n,\ y_n)\}$，则随机变量 $X,\ Y$ 的 kendall 相关系数 τ 为[5]

$$\tau=(l-m)/h \qquad (4.7)$$

其中，h 为集合的所有二元样本子集 $\{(x_i,\ y_i),(x_j,\ y_j)\}$ 的数量；l 为样本集合的所有二元样本子集 $\{(x_i,\ y_i),(x_j,\ y_j)\}$ 中协同[5]的数量；m 为所有二元样本子集 $\{(x_i,\ y_i),(x_j,\ y_j)\}$ 中非协同[5]的数量。协同的概念为[5]

$$z=(x_i-x_j)(y_i-y_j) \qquad (4.8)$$

若 $z>0$ 则称二元样本子集 $\{(x_i,\ y_i),(x_j,\ y_j)\}$ 是协同的；反之，若有 $z<0$ 则称二元样本子集 $\{(x_i,\ y_i),(x_j,\ y_j)\}$ 是非协同的，每两个不同的二元样本子集之间只存在协同或不协同中的一种情形。

根据 Genest 和 Rivest 的理论[5]，有

$$a=2\tau/(1-\tau) \qquad (4.9)$$

本章利用半参数法[6]来估计 t-Copula 函数的参数。

设：随机变量 $X,\ Y$ 的观测值分别为 x_i 和 y_i，$i=1,2,\cdots,n$；$C(u,\ v)$ 为 t-Copula 的密度函数，如式（4.4）所示。

选取经验分布函数 $F(\cdot)$ 和 $G(\cdot)$，计算随机变量 $X,\ Y$ 在经验分布函数下的函数值 $F(x_i)$ 和 $G(y_i)$。

设 ρ 为函数值 $F(x_i)$ 和 $G(y_i)$ 的线性相关系数；k 为自由度；构造似然函数[6]：

$$L(\rho,k)=\prod_{t=1}^{n}c\big(F(x_i),G(y_i)\big)f(x_i)g(y_i) \qquad (4.10)$$

其中，$f(\cdot)$ 和 $g(\cdot)$ 分别为分布函数 $F(\cdot)$ 和 $G(\cdot)$ 的密度函数。

对式（4.10）两边取对数得到对数似然函数，然后再分别对 ρ 和 k 求偏导，有

$$\begin{cases} \dfrac{\partial L(\rho,k)}{\partial \rho}=0 \\[2mm] \dfrac{\partial L(\rho,k)}{\partial k}=0 \end{cases} \qquad (4.11)$$

求解式（4.11）的线性方程组，得到 t-Copula 函数的两个参数：线性

相关系数 ρ 和自由度 k。

2）Copula 函数的选择

这里利用 K-S（Kolmogorov-Smirnov）检验[7]来拟合上文选择的两种 Copula 函数，选出拟合度较高的一个来计算下尾相关系数。以 Clayton Copula 函数为例，K-S 检验过程主要有 4 个步骤。

（1）对随机变量 X_i, Y_i 的数值进行概率积分变换至[0,1]，记变换后的数值为 U_i 和 $V_i, i=1,2,\cdots,n$，X_i 的均值为 μ_X，标准差为 σ_X，则概率积分变换即为求随机变量 X_i 在标准正态分布 Φ 下的分位数（可以查正态分布表得到），变换公式为[7]

$$U_i \int_{-\infty}^{\frac{X_i-\mu_X}{\sigma_X}} \frac{1}{\sqrt{2\pi}} e^{-\frac{t^2}{2}} \mathrm{d}t \qquad (4.12)$$

（2）将（1）中标准化后的数据 U_i 和 V_i 代入 Clayton Copula 函数的分布函数式（4.2）中，得到 n 个函数值 C_i，（$i=1,2,\cdots,n$）；参数 a 的值由上文式（4.9）给出，则有

$$C_i = \left(U_i^{-a} + V_i^{-a} - 1\right)^{-1/a} \qquad (4.13)$$

（3）确定 Clayton Copula 函数的边缘分布。Clayton Copula 函数的边缘分布为[2]

$$M_i = C_i + \left(C_i^{-a} - 1\right) \big/ a C_i^{-a-1} \qquad (4.14)$$

参数 a 的值由上文式（4.9）给出，将（2）中得到的 n 个函数值 C_i 代入式（4.14）中，得到 n 个边缘分布的函数值 M_i。

（4）将（3）中得到的 n 个函数值 M_i 由小到大重新排列，记排序后的函数值序列为 $K_1, K_2, \cdots, K_n$；M_i 的积累概率为从所有 n 和函数值中任取 1 个小于或等于 M_i 的概率，故包含 n 个值的标准均匀分布的函数值序列 $L_1=1/n$，$L_2=2/n$，$L_3=3/n,\cdots,L_n=1$[7]；计算 K_i 与 L_i 差值的绝对值并选取最大值作为 Clayton Copula 函数的检验统计量 t：

$$t = \max\left\{|K_i - L_i|\right\} \qquad (4.15)$$

统计量 t 越小，说明 Clayton Copula 函数描述变量 X，Y 的效果就越好。

以上计算的是 Clayton Copula 的统计量，t-Copula 的统计量与式（4.15）一模一样，其 K 和 L 的参数及其取值与式（4.15）相同。

3）尾部相关系数的计算

二元 Clayton Copula 函数的下尾相关系数见式（4.16）[3]，其中 a 由式（4.9）获得

$$\lambda_L = 2^{-\frac{1}{a}} \qquad (4.16)$$

二元 *t*-Copula 函数的下尾相关系数为[3]

$$\lambda_L = 2\left(1 - t_{k+1}\left(\sqrt{k+1}\sqrt{1-\rho}\Big/\sqrt{1+\rho}\right)\right) \tag{4.17}$$

其中，$t_{k+1}\left(\sqrt{k+1}\sqrt{1-\rho}\Big/\sqrt{1+\rho}\right)$ 为自由度为 $k+1$ 的一元 *t* 分布在（$\sqrt{k+1}$ $\sqrt{1-\rho}\Big/\sqrt{1+\rho}$）处的函数值（可以通过查 *t* 分布表得到），$\rho$ 为随机变量 X、Y 的线性相关系数。

若式（4.16）的统计量 *t* 小于式（4.17）的统计量 *t*，则采用式（4.16）来计算，淘汰式（4.17），因为原假设是 Copula 函数的 *t* 统计量越小，则 Copula 函数的边缘分布越服从均匀分布。

4.3　基于尾部风险控制的行业贷款配置模型

4.3.1　行业贷款尾部极端风险的描述

在利用 Copula 函数对一个行业的贷款收益率 X, 和另一个行业的贷款收益率 Y 进行相关性分析时，先需要根据 X 和 Y 的统计特征，如均值、标准差、方差，选取合适的 Copula 函数，并利用实证数据对 Copula 函数中的未知参数 a 进行估计。

4.3.2　基于 Copula 尾部风险控制的行业贷款配置模型

设：σ_{LP}^2 为考虑尾部相关性时行业贷款组合的尾部极端风险；n 为贷款行业的个数；w_i 为第 i 个行业贷款所占比例（$w_i \geq 0$）；σ_i 为第 i 个行业贷款收益率的标准差；σ_j 为第 j 个行业贷款收益率的标准差；λ_{Lij} 为第 i 个行业贷款收益率和第 j 个行业贷款收益率的下尾相关系数；r_0 为行业贷款组合的预期收益率；r_i 为第 i 个行业贷款收益率的期望；$T_k^{-1}(1-\alpha)$ 为一元 *t* 分布在置信区间（$1-\alpha$）下自由度为 k 的分位数（可以查 *t* 分布表得到）。

则基于 Copula 尾部风险控制的行业贷款配置模型如式（4.18）~式（4.22）所示：

$$\text{Obj: min}\left\{\sigma_{\mathrm{LP}}^2 = \sum_{i=j}^n w_i^2 \sigma_i^2 + \sum_{i \neq j}^n w_i w_j \lambda_{Lij} \sigma_i \sigma_j\right\} \tag{4.18}$$

$$\text{s.t.}\quad \text{VaR}_\alpha = T_k^{-1}(1-\alpha)\,\sigma_{\mathrm{LP}} - r_0 \tag{4.19}$$

$$\sum_{i=1}^n w_i = 1 \tag{4.20}$$

$$\sum_{i=1}^{n} w_i r_i = r_0 \tag{4.21}$$

$$w_i \geq 0 \tag{4.22}$$

式（4.18）用下尾相关系数 λ_{Lij} 控制第 i 个行业和第 j 个行业贷款收益率的极端风险，改变了现有研究的线性相关系数无法刻画尾部风险的弊端。式（4.19）用更符合"尖峰厚尾"特点下的 t 分布控制了极端风险，改变了现有研究基于正态分布的风险价值无法刻画尾部风险的不足。

4.3.3 行业贷款配置比例和有效前沿的求解

可以利用拉格朗日乘数法配合分块矩阵法求解模型。记 $\sigma_{\lambda ij}^{2}$ 为"尾部协方差"，则有

$$\sigma_{\lambda ij}^{2} = \lambda_{Lij} \times \sigma_i \times \sigma_j \tag{4.23}$$

其中，λ_{Lij}、σ_i、σ_j 的含义同上。式（4.23）中的 λ_{Lij} 由 Copula 函数求出。

以不同行业贷款收益率的尾部协方差 $\sigma_{\lambda ij}^{2}$ 构成的矩阵 G_λ 为"尾部协方差矩阵"：

$$G_\lambda = \left(\sigma_{\lambda ij}^{2} \right)_{nn} \tag{4.24}$$

设：贷款配置比例 w_i 的列向量为 W；T_k^{-1}（$1-\alpha$）为置信区间（$1-\alpha$）下自由度为 k 时 t 分布的分位数；矩阵 I 为所有元素均为 1 的行向量；R 为行业贷款收益率均值 μ_i 的列向量，则有[8]

$$W = (w_1, \cdots, w_n)^{\mathrm{T}} \tag{4.25}$$

$$I = (1, 1, \cdots, 1) \tag{4.26}$$

$$R = (\mu_1, \cdots, \mu_n)^{\mathrm{T}} \tag{4.27}$$

则本章的目标函数与约束条件式（4.18）~（4.22）的矩阵形式可以表示为

$$\text{Obj: min} \{ \sigma_{\mathrm{LP}}^{2} = W^{\mathrm{T}} G_\lambda W \} \tag{4.28}$$

$$\text{s.t.} \quad \mathrm{VaR}_\alpha = T_k^{-1} (1-\alpha) \sigma_{\mathrm{LP}} - r_0 \tag{4.29}$$

$$W^{\mathrm{T}} R = r_0 \tag{4.30}$$

$$W^{\mathrm{T}} I = 1 \tag{4.31}$$

$$w_i \geq 0 \tag{4.32}$$

本章式（4.28）~式（4.32）有效前沿的求解：可以利用拉格朗日乘子法求解有效前沿，引入拉格朗日乘数 λ 和 μ，设 $y = W^{\mathrm{T}} G W - \lambda (r_0 - W^{\mathrm{T}} R) + \mu (1 - W^{\mathrm{T}} I)$，解下列方程组[8]：

$$\begin{cases} \dfrac{\partial Y}{\partial W^{\mathrm{T}}} = G_\lambda W - \lambda R - \mu I = 0 \\[3mm] \dfrac{\partial y}{\partial \lambda} = r_0 - W^{\mathrm{T}} R = 0 \\[3mm] \dfrac{\partial y}{\partial \mu} = 1 - W^{\mathrm{T}} I = 0 \end{cases} \tag{4.33}$$

设常数 A、B、C、D 的表达式为[9]

$$A = I^{\mathrm{T}} G_\lambda^{-1} R \tag{4.34}$$

$$B = R^{\mathrm{T}} G_\lambda^{-1} R \tag{4.35}$$

$$C = I^{\mathrm{T}} G_\lambda^{-1} I \tag{4.36}$$

$$D = BC - A^2 > 0 \tag{4.37}$$

解得 $\lambda = (Cr_0 - A)/D$, $\mu = (B - Ar_0)/D$ 。

模型有效边界为[9]

$$\sigma_{\mathrm{LP}}^2 = \frac{1}{C} + \frac{(r_0 - A/C)^2 C}{D} \tag{4.38}$$

整理式（4.38）得

$$\sigma_{\mathrm{LP}}^2 = \frac{C}{D} r_0^2 - \frac{2A}{D} r_0 + \frac{A^2 + D}{CD} \tag{4.39}$$

本章有效前沿式（4.39）是一条以贷款组合收益率 r_0 为横轴、标准差 σ_{LP} 为纵轴的抛物线，使得式（4.39）对收益率 r_0 的导数为 0 即可得到尾部极端风险 σ_{LP}^2 最小时贷款组合收益率 $\mathrm{Min}\, r_0$：

$$\mathrm{Min}\, r_0 = \frac{A}{C} \tag{4.40}$$

其中，常数 A 由上文式（4.34）求得；常数 C 由上文式（4.36）求得。

行业贷款配置比例 W 的表达式为

$$W = \frac{Cr_0 - A}{D} G_\lambda^{-1} R + \frac{B - Ar_0}{D} G_\lambda^{-1} I \tag{4.41}$$

在以方差 σ_{LP}^2 最小为目标函数时，求解出决策变量式（4.41）的 W 值是唯一的，改变式（4.39）中的方差 σ_{LP}^2 和预期收益率 r_0，可以得到不同的行业贷款配置比例 W。

若出现配置比例 w_i 小于 0 的情况时，应当通过保持其他参数不变，只改变收益率 r_0 的值继续求解式（4.41），直到解出使行业贷款的配置比例 W 中的 w_i 均不为负。

4.3.4 VaR 约束下有效前沿的确定

将 t 分布 VaR 约束式（4.29）中的 σ_{LP} 移到等式的左端并进行平方，得到 t 分布 VaR 约束下的有效前沿表达式为：

$$\sigma_{LP}^2 = \left(\frac{VaR_\alpha + r_0}{t_k^{-1}(1-\alpha)} \right)^2 \tag{4.42}$$

式（4.42）的经济学含义为：给定一个收益率 r_0，可以求出对应的风险 σ_{LP}^2，进而求解出对应的损失上限 VaR，来进一步控制行业贷款组合收益率的极端风险。

4.4 应用实例

4.4.1 应用背景

在经济环境不景气的背景下，资产配置风险在不同行业之间扩散的可能性显著增加，因此对贷款的组合尾部极端风险进行控制可以帮助银行规避由于多个行业的贷款收益率同时大幅减少所带来的极端损失，具有重要意义。马科维茨（Markowitz）提出经典的均值–方差模型（又称投资组合模型），及其衍生的 VaR 理论等风险度量模型可以用来解决银行贷款的配置问题，然而，这些经典的投资组合模型仍然有需要进一步完善的地方：由于经典的均值–方差模型使用 Pearson 线性相关系数来度量投资组合的相关性，那么自然只能反映出投资组合的线性相关风险，无法度量投资组合的尾部极端风险；而 VaR 约束中常用的正态性假设又与实际生活中金融数据普遍具有的"尖峰厚尾"的特征相冲突。

基于 Copula 尾部风险控制的行业贷款配置模型，是通过将 Copula 函数理论中的尾部相关系数引入到传统均值–方差模型中，替代 Pearson 线性相关系数进而描述不同行业贷款的尾部相关性，并以此为基础建立贷款组合收益率的风险价值 VaR 模型，进而求解出在给定收益率的情况下考虑贷款组合的尾部风险时的贷款配置比例。

商业银行贷款配置问题是金融风险领域研究的前沿，具有重要的理论意义和实践意义，在经济形势不景气的大环境下，贷款损失的风险在行业之间扩散的可能性显著提高。本节通过将经典的 Pearson 线性相关系数改进为能够描述变量尾部相关性的尾部相关系数，对不同行业贷款收益率的尾部极端风险进行控制从而有效地避免了多个行业同时出现极端损失，为银行的贷款配置提供了理论依据。

4.4.2　数据处理

假设DL银行不同行业2004~2014年共11年的贷款收益率数据见表4.1。

表4.1　某银行各行业的贷款收益率 r_i

（1）序号	（2）行业	（3）2004年	（4）2005年	（5）2006年	（6）2007年	（7）2008年	（8）2009年	（9）2010年	（10）2011年	（11）2012年	（12）2013年	（13）2014年
1	租赁和商务服务业 r_1	0.0833	0.1024	0.0869	0.0341	0.0715	−0.0164	0.1007	0.0120	0.0981	0.0933	0.0978
2	交通运输业 r_2	0.0514	0.0745	0.0470	0.0576	0.0324	0.0565	0.0527	0.0559	0.0635	0.0514	0.0484
3	零售业 r_3	0.0237	0.0772	0.0224	0.0479	0.0598	−0.0599	0.0596	0.0610	0.0720	−0.0237	0.0523
4	工业 r_4	0.0696	0.0769	0.0819	0.0395	0.0555	0.0353	0.0227	0.0408	0.0571	−0.0696	−0.0247

步骤1，均值、方差和标准差的确定。

对表4.1每行的收益率进行计算，可以得到每个行业的收益率均值 μ_i、标准差 σ_i 和方差 σ_i^2，其中，$i=1,2,3,4$，分别为"租赁和商务服务业"、"交通运输业"、"零售业"和"工业"。

4.4.3　Copula函数的参数估计与拟合检验

1）Clayton Copula函数的参数估计

步骤2，Clayton Copula函数的参数估计。

将表4.1的数据代入式（4.8），其中式（4.8）中的 x 为表4.1中的一种贷款的收益率，y 为另外一种贷款的收益率。以表4.1中"租赁和商务服务业"和"交通运输业"为例：对于2005年与2004年的 x 之差，为2005年的0.1024减去2004年的0.0833。2006年的 x 之差则包含两项：一是2006年的0.0869减去2005年的0.1024；二是2006年的0.0869减去2004年的0.0833。以此类推，表4.1共有11列数据，因此共会出现 $11\times(11.1)/2=55$ 个 x 数值。同理，会有55个 y 的差值。因而，会通过式（4.8）得到55个 z 值。

步骤3，相关系数 τ 的确定。

由步骤2可知，z 大于0的数据个数 $l=31$；小于0的数据个数 $m=23$；数据总个数 $h=55$。将 l、m 和 h 代入式（4.7），得到"租赁和商务服务业"与"交通运输业"组合的kendall相关系数 $\tau=0.1468$。同理可得其他行业组合的 kendall 相关系数 τ。

步骤 4，参数 a 的确定。

将步骤 3 的 τ 分别代入式（4.9）中，得到不同行业组合的 Clayton Copula 函数的参数 a。

2）t-Copula 函数的参数估计

步骤 5，正态分布检验。

以"租赁和商务服务业"为例，根据步骤 1"租赁和商务服务业"贷款收益率的均值 μ_1=0.069 42，σ_1=0.040 84。选取经验分布函数为 $N(\mu, \sigma)=N(0.069 42, 0.040 84)$。设这个经验分布函数服从均值为 0.069 42、标准差为 0.040 84 的正态分布，并在分位数图（quantile-quantile plot，Q-Q 图）上进行初步验证。至于更严谨的验证，下文的 Copula 的 K-S 检验更能说明问题，因为若 K-S 检验不通过，则说明 $N(\mu, \sigma)$ 不服从正态分布。

"租赁和商务服务业"贷款收益率 Q-Q 图如图 4.1a 所示。横坐标为表 4.1 第 1 行的数据从小到大排列后的函数值 x；纵坐标为 x 在以 0.069 42 为均值、0.040 84 为标准差的正态分布 $N(0.069 42, 0.040 84)$ 的不同分位数 $y' = \int_{-\infty}^{x} \dfrac{1}{0.040 84\sqrt{2\pi}} \, \mathrm{e}^{-\frac{(t-0.069 42)^2}{0.040 84^2}} \, \mathrm{d}t$ 。

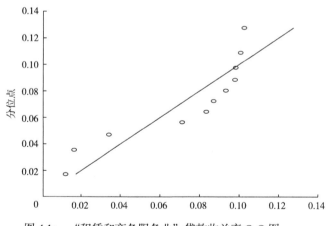

图 4.1a　"租赁和商务服务业"贷款收益率 Q-Q 图

从图 4.1a 可以看出"租赁和商务服务业"贷款收益率的散点均落在斜率为 1 的直线的两侧，且偏离程度不大，故可以认为"租赁和商务服务业"的贷款收益率近似服从正态分布 $N(0.069 42, 0.040 84)$。

同理，得到"交通运输业"贷款收益率 Q-Q 图，如图 4.1b 所示，横坐标为表 4.1 第 2 行的数据从小到大排列后的函数值 x，纵坐标为 x 在以

μ_2=0.053 75　为均值、σ_2=0.010 46　为标准差的正态分布 N（0.053 75，

0.010 46）的分位数 $y' = \int_{-\infty}^{x} \dfrac{1}{0.010\,46\sqrt{2\pi}} e^{-\frac{(t-0.053\,75)^2}{0.010\,46^2}} \mathrm{d}t$。

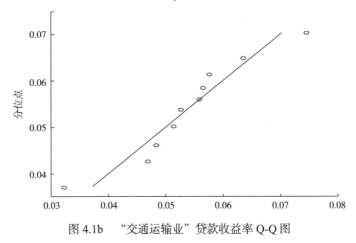

图 4.1b　"交通运输业"贷款收益率 Q-Q 图

从图 4.1b 可以看出交通运输业贷款收益率的散点均落在斜率为 1 的直线两侧，且偏离程度不大，故可以认为"交通运输业"的贷款收益率近似服从正态分布 N（0.069 42，0.040 84）。

同理，对其他行业的贷款收益率进行正态分布检验。

步骤 6，t-Copula 函数的参数 ρ，k 的确定。

以"租赁和商务服务业"和"交通运输业"为例。

对式（4.10）两端取对数，得到对数似然函数，然后再将边缘分布 N（0.069 42，0.040 84）和 N（0.053 75，0.010 46）代入这个对数似然函数中，并求解式（4.11）的线性方程组，得到"租赁和商务服务业"和"交通运输业"的 t-Copula 函数的参数值为 ρ=−0.2459、自由度 k=10。

同理可得其他行业之间的 t-Copula 函数的参数 ρ 和 k。

3）Copula 函数的 K-S 检验

步骤 7，正态变换。

令 $U_i = r'_{ij}$，x 为表 4.1 中的 r_{ij}，其中，i 为行业；j 为年份。例如，将表 4.1 第 1 行第 3 列的 2004 年"租赁和商务服务业"贷款收益率 $r_{1,2004}$=0.0833，步骤 1 的"租赁和商务服务业"贷款收益率的均值 μ_1=0.069 42，σ_1=0.040 84 代入式（4.12），得到概率积分变换后的数据 $r'_{1,2004} = \int_{-\infty}^{\frac{r-\mu}{\sigma}} \dfrac{1}{\sqrt{2\pi}} e^{-\frac{t^2}{2}} \mathrm{d}t =$

$$\int_{-\infty}^{\frac{0.0833-0.069\,42}{0.040\,84}} \frac{1}{\sqrt{2\pi}} \mathrm{e}^{-\frac{t^2}{2}} \mathrm{d}t = 0.6331 \text{。}$$

同理，得到表 4.1 中其他贷款收益率的概率积分变换后的数据。

步骤 8，行业组合的 Clayton Copula 函数值 $C(u,v;a)$ 的确定。

以 2004 年的"租赁和商务服务业"和"交通运输业"行业组合为例，将步骤 7 得到的 $r'_{1,2004}$ =0.6331，$r'_{2,2004}$ =0.0110 代入式（4.2）中，参数 a=0.3441 来源于步骤 4。

由此得到"租赁和商务服务业"和"交通运输业"行业组合 2004 年的 Clayton Copula 的函数值 $C(u,v;a)$=$(0.6331^{-0.3441}+0.0110^{-0.3441}-1)^{-1/0.3441}$= 0.0099。

同理，可得"租赁和商务服务业"和"交通运输业"行业组合 2005~2014 年各年度的 $C(u,v;a)$ 值，也可以得到其他的行业组合各年度的 $C(u,v;a)$ 值。

步骤 9，行业组合的 Clayton Copula 函数值 M 的确定。

将步骤 8 得到的"租赁和商务服务业"和"交通运输业"行业组合 2004 年的 $C(u,v;a)$=0.0099 代入式（4.14）中，a=0.3441 来源于步骤 4，则"租赁和商务服务业"和"交通运输业"行业组合 2004 年的 Clayton Copula 边缘分布的函数值 M=0.0099-0.0099$^{0.3441}$/0.0099+1/0.0099=0.033。

同理，可得"租赁和商务服务业"和"交通运输业"行业组合 2005~2014 年各年度的 M 值，也可以得到其他的行业组合各年度的 M 值。

步骤 10，Clayton Copula 函数 t 统计量的确定。

由于表 3.1 中每个行业数据的个数 n=11，因此取标准均匀分布的函数值序列为 L_1=1/11,L_2=2/11,$\cdots$,L_{11}=1[7]。取步骤 9 中"租赁和商务服务业"和"交通运输业"行业组合 2004~2014 年各年度的 11 个 M 值中最小的 M=0.033 作为 K_1，则由式（4.15）得 t_1=$|K_1-L_1|$=$|0.033-1/11|$=0.058。

取步骤 9 中"租赁和商务服务业"和"交通运输业"行业组合 2004~2014 年各年度的 11 个 M 值中第二小的函数值 M=0.060 作为 K_2，计算 T_2=$|K_2-L_2|$=$|0.060-2/11|$=0.122。以此类推，可以得"租赁和商务服务业"和"交通运输业"行业组合的全部 11 个 t。在 t_1、t_2、$\cdots$、t_{11} 中选取最大值 t=0.122，作为式（4.15）的 t 统计量。

同理，可以得到 Clayton Copula 函数的其他行业组合的 t 统计量。

步骤 11，t-Copula 函数 t 统计量的确定。

仿照上文的步骤 8~步骤 10，可得 t-Copula 函数的全部 6 个行业组合的 t 统计量。

步骤 12，最优 Copula 函数的确定。

将步骤 10 中 Clayton Copula 函数 t 统计量的和步骤 11 中相应的 t-Copula 函数的 t 统计量分别比较大小，可以看出 Clayton Copula 函数的 6 个 t 统计量中有 5 个小于 t-Copula 函数的 t 统计量，说明 Clayton Copula 函数对表 4.1 中样本数据的整体拟合效果更好。

因此本章选取 Clayton Copula 函数来描述行业贷款之间的尾部相关性，即采用式（4.16）来计算尾部相关系数，淘汰式（4.17）。

步骤 13，尾部相关系数的计算。

将步骤 4 的参数 a 代入式（4.16），得到所有行业组合的下尾相关系数 λ_{Lij}。

4.4.4　行业贷款配置比例和有效前沿的计算

将步骤 1 中的 σ_1=0.040 84、σ_2=0.010 46 和步骤 13 中的 λ_{L12}=0.133 代入式（4.23）中，得到"租赁和商务服务业"和"交通运输业"的下尾协方差 $\sigma_{\lambda12}^2$=0.133×0.040 84×0.010 46=0.000 057。

同理，可以得到其他的行业贷款收益率的下尾协方差 $\sigma_{\lambda ij}^2$，列入表 4.2。

表 4.2　行业贷款收益率的下尾协方差表 $\sigma_{\lambda ij}^2$

（1）序号	（2）行业	（3）租赁和商务服务业	（4）交通运输业	（5）零售业	（6）工业
1	租赁和商务服务业	0.001 668	0.000 057	0.000 804	0.000 317
2	交通运输业	0.000 057	0.000 109	0.000 194	0.000 064
3	零售业	0.000 804	0.000 194	0.001 824	0.000 773
4	工业	0.000 317	0.000 064	0.000 773	0.002 078

由表 4.2 的 $\sigma_{\lambda ij}^2$ 可得下尾协方差矩阵式（4.24）为

$$G_\lambda = \begin{pmatrix} 0.001\,668 & 0.000\,057 & 0.000\,804 & 0.000\,317 \\ 0.000\,057 & 0.000\,109 & 0.000\,194 & 0.000\,064 \\ 0.000\,804 & 0.000\,194 & 0.001\,824 & 0.000\,773 \\ 0.000\,317 & 0.000\,064 & 0.000\,773 & 0.002\,078 \end{pmatrix} \quad （4.43）$$

对式（4.43）的常数矩阵求逆，得

$$G_\lambda^{-1} = \begin{pmatrix} 766.891 & 249.091 & -369.988 & 13.073 \\ 249.091 & 11\,367.82 & -1371.799 & 124.059 \\ -369.988 & -1371.799 & 968.012 & -261.549 \\ 13.073 & 124.059 & -261.549 & 572.745 \end{pmatrix} \quad （4.44）$$

将式（4.44）代入式（4.34）～式（4.37）中，得

$$A = I^{\mathrm{T}} G_\lambda^{-1} R = 584.29 \quad （4.45）$$

$$B = R^T G_\lambda^{-1} R = 33.25 \tag{4.46}$$

$$C = I^T G_\lambda^{-1} I = 10\,484.43 \tag{4.47}$$

$$D = BC - A^2 = 7239.80 \tag{4.48}$$

将式（4.45）~式（4.48）代入式（4.39），可以求出有效边界表达式为

$$\sigma_{LP}^2 = \frac{C}{D} r_0^2 - \frac{2A}{D} r_0 + \frac{A^2 + D}{CD} = \frac{10\,484.43}{7239.80} r_0^2 - \frac{2 \times 584.29}{7239.80} r_0 + \frac{584.29^2 + 7239.80}{10\,484.43 \times 7239.80}$$

$$= 1.448\,16 r_0^2 - 0.161\,42 r_0 + 0.004\,59$$

$$\tag{4.49}$$

将式（4.45）和式（4.47）代入式（4.40），得到风险 σ_{LP}^2 最小时的收

益 $\min r_0 = \dfrac{584.29}{10\,484.43} = 0.055\,73$，列入表4.3第1行[①]第2列。

表 4.3　行业贷款的配置

（1）序号	（2）预期收益率 r_0	（3）风险 σ_{LP}^2	贷款配置比例 W				（8）t 分布 VaR 约束
			（4）租赁和商务服务业	（5）交通运输业	（6）零售业	（7）工业	
1	0.055 73	0.000 095 38	0.062 9	0.993 6	-0.099 2	0.042 6	
2	0.053 81	0.000 106 75	0.028 0	0.954 3	0	0.017 7	-0.030 8
3	0.053 89	0.000 106 76	0.030 4	0.954 1	0	0.015 5	-0.030 9
4	0.053 97	0.000 106 81	0.032 7	0.954 0	0	0.013 3	-0.030 9
5	0.054 21	0.000 107 15	0.039 8	0.953 6	0	0.006 6	-0.031 1
6	0.054 28	0.000 107 33	0.042 1	0.953 5	0	0.004 4	-0.031 2
7	0.054 36	0.000 107 54	0.044 5	0.953 3	0	0.002 2	-0.031 3
8	0.054 44	0.000 107 78	0.046 9	0.953 1	0	0	-0.031 3
9	0.054 98	0.000 111 62	0.081 8	0.918 2	0	0	-0.031 4
10	0.055 45	0.000 118 14	0.111 7	0.888 3	0	0	-0.031 2
11	0.056 24	0.000 135 64	0.161 6	0.838 4	0	0	-0.030 3
12	0.061 88	0.000 506 11	0.520 9	0.479 1	0	0	-0.011 8
13	0.065 80	0.001 016 01	0.770 4	0.229 6	0	0	0.005 2
14	0.067 05	0.001 222 91	0.850 3	0.149 7	0	0	0.010 9
15	0.068 07	0.001 406 63	0.915 2	0.084 8	0	0	0.015 5
16	0.068 54	0.001 496 15	0.945 1	0.054 9	0	0	0.017 6
17	0.069 40	0.001 668 00	1	0	0	0	0.021 6

将 $r_0 = 0.055\,73$ 代入式（4.49），得到 $\sigma_{LP}^2 = 1.448\,16 r_0^2 - 0.161\,42 r_0 + 0.004\,59 = 1.448\,16 \times 0.055\,73^2 - 0.161\,42 \times 0.055\,73 + 0.004\,59 = 0.000\,095\,38$，列入表4.3第1行第3列。

---

① 本书所提到的行数指不包括标题行的数，此类情况余同。

将 C=10 484.43，r_0=0.055 73，A=584.29，D=7239.80，G_λ^{-1}，R=(μ_1, μ_2, μ_3, μ_4)^{T}=(0.069 42，0.053 75，0.035 66，0.035 01)^{T}，B=33.25，I=(1,1,…,1) 代入式（4.41）中，即可解得到 σ_{LP}^2=0.000 095 38 时的贷款配置比例 W=(0.0629，0.9936，−0.0992，0.0426)^{T}，列入表 4.3 第 1 行第 4~7 列。

式（4.39）左右两端的参数共有 6 个，其中 A、B、C、D 四个参数由式（4.45）~式（4.48）的常数表达式得出。因此式（4.39）中只有 σ_{LP}^2 和 r_0 两个未知量。

由于表 4.3 第 1 行第 6 列"零售业"的贷款配置比例为负，显然与实际不符，因此增大式（4.39）等号左端的 σ_{LP}^2 至 0.000 106 75，得到新的 r_0=0.053 81。

仿照上文表 4.3 中 W 的计算过程，其他参数不变，仅仅是利用新的 σ_{LP}^2=0.000 106 75 得到第 2 个权重向量 W，如表 4.3 第 2 行第 4~7 列所示。

其中，将新取的 σ_{LP}^2=0.000 106 75 和对应的 r_0=0.053 81 放入表 4.3 第 2 行的第 2 列。

同理，可以得到表 4.3 前 7 列其他行。

4.4.5　基于 t 分布的 VaR 约束

式（4.42）左右两端的参数共有 4 个，其中常数 t_k^{-1}（$1-\alpha$）为在置信区间（$1-\alpha$）下，自由度为 k 的 t 分布的分位数，可以通过查 t 分布表得到。因此，式（4.42）中有 VaR、σ_{LP}^2 和 r_0 三个未知量。由式（4.49）可知，每当给出一个 r_0，就会有一个新的 σ_{LP}^2。因此，每当给出一个 r_0 和对应的 σ_{LP}^2 就会有一个新 VaR。这就是上文表 4.3 第 8 列的计算与调整思路。

设给定置信区间为 $1-\alpha$=95%，由表 4.1 中共有 11 年的数据，故自由度 k=11−1=10。查 t 分布表得到式（4.42）中的参数值 t_k^{-1}（$1-\alpha$）=t_{10}^{-1}（95%）=2.228。

将 t_k^{-1}（$1-\alpha$）=2.228、表 4.3 第 2 行第 2 列的 r_0=0.5381、和对应的 σ_{LP}^2=0.000 106 75 代入式（4.42）中，有

$$\left(0.000\,106\,75\right)^2 = \left(\frac{\mathrm{VaR} + 0.5831}{2.228}\right)^2 \qquad (4.50)$$

求解式（4.50）可得 VaR=2.228×0.000 106 75−0.538 1=−0.030 8，列入表 4.3 第 2 行第 8 列。

同理，将表 4.3 第 3 行第 2 列的 r_0=0.5389 和对应的 σ_{LP}^2=0.000 106 76 代入式（4.42）中，得到 VaR=−0.0309，列入表 4.3 第 3 行第 8 列。

同理，得到表 4.3 第 8 列其他行。

若银行以 VaR=0.0155 进行风险控制，则由表 4.3 可得对应的收益率 r_0=0.068 07，风险 σ_{LP}^2=0.001 406 63。

表 4.3 第 2~14 行的收益率 r_0 和对应的风险 σ_{LP}^2 都满足 VaR 小于 0.0155。表 4.3 第 2~14 行的收益率 r_0 就构成了一个区间。下端点是表 4.3 第 2 行第 2 列的 r_0=0.053 81，上端点是表 4.3 第 15 行第 2 列的 r_0=0.068 07。因此，收益率区间 r_0 为[0.053 81,0.068 07]。

表 4.3 第 2~14 行的风险 σ_{LP}^2 也构成了一个区间。下端点是表 4.3 第 2 行第 3 列的 σ_{LP}^2=0.000 106 75，上端点是表 4.3 第 15 行第 3 列的 σ_{LP}^2=0.001 406 63。因此，风险区间 σ_{LP}^2 为[0.000 106 75,0.001 406 63]。

4.4.6　对比分析

1）对比分析的模型

模型 1 的定义：模型 1 就是本章的模型，也就是本章的式（4.28）~式（4.32），同时也是经由拉格朗日乘数法变换后的式（4.34）~式（4.41）的非线性规划模型。

模型 2 的定义：对比模型为模型 2。模型 2 与模型 1 的表现形式相同，但是其中的参数是不同的。

模型 2 的目标函数和约束条件如下：

$$\text{Obj: } \min\{\sigma_p^2 = W^{\mathrm{T}}GW\} \tag{4.51}$$

$$\text{s.t.} \quad \text{VaR}_\alpha = t_k^{-1}（1-\alpha）\sigma_p - r_0 \tag{4.52}$$

$$W^{\mathrm{T}}R = r_0 \tag{4.53}$$

$$W^{\mathrm{T}}I = 1 \tag{4.54}$$

$$w_i \geqslant 0 \tag{4.55}$$

模型 1 与模型 2 的区别有两个。

模型 1 的目标函数式（4.28）和约束条件式（4.29）中使用的风险 σ_{LP}^2 由式（4.24）的描述尾部协方差矩阵 G_λ 表示，而式（4.24）矩阵中的元素 $\sigma_{\lambda ij}^2$ 又由式（4.23）给出，式（4.23）是下尾相关系数 λ_{Lij} 的函数，而 λ_{Lij} 的参数由上文可知，系由函数的基本表达式给出的。因此，本章模型的 σ_p 参数对风险的描述是下尾风险。

模型 2 中的目标函数式（4.51）和约束条件式（4.52）中使用的风险 σ_p 由线性协方差矩阵 G 表示，G 由线性相关系数 ρ 得到。

保持 R=(0.069 42, 0.053 75, 0.035 66, 0.035 01)^{T} 和 I=(1,1,$\cdots$,1)不变，

A、B、C、D 四个参数由式（4.34）~式（4.37）求得

$$A = I^T G^{-1} R = 538.745 \tag{4.56}$$

$$B = R^T G^{-1} R = 33.25 \tag{4.57}$$

$$C = I^T G^{-1} I = 9833.178 \tag{4.58}$$

$$D = BC - A^2 = 7239.80 \tag{4.59}$$

模型 2 贷款配置比例 W 的求解过程与模型 1 的求解过程相同，同理得到模型 2 的最小收益率 $r_0 = 0.054\,36$，列入表 4.4 第 1 行第 2 列。模型 2 的最小风险 $\sigma_p^2 = 0.000\,102\,14$，列入表 4.4 第 1 行第 3 列。配置比例 $W = ($ 0.0616，0.9220，0，0.0164$)^T$，列入表 4.4 第 1 行第 5~8 列。

表 4.4　不同贷款配置下的收益率和风险

（1）模型选择	（2）预期收益率 r_0	（3）风险 σ_{LP}^2	（4）单位收益率的风险 $Q = \sigma_{LP}^2 / r_0$	贷款配置比例			
				（5）租赁和商务服务业	（6）交通运输业	（7）零售业	（8）工业
模型 2	0.054 36	0.000 102 14	—	0.061 6	0.922 0	0	0.016 4
模型 2 的 W 参数计算的下偏风险收益	0.054 41	0.000 108 96	0.002 004	0.061 6	0.922 0	0	0.016 4
模型 1	0.053 81	0.000 106 75	0.001 984	0.028 0	0.954 3	0	0.017 7

即贷款配置比例 $W = (0.0616, 0.9220, 0, 0.0164)^T$ 使得模型 2 的风险 σ_p^2 最小，因此是模型 2 的一种最优解。

2）可比性分析

问题描述：模型 2 求解出来的风险参数 σ_p 与模型 1 是不可比的，因为参数的表达式和经济含义都不同。因此，要把模型 2 求解后得到的权重向量 W，回代到模型 1 中的风险参数表达式，此时就具有了可比性。

将上文求得的模型 2 的最优解 $W = (0.0616, 0.9220, 0, 0.0164)^T$ 代入模型 1 中，可以得到模型 1 在 $W = (0.0616, 0.9220, 0, 0.0164)^T$ 配置比例下的收益率 $r_0 = 0.054\,41$，列入表 4.4 第 2 行第 2 列。r_0 对应的风险 $\sigma_{LP}^2 = W^T G_\lambda W = 0.000\,108\,96$，列入表 4.4 第 2 行第 3 列。贷款配置比例 $W = (0.0616, 0.9220, 0, 0.0164)^T$ 中的 4 个比例列入表 4.4 第 2 行第 5~8 列。将 $Q = \sigma_{LP}^2 / r_0 = 0.000\,108\,96 / 0.054\,41 = 0.002\,004$ 列入表 4.4 第 2 行第 4 列。

将表 4.3 第 2 行模型 1 的最小风险 $\sigma_{LP}^2 = 0.000\,106\,75$ 列入表 4.4 第 3 行第 3 列、对应的 $r_0 = 0.053\,81$ 列入表 4.4 第 3 行第 2 列、贷款配置比例 $W = (0.0280, 0.9543, 0, 0.0177)^T$ 列入表 4.4 第 3 行第 5~8 列。将 $Q = \sigma_{LP}^2 / r_0 = 0.000\,106\,75 / 0.053\,81 = 0.001\,984$ 列入表 4.4 第 3 行第 4 列。

由于表 4.4 第 2 行第 4 列的单位收益率的风险 $Q=0.002\,004$ 大于表 4.4 第 3 行第 4 列的单位收益率的风险 $Q=0.001\,984$，故模型 1 可以将模型 2 的配置比例最优解 $W=(0.0616,0.9220,0,0.0164)^{\mathrm{T}}$ 进一步优化为 $W=(0.0280,0.9543,0,0.0177)^{\mathrm{T}}$，使得单位收益率的风险由 $Q=0.002\,004$ 降低至 $Q=0.001\,984$。

因此，可以认为本章构建的模型 1 对贷款配置比例 W 的优化效果要好于模型 2。

4.5 结　　论

4.5.1 本章主要结论

通过计算不同行业贷款收益率的尾部相关系数可以度量尾部极端风险。利用基于 Copula 尾部风险控制的行业贷款配置模型，可以对行业贷款进行配置，使得贷款组合能够规避不同行业间的尾部极端风险。

本章的对比分析表明，基于 Pearson 线性相关系数的经典均值方差模型高估了贷款组合收益的同时却低估了尾部极端风险，因此本章构建的基于 Copula 尾部风险控制的行业贷款配置模型，度量行业贷款收益率的尾部极端风险的效果更好。

4.5.2 本章创新与特色

一是通过建立不同行业的尾部相关系数与尾部风险价值的函数关系，建立了基于极端风险控制的行业贷款配置模型。改进了经典均值–方差模型由于使用 Pearson 线性相关系数导致的无法度量尾部极端风险的弊端。

二是建立了基于 t 分布的 VaR 约束，提高了 VaR 约束与"尖峰厚尾"特征的契合度，增强了 VaR 约束控制尾部极端风险的能力，解决了 VaR 约束的正态性假设与"尖峰厚尾"特征不一致的弊端。

参 考 文 献

[1] Sklar A. Fonctions de répartition à n dimensions et leurs marges[J]. Publication de 1' Institut de 1' Statistique de Université de Paris，1959，8：229-231.

[2] Genest C，MacKay J. The joy of copulas：bivariate distributions with uniform marginals[J]. The American Statistician，1986，40（4）：280-283.

[3] Nelsen R B. An Introduction to Copulas [M]. New York：Springer.

[4] 李强，周孝华. 基于 Copula 的我国台湾和韩国股票市场相关性研究[J]. 管理工程学报，2014，28（2）：100-107.

[5] Genest C，Rivest L P. Statistical inference procedures for bivariate archimedean copulas[J]. Journal of the American Statistical Association，1993，88（423）：1034-1043.

[6] Schweizer B，Wolff E F. On Nonparametric measures of dependence for random variables[J]. The Annals of Statistics，1981，9（4）：879-885.

[7] Panchenko V. Goodness-of-fit test for copulas [J]. Physica A：Statistical Mechanics and Its Applications，2005，355（1）：176-182.

[8] 迟国泰，迟枫，闫达文. 贷款组合的"均值–方差–偏度"三因素优化模型[J]. 运筹与管理，2009，18（4）：98-111.

[9] 周颖，柳煦. 基于多组最优解的银行资产负债多目标优化模型构建[J]. 管理评论，2018，30（6）：13-27.

第5章 基于非预期损失控制的银行贷款组合优化模型

5.1 引　言

通过国内生产总值和贷款健康状态两个参数的 Monte Carlo 模拟得到了客户的信誉指数，通过客户的信誉指数确定了企业信用等级迁移后的信用等级，通过企业信用等级迁移后的信用等级确定了客户贷款的非预期损失，通过非预期损失这个关键的参数建立了条件风险价值 CVaR。以 CVaR 为约束条件，以 EVA 最大化为目标函数，建立了基于非预期损失控制的银行资产组合优化模型。

本章的创新与特色有四：一是通过构建资产组合的非预期损失与国内生产总值和贷款健康状态的离散函数关系，确定了条件风险价值 CVaR 的函数表达式，解决了银行资产组合非预期损失的控制问题。通过 Monte Carlo 模拟得到资产组合的非预期损失分布，改变了银行由于贷款损失历史数据严重缺失，而无法有效地估测和控制未来资产组合非预期损失的不足。二是通过信用等级迁移矩阵将信用等级变化产生的风险纳入风险度量体系，从而在总体上对信用风险的不确定性有了较可靠的把握。完善了仅考虑贷款违约风险而忽略信用等级变化风险的不足。三是以银行资产组合的经济增加值最大化为目标函数来追求风险调整后的资本回报最大，完善了以组合收益率最大化为目标的资产配置优化忽略资产组合的预期风险和资本占用因素的不足。四是利用条件风险价值 CVaR 来度量资产组合的风险，对可能发生的尾部极端损失进行约束，弥补了 VaR 无法反映尾部损失信息、不满足次可加性的缺陷；CVaR 约束降低了银行发生灾难性损失的可能性。对比分析结果表明：本章模型能够实现更高的收益风险比，即在单位风险下能够实现较高的经济增加值。

5.2 非预期损失控制的原理

5.2.1 资产组合的 EVA 参数

EVA 是风险调整后的资本回报,衡量了资产组合的风险、收益和占用的银行资本三者之间的关联关系。

设:EVA 为经济增加值;I 为资产组合总收入;EL 为预期损失;C_E 为贷款的费用支出额;I_S 为股东必要收益;C_D 为债务成本。则有经济增加值表达式[1]:

$$EVA = I - EL - C_E - I_S - C_D \qquad (5.1)$$

式(5.1)的含义为资产组合总收入扣除预期损失、费用、股东必要回报和债务成本后的利润,即扣除所有可能损失和成本后的剩余收入。

采用经济增加值最大来配置资产,避免了用利润或资本回报率等参数无法反映银行为股东创造价值的弊端。

5.2.2 资产组合的重要风险参数

1. 资产组合的条件风险价值参数

设:$CVaR_{1-c}$ 为置信水平取 $1-c$ 时的条件风险价值;$E(\cdot | \cdot)$ 为条件数学期望;L 为资产组合的损失;VaR_{1-c} 为置信水平取 $1-c$ 时的风险价值。则 $CVaR_{1-c}$[2]:

$$CVaR_{1-c} = E\left(L \middle| L \geqslant VaR_{1-c}\right) \qquad (5.2)$$

式(5.2)的含义为大于 VaR_{1-c} 的所有损失值的平均值。它代表了超额损失的平均水平,反映了损失超过 VaR_{1-c} 时可能遭受的平均潜在损失。

由于 VaR 不具有次可加性(subadditivity),即资产组合的 VaR 可能大于组合中各资产的 VaR 之和。另外,VaR 考察在给定置信水平下投资组合的最大潜在损失,而对超过 VaR 水平的损失,不能给出任何信息,因而其所提供的信息可能会误导投资者。

基于此,Rockafellar 和 Uryasev 提出了 CVaR 模型[3],CVaR 度量的是损失超过 VaR 的平均值。CVaR 满足次可加性,弥补了 VaR 不满足次可加性,没有评估尾部极端风险的不足。鉴于 CVaR 的优点,本章用 CVaR 来度量风险。

2. 资产组合非预期损失的 Monte Carlo 模拟

由式（5.2）可知，表示资产组合损失的参数 L 对于条件风险价值 CVaR 的计算至关重要。

现有研究往往通过历史数据估计资产组合损失 L。然而该方法并不可行，这是因为银行无法得到充分的关于贷款损失的历史数据：一方面，银行并不掌握新客户的贷款数据。另一方面，对于老客户的贷款，银行掌握的数据量也十分有限，并不足以可靠地估计贷款可能造成的损失。

本章通过引入包含国内生产总值和贷款自身健康状态的信誉指数，利用 Monte Carlo 方法充分模拟银行贷款的各种可能损失情况，进而确定资产组合的条件风险价值 CVaR。

1）信誉指数与 GDP 和贷款健康状态函数关系的 Monte Carlo 模拟

设：CW_{ij} 为第 i 次模拟、第 j 笔贷款的信誉指数；β_j 为贷款 j 的国内生产总值系数，又称为因子载荷；Y_i 为第 i 次模拟的国内生产总值；Z_{ij} 为第 i 次模拟、第 j 笔贷款的健康状态。则信誉指数[2]：

$$CW_{ij} = \beta_j Y_i + \sqrt{1 - \left(\beta_j\right)^2}\, Z_{ij} \qquad (5.3)$$

式（5.3）中，不同贷款的国内生产总值系数 β_j 的取值根据 Iscoe 等[2]建议的范围[0.3，0.95]，通过均匀分布随机生成。

β_j 值的生成规则如下：每一个客户仅仅生成一个 β_j 值，不论对一个客户模拟多少次，β_j 值就是不变。而不同客户对应不同的 β_j 值。

每次 Monte Carlo 模拟随机生成一个满足标准正态分布 $N(0,1)$ 的随机数 Y_i，作为所有贷款的国内生产总值。同时，每次模拟生成不同贷款各自的健康状态 Z_{ij}，Z_{ij} 也是满足标准正态分布 $N(0,1)$ 的随机数。

将 β_j、Y_i、Z_{ij} 代入式（5.3）中，即可计算出第 i 次模拟、第 j 笔贷款的信誉指数 CW_{ij}。

由于国内生产总值 Y_i 与贷款健康状态 Z_{ij} 服从标准正态分布，根据式（5.3），信誉指数 CW_{ij} 也满足标准正态分布 $N(0,1)$。

2）迁移后的信用等级与信誉指数的函数关系

模拟得到不同贷款的信誉指数 CW_{ij} 后，进而可以确定不同贷款的信用等级迁移情况。

设：G_{ij} 为第 i 次模拟、第 j 笔贷款迁移后的信用等级；$f_1(\cdot)$ 将信誉指数映射为信用等级的函数。则 G_{ij}：

$$G_{ij} = f_1(CW_{ij}) \qquad (5.4)$$

离散函数 $f_1(\cdot)$ 的具体映射方式将在 5.3.2 详细介绍。

3）贷款的非预期单位损失 l_{ij} 与迁移后的信用等级 G_{ij} 的函数关系

利用不同贷款的信用等级迁移情况，可以确定第 i 次模拟、第 j 笔贷款的单位损失。

设：l_{ij} 为第 i 次模拟、第 j 笔贷款的单位损失，即 1 元本金对应的损失；$f_2(\cdot)$ 将迁移后的信用等级映射为贷款单位损失的函数。则 l_{ij}：

$$l_{ij}=f_2(G_{ij}) \tag{5.5}$$

函数 $f_2(\cdot)$ 的具体映射方式将在下文 5.3.2 详细介绍。

4）资产组合非预期损失 L 的确定

根据不同贷款的单位损失 l_{ij}，能够计算出资产组合的总损失 L_i。

设：$L_i(x)$ 为第 i 次模拟的资产组合总损失，$x=(x_1, x_2, \cdots, x_N)$ 为组合中不同贷款的配置数额，N 为组合中贷款笔数，M 为模拟的总次数，则第 i 次模拟得到的资产组合总损失 $L_i(x)$ 为

$$L_i\left(x\right)=\sum_{j=1}^{N}x_j l_{ij}, i=1,2,\cdots,M \tag{5.6}$$

5）资产组合非预期损失 L 的排序

通过式（5.6）得到资产组合的 M 个损失 $L_1(x),L_2(x),\cdots,L_M(x)$。将 M 个资产组合损失 $L_i(x)$ 进行排序，定义 $\{L_{1:M}(x),L_{2:M}(x),\cdots,L_{M:M}(x)\}$ 为资产组合损失的次序集，满足 $L_{1:M}(x)\geqslant L_{2:M}(x)\geqslant\cdots\geqslant L_{M:M}(x)$。排序是为了下文式（5.7）和式（5.8）根据定义来确定风险价值和条件风险价值。

6）条件风险价值 CVaR 与非预期损失 L 的函数关系

设：VaR_{1-c} 为置信水平取 $1-c$ 时的风险价值；M 为模拟的总次数。令 $m=Mc$，则 VaR_{1-c}：

$$\mathrm{VaR}_{1-c}=L_{m:M}(x) \tag{5.7}$$

当置信水平 $1-c=99\%$，模拟次数 $M=10\,000$ 时，则 $m=Mc=1\%\times10\,000=100$，VaR 的值即为非预期损失 L 排序后在第 100 位的那一个损失值 $L_{100:10000}\left(x\right)$。因此，为了计算 VaR 需要将非预期损失进行排序。

当 $m=200$ 时，VaR 的值即为非预期损失 L 排序后在第 200 位的那一个损失值 $L_{200:10000}\left(x\right)$。当 m 等于其他数值时类推。

置信水平取 $1-c$ 时的条件风险价值 CVaR_{1-c} 可表示为

$$\mathrm{CVaR}_{1-c}\left(x\right)=E\left(L|L\geqslant\mathrm{VaR}_{1-c}\right)=\frac{1}{Mc}\sum_{i=1}^{Mc}L_{i:M}\left(x\right) \tag{5.8}$$

式（5.8）的含义为将 M 个资产组合损失 $\{L_{1:M}\left(x\right), L_{2:M}\left(x\right), \cdots, L_{M:M}\left(x\right)\}$ 中大于或等于 VaR 的损失值进行算术平均计算，即为条件风险价值。

例如，当 m=100 时，CVaR 的值即为非预期损失 L 排序后在前 100 位的所有损失值 $L_{1:10000}(x)$，$L_{2:10000}(x)$，$\cdots$，$L_{100:10000}(x)$ 进行算数平均。因此，为了计算 CVaR 也需要将非预期损失进行排序。

本章的基于 Monte Carlo 模拟的非预期损失度量原理如图 5.1 所示。

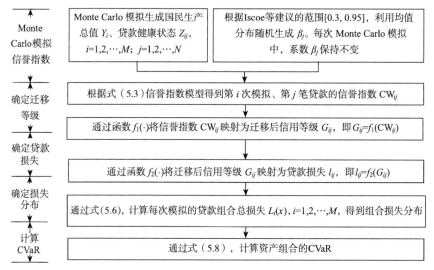

图 5.1　基于 Monte Carlo 模拟的非预期损失度量原理

5.2.3　思路的创新与特色

（1）通过构建资产组合的非预期损失与国内生产总值和贷款健康状态的离散函数关系，确定了条件风险价值 CVaR 的函数表达式，解决了银行资产组合的非预期损失的控制问题。通过 Monte Carlo 模拟得到资产组合的非预期损失分布，改变了银行由于贷款损失历史数据严重缺失，而无法有效地估测和控制未来资产组合非预期损失的不足。

（2）通过信用等级迁移矩阵将信用等级变化产生的风险纳入风险度量体系，从而在总体上对信用风险的不确定性有了较可靠的把握。完善了仅考虑贷款违约风险而忽略信用等级变化风险的不足。

（3）通过式（5.1）构建的资产组合的 EVA 参数，为建立目标函数打下基础，以此来追求风险调整后的资本回报最大，改变了以组合收益率最大化为目标的资产配置优化忽略资产组合的预期风险和资本占用因素的弊端。

（4）通过式（5.8）构建资产组合的条件风险价值参数，为建立约束条件打下基础，来对可能发生的尾部极端损失进行约束，弥补了 VaR 无法反映尾部损失信息、不满足次可加性的缺陷，降低了银行发生灾难性损失的可能性。

5.3　银行资产负债组合优化模型的建立

5.3.1　目标函数中各参数的构建

1. 贷款组合总收入的计算

设：I 为贷款组合总收入；N 为组合中贷款数量；x_i 为第 i 笔贷款的贷款数额；r_i 为第 i 笔贷款的利率。则贷款组合总收入计算公式为

$$I = \sum_{i=1}^{N} x_i r_i \qquad (5.9)$$

2. 预期损失的计算

设 EL 为预期损失；N 为组合中贷款数量；EAD_i 为第 i 笔贷款的风险暴露；对应下文中的贷款数额；LGD_i 为第 i 笔贷款的违约损失率；PD_i 为第 i 笔贷款的违约概率；x_i 为第 i 笔贷款的贷款数额。则预期损失 EL 为

$$\text{EL} = \sum_{i=1}^{N} \text{EAD}_i \times \text{LGD}_i \times \text{PD}_i = \sum_{i=1}^{N} x_i \times \text{LGD}_i \times \text{PD}_i \qquad (5.10)$$

根据 J.P.Morgan 公司的统计数据[4]，不同等级贷款一年后的违约概率如表 5.1 所示。

表 5.1　不同信用等级贷款的一年后违约概率 PD

等级	（1）AAA	（2）AA	（3）A	（4）BBB	（5）BB	（6）B	（7）CCC
违约概率 PD_i	0	0	0.06%	0.18%	1.06%	5.20%	19.79%

3. 费用的计算

设：C_E 为贷款的费用支出额；c_E 为费用支出率；x_i 为第 i 笔贷款的贷款数额。则费用支出的表达式为[5]

$$C_E = c_E \times \sum_{i=1}^{N} x_i \qquad (5.11)$$

式（5.11）的含义为贷款的总费用支出额等于资产组合的总额乘以单位贷款本金所需分摊的贷款费用。

费用的计算首先需要确定费用支出率 c_E，下面推导费用支出率：

1）银行年费用支出总额 E 的计算

贷款对应的银行年总费用支出 E 包括年营业费用、年固定资产折旧费和年其他营业支出。

设：E 为年费用支出总额；E_1 为年营业费用；E_2 为年固定资产折旧费；E_3 为年其他营业支出。则年贷款总费用支出为[5]

$$E=E_1+E_2+E_3 \qquad (5.12)$$

其中，年营业费用 E_1、年固定资产折旧费 E_2 及年其他营业支出 E_3 的数值可通过查询银行报表获得。

2）费用支出率 c_E 的计算

设：E 为年费用支出总额；V 为银行年贷款总额。则费用支出率 c_E 为

$$c_E=E/V \qquad (5.13)$$

式（5.13）的含义为费用支出率 c_E 表示每一元贷款所需分摊的年费用。

将式（5.13）代入式（5.11）得到单笔贷款的费用支出额 C_E 的计算公式[5]：

$$C_E=(E/V) \times R_j^{old} \qquad (5.14)$$

式（5.14）的含义为 E/V 反映单位贷款本金所需覆盖的费用支出额，E/V 与贷款本金相乘，计算资产组合需要分摊的年费用支出额。

4. 股东必要收益的计算

计算股东必要收益先需要确定风险加权资产和资本金。

设：RWA 为风险加权资产；N 为组合中贷款数量；w_i 为第 i 笔贷款的风险权重；x_i 为第 i 笔贷款的贷款数额。则风险加权资产 RWA 为

$$\text{RWA} = \sum_{i=1}^{N} w_i \times x_i \qquad (5.15)$$

设：γ 为资本充足率，则资本金 K：

$$K=\gamma \times \text{RWA} \qquad (5.16)$$

设 I_S 为股东必要收益，k 为股东必要收益率，则股东必要收益 I_S：

$$I_S = k \times K = k \times \gamma \times \sum_{i=1}^{N} w_i \times x_i \qquad (5.17)$$

5. 债务成本的计算

组合中的债务额等于资产总额扣除资本额，即债务额 D：

$$D= \sum_{i=1}^{N} x_i - \gamma \times \sum_{i=1}^{N} w_i \times x_i \qquad (5.18)$$

设：C_D 为债务成本；i 为债务利率。考虑到式（5.18），则债务成本 C_D：

$$C_D = i \times D = i \times \left(\sum_{i=1}^{N} x_i - \gamma \times \sum_{i=1}^{N} w_i \times x_i \right) \qquad （5.19）$$

5.3.2　条件风险价值 CVaR 的确定

1. 信誉指数的 Monte Carlo 模拟

通过式（5.3）的信誉指数公式，利用 Monte Carlo 模拟能够确定组合中所有贷款的信誉指数 CW_{1j}。

表 5.2 中数据为第一次 Monte Carlo 模拟中各参数的取值情况及通过式（5.3）计算出的信誉指数 CW_{1j}。

表 5.2　信誉指数的第一次 Monte Carlo 模拟

（1）序号	（2）等级	（3）国内生产总值系数 β_j	（4）国内生产总值 Y_1	（5）贷款健康状态 Z_{1j}	（6）信誉指数 CW_{1j}
1	AAA	0.537	−2.259	0.155	−1.08
2	AA	0.475	−2.259	0.179	−0.92
3	A	0.353	−2.259	−0.338	−1.11
4	BBB	0.505	−2.259	−1.525	−2.46
5	BB	0.698	−2.259	−0.709	−2.08
6	B	0.416	−2.259	−0.867	−1.73
7	CCC	0.755	−2.259	0.071	−1.66

表 5.2 第 1 列表示一个资产组合中的 7 笔贷款，第 2 列数据为各笔贷款对应的初始信用等级。

表 5.2 第 3 列数据为式（5.3）中的国内生产总值系数 β_j。根据 Iscoe 等[2]建议的范围[0.3, 0.95]，本章则在这个范围内通过均匀分布随机生成 β_j。

β_j 值的生成规则如下：每一个客户仅仅生成一个 β_j 值，不论对一个客户模拟多少次，β_j 值就是不变。

例如，表 5.2 第 1 行第 3 列是第一个客户生成的 β_j 值，但第一个客户以后要多次模拟 Y 和 Z 值，第一个客户不论模拟多少次 Y 和 Z 值，$\beta_1=0.537$ 这个数就是不变。

第二个客户也要生成自己的 β_j 值，如表 5.2 第 2 行第 3 列中的 $\beta_2=0.475$。其他同上。其他客户类推。

表 5.2 第 4 列数据为式（5.3）中的国内生产总值 Y_i。与表中第 3 列一

个客户模拟一个 β_j 数值不同，它是所有客户都用同一个模拟数据，因为每个客户的宏观环境都是相同的。

每次 Monte Carlo 模拟随机生成一个满足标准正态分布 $N(0,1)$ 的随机数 Y_i，作为影响所有客户的国内生产总值，因为宏观环境对所有客户都是一样的。本章第 1 次模拟随机生成的国内生产总值 $Y_1=-2.259$，列入表 5.2 第 4 列所有行。

第 2 次模拟时，随机生成一个新的随机数 Y_2，作为影响所有客户的国内生产总值。其他次模拟时同理。

表 5.2 第 5 列数据为式（4.3）中的贷款健康状态 Z_{ij}。与表中第 4 列所有客户每次模拟共用同一个数值 Y_i 不同，它是每个客户都有自己的模拟数据，反映每个客户自身的健康状况。

且表 5.2 第 5 列数据与第 3 列一个客户仅仅模拟一次 β_j 值不同，它是每次模拟都会生成新的健康状态。Z_{ij} 满足标准正态分布 $N(0,1)$。

本章第 1 次模拟随机生成 7 个客户的健康状态 Z_{1j}，$j=1,2,\cdots,7$，如表 5.2 第 5 列所示。

第 2 次模拟时，随机生成 7 个新的随机数 Z_{2j}，作为 7 个客户各自的健康状态。其他次模拟时同理。

将表 5.2 第 3~5 列的 β_j、Y_1、Z_{1j} 按行分别代入式（5.3），可以计算出表 5.2 第 6 列对应行的信誉指数 CW_{1j}。

以表 5.2 第 1 行为例：将第 1 个客户的国内生产总值系数 $\beta_1=0.537$、模拟产生的国内生产总值 $Y_1=-2.259$、贷款健康状态 $Z_{11}=0.155$ 代入式（5.3），得到 $CW_{11}=-1.08$，列入表 5.2 第 1 行第 6 列。

同理可得表 5.2 第 6 列其余各行的信誉指数值。将表 5.2 第 6 列所有数据列入表 5.3 第 1 行，作为第 1 次 Monte Carlo 模拟的结果。

表 5.3　Monte Carlo 模拟得到的不同贷款信誉指数 CW_{ij}

模拟次数 i	（1）贷款 1（AAA）的信誉指数 CW_{i1}	（2）贷款 2（AA）的信誉指数 CW_{i2}	…	（5）贷款 5（BB）的信誉指数 CW_{i5}	（6）贷款 6（B）的信誉指数 CW_{i6}	（7）贷款 7（CCC）的信誉指数 CW_{i7}
1	−1.08	−0.92	…	−2.08	−1.73	−1.66
2	0.89	−0.74	…	0.71	0.56	2.43
3	2.31	1.93	…	3.34	−0.44	3.00
4	0.59	0.25	…	0.77	−0.43	0.01
⋮	⋮	⋮		⋮	⋮	⋮
9 998	1.36	1.67	…	2.86	1.13	0.98

续表

模拟次数 i	（1）贷款1（AAA）的信誉指数 CW_{i1}	（2）贷款2（AA）的信誉指数 CW_{i2}	…	（5）贷款5（BB）的信誉指数 CW_{i5}	（6）贷款6（B）的信誉指数 CW_{i6}	（7）贷款7（CCC）的信誉指数 CW_{i7}
9 999	0.64	0.20	…	0.03	−1.72	1.42
10 000	−1.82	0.68	…	−1.15	−0.08	−1.05

第 2 次模拟仿照上文步骤进行，将不变的 β_j 值和新生成的 Y_2、Z_{2j} 代入式（5.3），可以计算出一组新的信誉指数值 CW_{2j}，$j=1,2,\cdots,7$。这个不变的 β_j 值系指对一个特定的客户是不变的，与第一次生成时的一样；但对于不同的客户是不同的，因为每一个客户都生成自己的 β_j 数值。

将这组新的信誉指数值 CW_{2j} 列入表 5.3 第 2 行，作为第 2 次 Monte Carlo 模拟的结果。

下文的数值实验进行了 10 000 次 Monte Carlo 模拟，如表 5.3 其他行所示。表 5.3 中每一列对应不同初始信用等级的客户贷款，每一行对应一次 Monte Carlo 模拟。

2. 信用等级迁移

1）信誉指数临界点的确定

模拟得到贷款年末的信誉指数后，需要根据信誉指数临界点确定贷款的等级迁移情况。

本章中贷款的信用等级由低级到高级依次为：违约、CCC、B、BB、BBB、A、AA、AAA 八个等级，本章将 CC 和 C 等级合并入违约等级。每个等级对应一个编号，如表 5.4 所示。

表 5.4　等级编号

等级	（1）违约	（2）CCC	（3）B	（4）BB	（5）BBB	（6）A	（7）AA	（8）AAA
编号（G, S）	1	2	3	4	5	6	7	8

设：G 为贷款客户初始的等级，$G=2,3,\cdots,8$；S 为贷款的年末等级，$S=1,2,\cdots,8$；$H_{G,S}$ 为初始信用等级为 G，年末迁移至等级 S 的信誉指数临界点。当初始信用等级为 G 的贷款的信誉指数 CW 满足 $H_{G,S} \leqslant CW < H_{G,S+1}$ 时，贷款年末的信用等级迁移到 S 等级[4]。

本章通过信用迁移矩阵推算不同等级贷款的信誉指数临界点。表 5.5 为 J.P.Morgan 公司统计的一年期信用迁移矩阵[4]。设 $P_{G,S}$ 为初始信用等级为 G 的贷款年末迁移到 S 的概率，即 $P_{G,S}=P（H_{G,S} \leqslant CW < H_{G,S+1}）$。由于信

誉指数 CW 满足标准正态分布[4]，因此迁移概率 $P_{G,S}$ 可表示为各相邻临界点之间与标准正态密度函数曲线所夹部分的面积。

表 5.5　一年期信用迁移矩阵

序号	初始等级	年末等级的迁移概率 P							
		（1）违约	（2）CCC	（3）B	（4）BB	（5）BBB	（6）A	（7）AA	（8）AAA
1	CCC	19.79%	64.86%	11.24%	2.38%	1.30%	0.22%	0	0.22%
2	B	5.20%	4.07%	83.46%	6.48%	0.43%	0.24%	0.11%	0
3	BB	1.06%	1.00%	8.84%	80.53%	7.73%	0.67%	0.14%	0.03%
4	BBB	0.18%	0.12%	1.17%	5.30%	86.93%	5.95%	0.33%	0.02%
5	A	0.06%	0.01%	0.26%	0.74%	5.52%	91.05%	2.27%	0.09%
6	AA	0	0.02%	0.14%	0.06%	0.64%	7.79%	90.65%	0.70%
7	AAA	0	0	0	0.12%	0.06%	0.68%	8.33%	90.81%

如图 5.2 所示，以初始等级为 BB 级的贷款为例，由于 BB 级处于表 5.4 第 4 列，因此临界点 $H_{G,S}$ 的第一个下标 $G=4$。在图 5.2 中，第一个面积为 $-\infty$ 到临界点 $H_{4,2}$ 之间所夹面积，也就是初始信用等级为 BB 级贷款年末违约的概率 $P_{4,1}$。第二个面积为 $-\infty$ 到临界点 $H_{4,3}$ 之间所夹面积，也就是 BB 级贷款年末违约的概率与迁移至 CCC 等级的概率之和。第三个面积为第二个面积减去第一个面积，也就是较大的面积减去第一个面积 $P_{4,1}$，即 BB 级贷款年末迁移至 CCC 等级的概率 $P_{4,2}$，即 $H_{4,2}$ 与 $H_{4,3}$ 之间所夹面积。

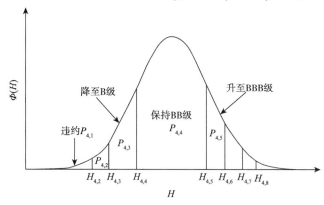

图 5.2　BB 级贷款的信誉指数临界点

以此类推，信誉指数临界点 $H_{4,S}$ 与 $H_{4,S+1}$ 之间所夹面积即为年末处于 S 信用等级的概率 $P_{4,S}$。

设：$\Phi^{-1}(\cdot)$ 为标准正态变量的累积分布反函数，则有信誉指数临界点的计算公式[4]：

$$H_{G,S}=\Phi^{-1}\left(\sum_{i=1}^{s-1}P_{G,i}\right) \tag{5.20}$$

将表 5.5 信用迁移矩阵中相应等级对应行的迁移概率代入式（5.20）即可计算出对应的信誉指数临界点。下文通过两个案例详细阐述。

a. 迁移至较高等级

以初始信用等级为 BB 级（$G=4$）、年末迁移至 A 级（$S=6$）的信誉指数临界点 $H_{4,6}$ 的计算为例，初始信用等级 BB 级贷款的迁移概率对应表 5.5 的第 3 行。由于临界点 $H_{4,6}$ 对应图 5.2 中左侧 5 个区域面积之和，即 $P_{4,1}$、$P_{4,2}$、$P_{4,3}$、$P_{4,4}$ 和 $P_{4,5}$ 对应的面积之和，故将表 5.5 第 3 行第 1~5 列的概率 $P_{4,1}$、$P_{4,2}$、$P_{4,3}$、$P_{4,4}$ 和 $P_{4,5}$ 代入式（5.20）：

$$H_{4,6}=\Phi^{-1}\left(P_{4,1}+P_{4,2}+P_{4,3}+P_{4,4}+P_{4,5}\right)$$
$$=\Phi^{-1}\left(1.06\%+1.00\%+8.84\%+80.53\%+7.73\%\right)$$
$$=\Phi^{-1}\left(99.16\%\right)$$

通过查询正态分布表，可以得到 $\Phi^{-1}(99.16\%)=2.39$。将 2.39 列入表 5.6 第 4 行第 6 列。

表 5.6　年末信誉指数临界点 $H_{G,S}$

序号	初始等级	信誉指数临界点 $H_{G,S}$							
		违约	CCC	B	BB	BBB	A	AA	AAA
		（1）$H_{G,1}$	（2）$H_{G,2}$	（3）$H_{G,3}$	（4）$H_{G,4}$	（5）$H_{G,5}$	（6）$H_{G,6}$	（7）$H_{G,7}$	（8）$H_{G,8}$
1	违约	—	—	—	—	—	—	—	—
2	CCC	$-\infty$	−0.85	1.02	1.74	2.11	2.63	2.86	2.86
3	B	$-\infty$	−1.63	−1.32	1.46	2.41	2.69	3.04	3.72
4	BB	$-\infty$	−2.30	−2.04	−1.23	1.37	2.39	2.93	3.43
5	BBB	$-\infty$	−2.91	−2.75	−2.18	−1.49	1.53	2.70	3.54
6	A	$-\infty$	−3.24	−3.19	−2.72	−2.30	−1.51	1.98	3.12
7	AA	—	$-\infty$	−3.54	−2.95	−2.85	−2.38	−1.36	2.46
8	AAA	—	—	—	$-\infty$	−3.04	−2.91	−2.38	−1.33

b. 迁移至较低等级

以初始信用等级为 B 级（$G=3$）、年末迁移至 CCC 级（$S=2$）的信誉指数临界点 $H_{3,2}$ 的计算为例，初始信用等级 B 级贷款的迁移概率对应表 5.5 的第 2 行，由于临界点 $H_{3,2}$ 左侧对应 1 个区域面积 $P_{3,1}$，故将表 5.5 第 2 行第 1 列的概率 $P_{3,1}$ 代入式（5.20）：

$$H_{3,2}=\Phi^{-1}\left(P_{3,1}\right)=\Phi^{-1}\left(5.20\%\right)$$

通过查询正态分布表，可以得到 $\varPhi^{-1}$（5.20%）=-1.63。将-1.63 列入表 5.6 第 3 行第 2 列。

同理，可以计算出表 5.6 中其他临界点。

2）第 1 年年末的信用等级迁移

将 Monte Carlo 模拟得到的信誉指数与相应的信誉指数临界点做对比，可以确定贷款年末的信用等级迁移情况。

表 5.3 中每一列数据对应一笔贷款的信誉指数 CW_{ij}，根据每笔贷款的初始信用等级，与表 5.6 对应行的信誉指数临界点 $H_{G,S}$ 进行对比，可以得到不同贷款年末的信用等级。

以表 5.3 第 3 行第 5 列[①]的 3.34 为例，这个数值的列和行对应初始为 BB 等级贷款在第 3 次模拟的信誉指数值。而在表 5.6 中，BB 级贷款对应于表 5.6 的第 4 行，因此将 3.34 与表 5.6 第 4 行的信誉指数临界点进行对比，发现 3.34 大于第 7 列的 2.93、小于第 8 列的 3.43。由于表 5.6 第 7 列与第 8 列之间对应 AA 等级，因此 BB 级贷款在年末迁移至 AA 等级。

上文第三次 Monte Carlo 模拟对应第 3 行，BB 等级贷款对应第 5 列，因此将 AA 列入表 5.7 第 3 行第 5 列。

同理，将表 5.3 中其他数据与表 5.6 中相应行的临界点进行对比，可以得到对应的信用等级迁移结果，如表 5.7 所示。

表 5.7　Monte Carlo 模拟得到的不同贷款年末信用等级情况 G_{ij}

模拟次数 i	（1）贷款 1（AAA）G_{i1}	（2）贷款 2（AA）G_{i2}	…	（5）贷款 5（BB）G_{i5}	（6）贷款 6（B）G_{i6}	（7）贷款 7（CCC）G_{i7}
1	AAA	AA	…	CCC	违约	违约
2	AAA	AA	…	BB	B	BBB
3	AAA	AA	…	AA	B	AAA
4	AAA	AA	…	BB	B	CCC
⋮	⋮	⋮	⋮	⋮	⋮	⋮
9 998	AAA	AA	…	A	B	CCC
9 999	AAA	AA	…	BB	违约	B
10 000	AA	AA	…	BB	B	违约

表 5.7 中数据具体含义如下：每一行数据对应一次 Monte Carlo 模拟，每列数据对应不同初始信用等级贷款年末的等级迁移情况。以第 5 列为例，

---

① 此处所提的列数指不包括标题列的数，此类情况余同。

第 5 列数据表示初始信用等级为 BB 级贷款在年末的等级迁移情况。表 5.7
第 5 列第 1 行表示第 1 次模拟中 BB 级贷款在年末迁移至 CCC 等级，第 2
行表示第 2 次模拟中 BB 级贷款在年末保持原等级，第 3 行表示第 3 次模
拟中 BB 级贷款在年末迁移至 AA 等级，其他行的情况同理。

3）第 n 年末的信用等级迁移

表 5.7 中的全部数据为第 1 年末的信用等级迁移情况。第 2 年、第 3
年直到第 n 年末的信用等级迁移情况同理可以确定。

如图 5.3 所示，以初始信用等级为 A 级贷款为例，企业在第 1 年的信
用等级要由初始等级状态向 8 个状态变化。若在第 1 年末没有违约，则在
第二年中每一个非违约状态都要向 8 个状态迁移。若贷款没有发生违约，
则这个过程会持续 n 年直至贷款到期。

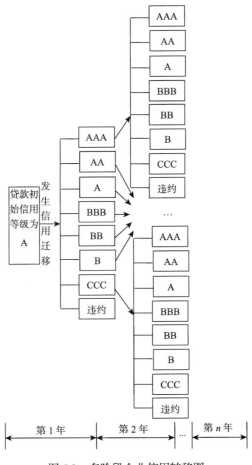

图 5.3 多阶段企业信用转移图

由上文可知，年末信用等级迁移情况需要通过表 5.3 中模拟得到的信

誉指数与表 5.6 中信誉指数临界点进行对比来确定,其中表 5.6 的数据需要利用表 5.5 的信用迁移矩阵反推计算。

根据上述步骤,可以逐年确定下一年年末的信用等级迁移情况。例如,当一笔贷款在第 1 年末的信用等级确定后,利用 Monte Carlo 模拟得到该贷款在第 2 年末的信誉指数 $\widetilde{CW}$,将 $\widetilde{CW}$ 与表 5.6 中对应行(该笔贷款在第 1 年末迁移后的等级所对应的行)的所有临界点进行对比,即可确定该笔贷款在第 2 年末信用迁移情况。第 n 年末的信用迁移情况同理可得。

还可以利用简化算法直接确定第 n 年末的信用等级迁移情况[1]。此时仅需要模拟第 n 年一年的信誉指数,而不需要每年末都进行一次模拟。算法步骤如下。

(1)计算 n 年期信用迁移矩阵,即表 5.4 中 1 年期信用迁移矩阵的 n 次方[1]。利用 n 年期信用迁移矩阵,通过式(5.20)能够推算出 n 年期信誉指数临界点 $\tilde{H}_{G,s}$。

(2)模拟各个贷款第 n 年末的信誉指数 $\widetilde{CW}_{ij}$,将 $\widetilde{CW}_{ij}$ 与相应的 n 年期信誉指数临界点进行对比,即可确定贷款在第 n 年末的信用等级迁移情况 $\tilde{G}_{ij}$。

鉴于 1 年后投资组合中的某些贷款可能到期,投资组合中的贷款数量因此会发生变化,故本章以 1 年期的经济增加值 EVA 最大化为目标函数,同时控制 1 年期的非预期损失。

3. 贷款单位损失的确定

1)等级迁移后的贷款价值与贷款损失

贷款的信用等级发生迁移会导致贷款的价值发生变化。本章将 CC 级和 C 级合并入违约等级,因此共有 8 个信用等级,每笔贷款年末对应的价值有 8 种可能性。

(1)贷款违约时,贷款价值取决于回收率(recovery rate)。根据 J.P.Morgan 公司的统计数据[4],设定回收率 R=51.13%,即当贷款本金为 1 元时,违约时仅能回收 0.5113 元,此时贷款的价值即为 0.5113 元。

(2)若贷款信用等级发生迁移但并没有违约,则贷款价值等于未来现金流的贴现和,此时贷款价值在年末除了违约状态外的其他 7 种状态中取值。

设:PV 为贷款价值;T 为资产到期前的总期数;C_i 为第 i 期的利息;y 为贴现率;P 为本金。则现金流贴现公式为

$$PV=\sum_{i=1}^{T}\frac{C_i}{(1+y)^i}+\frac{P}{(1+y)^T} \qquad (5.21)$$

以初始信用等级为 A 级的 5 年期贷款为例，阐述贷款信用等级迁移后贷款价值的变化，并由此确定贷款单位损失。

a. 步骤 1：利息的确定

本章设定期限结构为水平型，即不存在期限溢价。A 等级贷款的利率为 6%；由于这里的目的是计算贷款的单位损失，即 1 元本金对应的损失，故设定贷款本金 P=1 元，因此每期的利息 C_i=0.06 元。

b. 步骤 2：贴现率的确定

不同的信用等级对应不同的贴现率，并且信用等级越低，贴现率越高。表 5.8 为不同信用等级贷款的贴现率，数据来源于 2016 年 6 月 6 日中国债券信息网企业债到期收益率。

表 5.8　贷款信用等级与对应的贴现率 y_i

贷款等级	（1）违约	（2）CCC	（3）B	（4）BB	（5）BBB	（6）A	（7）AA	（8）AAA
贴现率	—	29.953%	24.963%	19.803%	14.903%	9.343%	3.893%	3.013%

c. 步骤 3：等级迁移后贷款价值的确定

若该笔 A 等级贷款在第 1 年末升级到 AA 等级，根据表 5.8 第 7 列，AA 级贷款的贴现率 y_7=3.893%，此时距离贷款到期还有 4 年，则有 T=4，贷款本金 P=1 元，每期的利息 C_i=0.06，将这些数值代入式（5.21），可以计算出该笔贷款在年末的贷款价值为

$$PV=\sum_{i=0}^{4}\frac{0.06}{(1+3.893\%)^i}+\frac{1}{(1+3.893\%)^4}=1.1367 \text{ 元}$$

将 1.1367 列入表 5.9 第 2 行第 3 列。同理，可以计算出 A 等级贷款在年末迁移至其他信用等级时的价值，列入表 5.9 第 3 列其他行。

表 5.9　初始等级 A 级贷款年末可能的贷款价值和损失

（1）序号	（2）年末的信用等级	（3）贷款价值/元	（4）贷款损失/元
1	AAA	1.1710	−0.2185
2	AA	1.1367	−0.1842
3	A	0.9525	0
4	BBB	0.8053	0.1472
5	BB	0.7013	0.2512
6	B	0.6119	0.3406

续表

（1）序号	（2）年末的信用等级	（3）贷款价值/元	（4）贷款损失/元
7	CCC	0.5407	0.4118
8	违约	0.5113	0.4412

d. 步骤4：等级迁移后贷款单位损失的确定

从表5.9第3行第3列可以看到，A等级贷款在年末保持原等级时，贷款价值为0.9525元，此时贷款并没有损失，即贷款损失为0，将0列入表5.9第3行第4列。

若A等级贷款在年末降级到BBB级，根据表5.9第4行第3列，此时贷款价值为0.8053元，即贷款损失了0.9525−0.8053=0.1472元，将0.1472列入表5.9第4行第4列。

若A等级贷款在年末升级到AA级，根据表5.9第2行第3列，此时贷款价值为1.1367元，即贷款损失了0.9525−1.1367=−0.1842元，将−0.1842列入表5.9第2行第4列。

其他情况的贷款损失以此类推，列入表5.9第4列其他行中。

由此得到了该笔贷款在年末迁移至其他等级时的损失情况。需要说明的是，若损失值为负数即为迁移至更高等级带来的正收益。

将表5.9第3列数据列入表5.10第3列，表示A等级贷款信用迁移后的所有可能价值PV。

贷款初始信用等级为AAA、AA、BBB、BB、B、CCC时，仿照上文步骤1~步骤3，则可以计算出它们年末迁移至不同信用等级时所对应的贷款价值，如表5.10所示。

表5.10　不同信用等级贷款信用迁移后的价值PV　　　　单位：元

序号	年末等级	（1）AAA级贷款信用迁移后的价值PV	（2）AA级贷款信用迁移后的价值PV	（3）A级贷款信用迁移后的价值PV	…	（5）BB级贷款信用迁移后的价值PV	（6）B级贷款信用迁移后的价值PV	（7）CCC级贷款信用迁移后的价值PV
1	AAA	1.1177	1.1026	1.1710	…	1.4085	1.7952	2.3500
2	AA	1.0921	1.0854	1.1367	…	1.3887	1.7613	2.2964
3	A	0.9513	0.9877	0.9525	…	1.2766	1.5736	2.0064
4	BBB	0.8334	0.9019	0.8053	…	1.1779	1.4152	1.7705
5	BB	0.7466	0.8360	0.7013	…	1.1018	1.2976	1.6009
6	B	0.6690	0.7746	0.6119	…	1.0309	1.1917	1.4527
7	CCC	0.6050	0.7220	0.5407	…	0.9700	1.1036	1.3327
8	违约	0.5113	0.5113	0.5113	…	0.5113	0.5113	0.5113

表 5.10 中第 1~7 列对应不同初始信用等级的贷款,表 5.10 中第 1~8 行表示贷款在年末迁移至各个信用等级时的贷款价值 PV。

将表 5.9 第 4 列数据列入表 5.11 第 3 列,表示 A 等级贷款信用迁移后的所有可能单位损失 l。

利用表 5.10 数据,仿照上文步骤 4,可以计算贷款初始信用等级为 AAA、AA、BBB、BB、B、CCC 级的贷款,在年末迁移至不同信用等级时的贷款单位损失值,如表 5.11 所示。

表 5.11　不同信用等级贷款信用迁移后的单位损失值 l　　　　单位:元

序号	年末等级	(1) AAA 级贷款信用迁移后的单位损失值 l_1	(2) AA 级贷款信用迁移后的单位损失值 l_2	(3) A 级贷款信用迁移后的单位损失值 l_3	…	(5) BB 级贷款信用迁移后的单位损失值 l_5	(6) B 级贷款信用迁移后的单位损失值 l_6	(7) CCC 级贷款信用迁移后的单位损失值 l_7
1	AAA	0	−0.0172	−0.2185	…	−0.3067	−0.6036	−1.0173
2	AA	0.0255	0	−0.1842	…	−0.2869	−0.5697	−0.9637
3	A	0.1664	0.0976	0	…	−0.1748	−0.3819	−0.6737
4	BBB	0.2843	0.1834	0.1472	…	−0.0761	−0.2235	−0.4378
5	BB	0.3711	0.2494	0.2512	…	0	−0.1059	−0.2682
6	B	0.4487	0.3107	0.3406	…	0.0709	0	−0.1200
7	CCC	0.5127	0.3633	0.4118	…	0.1318	0.0880	0
8	违约	0.6064	0.5741	0.4412	…	0.5905	0.6804	0.8214

表 5.11 中第 1~7 列对应不同初始信用等级的贷款,第 1~8 行表示贷款在年末迁移至各个信用等级时的贷款单位损失。

2) Monte Carlo 模拟的贷款单位损失

在上文表 5.7 中,已经得到了组合中所有贷款每次 Monte Carlo 模拟的信用等级迁移情况,根据表 5.11 中的贷款损失数据,可以得到每次 Monte Carlo 模拟中不同贷款的贷款损失。

以表 5.7 第 3 行第 5 列为例,这个数值在表 5.7 中的列和行对应初始信用等级为 BB 级的贷款在第 3 次模拟中的信用迁移情况:BB→AA。初始信用等级为 BB 级对应表 5.11 第 5 列,迁移至 AA 级对应表 5.11 第 2 行,因此贷款单位损失对应于表 5.11 第 2 行第 5 列的−0.2869。

上文第 3 次 Monte Carlo 模拟对应表 5.7 的第 3 行,BB 等级贷款对应表 5.7 的第 5 列,因此将−0.2869 列入表 5.12 第 3 行第 5 列。

表 5.12　　Monte Carlo 模拟得到的贷款损失 l_{ij}　　　　　单位：元

模拟次数 i	（1）贷款 1（AAA）的损失值 l_{i1}	（2）贷款 2（AA）的损失值 l_{i2}	…	（5）贷款 5（BB）的损失值 l_{i5}	（6）贷款 6（B）的损失值 l_{i6}	（7）贷款 7（CCC）的损失值 l_{i7}
1	0	0	…	0.131 8	0.680 4	0.821 4
2	0	0	…	0	0	−0.437 8
3	0	0	…	−0.286 9	0	−1.017 3
4	0	0	…	0	0	0
⋮	⋮	⋮	⋮	⋮	⋮	⋮
9 998	0	0	…	−0.174 8	0	0
9 999	0	0	…	0	0.680 4	−0.120 0
10 000	0.025 5	0	…	0	0	0.821 4

同理，可以得到全部贷款每次 Monte Carlo 模拟的贷款单位损失，如表 5.12 所示。

4. 组合损失分布的确定

将表 5.12 中的单位损失数据 l_{ij} 逐行分别代入式（5.6）中，可以得到每一次模拟的资产组合总损失表达式 $L_i(x)$，其中，$x=(x_1,x_2,\cdots,x_N)$ 为组合中不同贷款的配置数额。由此得到资产组合的损失方程组：

$$\begin{cases} L_1(x) = 0 \times x_1 + 0 \times x_2 + \cdots + 0.8214 \times x_7 \\ L_2(x) = 0 \times x_1 + 0 \times x_2 + \cdots + (-0.4378) \times x_7 \\ \qquad\qquad\qquad\vdots \\ L_{10\,000}(x) = 0.0255 \times x_1 + 0 \times x_2 + \cdots + 0.8214 \times x_7 \end{cases} \qquad (5.22)$$

下文构建 CVaR 约束时，将会使用到式（5.22）中的全部方程。

5.3.3　基于非预期损失控制的银行资产组合优化模型

为了方便下文对模型的进一步处理，最大化经济增加值 EVA 被转化为等价形式，即最小化负的 EVA。

设：EVA 为经济增加值；I 为资产组合总收入；EL 为预期损失；C_E 为贷款的费用支出额；C_D 为债务成本；I_S 为股东必要收益；N 为组合中贷款数量；x_i 为第 i 笔贷款的贷款数额；r_i 为第 i 笔贷款的利率；PD_i 为第 i 笔贷款的违约概率；E 为年费用支出总额；V 为银行年贷款总额；k 为股东必要收益率；γ 为资本充足率；w_i 为第 i 笔贷款的风险权重；i 为债务利率。将上文式（5.9）、式（5.10）、式（5.14）、式（5.17）和式（5.19）代入式（5.1），

则目标函数可以表示为

$$
\begin{aligned}
\min_{x} - \mathrm{EVA} &= -\left(I - \mathrm{EL} - C_E - I_S - C_D \right) \\
&= -\left[\sum_{i=1}^{N} x_i r_i - 48.87\% \times \sum_{i=1}^{N} x_i \times \mathrm{PD}_i \right. \\
&\quad - (E / V) \times \sum_{i=1}^{N} x_i - k \times \gamma \times \sum_{i=1}^{N} w_i \times x_i \\
&\quad \left. - i \times \left(\sum_{i=1}^{N} x_i - \gamma \times \sum_{i=1}^{N} w_i \times x_i \right) \right]
\end{aligned}
\tag{5.23}
$$

式（5.23）的含义为以银行资产组合的经济增加值最大化为目标函数来追求风险调整后的资本回报最大。改变了以组合收益率最大化为目标的资产配置优化忽略资产组合的预期风险和资本占用因素的弊端。

设：CVaR_{1-c} 为置信水平取 $1-c$ 时的条件风险价值；B 为条件风险价值 CVaR 的约束值，B 的取值根据银行的风险厌恶程度来设定。令式（5.8）$\leqslant B$，则有约束条件表达式：

$$
\mathrm{CVaR}_{1-c}(x) = \frac{1}{Mc} \sum_{i=1}^{Mc} L_{i:M}(x) \leqslant B
\tag{5.24}
$$

式（5.24）的含义可以从以下 3 个方面来阐述。

（1）通过式（5.3）的信用指数公式，建立了信用指数 CW_{ij} 与国内生产总值 Y_i、贷款健康状态 Z_{ij} 的函数关系。反映出宏观经济状态和贷款自身微观状态对贷款非预期损失的影响。

（2）通过式（5.4）建立了年末信用等级 G_{ij} 与信誉指数 CW_{ij} 的函数关系 $G_{ij}=f_1(\mathrm{CW}_{ij})$。反映出信用迁移矩阵对贷款非预期损失的影响。

（3）通过式（5.5）建立了贷款的非预期单位损失 l_{ij} 与迁移后的信用等级 G_{ij} 的函数关系 $l_{ij}=f_2(G_{ij})$。利用非预期损失这个关键的参数建立了资产组合的条件风险价值 CVaR。

由此建立了 CVaR 与国内生产总值 Y_i 和贷款健康状态 Z_{ij} 的离散函数关系 $\mathrm{CVaR}=f(Y_i, Z_{ij})$。

通过构建资产组合的条件风险价值与国内生产总值和贷款健康状态的离散函数关系，解决了银行资产组合的非预期损失的控制问题。改变了银行由于贷款损失历史数据严重缺失，而无法有效地估测和控制未来资产组合非预期损失的不足。

通过信用等级迁移矩阵将信用等级变化产生的风险纳入到风险度量体系，从而在总体上对信用风险的不确定性有了较可靠的把握。完善了仅考虑贷款违约风险而忽略信用等级变化风险的不足。

1）风险约束的进一步处理

由于式（5.24）中 x 为决策变量，优化前各个资产的配置数量 x_i 并不确定，无法得到资产组合总损失 $L_i(x)$ 的排序，因此无法直接对约束条件式（5.24）进行求解。根据 Rockafellar 和 Uryasev[3]，引入辅助优化变量 x_{N+1}，可以将式（5.24）不等号左端转化为等价的表达式：

$$\mathrm{CVaR}_{1-c}(x) = x_{N+1} + \frac{1}{Mc}\sum_{i=1}^{M}\left[L_i(x) - x_{N+1}\right]^+ \qquad (5.25)$$

其中，$\left[L_i(x) - x_{N+1}\right]^+ = \max\{0, L_i(x) - x_{N+1}\}$，$x = (x_1, x_2, \cdots, x_N)$ 为组合中不同贷款的配置数额。由此，原本通过优化决策变量 x 来最大化经济增加值 EVA、约束 CVaR 的问题，转化成了同时优化决策变量 x 和辅助变量 x_{N+1} 来进行求解。将式（5.25）代入式（5.24），则有约束条件表达式：

$$\mathrm{CVaR}_{1-c}(x) = x_{N+1} + \frac{1}{Mc}\sum_{i=1}^{M}\left[L_i(x) - x_{N+1}\right]^+ \leqslant B \qquad (5.26)$$

式（5.26）中 x_{N+1} 的优化结果恰好等于置信水平取 $1-c$ 时的 VaR[2]。

式（5.26）不等号左端的 $[L_i(x) - x_{N+1}]^+$ 为非连续函数，由于求解非连续函数的优化方法效率很低，故通过再一次引入辅助决策变量 $\tilde{x}$，$\tilde{x} = (\tilde{x}_1, \tilde{x}_2, \cdots, \tilde{x}_M)$，令 $\tilde{x}_i = \left[L_i(x) - x_{N+1}\right]^+$ 将非连续优化问题转化为连续的线性优化，提高优化效率，即将式（5.26）转换成等价式（5.27）~式（5.29）[3]：

$$x_{N+1} + \frac{1}{Mc}\sum_{i=1}^{M}\tilde{x}_i \leqslant B \qquad (5.27)$$

式（5.27）为条件风险价值 CVaR 约束的第一部分。

$$\tilde{x}_i \geqslant L_i(x) - x_{N+1} = \sum_{j=1}^{N} x_j l_{ij} - x_{N+1}, \quad i = 1,2,\cdots,M \qquad (5.28)$$

式（5.28）为 CVaR 约束的第二部分。其中，$L_i(x)$ 即为式（5.22）中的方程组。

$$\tilde{x}_i \geqslant 0, \quad i = 1,2,\cdots,M \qquad (5.29)$$

式（5.29）为 CVaR 约束的第三部分。

2）其他约束条件的设定

除了风险约束条件之外，本章的优化模型中还添加了总资产约束，即组合中各项资产的配置数额之和等于可配置资产总额。

设：V 为可配置资产总额，即

$$\sum_{i=1}^{N} x_i = V \qquad (5.30)$$

此外，要求所有贷款的配置数额非负，即

$$x_i \geqslant 0, \quad i = 1, 2, \cdots, N \qquad\qquad (5.31)$$

综上，本章的优化模型以式（5.23）为目标函数，以式（5.27）~式（5.31）为约束条件。

5.4　数 值 实 验

5.4.1　应用背景

银行资产组合优化的现有研究可有效控制银行资产组合面临的风险。关于银行资产组合优化的现有研究大致分为三类：第一类是基于贷款历史数据的组合优化研究。这类研究的不足是通过银行的贷款历史数据进行风险估计与控制，无法充分揭示贷款的潜在风险。因为银行掌握的贷款历史数据严重不足。因此，通过历史数据无法可靠地估计贷款的潜在风险。第二类是基于 Monte Carlo 模拟的组合优化研究。这类研究的不足是仅通过模拟贷款收益率来确定贷款未来的信用迁移情况，忽略了影响贷款信用状态宏观经济状态和贷款自身健康状态。同时，以上两类研究仅以资产组合预期收益率来度量收益，忽略了资产组合的风险、收益和占用的银行资本三者之间的关联关系，无法实现银行资本的风险收益最大化。第三类是基于风险调整后资本收益最大的组合优化研究。这类研究的不足是忽略了银行资产组合可能出现的尾部极端风险，没有对潜在的超额损失进行估计与约束。

基于非预期损失控制的银行贷款组合优化模型通过构建资产组合的非预期损失与国内生产总值和贷款健康状态的离散函数关系，解决了银行资产组合的非预期损失的控制问题。用信用等级迁移矩阵将信用等级变化产生的风险纳入风险度量体系，在总体上对信用风险的不确定性有了较可靠的把握，完善了仅考虑贷款违约风险而忽略信用等级变化风险的不足。并以银行贷款组合经济增加值最大化为目标函数，最大化风险调整后的资本回报，改变了现有研究以组合收益率最大化为目标而忽略了贷款组合风险、收益和占用资本三者之间平衡的弊端。

银行资产组合优化的目标是帮助商业银行在发放贷款时最大限度地平衡安全性与营利性，即在可接受的风险范围内，最大化投资收益。利用资产组合优化方法进行信用风险管理能够帮助商业银行减少因贷款降级或者违约而带来的损失，同时帮助商业银行降低资本投入。本章模型可有效控制银行资产组合面临的风险，为银行优化资产配置提供了新的科学决策参考。

5.4.2　贷款数据

假设中国某地区性商业银行现有可用资金 7 亿元，拟对 7 个企业进行贷款，企业信用等级、贷款利率及贷款期限如表 5.13 第 2~4 列所示。

表 5.13　贷款信息

（1）序号	（2）级别	（3）贷款利率 r_i	（4）贷款期限 T/年
1	AAA	5.3%	4
2	AA	5.5%	3
3	A	6%	5
4	BBB	10%	2
5	BB	16%	3
6	B	23%	4
7	CCC	31%	5

5.4.3　目标函数经济增加值 EVA 的确定

1. 资产组合总收入的确定

将表 5.13 第 3 列贷款利率 r_i 代入式（5.9），可以得到资产组合总收入 I：

$$I=0.053x_1+0.055x_2+\cdots+0.31x_7 \qquad (5.32)$$

2. 预期损失的确定

根据式（5.10），确定预期损失需要确定贷款的违约概率 PD。

由 J.P.Morgan 公司的统计数据，贷款的平均违约损失率 LGD=48.87%[4]。因此，设定所有贷款的违约损失率 LGD=48.87%。

同样根据 J.P.Morgan 公司的统计数据[4]，不同等级贷款一年后的违约概率如表 5.1 所示。

将违约损失率 LGD=48.87% 和表 5.1 中对应的违约概率数据代入式（5.10），可以得到预期损失 EL：

$$
\begin{aligned}
\mathrm{EL} &= \sum_{i=1}^{7} x_i \times \mathrm{LGD}_i \times \mathrm{PD}_i \\
&= 48.87\% \times 0 \times x_1 + 48.87\% \times 0 \times x_2 + \cdots + 48.87\% \times 19.97\% \times x_7 \qquad (5.33) \\
&= 0 \times x_1 + 0 \times x_2 + \cdots + 0.0967 \times x_7
\end{aligned}
$$

3. 费用的确定

根据中国工商银行 2015 年报表的各项年费用支出额和年贷款总额，本章设定费用支出率 c_E=1.9%，代入式（5.11），则费用 C_E 公式为

$$C_E=0.019x_1+0.019x_2+\cdots+0.019x_7 \tag{5.34}$$

4. 股东必要收益的计算

根据中国银行业监督管理委员会（简称中国银监会）颁布的《商业银行资本管理办法（试行）》（2012 年）第六十三条，商业银行对一般企业债权的风险权重为 100%，即 w_i=100%。设定资本充足率 γ=10%、股东必要收益率 k=20%（各银行可根据自身的实际情况设置该参数），将 w_i、γ 和 k 代入式（5.17），则股东必要收益 I_S 为

$$I_S = k \times \gamma \times \left(\sum_{i=1}^{7} w_i \times x_i\right) = 20\% \times 10\% \times \left(\sum_{i=1}^{7} 100\% \times x_i\right) \tag{5.35}$$
$$= 0.02x_1 + 0.02x_2 + \cdots + 0.02x_7$$

5. 债务成本的确定

根据中国人民银行公布的数据，2016 年的 1 年期存款利率 i=1.50%，上文 γ=10%，w_i=100%，将 i、γ 和 w_i 代入式（5.19），则债务成本 C_D

$$C_D = i \times \left(\sum_{i=1}^{7} x_i - \gamma \times \sum_{i=1}^{7} w_i \times x_i\right) = 1.5\% \times \left(\sum_{i=1}^{7} x_i - 10\% \times \sum_{i=1}^{7} 100\% \times x_i\right) \tag{5.36}$$
$$= 0.0135x_1 + 0.0135x_2 + \cdots + 0.0135x_7$$

6. 目标函数 EVA 的确定

将上文式（5.32）中 I 的表达式、式（5.33）中 EL 的表达式、式（5.34）中 C_E 的表达式、式（5.35）中 I_S 的表达式、式（5.36）中 C_D 的表达式代入式（5.23），则有经济增加值 EVA：

$$
\begin{aligned}
\text{EVA} &= I - \text{EL} - C_E - I_S - C_D \\
&= \left(0.053x_1 + 0.055x_2 + \cdots + 0.3x_7\right) \\
&\quad - \left(0 \times x_1 + 0 \times x_2 + \cdots + 0.0967x_7\right) \\
&\quad - \left(0.019x_1 + 0.019x_2 + \cdots + 0.019x_7\right) \\
&\quad - \left(0.02x_1 + 0.02x_2 + \cdots + 0.02x_7\right) \\
&\quad - \left(0.0135x_1 + 0.0135x_2 + \cdots + 0.0135x_7\right) \\
&= 0.0005x_1 + 0.0025x_2 + \cdots + 0.1563x_7
\end{aligned}
\tag{5.37}
$$

5.4.4 条件风险价值 CVaR 约束的确定

条件风险价值 CVaR 约束值 B 的取值根据银行自身的风险厌恶程度来设定，本章设定 $B=0.8$。

将组合中贷款数量 $N=7$、模拟次数 $M=10\ 000$、置信水平 $1-c=99\%$、$B=0.8$ 代入条件风险价值 CVaR 约束的第一部分式（5.27），则有

$$x_{7+1} + \frac{1}{10\ 000 \times 1\%} \sum_{i=1}^{10\ 000} \tilde{x}_i = x_8 + \frac{1}{100} \sum_{i=1}^{10\ 000} \tilde{x}_i \leqslant 0.8 \qquad （5.38）$$

其中，$\tilde{x}_i$ 为辅助决策变量。

将组合中贷款数量 $N=7$、资产组合损失方程组式（5.22）中的方程逐个代入条件风险价值 CVaR 约束的第二部分式（5.28），则有

$$\begin{cases} \tilde{x}_1 \geqslant 0 \times x_1 + 0 \times x_2 + \cdots + 0.8214 \times x_7 - x_8 \\ \tilde{x}_2 \geqslant 0 \times x_1 + 0 \times x_2 + \cdots + (-0.4378) \times x_7 - x_8 \\ \qquad\qquad\qquad \vdots \\ \tilde{x}_{10\ 000} \geqslant 0.0255 \times x_1 + 0 \times x_2 + \cdots + 0.8214 \times x_7 - x_8 \end{cases} \qquad （5.39）$$

将模拟次数 $M=10\ 000$ 代入条件风险价值 CVaR 约束的第三部分式（5.29），则有

$$\tilde{x}_i \geqslant 0, \quad i = 1,2,\cdots,10\ 000 \qquad （5.40）$$

将组合中贷款数量 $N=7$、可配置资产总额 $V=7$ 亿元代入可配置资产总额约束式（5.30）和资产配置数额非负约束式（5.31），则有

$$\sum_{i=1}^{7} x_i = 7 \qquad （5.41）$$

$$x_i \geqslant 0, \quad i = 1,2,\cdots,7 \qquad （5.42）$$

5.4.5 模型的求解

对式（5.37）目标函数及式（5.38）~式（5.42）约束条件进行规划求解，该过程可以通过 Matlab 软件来完成。得到各项贷款的配置数额 x_i 如表 5.14 所示。

表 5.14　各项贷款分配结果

序号	（1）贷款等级	（2）贷款配置数额 x_i/亿元
1	AAA	1.1823
2	AA	0.8965
3	A	0.7419

续表

序号	（1）贷款等级	（2）贷款配置数额 x_i/亿元
4	BBB	3.4997
5	BB	0.4213
6	B	0.2583
7	CCC	0
8	合计	7

此时资产组合的最优 EVA=0.2532 亿元。99%置信水平下最优组合的条件风险价值 $\text{CVaR}_{99\%}$=0.3986 亿元。

5.4.6　模型的对比分析

1. 对比模型的建立

为便于与本章建立的非预期损失控制的组合优化模型进行对比分析，建立仅考虑预期损失控制的组合优化模型作为对比模型。

设定预期损失约束为 0.07 亿元，即可配置资产的 1%。根据式（5.33）中的 EL 表达式，则有

$$EL = 0 \times x_1 + 0 \times x_2 + \cdots + 0.0967 \times x_7 \leqslant 0.07 \qquad （5.43）$$

将本章优化模型中表示条件风险价值 CVaR 约束的式（5.38）~式（5.40）替换为式（5.43），目标函数式（5.37）与其他约束条件式（5.41）、式（5.42）不变，以此进行规划求解。

2. 对比的标准

根据本章模型与对比模型最优组合的 EVA 和 99%置信水平下的 CVaR，计算 EVA/CVaR 的比值。通过对比 EVA/CVaR 的比值，即单位 CVaR 风险下的经济增加值，来判断模型的优越性。

3. 对比结果与分析

两个模型的优化结果如表 5.15 所示。第 1 行对应本模型的优化结果，第 2 行是对比模型的优化结果。

表 5.15　模型的对比分析

模型	（1）EVA/亿元	（2）CVaR/亿元	（3）EVA/CVaR
本模型	0.2532	0.3986	0.635
对比模型	0.7885	1.2777	0.617

由表 5.15 第 3 列可知，本模型的 EVA/CVaR 比值为 0.635，对比模型最优组合的 EVA/CVaR 比值为 0.617。显然本模型最优组合的 EVA/CVaR 比值更高，即在单位 CVaR 风险下能够实现更高的经济增加值 EVA。

5.5　结　　论

5.5.1　主要工作

本章通过国内生产总值和贷款健康状态两个参数的 Monte Carlo 模拟得到了客户的信誉指数，通过客户的信誉指数确定了企业信用等级迁移后的信用等级，通过企业信用等级迁移后的信用等级确定了客户贷款的非预期损失，通过非预期损失这个关键的参数建立了条件风险价值 CVaR。以 CVaR 为约束条件，以经济增加值 EVA 最大化为目标函数，建立了基于非预期损失控制的银行资产组合优化模型。

5.5.2　主要结论

通过与对比模型进行比较，本章发现在进行银行资产配置时，不能仅仅估计、控制预期损失，同时还必须考虑非预期损失。通过同时考虑预期损失与非预期损失，才能较可靠地控制风险，也因此才能在单位风险下实现更高的收益。

5.5.3　创新与特色

第一，通过构建资产组合的非预期损失与国内生产总值和贷款健康状态的离散函数关系，确定了条件风险价值 CVaR 的函数表达式，解决了银行资产组合的非预期损失的控制问题。通过 Monte Carlo 模拟得到资产组合的非预期损失分布，改变了银行由于贷款损失历史数据的严重缺失，而无法有效地估测和控制未来资产组合非预期损失的不足。

第二，通过信用等级迁移矩阵将信用等级变化产生的风险纳入风险度量体系，从而在总体上对信用风险的不确定性有了较可靠的把握。完善了仅考虑贷款违约风险而忽略信用等级变化风险的不足。

第三，以银行贷款组合经济增加值最大化为目标函数，最大化风险调整后的资本回报，改变了现有研究以组合收益率最大化为目标而忽略了贷款组合风险、收益和占用资本三者之间平衡的弊端。

第四，利用条件风险价值 CVaR 来度量资产组合的风险，对可能发生的尾部极端损失进行约束，弥补了 VaR 无法反映尾部损失信息、不满足次可加性的缺陷，降低了银行发生灾难性损失的可能性。

参 考 文 献

[1] Hull J C. Risk Management and Financial Institutions[M]. Hoboken：John Wiley & Sons，2012.

[2] Iscoe I，Kreinin A，Mausser H，et al. Portfolio credit-risk optimization[J]. Journal of Banking and Finance，2012，36（6）：1604-1615.

[3] Rockafellar R T，Uryasev S. Optimization of conditional value-at-risk[J]. Journal of Risk，2000，2：21-42.

[4] Gupton G M，Finger C C，Bhatia M. Creditmetrics^{TM}—Technical Document[M]. New York：J. P. Morgan & Co，1997.

[5] 杜永强. 基于风险补偿原理的小企业贷款定价模型研究[D]. 大连：大连理工大学，2014.

第6章 基于非预期损失非线性叠加的增量贷款组合优化模型

6.1 引　　言

研究目标：控制银行"存量+增量"全部贷款的非预期损失风险，优化银行贷款配置，提高银行贷款收益。

研究方法：基于非预期损失非线性叠加原理，以"存量+增量"全部贷款的 RAROC 最大为目标函数，以"存量+增量"全部贷款的经济资本小于等于银行经济资本限额为主要约束，采用 0-1 规划来配置增量贷款，建立了基于非预期损失非线性叠加的增量贷款组合优化模型。

研究结果：银行进行贷款配置时，必须要考虑"存量+增量"全部贷款的非预期损失。

研究创新：一是通过先计算既有存量又有增量贷款的这类客户的非预期损失后，再与其他仅有存量贷款客户和仅有增量贷款客户的非预期损失建立非线性函数关系，得到全部贷款的非预期损失，改变了计算非预期损失时仅立足于增量贷款而忽略了存量贷款非预期损失的弊端。二是以"存量+增量"全部贷款的 RAROC 最大为目标函数，确保了银行"存量+增量"全部贷款的调整资本收益率最大的同时，非预期风险最小，改变了贷款配置时仅立足于增量贷款，而忽略存量贷款的弊端。三是以"存量+增量"全部贷款的经济资本小于等于银行经济资本限额为主要约束来控制银行整体风险可承受，改变了现有研究忽略全部贷款经济资本控制的弊端。

6.2　增量贷款组合优化模型的建立

6.2.1　全部贷款组合 RAROC$^{(E+I)}$ 函数的建立

1. 全部贷款组合 RAROC$^{(E+I)}$ 的函数关系

1）贷款业务 RAROC 的基本表达式

RAROC 是风险调整后的资本回报率，衡量了贷款组合的风险、收益和占用的经济资本三者之间的关联关系。

设：R 为贷款总收入；C_E 为贷款分摊的经营成本；C_I 为贷款分摊的资金成本；EL 为贷款的预期损失；EC 为贷款的经济资本。则贷款业务的 RAROC 为[1-2]

$$\text{RAROC} = \frac{R - C_E - C_I - \text{EL}}{\text{EC}} \qquad (6.1)$$

式（6.1）的含义：式（6.1）的分子为风险调整后的净收益。式（6.1）表示损失一个单位经济资本给银行带来的净收益大小。RAROC 越大，表示银行损失一个单位的经济资本所获得的收益越大。

2）"存量+增量"全部贷款的 RAROC$^{(E+I)}$

设：RAROC$^{(E+I)}$ 为"存量+增量"全部贷款的风险调整收益率；$R^{(E+I)}$ 为"存量+增量"全部贷款总收入；$C_E^{(E+I)}$ 为"存量+增量"全部贷款分摊的经营成本；$C_I^{(E+I)}$ 为"存量+增量"全部贷款分摊的资金成本；EL$^{(E+I)}$ 为"存量+增量"全部贷款的预期损失；EC$^{(E+I)}$ 为"存量+增量"全部贷款的经济资本。则全部贷款的 RAROC$^{(E+I)}$ 表达式为

$$\text{RAROC}^{(E+I)} = \frac{R^{(E+I)} - C_E^{(E+I)} - C_I^{(E+I)} - \text{EL}^{(E+I)}}{\text{EC}^{(E+I)}} \qquad (6.2)$$

式（6.2）即"存量+增量"全部贷款的风险调整收益率。其中，贷款收入 $R^{(E+I)}$、经营成本 $C_E^{(E+I)}$、资金成本 $C_I^{(E+I)}$、预期损失 EL$^{(E+I)}$ 和经济资本 EC$^{(E+I)}$ 等 RAROC 的参数的确定见下文。

2. "存量+增量"全部贷款的贷款收入 $R^{(E+I)}$ 确定

1）单笔贷款的贷款收入 R_i

设：R_i 为贷款 i 的收入；L_i 为贷款 i 的额度；r_i 为贷款 i 的利率。则 R_i 为

$$R_i = L_i \times r_i \qquad (6.3)$$

式（6.3）的含义：贷款 i 的收入 R_i 为贷款 i 的本金 L_i 与贷款 i 的利率 r_i 的乘积。

2）"存量+增量"全部贷款的贷款收入 $R^{(E+I)}$

设：$R^{(E+I)}$ 为"存量+增量"全部贷款的收入；R^E 为存量贷款的总收入；R^I 为增量贷款的总收入；x_i 为决策变量，取值为 0 或 1，$x_i=1$ 时表示同意分配第 i 笔贷款，$x_i=0$ 表示拒绝分配第 i 笔贷款；n 为总贷款数；m 为存量贷款数。则 $R^{(E+I)}$：

$$R^{(E+I)}=R^E + R^I = \sum_{i=1}^{m} R_i + \sum_{i=m+1}^{n} x_i R_i \qquad (6.4)$$

式（6.4）的含义："存量+增量"全部贷款的收入 $R^{(E+I)}$ 为存量贷款收入 R^E 和增量贷款收入 R^I 的线性加和。

3. "存量+增量"全部贷款的经营成本 $C_E^{(E+I)}$ 确定

贷款的经营成本是指直接参与贷款业务部门发生的相关费用。

1）单笔贷款分摊的经营成本 C_{E_i}

设：c_E 为年经营成本分摊率；E 为与贷款有关的年经营成本总额；L_T 为年贷款总额。则 c_E[2] 为

$$c_E=E/L_T \times 100\% \qquad (6.5)$$

式（6.5）的含义：年经营成本分摊率 c_E 反映单位贷款本金所需分摊的经营成本。

设：C_{E_i} 为贷款 i 分摊的经营成本；L_i 为贷款 i 的额度；c_E 为年经营成本分摊率。则 C_{E_i} 为

$$C_{E_i} =L_i \times c_E \qquad (6.6)$$

式（6.6）的含义：贷款 i 分摊的经营成本 C_{E_i} 为贷款 i 的金额 L_i 与年经营成本分摊率 c_E 的乘积。

2）"存量+增量"全部贷款的经营成本 $C_E^{(E+I)}$

设：$C_E^{(E+I)}$ 为"存量+增量"全部贷款分摊的经营成本；C_E^E 为存量贷款分摊的经营成本；C_E^I 为增量贷款分摊的经营成本。则 $C_E^{(E+I)}$ 为

$$C_E^{(E+I)} = C_E^E + C_E^I = \sum_{i=1}^{m} C_{E_i} + \sum_{i=m+1}^{n} x_i C_{E_i} \qquad (6.7)$$

式（6.7）的含义："存量+增量"全部贷款分摊的经营成本 $C_E^{(E+I)}$ 为存量贷款分摊的经营成本 C_E^E 和增量贷款分摊的经营成本 C_E^I 的线性加和。

4. "存量+增量"全部贷款的资金成本 $C_I^{(E+I)}$ 确定

贷款所对应的资金成本是指银行发放的贷款所占用的那部分资金的成本，主要由银行吸收的存款组成[3]。

1）单笔贷款分摊的资金成本 C_{I_i}

设：C_{I_i} 为贷款 i 对应的资金成本；L_i 为贷款 i 的本金；ε 为法定存款准备金率；r_t 为第 t 年期存款年利率；r_{re} 为法定存款准备金利率。则 C_{I_i} 为[3]

$$C_{I_i} = \frac{L_i}{1-\varepsilon} \times r_t - \frac{L_i}{1-\varepsilon} \times \varepsilon \times r_{re} \qquad (6.8)$$

式（6.8）的含义：式（6.8）右边项 $\frac{L_i}{1-\varepsilon}$ 为贷款 i 的本金对应的实际存款额。$\frac{L_i}{1-\varepsilon} \times r_t$ 为贷款 i 的本金对应的实际存款额需支付给储户的利息支出。$\frac{L_i}{1-\varepsilon} \times \varepsilon$ 为贷款 i 的本金对应的上交央行的存款准备金。$\frac{L_i}{1-\varepsilon} \times \varepsilon \times r_{re}$ 为贷款 i 的本金对应的上交央行的存款准备金从央行得到的利息收入。因此，贷款 i 对应的资金成本 C_{I_i} 即为贷款对应的实际存款需要支付给储户的存款利息，再减去存款准备金得到的准备金利息收入。

2）"存量+增量"全部贷款的资金成本 $C_I^{(E+I)}$

设：$C_I^{(E+I)}$ 为"存量+增量"全部贷款分摊的资金成本；C_I^E 为存量贷款分摊的资金成本；C_I^I 为增量贷款分摊的资金成本。则 $C_I^{(E+I)}$ 为

$$C_I^{(E+I)} = C_I^E + C_I^I = \sum_{i=1}^{m} C_{I_i} + \sum_{i=m+1}^{n} x_i C_{I_i} \qquad (6.9)$$

式（6.9）的含义："存量+增量"全部贷款分摊的资金成本 $C_I^{(E+I)}$ 为存量贷款分摊的资金成本 C_I^E 和增量贷款分摊的资金成本 C_I^I 的线性加和。

5. "存量+增量"全部贷款的预期损失 $EL^{(E+I)}$ 确定

1）"存量+增量"贷款的预期损失 $EL^{(E+I)}$ 表达式

预期损失指银行能预先估计到的，在一定时期内发生违约损失的平均值[4]。

一是单笔贷款的预期损失 EL_i 的计算。

设：EL_i 为贷款 i 的预期违约损失；EAD_i 为贷款 i 的违约风险暴露；PD_i 为贷款 i 的违约概率；LGD_i 为贷款 i 的违约损失率。则在 EAD_i、PD_i 和 LGD_i 相互独立的前提下，单笔贷款的预期损失 EL_i[4] 为

$$EL_i = EAD_i \times PD_i \times LGD_i \qquad (6.10)$$

式（6.10）的含义：贷款 i 的预期违约损失 EL_i 等于贷款 i 的违约风险暴露 EAD_i 与该笔贷款的违约概率 PD_i 和违约损失率 LGD_i 的乘积。

二是"存量+增量"全部贷款的预期损失 $\mathrm{EL}^{(E+I)}$ 的计算。

设：$\mathrm{EL}^{(E+I)}$ 为"存量+增量"全部贷款的预期损失；EL^E 为存量贷款的预期损失；EL^I 为增量贷款的预期损失。则全部贷款组合的 $\mathrm{EL}^{(E+I)}$ 为[4-5]

$$\mathrm{EL}^{(E+I)} = \mathrm{EL}^E + \mathrm{EL}^L = \sum_{i=1}^{m} \mathrm{EL}_i + \sum_{i=m+1}^{n} x_i \mathrm{EL}_i \tag{6.11}$$

式（6.11）的含义："存量+增量"全部贷款组合的预期损失为单笔贷款的预期损失之和[4-5]。

2）违约风险暴露 EAD 的确定

违约风险暴露指在违约事件发生时，银行持有的暴露于违约风险下的贷款资金余额，可用抵质押担保物的价值进行对冲[2]。

设：EAD_i 为贷款 i 的违约风险暴露；L_i 为贷款 i 的本金；$P_{i,k}$ 为贷款 i 的第 k 种抵质押担保物的金额；$S_{i,k}$ 为贷款 i 的第 k 种抵质押担保物的足额得分；K 为贷款 i 的抵质押担保物种数。则 EAD_i 为[2]

$$\mathrm{EAD}_i = L_i - \sum_{k=1}^{K} P_{i,k} S_{i,k} \tag{6.12}$$

式（6.12）的含义：贷款 i 的违约风险暴露 EAD_i 为贷款 i 的本金 L_i 减去贷款 i 的抵质押担保物的价值。

其中，抵质押担保物的品种及得分通过到中国某商业银行实地调研，结合信贷专家的意见得出，共确定了 46 种抵质押担保物，如表 6.1 第 2 列所示，相应的抵质押担保物的足额得分 S 如表 6.1 第 3 列。

需要指出，若贷款方提供的抵质押担保物超额，则风险暴露取值为 0。

表 6.1　抵质押担保物品种及得分

（1）序号	（2）抵质押担保品种	（3）得分 $S_{i,k}$
1	贷款行存单质押	100%
2	国债抵押	100%
⋮	⋮	⋮
23	基金质押	55%
24	上市公司或大型企业保证	50%
⋮	⋮	⋮
44	其他抵押	5%
45	一般券商（法人或法人授权担保）保证	5%
46	信用	0

3）违约概率 PD 的确定

违约概率指借款人在一定时间内发生违约的概率。一般地，信用等级越高，违约概率越低。本章借鉴 Moody 的信用等级与违约概率的对应关系表[6]来确定不同等级的贷款违约概率，具体如表 6.2 所示。

表 6.2　信用等级与违约概率对应关系

（1）序号	（2）等级	（3）违约概率 PD	（4）违约概率标准差 σ_{PD_i}
1	AAA	0	0
2	AA	0.05%	0.12%
3	A	0.08%	0.05%
4	BBB	0.20%	0.29%
5	BB	1.80%	1.40%
6	B	8.30%	5.03%

4）违约损失率 LGD 的确定

违约损失率指借款人一旦违约将给银行造成的损失。本章借鉴 Moody 的信用等级与违约损失率的对应关系表[7]来确定不同等级的贷款违约损失率，具体如表 6.3 所示。

表 6.3　信用等级与违约损失率对应关系

（1）序号	（2）信用等级	（3）违约损失率 LGD
1	AAA	0
2	AA	16%
3	A	24%
4	BBB	33%
5	BB	39%
6	B	48%
7	<B	55%

6. "存量+增量"全部贷款的经济资本 $EC^{(E+I)}$ 确定

1）"存量+增量"全部贷款经济资本 $EC^{(E+I)}$ 的表达式

经济资本指在给定的风险容忍水平下，银行抵御非预期损失所需要的资本额，是银行资产组合非预期损失的 n 倍[4]。

设：$EC^{(E+I)}$ 为"存量+增量"全部贷款的经济资本；CM 为资本乘数，$UL^{(E+I)}$ 为"存量+增量"全部贷款的非预期损失。则经济资本 $EC^{(E+I)}$ 为[4]

$$EC^{(E+I)} = CM \times UL^{(E+I)} \tag{6.13}$$

式（6.13）的含义："存量+增量"全部贷款的经济资本 $EC^{(E+I)}$ 为全部贷款非预期损失 $UL^{(E+I)}$ 的资本乘数 CM 倍。

2）"存量+增量"贷款的非预期损失 $UL^{(E+I)}$ 确定

非预期损失是对预期损失的偏离，即实际损失围绕均值的波动程度，是银行贷款的真正风险[3]。

一是违约相关系数 ρ_{pq} 的确定。

本章采用简化思路求解违约相关系数，即一个信用等级内的贷款客户违约相关性相同，不同信用等级间的贷款客户相关性认为是 0[4]，具体如下。

设：ρ_{pq} 为贷款客户 p 和 q 的违约相关系数；PD_h 为第 h 个信用等级的违约概率均值；$\sigma(PD_h)$ 为第 h 个信用等级的违约概率标准差。则 ρ_{pq}[4] 为

$$\rho_{pq} = \begin{cases} \dfrac{\sigma^2(PD_h)}{PD_h - PD_h^2}, & \text{客户}p\text{和}q\text{均为}h\text{等级} & （6.14a） \\[3mm] 0, & \text{客户}p\text{和}q\text{为不同等级} & （6.14b） \end{cases}$$

式（6.14a）表示同一等级 h 内部贷款客户的违约相关系数，均等于等级 h 的违约概率方差除以违约概率均值与违约概率均值平方的差。式（6.14b）表示不同等级间的贷款客户违约相关系数，均为 0。

采用简化思路的原因：一是借款人数量众多，计算所有借款人两两间的相关系数并不可取。例如，中等规模的银行借款人至少有 2000 人[8]，需计算 $C_{2000}^2 = 1\,999\,000$ 个相关系数。而大型银行的借款人至少有 10 万人[4]，需计算 $C_{100\,000}^2 = 50$ 亿个相关系数。二是各资产间相关信息的缺乏，导致求解两两贷款的违约相关系数在实践中难以实现。

二是单笔贷款的非预期损失 UL_i 的计算。

设：UL_i 为贷款 i 的非预期损失；EAD_i 为贷款 i 的违约风险暴露；PD_i 为贷款 i 的违约概率；LGD_i 为贷款 i 的违约损失率；σ_{PD} 为贷款 i 的违约概率标准差；σ_{LGD_i} 为贷款 i 的违约损失率标准差。则在 PD_i 和 LGD_i 相互独立的前提下，贷款 i 的非预期损失 UL_i[4] 为

$$UL_i = EAD_i \times \sqrt{PD_i \times \sigma_{LGD_i}^2 + LGD_i^2 \times \sigma_{PD_i}^2} \qquad （6.15）$$

其中，根据违约状态为 0，1 两个变量，设违约概率 PD_i 服从（0，1）的二项分布，则贷款 i 的违约概率的标准差 σ_{PD_i}[4] 为

$$\sigma_{PD_i} = \sqrt{PD_i \times (1 - PD_i)} \qquad （6.16）$$

贷款 i 的违约损失率的标准差 σ_{LGD_i}[9] 为

$$\sigma_{\mathrm{LGD}_i} = \frac{\sqrt{\mathrm{LGD}_i \times (1-\mathrm{LGD}_i)}}{2} \qquad (6.17)$$

由于式（6.15）~式（6.17）均为现有研究，不是本章创新，故不进行推导证明，具体参见相应参考文献。

三是单个客户的非预期损失 UL_p 的计算。

设：UL_p 为单个客户 p 的非预期损失；$\mathrm{UL}_{p,j}$ 为客户 p 的存量贷款 j 的非预期损失；$\mathrm{UL}_{p,i}$ 为客户 p 的增量贷款 i 的非预期损失；$\mathrm{UL}_{p,i}$ 和 $\mathrm{UL}_{p,j}$ 计算同式（6.15）；a_p 为客户 p 存量贷款的笔数；b_p 为客户 p 增量贷款的笔数。则 UL_p [10] 有

$$\mathrm{UL}_p = \sum_{j=1}^{a_p} \mathrm{UL}_{p,j} + \sum_{i=1}^{b_p} (x_i \mathrm{UL}_{p,i}) \qquad (6.18)$$

式（6.18）的含义：单个客户的非预期损失为该客户的存量和增量贷款的非预期损失之和[10]。

需要指出，在当前存量贷款中加入增量贷款后，对应有三类客户的非预期损失。

第一类："既有存量贷款又有增量贷款"的客户的非预期损失。该类单个客户的非预期损失为其"存量"贷款的非预期损失和"增量"贷款的非预期损失线性加和。

第二类："仅有存量贷款"的客户的非预期损失。该类单个客户的非预期损失为其"存量"贷款的非预期损失。

第三类："仅有增量贷款"的客户的非预期损失。该类单个客户的非预期损失为其"增量"贷款的非预期损失。

四是"存量+增量"全部贷款的非预期损失 $\mathrm{UL}^{(E+I)}$ 的计算。

计算"存量+增量"全部贷款的非预期损失就是将上述三类客户的非预期损失进行非线性叠加。

设：$\mathrm{UL}^{(E+I)}$ 为"存量+增量"全部贷款的非预期损失；ρ_{pq} 为客户 p 和 q 的违约相关系数；UL_p 为客户 p 的非预期损失；UL_q 为客户 q 的非预期损失；e 为总客户数。则结合式（6.18），有 $\mathrm{UL}^{(E+I)}$ 为

$$\begin{aligned}
\mathrm{UL}^{(E+I)} &= \sqrt{\sum_{p=1}^{e}\sum_{q=1}^{e}\rho_{pq}\mathrm{UL}_p\mathrm{UL}_q} \\
&= \sqrt{\sum_{p=1}^{e}\sum_{q=1}^{e}\rho_{pq}\left(\sum_{j=1}^{a_p}\mathrm{UL}_{p,j} + \sum_{i=1}^{b_p}\left(x_i\mathrm{UL}_{p,i}\right)\right)\left(\sum_{j=1}^{a_q}\mathrm{UL}_{q,j} + \sum_{i=1}^{b_q}\left(x_i\mathrm{UL}_{q,i}\right)\right)}
\end{aligned}$$

$$(6.19)$$

式（6.19）的含义："存量+增量"全部贷款的非预期损失 $UL^{(E+I)}$ 为"存量贷款非预期损失""增量贷款非预期损失"的非线性叠加。全部贷款的非预期损失 $UL^{(E+I)}$ 才是一个银行真正的整体风险。

式（6.19）的"存量+增量"贷款的非预期损失思路是本章的主要创新，"存量+增量"全部贷款的非预期损失 $UL^{(E+I)}$ 不是简单地将"存量贷款非预期损失"和"增量贷款非预期损失"进行线性相加，也不是简单地仅对新增客户贷款进行非线性叠加，而是先通过将单个客户的"存量"贷款的非预期损失和"增量"贷款的非预期损失进行线性加和，得到"既有存量贷款又有增量贷款"的这类单个客户的非预期损失后，再与其他仅有"存量贷款"的客户和仅有"增量贷款"的客户的非预期损失按照式（6.19）进行非线性叠加来确定。不考虑"存量贷款"，仅对增量贷款的非预期损失进行非线性叠加的最大弊端，是没有考虑"既有存量贷款又有增量贷款"的这类客户的非预期损失要先通过对"存量"贷款的非预期损失和"增量"贷款的非预期损失进行线性加和确定后才与其他客户的非预期损失进行非线性叠加的。因此，仅控制增量贷款的非预期损失，会造成银行整体风险控制不全面、失效。

3）资本乘数 CM

经济资本是银行资产组合非预期损失的倍数，这个倍数即为资本乘数 $CM^{[4]}$。

设：X 为贷款损失变量；z 为银行贷款损失小于等于预期损失 EL 和经济资本 EC 之和的概率。则有[4]

$$P(X \leqslant EL+EC) = z \qquad (6.20)$$

将式（6.13）代入式（6.20），得

$$P(X \leqslant EL+CM \times UL) = z \qquad (6.21)$$

将式（6.21）括号内 EL 移项后，在不等式两边同时除以 UL，得

$$P\left(\frac{X-EL}{UL} \leqslant CM\right) = z \qquad (6.22)$$

因此，确定了银行贷款损失 X 的分布，就可以确定资本乘数 CM。现有研究表明，贷款损失服从 Beta 分布[4]。

由于 Beta 分布的变量 $x \in [0, 1]$，故需将贷款损失 X 转化为[0，1]之间的数。设：x 为贷款损失 X 占风险暴露的百分比；u 为贷款组合的损失均值，即贷款组合的预期损失占风险暴露的百分比；σ 为贷款组合的损失标准差，即贷款组合的非预期损失占风险暴露的百分比，则有[10]

$$x=X/\text{EAD} \tag{6.23}$$

$$u=\text{EL}/\text{EAD} \tag{6.24}$$

$$\sigma=\text{UL}/\text{EAD} \tag{6.25}$$

式（6.23）~式（6.25）的含义：将贷款损失 X、贷款损失均值 EL、贷款损失标准差 UL 转化为[0，1]之间的数，以进行贷款损失 Beta 分布的拟合。

设：$P(x, \alpha, \beta)$-Beta 分布的累积函数，指 $t \leqslant x$ 的概率，t 服从参数 α 和 β 的 Beta 分布，其中，α 决定峰度，β 决定厚度。$f(t, \alpha, \beta)$-Beta 分布的概率密度函数。则有[4]

$$P(x, \alpha, \beta) = P(t \leqslant x) = \int_0^x f(t, \alpha, \beta)\mathrm{d}t = z \tag{6.26}$$

其中，$f(t, \alpha, \beta)$表达式[4]为

$$f(t, \alpha, \beta) = \begin{cases} \dfrac{\int_0^\infty \mathrm{e}^{-t} t^{\alpha+\beta-1}\mathrm{d}t}{\left(\int_0^\infty \mathrm{e}^{-t} t^{\alpha-1}\mathrm{d}t\right) \times \left(\int_0^\infty \mathrm{e}^{-t} t^{\beta-1}\mathrm{d}t\right)} t^{\alpha-1}(1-t)^{\beta-1}, & 0 < t < 1 \\ 0, & t \leqslant 0 \text{或者} t \geqslant 1 \end{cases} \tag{6.27}$$

Beta 分布的两个参数 α 和 β 分别为[9, 11]

$$\alpha = \frac{\mu^2 \times (1-\mu)}{\sigma^2} - \mu \tag{6.28}$$

$$\beta = \frac{1-\mu}{\mu} \times \alpha \tag{6.29}$$

在一定的置信水平 z 下，确定了 Beta 分布的参数 α 和 β，就可以反求出损失 x，即

$$x=p^{-1}(z) \tag{6.30}$$

其中，$p^{-1}(z)$为服从参数 α 和 β 的 Beta 分布的累积函数的反函数。

根据式（6.22），则对贷款损失 x 标准化后的值即为资本乘数 CM[4]：

$$\text{CM} = \frac{x - u}{\sigma} \tag{6.31}$$

式（6.22）是式（6.31）中银行贷款损失的分布累积函数，在已知式（6.22）中贷款损失的分布和显著性水平 z 值时，可计算出式（6.31）中资本乘数 CM 的值。

6.2.2　目标函数的建立

以"存量+增量"全部贷款的 RAROC 最大为目标函数，确保银行全

部贷款的 RAROC 最大及风险最小。

设：RAROC$^{(E+I)}$ 为"存量+增量"全部贷款的风险调整收益率；$R^{(E+I)}$ 为全部贷款总收入；$C_E^{(E+I)}$ 为全部贷款分摊的经营成本；$C_I^{(E+I)}$ 为全部贷款分摊的资金成本；EL$^{(E+I)}$ 为全部贷款的预期损失；UL$^{(E+I)}$ 为全部贷款的非预期损失；CM 为资本乘数；x_i 为决策变量，取值为 0 或 1。则将式（6.4）、式（6.7）、式（6.9）、式（6.11）、式（6.13）、式（6.19）代入式（6.2），建立目标函数为

$$\max \text{RAROC}^{(E+I)} = \frac{R^{(E+I)} - C_E^{(E+I)} - C_I^{(E+I)} - \text{EL}^{(E+I)}}{\text{CM} \times \text{UL}^{(E+I)}}$$

$$= \frac{\left(\sum_{i=1}^{m} R_i + \sum_{i=m+1}^{n} x_i R_i\right) - \left(\sum_{i=1}^{m} C_{Ei} + \sum_{i=m+1}^{n} x_i C_{Ei}\right) - \left(\sum_{i=1}^{m} C_{Ii} + \sum_{i=m+1}^{n} x_i C_{Ii}\right) - \left(\sum_{i=1}^{m} \text{EL}_i + \sum_{i=m+1}^{n} x_i \text{EL}_i\right)}{\text{CM} \times \sqrt{\sum_{p=1}^{e} \sum_{q=1}^{e} \rho_{pq} \left(\sum_{j=1}^{a_p} \text{UL}_{p,j} + \sum_{i=1}^{b_p} (x_i \text{UL}_{p,i})\right) \left(\sum_{j=1}^{a_q} \text{UL}_{q,j} + \sum_{i=1}^{b_q} (x_i \text{UL}_{q,i})\right)}} \quad (6.32)$$

式（6.32）的含义：确保银行全部贷款的 RAROC 最高及风险最小。以全部贷款的 RAROC$^{(E+I)}$ 最大为目标函数，确保银行整体 RAROC 最高。同时，RAROC$^{(E+I)}$ 的分母含有非预期损失 UL$^{(E+I)}$，RAROC$^{(E+I)}$ 越大，UL$^{(E+I)}$ 越小，故追求 RAROC$^{(E+I)}$ 最大，也是控制全部贷款的非预期损失最小。

应该指出，现有研究中仅以增量贷款的 RAROC 最大为目标函数是本章的特例，它是将存量贷款的 RAROC 默认为 0 的情况，它仅能确保增量贷款的 RAROC 最大和风险最小，而不能确保银行整体贷款的 RAROC 最大，也不能确保银行整体风险最小。

6.2.3　约束条件的建立

1. 经济资本的约束

银行进行贷款配置时，不可能无限地提供经济资本来抵御风险，而是有一定的限额。

设：EC$^{(E+I)}$ 为"存量+增量"全部贷款的经济资本；EC$_0$ 为银行提供的经济资本上限值。则经济资本约束条件为

$$EC^{(E+I)} \leqslant EC_0 \tag{6.33}$$

将式（6.13）代入式（6.33）左端，化简得

$$CM \times UL^{(E+I)}$$

$$= CM \times \sqrt{\sum_{p=1}^{e}\sum_{q=1}^{e}\rho_{pq}\left(\sum_{j=1}^{a_p}UL_{p,j} + \sum_{i=1}^{b_p}\left(x_i UL_{p,i}\right)\right)\left(\sum_{j=1}^{a_q}UL_{q,j} + \sum_{i=1}^{b_q}\left(x_i UL_{q,i}\right)\right)} \leqslant EC_0 \tag{6.34}$$

其中，$UL^{(E+I)}$ 的计算见上文式（6.14）~式（6.19）。

式（6.34）的含义：控制全部贷款风险在银行可承受的范围内。经济资本 $EC^{(E+I)}$ 是非预期损失 $UL^{(E+I)}$ 的函数，$UL^{(E+I)}$ 越大，$EC^{(E+I)}$ 越大，因此控制"存量+增量"全部贷款的经济资本 $EC^{(E+I)}$ 小于等于银行经济资本限额 EC_0，就是控制银行整体风险在银行可承受的范围内。

2. 增量贷款可用头寸的约束

银行资金是有限的，不可能无限地提供贷款。

设：L_i 为增量贷款 i 的金额；x_i 为决策变量，取值为 0 或 1，$x_i=1$ 时表示同意分配第 i 笔贷款，$x_i=0$ 时表示拒绝分配第 i 笔贷款；n 为贷款组合内总的贷款笔数，m 为存量贷款的笔数。L_0 为银行增量贷款可用头寸上限。则增量贷款可用头寸约束为

$$\sum_{i=m+1}^{n} x_i L_i \leqslant L_0 \tag{6.35}$$

式（6.35）的含义：银行增量贷款总额应小于等于银行能提供的用于贷款的资金上限 L_0。

3. 其他约束

本章通过 0-1 规划来确定是否给企业贷款。故决策变量 x_i 的"0-1"约束条件如下：

$$x_i = \begin{cases} 1, & 同意分配第 i 笔贷款 \\ 0, & 拒绝分配第 i 笔贷款 \end{cases} \tag{6.36}$$

综上，基于非预期损失非线性叠加的增量贷款组合优化模型构建思路如图 6.1 所示。

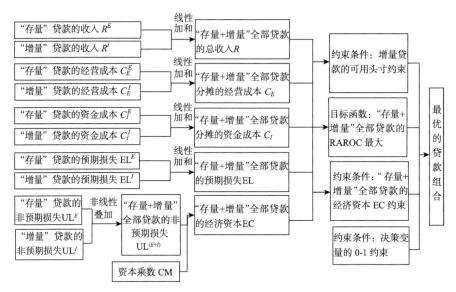

图 6.1　基于非预期损失非线性叠加的增量贷款组合优化思路

6.3　数 值 实 验

6.3.1　应用背景

　　银行监管都是以基于风险度的风险资产为基准来度量风险资本。现有的组合优化方法研究大体可分为四种：一是基于风险最小化的组合优化方法；二是基于收益最大化的组合优化方法；三是基于同时控制风险和收益的组合优化方法；四是基于单位收益风险或单位风险收益的组合优化方法。现有组合优化方法的局限性是所研究的科学问题都属于增量贷款组合自身的优化决策，没有涉及新贷款发放时，新旧两组贷款组合后的全部贷款总体风险控制与优化。

　　基于非预期损失非线性叠加的增量贷款组合优化模型考虑了在增量贷款组合时、同时控制新旧贷款两个组合的全部综合风险度的科学问题。以"存量+增量"全部贷款的 RAROC 最大为目标函数，以"存量+增量"全部贷款的经济资本小于等于银行经济资本限额为主要约束，采用 0-1 规划来配置增量贷款。

　　为了使商业银行在发放贷款时最大限度地平衡安全性与营利性，则需要对银行资产组合进行优化。基于非预期损失非线性叠加的增量贷款组合优化模型改变了计算非预期损失时仅立足于增量贷款而忽略了存量贷款非预期损失的弊端并以"存量+增量"全部贷款的经济资本小于等于银行经济资本限额为主要约束来控制银行整体风险可承受，改变了现有研究忽略全部贷款经济资本控制的弊端。因此，本模型可有效控制银行资产组合面临的风险，为银行优化资产配置提供了新的科学决策参考。

6.3.2　实验数据

假设某银行有 6 笔存量贷款，总金额 3050 万元。现增量贷款 4 笔，增量贷款发放的可用头寸上限 $L_0=3500$ 万元，银行的经济资本限额 $EC_0=340$ 万元。设该银行 2015 年经营成本总额 $E=258\ 228.2$ 万元、贷款总额 $L_T=11\ 896\ 734.8$ 万元。

这 10 笔贷款分属于 8 个企业，具体信息如表 6.4 第 2~9 列。其中，表6.4 第 1~6 行为企业 1~6 的存量贷款，第 7~8 行为企业 3、4、7、8 的增量贷款。

表 6.4　存量和增量贷款信息表

（1）序号	（2）类别	（3）贷款、企业	（4）贷款编号	（5）贷款收入 L_i/万元	（6）贷款利率 r_i	（7）信用等级	（8）担保金额 $P_{i,k}$	（9）抵质押担保品种	（10）抵质押担保得分 $S_{i,k}$
1		企业 1	1	800	5.064%	AAA	800	其他银行承兑汇票贴现	95%
2		企业 2	2	650	5.100%	AA	650	银行保证	85%
3	存量贷款	企业 3	3.1	500	6.150%	A	500	担保公司保证	70%
4		企业 4	4.1	480	7.400%	BBB	480	商品房产权现房抵押	65%
5		企业 5	5	320	9.800%	BB	320	基金质押	55%
6		企业 6	6	300	10.700%	B	300	上市公司或大型企业保证	50%
7		企业 3	3.2	550	5.760%	A	550	担保公司保证	70%
8	增量贷款	企业 4	4.2	1000	6.430%	BBB	1000	基金质押	55%
9		企业 7	7	700	6.900%	BBB	700	商品房产权现房抵押	65%
10		企业 8	8	800	4.800%	AA	800	保险公司保证	80%

6.3.3　"存量+增量"全部贷款 $\text{RAROC}^{(E+I)}$ 的参数计算

1. "存量+增量"全部贷款的贷款收入 $R^{(E+I)}$ 计算

将表 6.4 中 L_i、r_i 代入式（6.3），得到表 6.5 中贷款收入 R_i，将贷款收入 R_i 代入式（6.4），得到 $R^{(E+I)}$ 为

$$R^{(E+I)}=203.392+31.67x_{3.2}+64.3x_{4.2}+48.3x_7+38.36x_8 \quad （6.37）$$

2. "存量+增量"全部贷款的经营成本 $C_E^{(E+I)}$ 计算

将上文的年经营成本总额 E=258 228.2 万元、贷款总额 L_T=11 896 734.8 万元代入式（6.5），得到年经营成本分摊率 c_E=2.17%。将 c_E 和表 6.4 中 L_i 代入式（6.6），得到表 6.5 中贷款分摊的经营成本 C_{E_i}。将经营成本 C_{E_i} 代入式（6.7），得到 $C_E^{(E+I)}$：

$$C_E^{(E+I)}=66.20+11.94x_{3.2}+21.71x_{4.2}+15.19x_7+17.36x_8 \qquad (6.38)$$

表 6.5　RAROC 的参数值

（1）序号	（2）类别	（3）贷款企业	（4）贷款编号	（5）贷款收入 R_i/万元	（6）经营成本 C_{E_i}/万元	（7）资金成本 C_{I_i}/万元	（8）风险暴露 EAD_i/万元	（9）违约概率 PD_i	（10）违约损失率 LGD_i	（11）预期损失 EL_i/万元	（12）违约概率标准差 σ_{PD_i}	（13）违约损失率标准差 σ_{LGD_i}	（14）非预期损失 UL_i/万元
1		企业1	1	40.512	17.36	9.96	40	0	0	0.000	0.0000	0.000	0.000
2		企业2	2	33.150	14.11	8.09	97.5	0.05%	16%	0.008	0.0010	0.034	0.530
3	存量贷款	企业3	3.1	30.750	10.85	6.22	150	0.08%	24%	0.029	0.0010	0.046	1.363
4		企业4	4.1	35.520	10.42	5.97	168	0.20%	33%	0.111	0.0020	0.055	3.042
5		企业5	5	31.360	6.95	3.98	144	1.80%	39%	1.011	0.0180	0.059	8.829
6		企业6	6	32.100	6.51	3.97	150	8.30%	48%	5.976	0.0760	0.062	22.607
7		企业3	3.2	31.670	11.94	6.85	165	0.08%	24%	0.032	0.0008	0.046	1.499
8	增量贷款	企业4	4.2	64.300	21.71	12.45	450	0.20%	33%	0.297	0.0020	0.055	8.149
9		企业7	7	48.300	15.19	8.71	245	0.20%	33%	0.162	0.0020	0.055	4.437
10		企业8	8	38.360	17.36	9.96	160	0.05%	16%	0.013	0.0005	0.034	0.870

3. "存量+增量"全部贷款的资金成本 $C_I^{(E+I)}$ 计算

根据中国人民银行公布的数据，2015 年的 1 年期存款利率 r_1=1.50%，法定存款准备金利率 r_{re}=1.62%，大型金融机构的法定存款准备金率 ε=17.00%[12]。将 r_1、r_{re}、ε 和表 6.4 中 L_i 代入式（6.8），得到表 6.5 中贷款 i 分摊的资金成本 C_{I_i}。将 C_{I_i} 代入式（6.9），得到 $C_I^{(E+I)}$ 为

$$C_I^{(E+I)}=38.19+6.85x_{3.2}+12.45x_{4.2}+8.71x_7+9.96x_8 \qquad (6.39)$$

4. "存量+增量"全部贷款的预期损失 $EL^{(E+I)}$ 计算

1）违约风险暴露 EAD 的计算

根据表 6.4 第 9 列抵质押担保品种，从表 6.1 中找到相应的抵质押担保

品种得分 $S_{i,k}$，结果列入表 6.4 第 10 列。

将表 6.4 第 5 列 L_i、第 8 列 $P_{i,k}$、第 10 列 $S_{i,k}$ 代入式（6.12），得到贷款 i 的违约风险暴露 EAD_i，列入表 6.5 第 8 列相应行。

2）违约概率 PD 的计算

根据表 6.4 第 7 列信用等级，从表 6.2 第 3 列中找到相应的贷款违约概率 PD_i，结果列入表 6.5 第 9 列相应行。

3）违约损失率 LGD 的计算

根据表 6.4 第 7 列信用等级，从表 6.3 第 3 列中找到相应的违约损失率 LGD_i，结果列入表 6.5 第 10 列相应行。

4）预期损失 $EL^{(E+I)}$ 的计算

一是单笔贷款的预期损失 EL_i。

将表 6.5 第 8 列 EAD_i，第 9 列 PD_i，第 10 列 LGD_i 代入式（6.10），得到贷款 i 的预期损失 EL_i，列入表 6.5 第 11 列相应行。

二是"存量+增量"全部贷款的预期损失 $EL^{(E+I)}$。

将表 6.5 第 11 列贷款预期损失 EL_i 代入式（6.11），得到 $EL^{(E+I)}$ 为

$$EL^{(E+I)}=EL^E+EL^I=7.135+0.032x_{3.2}+0.297x_{4.2}+0.162x_7+0.013x_8 \quad （6.40）$$

5. "存量+增量"全部贷款经济资本 $EC^{(E+I)}$ 的计算

1）"存量+增量"贷款的非预期损失 $UL^{(E+I)}$

计算企业间的违约相关系数 ρ_{pq}。

表 6.4 第 3 列中，相同信用等级的企业有两对：一是第 2 行的企业 2 和第 10 行的企业 8，等级均为 AA；二是第 4 行的企业 4 和第 9 行的企业 7，等级均为 BBB。其余企业均为不同信用等级。

将表 6.2 中 AA 级的违约概率均值 $PD_{AA}=0.05\%$、违约概率标准差 $\sigma(PD_{AA})=0.12\%$ 代入式（6.14a），得到 AA 级企业 2 和企业 8 的违约相关系数为 0.003。

同理，将表 6.2 中 BBB 级违约概率均值 PD_{BBB}、违约概率标准差 $\sigma(PD_{BBB})$ 代入式（6.14a），得到 BBB 级企业 4 和企业 7 的违约相关系数为 0.004。

根据式（6.14b）知，其余不同信用等级的企业间相关系数为 0。

计算的 8 个企业间的相关系数 ρ_{pq} 如表 6.6 所示。

表 6.6 不同贷款企业间的违约相关系数 ρ_{pq}

项目	企业 1	企业 2	企业 3	企业 4	企业 5	企业 6	企业 7	企业 8
企业 1	1	0	0	0	0	0	0	0
企业 2	0	1	0	0	0	0	0	0.003
企业 3	0	0	1	0	0	0	0	0
企业 4	0	0	0	1	0	0	0.004	0
企业 5	0	0	0	0	1	0	0	0
企业 6	0	0	0	0	0	1	0	0
企业 7	0	0	0	0.004	0	0	1	0
企业 8	0	0.003	0	0	0	0	0	1

应该指出，因为本章算例表 6.4 中有 10 笔贷款，8 个企业，所以表 6.4 有 10 行数据，对应 10 笔贷款的基本信息，表 6.6 有 8 行数据，对应 8 个企业的相关系数。

计算单笔贷款的非预期损失 UL_i。

将表 6.5 第 9 列 PD_i 分别代入式（6.16），得到 10 笔贷款的违约概率标准差 σ_{PD_i}，列入表 6.5 第 12 列相应行。

将表 6.5 第 10 列的 LGD_i 分别代入式（6.17），得到 10 笔贷款的违约损失率标准差 σ_{LGD_i}，列入表 6.5 第 13 列相应行。

将表 6.5 第 8 列 EAD_i，第 9 列 PD_i，第 10 列 LGD_i、第 12 列 σ_{PD_i}，第 13 列 σ_{LGD_i} 分别代入式（6.15），得到 10 笔贷款的非预期损失 UL_i，列入表 6.5 第 14 列相应行。

计算单个企业的非预期损失 UL_p、UL_q。

企业分为以下三类。

第一类"既有存量贷款又有增量贷款"的企业。由表 6.4 第 3~4 列知，这类企业有两个：企业 3 和企业 4。这两个企业均有 1 笔存量贷款，即 $a=1$，1 笔增量贷款，即 $b=1$。

第二类"仅有存量贷款"的企业。由表 6.4 第 3~4 列知，这类企业有 4 个：企业 1、企业 2、企业 5 和企业 6。这 4 个企业均有 1 笔存量贷款，即 $a=1$，均没有增量贷款，即 $b=0$。

第三类"仅有增量贷款"的企业。由表 6.4 第 3~4 列知，这类企业有 2 个：企业 7 和企业 8。这 2 个企业均没有存量贷款，即 $a=0$，均有 1 笔增量贷款，即 $b=1$。

将 a, b 及表 6.5 第 14 列相应企业的存量贷款非预期损失和增量贷款非预期损失分别代入式（6.18），得到单个企业的非预期损失，结果列入表6.7 第 3 列和第 5 列相应行。

表 6.7　不同贷款企业的非预期损失

（1）序号	（2）企业	（3）非预期损失/万元	（4）企业	（5）非预期损失/万元
1	企业 1	0.000	企业 5	8.829
2	企业 2	0.530	企业 6	22.607
3	企业 3	$1.363+1.499x_{3.2}$	企业 7	$4.437x_7$
4	企业 4	$3.042+8.149x_{4.2}$	企业 8	$0.870x_8$

计算"存量+增量"贷款的非预期损失 $UL^{(E+I)}$。

将企业总数 $e=8$，表 6.6 企业 1 到企业 8 的相关系数 ρ_{pq} 及表 6.7 企业 1 到企业 8 的非预期损失代入式（6.19），得到 $UL^{(E+I)}$，即

$$UL^{(E+I)} = \sqrt{\sum_{p=1}^{e}\sum_{q=1}^{e}\rho_{pq}UL_p UL_q} = \sqrt{\sum_{p=1}^{8}\sum_{q=1}^{8}\rho_{pq}UL_p UL_q}$$

$$= \sqrt{\begin{array}{l} 1\times 0.000^2 + 0\times 0.000\times 0.530 + \cdots + 0\times 4.437x_7 \times 0.870x_8 \\ + \cdots + 0\times 0.870x_8 \times 4.437x_7 + 1\times 0.870x_8 \times 0.870x_8 \end{array}} \quad (6.41)$$

2）资本乘数 CM 的计算

将表 6.5 第 8 列第 1~6 行 EAD_i 求和，得到存量贷款组合的风险暴露 EAD 为 749.5 万元。

将表 6.5 第 11 列第 1~6 行 EL_i 求和,得到存量贷款组合的预期损失 EL 为 7.135 万元。

仿照式（6.41），将表 6.5 第 14 列第 1~6 行值及表 6.6 中企业 1 到企业 6 的相关系数 ρ_{pq} 代入式（6.19），得到存量贷款组合的非预期损失 UL 为 24.504 万元。

将 EL=7.135、UL=24.504 和 EAD=749.5 代入式（6.24）和式（6.25），得到贷款组合在[0，1]之间的损失均值 u=0.010 和损失标准差 σ=0.033。

将 u=0.010，σ=0.033 代入式（6.28）和式（6.29），得到贷款损失 Beta 分布的两个参数 α=0.074 和 β=7.746。

将 α=0.074 和 β=7.746 代入式（6.27），将式（6.27）及置信水平 z=99.97%[10]代入式（6.26），得到服从参数 α 和 β 的 Beta 分布累计函数的反函数 $p^{-1}(z)$ =0.427。此过程可通过 Matlab 软件计算得出。

将 $p^{-1}(z)$=0.427 代入式（6.30），得到置信水平 z=99.97%下，服从 α=0.074

和 β=7.746 的 Beta 分布的损失值 x=0.427。

将 x=0.427，u=0.010，σ=0.033 代入式（6.31），得到资本乘数 CM=12.6。

应指出，确定银行贷款损失的 Beta 分布时，需要对大量的银行存量贷款损失值进行拟合。而本实例仅有 6 笔存量贷款，故此处仅用这 6 笔存量贷款来说明如何计算资本乘数，计算的资本乘数值不具有普适性。

3）"存量+增量"贷款经济资本 $EC^{(E+I)}$ 的计算

将式（6.41）和上文计算的资本乘数 CM=12.6 代入式（6.13），得到 $EC^{(E+I)}$：

$$EC^{(E+I)} = 12.6\sqrt{\begin{array}{l}1\times 0.000^2 + 0\times 0.000 \times 0.530 + \cdots + 0\times 4.437x_7 \times 0.870x_8 + \cdots \\ + 0\times 0.870x_8 \times 4.437x_7 + 1\times 0.870x_8 \times 0.870x_8\end{array}}$$

（6.42）

6.3.4　优化模型的建立与求解

1. 目标函数的建立

将式（6.37）~式（6.40）、式（6.42）代入式（6.32），得到目标函数式（6.43）为

$$\begin{aligned}\max RAROC^{(E+I)} &= \frac{R^{(E+I)} - C_E^{(E+I)} - C_I^{(E+I)} - EL^{(E+I)}}{EC^{(E+I)}}\\ &= \frac{\begin{array}{l}(203.392 + 31.67x_{3.2} + 64.3x_{4.2} + 48.3x_7 + 38.36x_8)\\ -(66.20 + 11.94x_{3.2} + 21.71x_{4.2} + 15.19x_7 + 17.36x_8)\\ -(38.19 + 6.85x_{3.2} + 12.45x_{4.2} + 8.71x_7 + 9.96x_8)\\ -(7.135 + 0.032x_{3.2} + 0.297x_{4.2} + 0.162x_7 + 0.013x_8)\end{array}}{12.6\sqrt{\begin{array}{l}1\times 0.000^2 + 0\times 0.000 \times 0.530 + \cdots + 0\times 4.437x_7\\ \times 0.870x_8 + \cdots + 0\times 0.870x_8 \times 4.437x_7 + 1\times 0.870x_8\\ \times 0.870x_8\end{array}}}\end{aligned}$$

（6.43）

2. 约束条件的建立

1）组合经济资本的约束

将式（6.42）及上文假设的银行贷款经济资本上限 EC_0=340 万元代入式（6.33），则有约束条件：

$$12.6\sqrt{\begin{array}{l}1\times 0.000^2 + 0\times 0.000 \times 0.530 + \cdots + 0\times 4.437x_7 \times 0.870x_8 + \cdots \\ + 0\times 0.870x_8 \times 4.437x_7 + 1\times 0.870x_8 \times 0.870x_8\end{array}} \leqslant 340$$

（6.44）

2）增量贷款总额的约束

将表 6.4 第 5 列第 7~10 行的贷款收入 L_i、银行增量贷款总额上限 L_0=3500 万元代入式（6.35），则有约束条件：

$$550x_{3.2}+1000x_{4.2}+700x_7+800x_8 \leqslant 3500 \tag{6.45}$$

3）其他约束

根据式（6.36），决策变量 x_i 满足如下约束：

$$x_i = \begin{cases} 1, & \text{同意分配第}i\text{笔贷款} \\ 0, & \text{拒绝分配第}i\text{笔贷款} \end{cases} \tag{6.46}$$

3. 模型求解

对式（6.43）目标函数及式（6.44）~式（6.46）约束条件进行规划求解，得到 x_i 值，以及"存量+增量"全部贷款的 RAROC，如表 6.8 第 1~4 行所示。

表 6.8　模型的分配结果

（1）序号	（2）模型	（3）增量贷款编号	（4）贷款与否 x_i	（5）"存量+增量"贷款 RAROC
1	本模型	3.2	1	43.70%
2		4.2	0	
3		7	1	
4		8	1	
5	仅考虑增量贷款模型	3.2	1	36.82%
6		4.2	0	
7		7	0	
8		8	1	

6.3.5　对比分析

1. 对比模型的建立

为便于与本章建立的考虑"存量+增量"全部贷款的优化模型进行对比分析，建立仅考虑"增量"贷款的优化模型作为对比模型。

对比模型的目标函数："增量"贷款 RAROC 最大。约束条件：①经济资本约束为"增量"贷款的经济资本 $\leqslant$ "增量"贷款的经济资本上限 340 万元。②增量贷款可用头寸的约束为同本模型式（6.35）。③决策变量 x_i 的 0-1 约束条件为同本模型式（6.36）。

2. 对比模型的求解

将表 6.4 前 6 行数据去掉，根据表 6.4 第 7~10 行中增量贷款的基本信息，仿照上文步骤解得 x_i 值，结果列入表 6.8 第 4 列第 5~8 行所示。

3. 对比的标准

在满足约束条件的前提下，对比全部贷款的 RAROC 值。全部贷款的 RAROC 越大，说明银行单位经济资本的风险调整收益率越高，模型的配置效果就越好。

4. 对比结果及分析

对比模型全部贷款 RAROC 的计算。根据表 6.8 第 4 列第 5~8 行对比模型的优化结果知，编号为 4.2 和 7 的两笔贷款不予发放。因此，将表 6.4 的第 8~9 行数据去掉，根据其余行数据，仿照上文步骤及式（6.43）中 RAROC 的计算过程，得到对比模型全部贷款的 RAROC 为 36.82%，列入表 6.8 第 5 列相应行。

如前所述，本模型"存量+增量"全部贷款的 RAROC 为 43.70%。对比模型"存量+增量"全部贷款的 RAROC 为 36.82%。

显然，"本模型"的全部贷款组合 RAROC 比"对比模型"的全部贷款组合 RAROC 高，即在风险可承受范围内，考虑"存量+增量"全部贷款进行增量贷款组合优化时，比仅考虑"增量"贷款，能给银行带来更大的 RAROC。

6.4 结　　论

6.4.1　主要结论

（1）在进行增量贷款的配置时，不能仅考虑增量贷款的风险和收益，而忽略巨额的存量贷款的影响，因为"存量+增量"全部贷款的风险和收益才是银行整体面临的真正风险和收益。

（2）考虑"存量+增量"的风险进行增量贷款组合优化时，比仅考虑"增量"贷款的风险进行增量贷款组合优化，能使银行全部贷款的风险调整资本收益率 RAROC 更大。

6.4.2　主要创新

（1）通过将单个客户的"存量"贷款的非预期损失和"增量"贷款

的非预期损失进行线性加和得到"既有存量贷款又有增量贷款"的这类单个客户的非预期损失后，再与其他仅有"存量贷款"客户和仅有"增量贷款"客户的非预期损失建立非线性函数关系，得到全部贷款的非预期损失，改变了计算非预期损失时仅立足于增量贷款而忽略了存量贷款的非预期损失，造成银行整体风险控制失效的弊端。

（2）由于 RAROC 的分母包含非预期损失 UL，以"存量+增量"全部贷款的 RAROC 最大为目标函数，确保了银行全部贷款的 RAROC 最大的同时，能确保全部贷款的 UL 最小，即全部贷款的风险最小，改变了大多数现有研究进行贷款配置时仅立足于增量贷款，而忽略存量贷款的弊端，丰富了增量贷款优化配置的方法。

（3）以"存量+增量"全部贷款的经济资本小于等于银行经济资本限额为约束条件来控制银行整体风险在可承受的范围内，改变了现有研究由于忽略全部贷款经济资本控制造成银行整体风险控制失效的弊端。

参 考 文 献

[1] 彭建刚，吴云，马亚芳. 基于一致性原理的商业银行经济资本配置方法[J]. 系统工程理论与实践，2013，33（2）：338-344.

[2] 张斯琪. 基于风险调整收益的小企业贷款定价模型研究[D]. 大连：大连理工大学，2015.

[3] 杜永强. 基于风险补偿原理的小企业贷款定价模型研究[D]. 大连：大连理工大学，2014.

[4] 杨军. 风险管理与巴塞尔协议十八讲[M]. 北京：中国金融出版社，2013.

[5] 杨继光，刘海龙. 商业银行组合信用风险经济资本测度方法研究[J]. 金融研究，2009，（4）：143-158.

[6] Choudhry M. An Introduction to Banking：Liquidity Risk and Asset-Liability Management[M]. Hoboken：John Wiley & Sons Inc，2011.

[7] 方蕊. 利率市场化下商业银行贷款定价研究[D]. 西安：西安电子科技大学，2014.

[8] 秦学志，魏强，胡友群. 经济增长贡献率视角下的多目标信贷配置模型[J]. 运筹与管理，2012，21（6）：189-196.

[9] 李彦. 基于 RAROC 的客户关系贷款定价[D]. 成都：西南财经大学，2007.

[10] Ong M K. 内部信用风险模型——资本分配和绩效度量[M]. 李志辉，译. 天津：南开大学出版社，2004.

[11] 杨继光，刘海龙，许友传. 基于信用风险经济资本测度的贷款定价研究[J]. 管理评论，2010，22（7）：33-38，45.

[12] 中国人民银行. 法定存款准备金率[EB/OL]. http://wiki.mbalib.com/wiki/存款准备金率#[2015-10-24].

第三篇　基于利率风险控制的资产负债管理优化模型

第7章 基于"四维久期"利率风险免疫的资产负债组合优化模型

7.1 引　　言

利率风险管理是银行资产负债管理中的核心内容。本章以银行月利息收益最大为目标函数，以水平、斜率、曲率和峰度四个维度的零久期缺口为约束条件，构建商业银行资产负债组合优化模型。

本章的特色与创新：一是将反映收益率曲线水平因子、斜率因子、曲率因子、峰度因子四个维度变化的 Svensson 模型参数引入经典的 Nelson-Siegel 久期模型，建立起"四维久期"模型，从四个维度更加准确地衡量利率风险。不但可以反映 Nelson-Siegel 久期的水平因子、斜率因子、曲率因子，而且还反映了峰度因子。二是以"四维久期"的利率风险免疫条件为约束，以商业银行利息收益最大为目标函数建立控制利率非移动风险的资产负债组合优化模型，确保在利率发生变化时银行的净资产不受损失。

7.2 "四维久期"模型的建立

7.2.1 "四维久期"的利率风险免疫原理

当利率发生变化时，商业银行资产和负债的价值也会发生变化。由于所有者权益等于资产与负债之差，所以利率的变化会导致商业银行股东权益发生损失，也就是利率风险。而当资产配置合理时，是能够免疫利率风险的。

Macaulay 最早提出了久期概念，将久期概念定义为"现金流的加权平均期限"，但它仅能够控制利率在水平维度上变动的风险。而事实上，利率在水平、斜率、曲率和峰度四个维度上都会发生变化，因此需要控制四个维度上的利率风险。

Nelson-Siegel 久期将 Macaulay 久期扩展成水平、斜率和曲率三个维度的久期向量，从而控制利率在水平、斜率和曲率维度上变动的风险，但Nelson-Siegel 模型无法拟合出收益率曲线的双峰或双"U"形状，使得计算出的久期无法准确地免疫利率风险。

由于 Svensson 模型从水平、斜率、曲率和峰度四个维度刻画收益率曲线，能够很好地拟合出收益率曲线的双峰或双"U"形状。因此，本章在Nelson-Siegel 久期基础上，通过 Svensson 模型建立峰度维度久期，构建"四维久期"模型，从四个维度更加准确地衡量利率风险。不但可以反映Nelson-Siegel 久期的水平因子、斜率因子、曲率因子，而且还反映了峰度因子。

基于"四维久期"利率风险免疫的资产负债组合优化原理如图 7.1 所示。

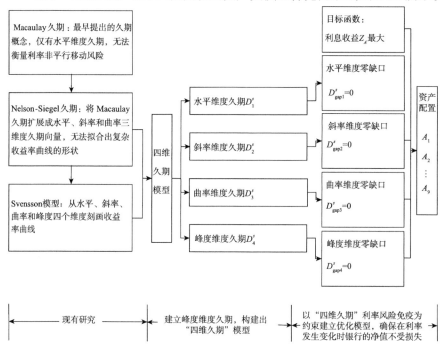

图 7.1　基于"四维久期"利率风险免疫的资产负债组合优化原理

7.2.2　基于 Svensson 模型的收益率曲线拟合

1. Svensson 模型原理

根据 7.2.1 "四维久期"原理，本章需要建立峰度维度久期，而峰度维度久期建立的关键参数是即期利率参数。因此，首先需要利用 Svensson 模型从水平、斜率、曲率和峰度四个维度刻画收益率曲线，对收益率曲线进行拟合。

设：$f^s(t_i)$ 代表瞬时远期利率；β_i^s（$i=1$，2，3，4）代表模型参数；t_i 代表到期期限；τ_1 和 τ_2 代表不同的指数衰减率。则 Svensson 模型拟合瞬时远期利率的具体公式[1]：

$$f^s(t_i) = \beta_1^s + \beta_2^s e^{-\frac{t_i}{\tau_1}} + \beta_3^s \left(\frac{t_i}{\tau_1}\right) e^{-\frac{t_i}{\tau_1}} + \beta_4^s \left(\frac{t_i}{\tau_2}\right) e^{-\frac{t_i}{\tau_2}} \qquad (7.1)$$

式（7.1）中，β_1^s 代表长期利率水平，是瞬时远期利率曲线的渐近线，随着到期期限 t_i 的不断增大，瞬时远期利率曲线将不断趋向于 β_1^s。β_2^s 代表短期利率水平，它决定着瞬时远期利率曲线向其渐近线趋近的速度，当 β_2^s 为正数的时候，则瞬时远期利率曲线会随着到期期限 t_i 的不断增加而呈现上升趋势；当 β_2^s 为负数的时候，则瞬时远期利率曲线会随着到期期限 t_i 的不断增加而呈现下降趋势。β_3^s 和 β_4^s 分别代表不同的中期利率，它们共同决定了瞬时远期利率曲线上极值点的性质和曲度。τ_1 和 τ_2 代表了不同的指数衰减率，它们均为正数，并且与瞬时远期利率曲线的横坐标相对应，决定着远期利率曲线极值点出现的时间。它们控制着指数的衰减率，即决定了 β_2^s、β_3^s 和 β_4^s 的衰减速度。

由于瞬时即期利率 $R^s(t_i)$ 等于瞬时远期利率 $f^s(t_i)$ 的一个平均值，则得到瞬时即期利率 $R^s(t_i)$ 和瞬时远期利率 $f^s(t_i)$ 间的关系式[1]：

$$R^s(t_i) = \frac{1}{t_i} \int_0^{t_i} f^s(t_i) \mathrm{d}s \qquad (7.2)$$

将式（7.1）代入式（7.2），得到[1]

$$R^s(t_i) = \beta_1^s + \beta_2^s \left(\frac{1-e^{-\frac{t_i}{\tau_1}}}{t_i/\tau_1}\right) + \beta_3^s \left(\frac{1-e^{-\frac{t_i}{\tau_1}}}{t_i/\tau_1} - e^{-\frac{t_i}{\tau_1}}\right) + \beta_4^s \left(\frac{1-e^{-\frac{t_i}{\tau_2}}}{t_i/\tau_2} - e^{-\frac{t_i}{\tau_2}}\right) \qquad (7.3)$$

式（7.3）的含义：式（7.3）即为收益率曲线的拟合函数，其中，因变量为瞬时即期利率 $R^s(t_i)$，自变量为到期期限 t_i，需要拟合的参数包括 β_i^s（$i=1$，2，3，4）和指数衰减率 τ_1、τ_2。

2. 现金流贴现因子模型

现金流贴现因子是计算久期的关键参数，需要确定现金流贴现因子的函数表达式。

设：$B^s(t_i)$ 代表现金流贴现因子；$R^s(t_i)$ 代表式（7.3）拟合出的即期利率；t_i 代表到期期限，则[1]：

$$B^s(t_i) = \mathrm{e}^{-R^s(t_i)t_i} \tag{7.4}$$

式（7.4）的含义：通过对收益率曲线的拟合得到不同时点的即期利率 $R^s(t_i)$，进而在不同的时点使用不同的贴现因子对现金流量进行贴现，反映出收益率发生变化对现金流量现值产生的影响。

7.2.3 "四维久期"模型的构建

1. 经典 Nelson-Siegel 久期模型

设：t_i 代表到期期限；τ 代表指数衰竭率；$D = (D_1, D_2, D_3)$ 代表 Nelson-Siegel 久期向量，其中，D_1 代表水平维度的 Nelson-Siegel 久期；D_2 代表斜率维度的 Nelson-Siegel 久期；D_3 代表曲率维度的 Nelson-Siegel 久期。则经典 Nelson-Siegel 久期模型的计算公式如式（7.5）~式（7.7）所示[2]：

$$D_1 = \sum_{i=1}^{n} \omega_i t_i \tag{7.5}$$

$$D_2 = \sum_{i=1}^{n} \omega_i \tau \left(1 - \mathrm{e}^{-\frac{t_i}{\tau}} \right) \tag{7.6}$$

$$D_3 = \sum_{i=1}^{n} \omega_i \left[\tau \left(1 - \mathrm{e}^{-\frac{t_i}{\tau}} \right) - t_i \mathrm{e}^{-\frac{t_i}{\tau}} \right] \tag{7.7}$$

式（7.5）~式（7.7）中的 ω_i 代表该资产（负债）的第 i 期现金流量现值占总现金流量现值的比重，其表达式如式（7.8）所示。

设：CF_i 代表资产（负债）的各期现金流量；t_i 代表到期期限；现金流贴现因子为式（7.4）的 $B^s(t_i)$。则[2]：

$$\omega_i = \frac{\mathrm{CF}_i \times B^s(t_i)}{\sum\limits_{i=1}^{n} \mathrm{CF}_i \times B^s(t_i)} \tag{7.8}$$

Nelson-Siegel 久期模型仅仅将久期划分为水平、斜率和曲率三个维度，而事实上，利率在水平、斜率、曲率和峰度四个维度上都会发生变化。所以，Nelson-Siegel 久期模型无法非常准确地衡量利率风险。

2. "四维久期"模型的建立过程

本章建立的"四维久期"，是将反映收益率曲线水平因子、斜率因子、曲率因子、峰度因子四个维度变化的模型参数引入经典的 Nelson-Siegel 久期模型，从四个维度更加准确地衡量久期，避免现有研究的久期模型[2-11]忽略利率在峰度维度上的变化，保证了久期这个利率风险测算参数更加准确与合理。

由于 Svensson 模型在 Nelson-Siegel 模型的基础上增加了式(7.3)中右端第四项的两个参数。

通过观察式(7.5)~式(7.7)组成的 Nelson-Siegel 久期向量与 Nelson-Siegel 模型中参数的关系,可以推出"四维久期"的表达形式。

1)水平维度久期——Macaulay 久期

设:t_i 代表到期期限;ω_i 代表该资产(负债)的第 i 期现金流量现值占总现金流量现值的比重,表达式如式(7.8)所示。则"四维久期"模型中的水平维度久期表达式如式(7.9)所示:

$$D_1^s = \sum_{i=1}^{n} \omega_i t_i \tag{7.9}$$

由式(7.9)可知,水平维度久期 D_1^s 与 Nelson-Siegel 久期向量中的水平维度久期 D_1 的表达式是相同的,表示利率期限结构水平维度的加权回收期限。

2)斜率维度久期——Nelson-Siegel 久期模型

设:t_i 代表到期期限;τ_1 代表式(7.3)Svensson 模型中的指数衰减率;ω_i 代表该资产(负债)的第 i 期现金流量现值占总现金流量现值的比重。表达式如式(7.8)所示,则"四维久期"模型中的斜率维度久期表达式如式(7.10)所示:

$$D_2^s = \sum_{i=1}^{n} \omega_i \tau_1 \left(1 - e^{-\frac{t_i}{\tau_1}} \right) \tag{7.10}$$

斜率维度久期表示利率期限结构斜率维度的加权回收期限。

3)曲率维度久期——Nelson-Siegel 久期模型

设:t_i 代表到期期限;τ_1 代表式(7.3)Svensson 模型中的指数衰减率;ω_i 代表该资产(负债)的第 i 期现金流量现值占总现金流量现值的比重,表达式如式(7.8)所示。则"四维久期"模型中的曲率维度久期表达式如式(7.11)所示:

$$D_3^s = \sum_{i=1}^{n} \omega_i \left[\tau_1 \left(1 - e^{-\frac{t_i}{\tau_1}} \right) - t_i e^{-\frac{t_i}{\tau_1}} \right] \tag{7.11}$$

曲率维度久期表示利率期限结构曲率维度的加权回收期限。

4)峰度久期——本章的重要参数

将式(7.11)中的参数 τ_1 替换成参数 τ_2,建立峰度维度久期。

设:t_i 代表到期期限;τ_2 代表式(7.3)Svensson 模型中与 τ_1 不同的指数衰减率;ω_i 代表该资产(负债)的第 i 期现金流量现值占总现金流量现

值的比重，表达式如式（7.8）所示。则"四维久期"模型中的峰度维度久期表达式如式（7.12）所示：

$$D_4^s = \sum_{i=1}^{n} \omega_i \left[\tau_2 \left(1 - e^{-\frac{t_i}{\tau_2}} \right) - t_i e^{-\frac{t_i}{\tau_2}} \right] \qquad （7.12）$$

峰度久期模型中的峰度维度久期表示利率期限结构峰度维度的加权回收期限。

本章式（7.12）的峰度久期与现有研究[2-11]的区别在于：Macaulay 久期仅从水平维度计算久期，所以只能控制利率平行移动风险。Nelson-Siegel 久期向量仅仅从水平、斜率和曲率三个维度计算久期，虽然能够控制利率非平行移动风险，但由于 Nelson-Siegel 模型无法拟合出收益率曲线的双峰或双"U"形状，因此计算出的久期向量准确度不是很好。而本章将反映收益率曲线水平因子、斜率因子、曲率因子、峰度因子四个维度变化的 Svensson 模型参数引入经典的 Nelson-Siegel 久期模型，在经典的 Nelson-Siegel 久期向量的基础上增加了式（7.12）峰度维度久期，从而建立"四维久期"模型，更好地控制利率非平行移动风险。

5）"四维久期"模型

上述式（7.9）~式（7.12）共同构成了"四维久期"模型，这里标记为式（7.13a）~式（7.13d）：

$$D_1^s = \sum_{i=1}^{n} \omega_i t_i \qquad （7.13a）$$

$$D_2^s = \sum_{i=1}^{n} \omega_i \tau_1 \left(1 - e^{-\frac{t_i}{\tau_1}} \right) \qquad （7.13b）$$

$$D_3^s = \sum_{i=1}^{n} \omega_i \left[\tau_1 \left(1 - e^{-\frac{t_i}{\tau_1}} \right) - t_i e^{-\frac{t_i}{\tau_1}} \right] \qquad （7.13c）$$

$$D_4^s = \sum_{i=1}^{n} \omega_i \left[\tau_2 \left(1 - e^{-\frac{t_i}{\tau_2}} \right) - t_i e^{-\frac{t_i}{\tau_2}} \right] \qquad （7.13d）$$

本章式（7.13）方程组的"四维久期"模型的特色在于：将反映收益率曲线水平因子、斜率因子、曲率因子、峰度因子四个维度变化的 Svensson 模型参数引入经典的 Nelson-Siegel 久期模型，从四个维度更加准确地衡量利率风险。不但可以反映 Nelson-Siegel 久期的水平因子、斜率因子、曲率因子，而且还可以反映峰度因子。

3. 各类资产和负债的久期计算

商业银行资产负债表上的各类资产和负债可以总体划分为两类债券形式：一类是到期一次还本付息类的债券；另一类是分期付息、到期还本类的债券。

1）到期一次还本付息类债券的久期计算

如前所述，"四维久期"的计算要利用式（7.13a）~式（7.13d）。

设：到期一次还本付息类债券的本金为 P，利率为 r。由于这类债券在其存续期间内不产生现金流量，只有在到期时产生一次现金流量，且现金流量的金额等于全部本金与利息之和。所以第 1~（$n-1$）期的现金流量 CF_i（$i=1,2,\cdots,n-1$）均等于 0，第 n 期的现金流量 CF_n 等于 $P(1+r)$。

将得到的各期现金流量代入式（7.8），再将式（7.8）代入式（7.13a）就能够得到到期一次还本付息类债券的水平维度久期 D_1^s，如式（7.14a）所示：

$$D_1^s = t_n \tag{7.14a}$$

将得到的各期现金流量代入式（7.8），再将式（7.8）代入式（7.13b）就能够得到到期一次还本付息类债券的斜率维度久期 D_2^s，如式（7.14b）所示：

$$D_2^s = \tau_1\left(1-\mathrm{e}^{-\frac{t_n}{\tau_1}}\right) \tag{7.14b}$$

将得到的各期现金流量代入式（7.8），再将式（7.8）代入式（7.13c）就能够得到到期一次还本付息类债券的曲率维度久期 D_3^s，如式（7.14c）所示：

$$D_3^s = \tau_1\left(1-\mathrm{e}^{-\frac{t_n}{\tau_1}}\right) - t_n\mathrm{e}^{-\frac{t_n}{\tau_1}} \tag{7.14c}$$

将得到的各期现金流量代入式（7.8），再将式（7.8）代入式（7.13d）就能够得到到期一次还本付息类债券的峰度维度久期 D_4^s，如式（7.14d）所示：

$$D_4^s = \tau_2\left(1-\mathrm{e}^{-\frac{t_n}{\tau_2}}\right) - t_n\mathrm{e}^{-\frac{t_n}{\tau_2}} \tag{7.14d}$$

式（7.14a）~式（7.14d）共同构成计算到期一次还本付息类债券"四维久期"的公式。

2）分期付息、到期还本类债券的久期计算

设：分期付息、到期还本类债券的本金为 P，利率为 r，则第 $1\sim(n-1)$ 期的现金流量 $\mathrm{CF}_i(i=1,2,\cdots,n-1)$ 均等于债券本金与利率的乘积，即 $P\times r$，第 n 期的现金流量 CF_n 等于债券本金与最后一期的利息之和，即 $P(1+r)$。

将得到的各期现金流量代入式（7.8），再将式（7.8）代入式（7.13a）就能够得到分期付息、到期还本类债券的水平维度久期 D_1^s，如式（7.15a）所示：

$$D_1^s=\frac{\sum_{i=1}^{n}r\times t_i\times \mathrm{e}^{-R(t_i)t_i}+\mathrm{e}^{-R(t_n)t_n}\times t_n}{\sum_{i=1}^{n}r\times \mathrm{e}^{-R(t_i)t_i}+\mathrm{e}^{-R(t_n)t_n}} \tag{7.15a}$$

将得到的各期现金流量代入式（7.8），再将式（7.8）代入式（7.13b）就能够得到分期付息、到期还本类债券的斜率维度久期 D_2^s，如式（7.15b）所示：

$$D_2^s=\frac{\sum_{i=1}^{n}r\times \tau_1\times \mathrm{e}^{-R(t_i)t_i}\left(1-\mathrm{e}^{-\frac{t_i}{\tau_1}}\right)+\tau_1\times \mathrm{e}^{-R(t_n)t_n}\left(1-\mathrm{e}^{-\frac{t_n}{\tau_1}}\right)}{\sum_{i=1}^{n}r\times \mathrm{e}^{-R(t_i)t_i}+\mathrm{e}^{-R(t_n)t_n}} \tag{7.15b}$$

将得到的各期现金流量代入式（7.8），再将式（7.8）代入式（7.13c）就能够得到分期付息、到期还本类债券的曲率维度久期 D_3^s，如式（7.15c）所示：

$$D_3^s=\frac{\sum_{i=1}^{n}r\times \mathrm{e}^{-R(t_i)t_i}\left[\tau_1\left(1-\mathrm{e}^{-\frac{t_i}{\tau_1}}\right)-t_i\mathrm{e}^{-\frac{t_i}{\tau_1}}\right]+\mathrm{e}^{-R(t_n)t_n}\left[\tau_1\left(1-\mathrm{e}^{-\frac{t_i}{\tau_1}}\right)-t_i\mathrm{e}^{-\frac{t_i}{\tau_1}}\right]}{\sum_{i=1}^{n}r\times \mathrm{e}^{-R(t_i)t_i}+\mathrm{e}^{-R(t_n)t_n}}$$

$$\tag{7.15c}$$

将得到的各期现金流量代入式（7.8），再将式（7.8）代入式（7.13d）就能够得到分期付息、到期还本类债券的峰度维度久期 D_4^s，如式（7.15d）所示：

$$D_4^s=\frac{\sum_{i=1}^{n}r\times \mathrm{e}^{-R(t_i)t_i}\left[\tau_2\left(1-\mathrm{e}^{-\frac{t_i}{\tau_2}}\right)-t_i\mathrm{e}^{-\frac{t_i}{\tau_2}}\right]+\mathrm{e}^{-R(t_n)t_n}\left[\tau_2\left(1-\mathrm{e}^{-\frac{t_i}{\tau_2}}\right)-t_i\mathrm{e}^{-\frac{t_i}{\tau_2}}\right]}{\sum_{i=1}^{n}r\times \mathrm{e}^{-R(t_i)t_i}+\mathrm{e}^{-R(t_n)t_n}}$$

$$\tag{7.15d}$$

式（7.15a）~式（7.15d）共同构成计算分期付息、到期还本类债券"四维久期"的公式。

7.2.4 基于"四维久期"的利率风险免疫模型

1. 四维久期缺口的计算

1）现有研究中久期缺口的定义公式

设：D_{gap} 代表久期缺口；D_A 代表资产的加权平均久期；L 代表商业银行的负债总额；A 代表商业银行的资产总额；D_L 代表负债的加权平均久期。则久期缺口 D_{gap} 为[12]

$$D_{\mathrm{gap}} = D_A - \frac{L}{A} D_L \tag{7.16}$$

2）"四维久期"缺口的定义公式

根据现有研究对于久期缺口的定义，即式（7.16），分别建立水平、斜率、曲率和峰度四个维度上的久期缺口。

设：D_{1A} 代表水平维度资产的加权平均久期；L 代表商业银行的负债总额；A 代表商业银行的资产总额；D_{1L} 代表水平维度负债的加权平均久期；m 代表商业银行的资产种类；A_i 代表商业银行第 i 种资产的价值；D_{1A}^{si} 代表第 i 种资产的水平维度久期；n 代表商业银行的负债种类；L_j 代表商业银行第 j 种负债的价值；D_{1L}^{sj} 代表第 j 种负债的水平维度久期。则水平维度久期缺口 D_{gap1}^s 的表达式如式（7.17a）所示：

$$D_{\mathrm{gap1}}^s = D_{1A} - \frac{L}{A} D_{1L} = \frac{\sum_{i=1}^{m} A_i}{A} D_{1A}^{si} - \frac{\sum_{j=1}^{n} L_j}{A} D_{1L}^{sj} \tag{7.17a}$$

设：D_{2A} 代表斜率维度资产的加权平均久期；D_{2L} 代表斜率维度负债的加权平均久期；D_{2A}^{si} 代表第 i 种资产的斜率维度久期；D_{2L}^{sj} 代表第 j 种负债的斜率维度久期。则斜率维度久期缺口 D_{gap2}^s 的表达式如式（7.17b）所示：

$$D_{\mathrm{gap2}}^s = D_{2A} - \frac{L}{A} D_{2L} = \frac{\sum_{i=1}^{m} A_i}{A} D_{2A}^{si} - \frac{\sum_{j=1}^{n} L_j}{A} D_{2L}^{sj} \tag{7.17b}$$

设：D_{3A} 代表曲率维度资产的加权平均久期；D_{3L} 代表曲率维度负债的加权平均久期；D_{3A}^{si} 代表第 i 种资产的曲率维度久期；D_{3L}^{sj} 代表第 j 种负债的曲率维度久期。则曲率维度久期缺口 D_{gap3}^s 的计算公式如式（7.17c）所示：

$$D_{\text{gap3}}^s = D_{3A} - \frac{L}{A}D_{3L} = \frac{\sum_{i=1}^{m} A_i}{A}D_{3A}^{si} - \frac{\sum_{j=1}^{n} L_j}{A}D_{3L}^{sj} \qquad (7.17c)$$

设：D_{4A} 代表峰度维度资产的加权平均久期；D_{4L} 代表峰度维度负债的加权平均久期；D_{4A}^{si} 代表第 i 种资产的峰度维度久期；D_{4L}^{sj} 代表第 j 种负债的峰度维度久期。则峰度维度久期缺口 D_{gap4}^s 的计算公式如式（7.17d）所示：

$$D_{\text{gap4}}^s = D_{4A} - \frac{L}{A}D_{4L} = \frac{\sum_{i=1}^{m} A_i}{A}D_{4A}^{si} - \frac{\sum_{j=1}^{n} L_j}{A}D_{4L}^{sj} \qquad (7.17d)$$

式（7.17a）~式（7.17d）共同构成"四维久期"缺口模型。

2. 银行净资产变化与缺口的函数关系

商业银行资产负债表上的各项资产及各项负债都可以看成是具有复杂现金流量的债券。

设：P 代表一笔资产（负债）现金流量的期初价值；CF_i 代表资产（负债）的各期现金流量；$B^s(t_i)$ 代表基于 Svensson 模型计算得到的各期现金流量贴现因子。在连续复利的计息方式下，这一资产（负债）现金流量的期初现值可以通过式（7.18）计算得出[2]：

$$P = \sum_{i=1}^{n} \text{CF}_i \times B^s(t_i) \qquad (7.18)$$

当初始时刻式（7.3）中瞬时即期利率 $R^s(t_i)$ 发生变化时，由式（7.4）可知，各期现金流量贴现因子就会发生变化，进而导致式（7.18）中该资产（负债）现金流量的期初现值发生变化。

设：$d\beta_i^s$（$i=1,2,3,4$）代表在式（7.3）的 Svensson 模型下，即期利率 $R^s(t_i)$ 四个维度的瞬时改变量；D_1^s 代表式（7.13a）计算的水平维度久期；D_2^s 代表式（7.13b）计算的斜率维度久期；D_3^s 代表式（7.13c）计算的曲率维度久期；D_4^s 代表式（7.13d）计算的峰度维度久期。则资产（负债）价值的变化率可以通过式（7.19）计算得出[2]：

$$-\frac{\Delta P}{P} \approx D_1^s d\beta_1^s + D_2^s d\beta_2^s + D_3^s d\beta_3^s + D_4^s d\beta_4^s \qquad (7.19)$$

将式（7.19）的两端同时乘以 P，能够得到资产（负债）期初现值的改变量：

$$\Delta P \approx -P(D_1^s d\beta_1^s + D_2^s d\beta_2^s + D_3^s d\beta_3^s + D_4^s d\beta_4^s) \qquad (7.20)$$

将式（7.20）中的 P 替换为资产 A，得到

$$\Delta A = \sum_{i=1}^{m} \Delta A_i \approx -\sum_{i=1}^{m} A_i (D_1^{si} d\beta_1^s + D_2^{si} d\beta_2^s + D_3^{si} d\beta_3^s + D_4^{si} d\beta_4^s) \quad (7.21)$$

将式（7.20）中的 P 替换为负债 L，得到

$$\Delta L = \sum_{j=1}^{n} \Delta L_j \approx -\sum_{j=1}^{n} L_j (D_1^{sj} d\beta_1^s + D_2^{sj} d\beta_2^s + D_3^{sj} d\beta_3^s + D_4^{sj} d\beta_4^s) \quad (7.22)$$

式（7.21）和式（7.22）的经济学含义：当收益率曲线的形状因子发生变化时，商业银行各项资产（负债）期初现值的变化量，反映出各个时点收益率变化对资产（负债）价值的影响。

设：商业银行净资产的改变量为 ΔV，则它等于总资产价值的改变量 ΔA 与总负债价值的改变量 ΔL 的差，如式（7.23）所示[2]：

$$\Delta V = \Delta A - \Delta L \quad (7.23)$$

设：D_{gap1}^s 代表"四维久期"水平维度缺口；D_{gap2}^s 代表"四维久期"斜率维度缺口；D_{gap3}^s 代表"四维久期"曲率维度缺口；D_{gap4}^s 代表"四维久期"峰度维度缺口；$d\beta_i^s$（$i=1,2,3,4$）代表在式（7.3）的 Svensson 模型下即期利率 $R^s(t_i)$ 四个维度的瞬时改变量，则将式（7.21）和式（7.22）代入式（7.23），得到商业银行净资产改变量的表达式：

$$\Delta V = \Delta A - \Delta L \approx -A \times (D_{\text{gap1}}^s d\beta_1^s + D_{\text{gap2}}^s d\beta_2^s + D_{\text{gap3}}^s d\beta_3^s + D_{\text{gap4}}^s d\beta_4^s) \quad (7.24)$$

3. 四维久期利率风险免疫条件的建立

为免疫利率风险，使得无论利率如何变动，都能保证商业银行的净资产不变，因此令式（7.24）等于零，得到"四维久期"零缺口的利率非平行移动风险免疫条件为由式（7.25a）~式（7.25d）组成的方程组，即水平维度久期缺口 D_{gap1}^s、斜率维度久期缺口 D_{gap2}^s、曲率维度久期缺口 D_{gap3}^s 和峰度维度久期缺口 D_{gap4}^s 均等于零：

$$D_{\text{gap1}}^s = \frac{\sum_{i=1}^{m} A_i}{A} D_{1A}^{si} - \frac{\sum_{j=1}^{n} L_j}{A} D_{1L}^{sj} = 0 \quad (7.25a)$$

$$D_{\text{gap2}}^s = \frac{\sum_{i=1}^{m} A_i}{A} D_{2A}^{si} - \frac{\sum_{j=1}^{n} L_j}{A} D_{2L}^{sj} = 0 \quad (7.25b)$$

$$D_{\text{gap3}}^s = \frac{\sum_{i=1}^{m} A_i}{A} D_{3A}^{si} - \frac{\sum_{j=1}^{n} L_j}{A} D_{3L}^{sj} = 0 \quad (7.25c)$$

$$D_{gap4}^s = \frac{\sum_{i=1}^{m} A_i}{A} D_{4A}^{si} - \frac{\sum_{j=1}^{n} L_j}{A} D_{4L}^{sj} = 0 \qquad （7.25d）$$

此时无论市场利率如何变化，商业银行的净资产都不会发生变化，从而避免了市场利率变化可能导致商业银行净资产发生损失的风险，达到了商业银行对利率非平行移动风险完全免疫的效果。

7.3 基于"四维久期"的资产负债组合优化模型

7.3.1 目标函数

商业银行进行资产负债管理的目标是在控制风险的基础上，实现商业银行的月利息收益最大。

设：Z_A代表商业银行资产组合的月利息收益；m代表商业银行资产的种类；r_A^i代表商业银行第i类资产的月利率；A_i代表商业银行第i种资产的价值。则

$$\max Z_A = \sum_{i=1}^{m} r_A^i A_i \qquad （7.26）$$

式（7.26）的含义：保证商业银行资产组合的月利息收益最大化。

7.3.2 约束条件

1. "四维久期"模型零缺口约束条件的建立

"四维久期"模型零缺口的约束条件即为上述式（7.25a）~式（7.25d）。

维度1：水平维度的免疫条件。

$$D_{gap1}^s = \frac{\sum_{i=1}^{m} A_i}{A} D_{1A}^{si} - \frac{\sum_{j=1}^{n} L_j}{A} D_{1L}^{sj} = 0$$

维度2：斜率维度的免疫条件。

$$D_{gap2}^s = \frac{\sum_{i=1}^{m} A_i}{A} D_{2A}^{si} - \frac{\sum_{j=1}^{n} L_j}{A} D_{2L}^{sj} = 0$$

维度3：曲率维度的免疫条件。

$$D_{gap3}^s = \frac{\sum_{i=1}^{m} A_i}{A} D_{3A}^{si} - \frac{\sum_{j=1}^{n} L_j}{A} D_{3L}^{sj} = 0$$

维度 4：峰度维度的免疫条件。

$$D_{\mathrm{gap4}}^s = \frac{\sum\limits_{i=1}^{m} A_i}{A} D_{4A}^{si} - \frac{\sum\limits_{j=1}^{n} L_j}{A} D_{4L}^{sj} = 0$$

式（7.25a）~式（7.25d）的含义：通过将水平维度久期缺口 D_{gap1}^s、斜率维度久期缺口 D_{gap2}^s、曲率维度久期缺口 D_{gap3}^s 和峰度维度久期缺口 D_{gap4}^s 均设定为零，使得商业银行能够对利率非平行移动风险完全免疫，此时无论市场利率如何变化，商业银行的净资产都不会发生变化，避免了市场利率变化给商业银行净资产带来的损失，达到商业银行对利率非平行移动风险完全免疫的效果。

如前所述，"四维久期"模型零缺口约束条件的特色在于：将反映收益率曲线水平因子、斜率因子、曲率因子、峰度因子四个维度变化的 Svensson 模型参数引入经典的 Nelson-Siegel 久期模型，从四个维度更加准确地控制利率风险。不但可以控制 Nelson-Siegel 久期模型零缺口约束条件中水平维度、斜率维度和曲率维度的利率风险，而且还可以控制峰度维度的利率风险。

2. 流动性约束条件的建立

设：在第 s 个约束条件下的第 i 种资产的系数为 a_{si}，它的数值取决于相关法律法规及银行业经营管理约束的规定，与流动性风险相关的约束条件个数为 U，有 $s=1,2,\cdots,U$，第 s 个约束条件中的常数为 b_s，它的取值与商业银行资产负债管理比率有关；m 代表商业银行的资产种类；A_i 代表商业银行第 i 种资产的价值。建立的控制流动性风险的约束条件为[13]

$$\text{s.t.} \quad \sum_{i=1}^{m} a_{si} A_i \leqslant (\text{或} =, \geqslant) b_s \tag{7.27}$$

式（7.27）的作用是：通过这一组约束条件能够对商业银行的流动性风险进行有效控制，既能够保证商业银行资产调整配置的合法、合规性，还能够保证商业银行的支付能力，避免了由资产配置而导致的流动性危机。

设：A_i 代表商业银行第 i 种资产的价值；m 代表商业银行资产的种类。则商业银行资产配置的非负约束条件为[13]

$$A_i \geqslant 0 \ (i=1,2,\cdots,m) \tag{7.28}$$

基于"四维久期"的资产负债组合优化模型的特色在于：以"四维久期"的利率风险免疫条件为约束，以商业银行的月利息收益最大为目标函数，建立控制利率非移动风险的资产负债组合优化模型，确保在利率发生变化时，商业银行的净资产不受损失。

7.4　应用实例

7.4.1　应用背景

利率风险管理是银行资产负债管理中的重要组成部分，而目前基于利率结构理论的资产负债管理优化模型可以分为两大类：一是基于久期模型免疫的资产负债管理研究；二是基于连续时间随机过程理论的投资组合利率风险控制模型。这两类研究中存在假设条件有局限性和模型复杂、计算成本高的问题。

本模型提出基于 Svensson 模型从水平、斜率、曲率和峰度四个维度计算商业银行各项资产负债的久期数值，并将四个维度的久期缺口设定为 0，构建基于 Svensson 模型利率风险免疫的商业银行资产负债组合优化模型，使得商业银行对利率风险完全免疫，彻底规避利率风险。同时，它的计算也比较简单，在实际中的应用范围更广泛。久期为 0 是一个理想状态下的假设，虽然实际中久期为 0 可能不现实，但是对于理论模型的构建是合适的。

随着我国利率市场化进程的不断推进，利率风险已经成为我国商业银行面临的主要风险之一。因此，加强对利率风险的控制，完善商业银行对利率风险的管理变得十分重要和紧迫。基于"四维久期"的资产负债组合优化模型的特色在于：以"四维久期"的利率风险免疫条件为约束，以商业银行的月利息收益最大为目标函数，建立控制利率非移动风险的资产负债组合优化模型，确保在利率发生变化时，商业银行的净资产不受损失，该模型可用于银行机构的资产负债管理。

7.4.2　收益率曲线的拟合

1. 数据来源

由于上海证券交易所的国债交易品种要比深圳证券交易所的品种更多，国债的交易规模也更大，本章选取 2015 年 7 月 31 日上海证券交易所的国债交易数据作为对收益率曲线进行拟合估计的数据，具体数据如表 7.1 所示。

表 7.1 2015 年 7 月 31 日上海证券交易所国债数据

（1）债券代码	（2）债券名称	（3）到期期限/年	（4）剩余期限 t_n/年	（5）到期收益率 $R(t)$
010107	21 国债（4）	20	6	2.782 549%
010213	02 国债（10）	15	2.139 726	2.234 484%
010303	03 国债（1）	20	7.712 329	3.336 883%
010504	05 国债（1）	20	9.789 041	3.464 463%
010512	05 国债（9）	15	5.293 503	3.332 192%
⋮	⋮	⋮	⋮	⋮
101505	国债 1505	10	9.690 411	3.509 676%
101917	国债 917	20	6	2.978 531%

2. 收益率曲线的拟合过程

1）步骤 1：参数 τ_1 和 τ_2 的确定

基于我国债券市场发展的实际情况，即我国国债利率的数据量相对较少，而 Svensson 模型中需要估计的参数共有六个，若直接使用 Matlab 软件实现对收益率曲线的拟合估计，得到的结果可能不是非常准确。由于 Svensson 模型中的参数 τ_1 和 τ_2 是不随时间变化的，并且它们的数值受到多种因素的影响，确定过程比较复杂。

因此，本章选择先确定 τ_1 和 τ_2 的数值。根据现有研究，陈映洲和张健使用 Kalman 滤波方法得到参数 τ_1 =0.0231，τ_2 =0.0964[14]。本章借鉴现有研究的参数计算结果，如表 7.2 第 1~2 行第 2 列所示[14]。

2）步骤 2：回归参数 β_i^s 的拟合

将表 7.1 第 5 列的 $R(t)$ 代入式（7.3）的左端，将表 7.1 第 4 列的 t_n、表 7.2 第 1 行第 2 列 τ_1、表 7.2 第 2 行第 2 列的 τ_2 代入式（7.3）右端，采用最小二乘法，得到式（7.3）中的四个回归参数值如表 7.2 第 3~6 行第 2 列所示。

表 7.2 Svensson 模型中参数的拟合结果

序号	（1）待估参数	（2）参数值
1	τ_1	0.0231
2	τ_2	0.0964
3	β_1^s	78.188
4	β_2^s	−76.315
5	β_3^s	−105.205
6	β_4^s	15.158

3）步骤3：即期利率的函数

将表7.2第2列中第1行的τ_1、第2行的τ_2、第3~6行的β_i^s代入式（7.3），得到即期利率的函数表达式：

$$R^s(t_i) = 78.188 - 76.315\left(\frac{1-e^{-0.0231t_i}}{0.0231t}\right) - 105.205\left(\frac{1-e^{-0.0231t_i}}{0.0231t} - e^{-0.0231t_i}\right) \quad (7.29)$$
$$+ 15.158\left(\frac{1-e^{-0.0964t_i}}{0.0964t} - e^{-0.0964t_i}\right)$$

7.4.3 各项负债的久期计算

1. 某银行的基本信息

假设某商业银行的负债L_j和所有者权益的市场价值如表7.3第1列所示，月利率r_L^j如表7.3第2列所示，到期期限t_n如表7.3第3列所示，各项负债占负债总额的比重w_j如表7.3第8列所示。

表7.3　某银行的负债及所有者权益信息

负债与权益	（1)市场价值 L_j/万元	（2）月利率 r_L^j	（3)到期期限 t_n/年	（4) D_{1L}^{sj}	（5) D_{2L}^{sj}	（6) D_{3L}^{sj}	（7) D_{4L}^{sj}	（8）各项负债占负债总额的比重 w_j
1. 活期存款 L_1	2 050	0.35‰	0.2	0.2	0.199 5	0.000 5	0.003 4	18.64%
2. 3个月存款 L_2	2 950	1.50‰	0.25	0.25	0.249 3	0.000 7	0.005 2	26.82%
3. 6个月存款 L_3	2 340	1.75‰	0.5	0.5	0.497 1	0.002 9	0.020 7	21.27%
4. 1年期存款 L_4	760	2.00‰	1	1	0.988 5	0.011 4	0.080 4	6.91%
5. 2年期存款 L_5	80	2.80‰	2	2	1.954 5	0.044 8	0.305 2	0.73%
6. 3年期存款 L_6	50	2.95‰	3	3	2.898 4	0.099 3	0.651 8	0.45%
7. 1期债券 L_7	1 420	2.16‰	1	1	0.988 5	0.011 4	0.080 4	12.91%
8. 3年期债券 L_8	1 350	2.6‰	3	1.130 6	1.160 3	0.034 8	0.071 6	12.27%
9. 负债总额 L	11 000	—	—	—	—	—	—	—
10. 所有者权益	9 000	—	—	—	—	—	—	—
11. 资产总额	20 000	—	—	—	—	—	—	—

负债总额L为11 000万元，如表7.3第9行第1列所示，所有者权益为9000万元，如表7.3第10行第1列所示。资产总额为负债总额与所有者权益的总和，共20 000万元，如表7.3第11行第1列所示。

某商业银行资产A_i的月利率r_A^i的数据信息如表7.4第1列所示。表7.4中各项资产A_i（$i=1,2,\cdots,9$）为待求变量。

表 7.4 某银行的资产信息

资产	（1）月利率 r_A^i	（2）D_{1A}^{si}	（3）D_{2A}^{si}	（4）D_{3A}^{si}	（5）D_{4A}^{si}
1. 现金 A_1	0‰	0	0	0	0
2. 法定存款准备金 A_2	1.62‰	0	0	0	0
3. 超额准备金 A_3	1.62‰	0	0	0	0
4. 同业存放（6个月）A_4	3.25‰	0.4923	0.4895	0.0028	0.0114
5. 1个月贷款 A_5	4.35‰	0.0833	0.0833	0.0001	0.0003
6. 6个月贷款 A_6	4.4‰	0.4897	0.4869	0.0028	0.0113
7. 1年期贷款 A_7	4.5‰	1	0.9885	0.0114	0.0452
8. 2年期贷款 A_8	4.6‰	1.5406	1.4980	0.0290	0.1109
9. 3年期贷款 A_9	4.8‰	1.1261	1.5096	0.0164	0.2391

2. 存款类负债的久期计算

通过对统计数据进行分析，假设该商业银行活期存款 L_1 的平均到期间隔为 2.4 个月[13, 15]，即 0.2 年。

由于该商业银行的各项存款 L_1~L_6 均属于到期一次性还本付息的情形。因此，要利用上文中"1）到期一次还本付息类债券的久期计算"中的式（7.14a）~式（7.14d）来计算。

将表 7.3 第 1~6 行第 3 列 t_n 代入式（7.14a），得到 D_{1L}^{sj}，如表 7.3 第 1~6 行第 4 列所示。

将表 7.2 第 1 行第 2 列 τ_1、表 7.3 第 1~6 行第 3 列 t_n 分别代入式（7.14b），得到 D_{2L}^{sj}，如表 7.3 第 1~6 行第 5 列所示。同理，将这些参数代入式（7.14c）得到 D_{3L}^{sj}，如表 7.3 第 1~6 行第 6 列所示。

将表 7.2 第 2 行第 2 列 τ_2、表 7.3 第 1~6 行第 3 列 t_n 代入式（7.14d），得到 D_{4L}^{sj}，如表 7.3 第 1~6 行第 7 列所示。

3. 债券类负债的久期计算

1）一年期债券 L_7 的久期

由于该商业银行发行的一年期债券 L_7 为到期还本债券，所以在一年内没有现金流量产生，与上文存款类负债的计算过程同理。

将表 7.3 第 7 行第 3 列 $t_n=1$ 代入式（7.14a），得到 D_{1L}^{sj}，如表 7.3 第 7 行第 4 列所示。

将表 7.2 第 1 行第 2 列 τ_1、表 7.3 第 7 行第 3 列 t_n=1 代入式（7.14b），得到 D_{2L}^{sj} 如表 7.3 第 7 行第 5 列所示。同理将这些参数代入式（7.14c）得到 D_{3L}^{sj}，如表 7.3 第 7 行第 6 列所示。

将表 7.2 第 2 行第 2 列 τ_2、表 7.3 第 7 行第 3 列 t_n=1 代入式（7.14d），得到 D_{4L}^{sj}，如表 7.3 第 7 行第 7 列所示。

2）三年期债券 L_8 的久期

由于该商业银行发行的三年期债券 L_8 属于固定利率债券，每年年末付息一次，所以在其持有期内一共将产生三次现金流量，分别在每年的年末，三年期债券现金流产生的时间如表 7.5 第 1 列所示。

表 7.5　三年期债券的久期计算

序号	（1）现金流产生时间 t_i	（2）$R^s(t)$
1	1	2.2364
2	2	2.5387
3	3	2.7878

因此，要利用上文"2）分期付息、到期还本类债券的久期计算"中的式（7.15a）~式（7.15d）来计算。

表 7.5 第 3 列数据的计算：将表 7.5 第 1~3 行第 1 列 t_i 依次代入式（7.29），得到相应期限的瞬时即期利率 $R^s(t)$，如表 7.5 第 1~3 行第 2 列所示。

将表 7.3 第 8 行第 2 列的月利率 r=2.6‰、表 7.5 第 1 列 t_i、表 7.5 第 2 列 $R^s(t)$ 代入式（7.15a），得到 D_{1L}^{sj}，如表 7.3 第 8 行第 4 列所示。

将表 7.2 第 1 行第 2 列 τ_1、表 7.3 第 8 行第 2 列 r=2.6‰、表 7.5 第 1 列 t_i、表 7.5 第 2 列 $R^s(t)$ 代入式（7.15b），得到 D_{2L}^{sj}，如表 7.3 第 8 行第 5 列所示。同理，将这些参数代入式（7.15c）得到 D_{3L}^{sj}，如表 7.3 第 8 行第 6 列所示。

将表 7.2 第 2 行第 2 列 τ_2、表 7.3 第 8 行第 2 列 r=2.6‰、表 7.5 第 1 列 t_i、表 7.5 第 2 列 $R^s(t)$ 代入式（7.15d），得到 D_{4L}^{sj}，如表 7.3 第 8 行第 7 列所示。

7.4.4　各项资产的久期计算

1. 现金类资产的久期计算

由于现金 $\max Z_A = 0 \times A_1 + 1.62 \times A_2 + 1.62 \times A_3 + 3.25 \times A_4 + 4.35 \times A_5 + 4.4 \times A_6 + 4.5 \times A_7 + 4.6 \times A_8 + 4.8 \times A_9$ 并不产生利息，从而不会产生现金流量，所

以商业银行的现金类资产对利率风险是完全免疫的，即它的各维度久期均为零，资产 $\max Z_A = 0 \times A_1 + 1.62 \times A_2 + 1.62 \times A_3 + 3.25 \times A_4 + 4.35 \times A_5 + 4.4 \times A_6 + 4.5 \times A_7 + 4.6 \times A_8 + 4.8 \times A_9$ 的久期如表7.4第1行第2~5列所示。

法定存款准备金 $\max Z_A = 0 \times A_1 + 1.62 \times A_2 + 1.62 \times A_3 + 3.25 \times A_4 + 4.35 \times A_5 + 4.4 \times A_6 + 4.5 \times A_7 + 4.6 \times A_8 + 4.8 \times A_9$ 按照我国相关的法律规定，将一定比例数额资金储存在中央银行，这部分资金完全不会受到利率变动的影响，对利率风险是完全免疫的。因此，商业银行存款准备金的各维度久期为零，资产 $\max Z_A = 0 \times A_1 + 1.62 \times A_2 + 1.62 \times A_3 + 3.25 \times A_4 + 4.35 \times A_5 + 4.4 \times A_6 + 4.5 \times A_7 + 4.6 \times A_8 + 4.8 \times A_9$ 的久期如表7.4第2行第2~5列所示。

超额准备金 $\max Z_A = 0 \times A_1 + 1.62 \times A_2 + 1.62 \times A_3 + 3.25 \times A_4 + 4.35 \times A_5 + 4.4 \times A_6 + 4.5 \times A_7 + 4.6 \times A_8 + 4.8 \times A_9$ 一般不会太多，主要为保证支付能力，预防意外大额提现等现象的发生。所以，超额准备金的各维度久期也为零，资产 $\max Z_A = 0 \times A_1 + 1.62 \times A_2 + 1.62 \times A_3 + 3.25 \times A_4 + 4.35 \times A_5 + 4.4 \times A_6 + 4.5 \times A_7 + 4.6 \times A_8 + 4.8 \times A_9$ 的久期如表7.4第3行第2~5列所示。

2. 同业存放资产的久期计算

由于该商业银行的同业存放（6个月）A_4 是按月付息的，所以每个月的月末会产生一次现金流量。属于上文"2）分期付息、到期还本类债券的久期计算"，因此，利用式（7.15a）~式（7.15d）进行计算。所以与上文7.4.3节中"3. 债券类负债的久期计算"的计算过程是同理的，在此不赘述。资产 A_4 的久期如表7.4第4行第2~5列。

3. 贷款类资产的久期计算

由于该商业银行的贷款 A_5~A_9 是分期付息的，所以属于上文"2）分期付息、到期还本类债券的久期计算"，因此，利用式（7.15a）~式（7.15d）进行计算。所以与上文7.4.3节中"3. 债券类负债的久期计算"的计算过程是同理的，在此不赘述。资产 A_5~A_9 的久期分别放入表7.4第5~9行第2~5列。

7.4.5　模型的建立

1. 目标函数

将表7.4第1列第1~9行中的 r_A^i 数据代入式（7.26），能够得到目标函数的表达式，如式（7.30）所示：

$$\max Z_A = 0 \times A_1 + 1.62 \times A_2 + 1.62 \times A_3 + 3.25 \times A_4 + 4.35 \times A_5 + 4.4 \times A_6$$
$$+ 4.5 \times A_7 + 4.6 \times A_8 + 4.8 \times A_9 \tag{7.30}$$

2. 约束条件

1）"四维久期"风险免疫约束条件

将表 7.3 第 1~8 行第 1 列的 L_j，表 7.3 第 1~8 行第 4~7 列的 D_{1L}^{sj}、D_{2L}^{sj}、D_{3L}^{sj} 和 D_{4L}^{sj}，以及表 7.4 第 1~9 行第 2~5 列的 D_{1A}^{si}、D_{2A}^{si}、D_{3A}^{si}、D_{4A}^{si}，表 7.3 第 11 行第 1 列的数值分别代入式（7.25a）~式（7.25d），得到零久期缺口风险免疫的约束条件：

$$(0.4923A_4 + 0.0833A_5 + 0.4897A_6 + A_7 + 1.5406A_8 + 1.1261A_9 \atop -6333.81)/20\,000 = 0 \tag{7.31a}$$

$$(0.4895A_4 + 0.0833A_5 + 0.4869A_6 + 0.9885A_7 + 1.4980A_8 \atop +1.5096A_9 - 6330.239)/20\,000 = 0 \tag{7.31b}$$

$$(0.0028A_4 + 0.0001A_5 + 0.0028A_6 + 0.0114A_7 + 0.0290A_8 + 0.0164A_9 \atop -90.257)/20\,000 = 0 \tag{7.31c}$$

$$(0.0114A_4 + 0.0003A_5 + 0.0113A_6 + 0.0452A_7 + 0.1109A_8 + 0.2391A_9 \atop -399.686)/20\,000 = 0 \tag{7.31d}$$

2）基于流动性风险控制的约束条件

根据我国有关法律法规、银行业经营管理约束的规定及已知的商业银行资产负债信息，建立控制商业银行流动性风险的约束条件。

（1）对商业银行资产规模的约束条件如式（7.32）所示，即资产=负债+所有者权益：

$$\text{s.t.}\quad \sum_{i=1}^{9} A_i = 11\,000 + 9\,000 = 20\,000 \tag{7.32}$$

（2）基于商业银行测算的流动性库存现金比例的约束条件如式（7.33）所示：

$$\text{s.t.}\quad A_1 \geqslant 0.6\% \times \sum_{j=1}^{6} L_j = 0.6\% \times 8230 = 49.38 \tag{7.33}$$

（3）基于商业银行测算的营利性库存现金比例的约束条件如式（7.34）所示：

$$\text{s.t.}\quad A_1 \leqslant 1.5\% \times \sum_{j=1}^{6} L_j = 1.5\% \times 8230 = 123.45 \tag{7.34}$$

（4）基于商业银行存款准备金比例的约束条件如式（7.35）所示：

$$\text{s.t.}\quad A_2 \geqslant 20\% \times \sum_{j=1}^{6} L_j = 20\% \times 8230 = 1646 \qquad (7.35)$$

（5）基于商业银行超额准备金比例的约束条件如式（7.36）所示：

$$\text{s.t.}\quad A_1 + A_3 \geqslant 5\% \times \sum_{j=1}^{6} L_j = 5\% \times 8230 = 411.5 \qquad (7.36)$$

（6）基于商业银行资产流动性比例的约束条件如式（7.37）所示，即商业银行一个月内能够变现的资产大于等于一个月内将到期的负债的25%：

$$\text{s.t.}\quad A_1 + A_3 + A_5 \geqslant 25\% \times L_1 = 25\% \times 2050 = 512.5 \qquad (7.37)$$

（7）基于商业银行贷款占存款比例的约束条件如式（7.38）所示：

$$\text{s.t.}\quad \sum_{i=5}^{9} A_i \leqslant 75\% \times \sum_{j=1}^{6} L_j = 75\% \times 8230 = 6172.5 \qquad (7.38)$$

（8）基于商业银行中长期贷款结构的约束条件如式（7.39）所示：

$$\text{s.t.}\quad A_8 - A_9 \geqslant 0 \qquad (7.39)$$

（9）基于商业银行资产非负性的约束条件如式（7.40）所示：

$$A_i \geqslant 0 \ (i=1,2,\cdots,10) \qquad (7.40)$$

7.4.6　模型求解

由目标函数式（7.30）及约束条件式（7.31）~式（7.40）构成了资产负债组合优化模型，对这个线性规划模型进行求解，得到该模型下商业银行各项资产的最佳分配方案。具体的计算结果如表7.6第1~9行第2列所示。

表 7.6　商业银行各项资产的最佳分配方案

序号	（1）资产	（2）本章的优化结果	（3）对比模型的优化结果
1	现金 A_1/万元	49.38	49.38
2	法定存款准备金 A_2/万元	7894.543	4940.448
3	超额准备金 A_3/万元	4174.862	4050.693
4	同业存放（6个月）A_4/万元	1708.715	4786.979
5	1个月贷款 A_5/万元	1994.363	2741.692
6	6个月贷款 A_6/万元	0	0
7	1年期贷款 A_7/万元	1834.116	0
8	2年期贷款 A_8/万元	2057.325	2569.591
9	3年期贷款 A_9/万元	286.6957	861.2173
10	利率在四个维度均上升1%时银行净资产损失/万元	0	27.291
11	银行净资产损失占全部资产的比重	0	0.1365%
12	银行净资产损失占所有者权益的比重	0	0.3032%

7.4.7 对比模型的建立及求解

1. 对比模型的定义

本章模型：本章建立的"四维久期"的资产负债优化模型，由目标函数式（7.30）及约束条件式（7.31）~式（7.40）构成。

对比模型：基于Nelson-Siegel久期向量的资产负债组合优化模型。①利率风险免疫条件：将式（7.31a）~式（7.31d）的"四维久期缺口"替换成"Nelson-Siegel 久期缺口"[2]，如式（7.17a）~式（7.17c）所示。②目标函数和流动性约束条件：均与本模型相同，目标函数如式（7.30）所示、流动性约束条件如式（7.32）~式（7.40）所示。

对比模型与本章模型的区别：一是拟合收益率曲线所采用的模型不同。对比模型采用Nelson-Siegel模型从水平、斜率和曲率三个维度刻画收益率曲线，本章模型采用Svensson模型从水平、斜率、曲率和峰度四个维度刻画收益率曲线。二是对比模型没有峰度维度的免疫约束条件。对比模型通过设定水平、斜率和曲率三个维度的久期缺口为零来控制利率风险，本章模型则通过设定水平、斜率、曲率和峰度四个维度的久期缺口为零来控制利率风险。

2. 对比模型的优化结果

求解建立的对比模型，得到各项资产的配置金额 A_i (i =1,2,$\cdots$,9)，如表7.6第1~9行第3列所示。

3. 对比分析的标准

对比标准：利率变动时银行净资产损失的对比。若利率变动时商业银行净资产发生损失，则说明优化模型计算出的配置结果并不能完全免疫利率风险。

如上文式（7.24）所示，可知商业银行净资产变化量的计算公式。这里方便起见标记为

$$\Delta V \approx -A \times (D_{\text{gap1}}^s d\beta_1^s + D_{\text{gap2}}^s d\beta_2^s + D_{\text{gap3}}^s d\beta_3^s + D_{\text{gap4}}^s d\beta_4^s) \qquad (7.41)$$

1）本章模型的净资产变化量 ΔV

将表7.6第1~9行第2列的资产配置结果代入到式（7.31a）~式（7.31d）左端，得到本章模型的水平维度久期缺口 D_{gap1}^s =0、斜率维度久期缺口 D_{gap2}^s =0、曲率维度久期缺口 D_{gap3}^s =0、峰度维度久期缺口 D_{gap4}^s =0。

将 D_{gap1}^s =0、D_{gap2}^s =0、D_{gap3}^s =0、D_{gap4}^s =0、表7.3第11行第1列的数值

代入式（7.41），得到本章模型的 $\Delta V=0$，结果列于表 7.6 第 10 行第 2 列。所以净资产损失占全部资产的比重、净资产损失占所有者权益的比重均等于 0，结果列入表 7.6 第 11~12 行第 2 列。

本章模型的净资产变化量 $\Delta V=0$ 说明无论利率如何变动，商业银行净资产不会发生变化，对利率风险完全免疫。

2）对比模型的净值变化量 ΔV

将表 7.6 第 1~9 行第 3 列的资产配置结果代入到式（7.31a）~式（7.31d）左端，得到对比模型的水平维度久期缺口 $D_{\text{gap1}}^{s}=0.0590$、斜率维度久期缺口 $D_{\text{gap2}}^{s}=0.0695$、曲率维度久期缺口 $D_{\text{gap3}}^{s}=0.0006$、峰度维度久期缺口 $D_{\text{gap4}}^{s}=0.0073$。

当利率在水平、斜率、曲率和峰度四个维度均上升 1%时，即 $d\beta_{1}^{s}=0.01$、$d\beta_{2}^{s}=0.01$、$d\beta_{3}^{s}=0.01$、$d\beta_{4}^{s}=0.01$。将 $D_{\text{gap1}}^{s}=0.0590$、$D_{\text{gap2}}^{s}=0.0695$、$D_{\text{gap3}}^{s}=0.0006$、$D_{\text{gap4}}^{s}=0.0073$、$d\beta_{1}^{s}=0.01$、$d\beta_{2}^{s}=0.01$、$d\beta_{3}^{s}=0.01$、$d\beta_{4}^{s}=0.01$，表 7.3 第 11 行第 1 列的数值代入式（7.41），得到对比模型的 $\Delta V=-27.291$ 万元，结果列于表 7.6 第 10 行第 3 列。

对比模型的净值变化量 $\Delta V=-27.291$ 万元，说明利率在水平、斜率、曲率和峰度四个维度均上升 1%时，商业银行净资产损失 27.291 万元，结果列于表 7.6 第 10 行第 3 列。

净资产损失占全部资产的比重：由表 7.3 第 11 行第 1 列可知，资产总额为 20 000 万元。则损失占全部资产的比重为 27.291/20 000=0.1365%，结果列于表 7.6 第 11 行第 3 列。

净资产损失占所有者权益的比重：由表 7.3 第 10 行第 1 列可知，所有者权益为 9000 万元。则净资产损失占所有者权益的比重为 27.291/9 000=0.3032%，结果列于表 7.6 第 12 行第 3 列。

对比结果：当利率在水平、斜率、曲率和峰度四个维度均上升 1%时，本章模型的净资产变化量 $\Delta V=0$ 说明无论利率如何变动，商业银行净资产不会发生变化，对利率风险完全免疫。对比模型的净值变化量 $\Delta V=-27.291$ 万元，说明商业银行净资产损失了 27.291 万元。因此，本章模型比现有研究的 Nelson-Siegel 久期利率风险免疫模型更能抵抗利率风险给商业银行带来的损失。

7.5 结 论

7.5.1 主要结论

将本章模型与 Nelson-Siegel 久期利率风险免疫模型进行对比分析，得出当利率发生变动时，本章模型比现有研究模型更能抵抗利率风险给商业银行带来的损失。

7.5.2 主要特色与创新

（1）将反映收益率曲线水平因子、斜率因子、曲率因子、峰度因子四个维度变化的 Svensson 模型参数引入经典的 Nelson-Siegel 久期模型，建立起"四维久期"模型，从四个维度更加准确地衡量利率风险。不但可以反映 Nelson-Siegel 久期的水平因子、斜率因子、曲率因子，而且还可以反映峰度因子。

（2）以"四维久期"的利率风险免疫条件为约束，以商业银行月利息收益最大为目标函数建立控制利率非移动风险的资产负债组合优化模型，确保在利率发生变化时，商业银行的净资产不受损失。

参 考 文 献

[1] Svensson L E O. Estimating forward interest rates with the extended Nelson and Siegel method[J]. Sveriges Riksbank Quarterly Review，1995（3）：13-26.
[2] 杨婉茜，成力为. 基于 Nelson-Siegel 模型控制利率风险的资产负债组合优化模型[J]. 系统工程，2014，32（2）：12-20.
[3] 刘湘云，唐娜. 商业银行利率风险：基于久期缺口的免疫策略及实证分析[J]. 南京航空航天大学学报（社会科学版），2006，8（3）：38-41，53.
[4] 于鑫，霍春光. 基于久期模型的债券免疫策略分析[J]. 商，2012（11）：55.
[5] 孔婷婷，张杨. 基于久期缺口模型的商业银行利率风险免疫策略及实证分析[J]. 西安工业大学学报，2013，33（11）：922-929.
[6] 刘韵婷，曾秀文，黄嘉英. 利率市场化下商业银行的利率风险研究[J]. 经济研究导刊，2014（14）：193-196.
[7] 施恬. 商业银行利率风险管理中久期缺口测算及其防御策略——基于中国股份制商业银行的实证分析[J]. 上海金融，2014（5）：103-106.
[8] Fabozzi F J，Fabozzi T D，Hall P. Fabozzi. Bond Market，Analysis and Strategies[M]. Upper Saddle River：Prentice Hall，1993.
[9] 杨飞. 久期技术与基于隐含期权的商业银行利率风险管理[J]. 科技与管理，2006，8（6）：104-106，112.

[10] 张远为, 林江鹏. 一种计算债券久期和凸度的简单方法[J]. 西南金融, 2014 (3): 12-15.

[11] 唐恩林. 隐含期权对商业银行久期匹配策略的影响分析[J]. 安徽农业大学学报 (社会科学版), 2014, 23 (3): 54-59.

[12] 刘艳萍, 巩玉芳, 迟国泰. 基于利率非平行移动风险控制的资产负债组合优化模型 [J]. 管理学报, 2009, 6 (9): 1215-1225.

[13] 迟国泰, 许文, 王化增. 兼控利率风险和流动性风险的资产负债组合优化模型[J]. 控制与决策, 2006, 21 (12): 1407-1416.

[14] 陈映洲, 张健. 基于动态 Svensson 模型的国债利率期限结构实证分析[J]. 统计与信息论坛, 2015, 30 (4): 38-43.

[15] 迟国泰, 闫达文. 基于 VaR 控制预留缺口的资产负债管理优化模型[J]. 管理工程学报, 2011, 25 (3): 123-132.

第8章　基于动态利率风险免疫的银行资产负债优化模型

8.1　引　言

本章以 CIR 动态久期缺口的免疫条件为约束进行多资产和多负债的利率风险控制，通过建立线性规划模型来进行银行资产的最优配置。

本章的创新与特色：一是通过引进随时间变化的动态利率久期参数构造利率风险控制条件，建立了控制利率风险的资产负债优化模型。改变了现有研究忽略利率动态变化进而忽略平均久期动态变化的弊端。事实上，利率的动态变化必然引起平均久期的变动，忽略利率变动的控制条件无法高精度地控制资产配置的利率风险。二是通过以银行资产收益最大化为目标函数，以动态利率久期缺口免疫为主要约束条件，辅以监管的流动性约束匹配银行的资产负债，回避了利率风险对银行所有者权益的影响，避免了利率变动对银行资产所有者带来的损害。

8.2　动态利率久期模型构建

8.2.1　动态利率久期模型构建原理

1. 科学问题的性质

商业银行资产等于负债加所有者权益，当市场利率变化时，银行资产和负债都会相应变化，因此所有者权益也会发生改变。

现有研究通过建立久期缺口控制利率风险条件，对银行资产和负债进行配置，从而确保股东权益不受侵害。

现有研究[1]使用麦考莱久期（Macaulay duration）[2]时采用的是固定利率；现有的 NS 久期[1]，采用的是瞬时利率这种静态利率。

这两类久期的计算都没有考虑连续的随时间变动而变动的动态利率，实际上，市场利率是随着时间变动的，而利率的动态变化必然引起平均久期的变动，忽略利率变动的控制条件无法高精度地控制资产配置的利率风险。

2. 股东权益变动与久期模型之间的关系

设：ΔA_i 为第 i 项资产的账面价值的变化量；Δr_i 为第 i 项资产利率的变化量；D_{Ai} 为第 i 项资产的久期；ΔL_h 为第 h 项负债的账面价值的变化量；Δr_h 为第 h 项负债利率的变化量；D_{Lh} 为第 h 项负债的久期。则各项资产或负债的账面价值变动与利率变动值之间的关系可以表示为[3]

$$\Delta A_i = -D_{Ai} \times A_i \times \Delta r_i \tag{8.1}$$

$$\Delta L_h = -D_{Lh} \times L_h \times \Delta r_h \tag{8.2}$$

式（8.1）揭示的资产的账面价值与久期、利率变化间的关系为：当利率上升时，资产的账面价值受久期影响会降低；当利率下降时，资产的账面价值受久期影响会上升。

式（8.2）揭示的负债的账面价值与久期、利率变化间的关系为：当利率上升时，负债的账面价值受久期影响会降低；当利率下降时，负债的账面价值受久期影响会上升。

设：Δv 为所有者权益变化量；ΔA_i 为第 i 项资产的账面价值的变化量；Δr_i 为第 i 项资产利率的变化量；D_{Ai} 为第 i 项资产的久期；ΔL_h 为第 h 项负债的账面价值的变化量；Δr_h 为第 h 项负债利率的变化量；D_{Lh} 为第 h 项负债的久期。则所有者权益变化量可以表示为[3]

$$\Delta v = -\sum_{i=1}^{k}(D_{Ai} \times \Delta A_i \times \Delta r_i) + \sum_{h=1}^{s}(D_{Lh} \times \Delta L_h \times \Delta r_h) \tag{8.3}$$

式（8.3）的经济学含义：根据所有者权益等于资产减负债，故式（8.3）中所有者权益的变化量等于资产的变化量减去负债的变化量。

3. 传统的久期模型原理

麦考莱提出了传统的久期，模型估计银行面临的利率风险，如式（8.4）所示[2]：

$$D_M = \sum_{i=1}^{n} t \times c_t \times (1+r)^{-t} / P \tag{8.4}$$

式（8.4）中，D_M 为麦考莱久期；t 为期限；P 为现值；c_t 为 t 时的现金流；r 为固定利率。

式（8.4）的经济学含义：麦考莱久期是衡量未来产生现金流的时间的加权平均值。

由于麦考莱久期中的利率是固定的，因此，传统的麦考莱久期中，利率不随着时间的变动而改变。

4. NS 静态曲线拟合模型原理

Nelson 和 Siegel 于 1987 年提出了 NS（Nelson-Siegel）静态向量久期模型，该模型主要用来比较瞬时远期利率 $f(t)$ 与瞬时即期利率 $g(t)$ 之间的函数关系。式（8.5）是 NS 模型中瞬时即期利率 $g(t)$ 的表达式[1]

$$
\begin{aligned}
g(t) &= \frac{1}{t} \int_0^t f(s) \mathrm{d}s \\
&= \frac{1}{t} \int_0^t f_{(t)} \left(\alpha_1 + \alpha_2 \mathrm{e}^{-\frac{s}{\eta}} + \alpha_3 \left(\frac{s}{\eta} \right) \mathrm{e}^{-\frac{s}{\eta}} \right) \mathrm{d}s
\end{aligned}
\tag{8.5}
$$

其中，$g(t)$ 为瞬时即期利率；$f(t)$ 为瞬时远期利率；t 为到期期限；α 为模型中的参数；η 为指数衰竭率。

式（8.5）的经济学含义：NS 模型拟合的利率关系是瞬时的远期利率与瞬时的即期利率之间的关系，反映的是点时刻的利率关系，因此 NS 模型属于静态的利率期限结构模型。

5. CIR 模型基本原理

Cox 等于 1981 年提出了反映当期利率 r_t 与下一期利率 r_{t+1} 之间关系的 CIR 模型，又称单因子均衡利率期限结构模型，具体表现形式如下[4]：

$$
\mathrm{d}r_t = \beta(\mu - r_t)\mathrm{d}t + \sigma\sqrt{r_t}\mathrm{d}z
\tag{8.6}
$$

其中，β 为回复速度，即当期利率 r_t 回复到利率均值 μ 的速度；μ 为长期利率均值；$\sigma\sqrt{r_t}$ 为利率变化波动项。

式（8.6）的含义：连续漂移项 $\beta(\mu - r_t)$ 反映了当期利率 r_t 按照速度 β 返回到长期利率均值 μ，波动项 $\sigma\sqrt{r_t}$ 衡量了利率变化与均值 β 的离散程度。

CIR 模型构建的动态利率与传统的麦考莱久期中利率间的比较：传统的麦考莱久期中的利率是固定利率。CIR 模型构建的利率是动态变化的，它反映的是利率围绕长期利率均值的变化，因此通过 CIR 模型求解的利率是动态利率。

CIR 模型与 NS 模型中利率的比较：CIR 模型中的远期利率与当期利率之间的关系是连续的，而 NS 模型中的远期利率与当期利率之间的关系是离散的。

8.2.2　基于 CIR 模型的动态利率久期模型原理

经典的求解平均久期的麦考莱模型将金融资产的利率视为固定不变的。事实上，利率是变动的，利率与收益率之间的敏感程度也是动态变的。CIR 模型可以动态估计利率对收益的敏感性，将期限的变动和利率的波动代入久期模型中，从而得到动态利率久期模型，如式（8.7）所示[5]。

设：D_{ci} 为第 i 笔资产或负债的动态利率久期；T_i 为第 i 笔资产或负债的期限；C_{it} 为第 i 笔资产或负债的第 t 期的现金流净值；P_{it} 为第 i 笔资产或负债的第 t 期的到期价值；r_t 为即期市场利率；coth 为双曲线余切函数；π 为流动性溢价；β 为当期利率回复到利率均值 μ 的速度。第 i 笔资产或负债的动态利率久期 D_{ci} 满足[5]：

$$D_{ci} = \frac{2}{r_t}\coth^{-1}\left(\frac{\pi - \beta}{r_t} + \frac{2C_{it}P_{it}}{r_t\sum_{t=1}^{T_i}\dfrac{2C_{it}P_{it}}{\beta - \pi + r_t\coth\left(\dfrac{r_t t}{2}\right)}} \right) \tag{8.7}$$

动态利率久期模型式（8.7）的特点如下。

（1）动态利率久期模型中各项表达式均体现 CIR 模型中的 β、μ、σ 参数，体现利率按照速度 β 返回到长期利率均值 μ，同时，波动项 $\sigma\sqrt{r_t}$ 衡量了利率变化与利率均值 μ 的离散程度。

（2）动态利率久期模型中 r_t 为随时间变化的动态利率，因此久期 D_{ci} 的计算体现了利率的动态变化，是第 i 项资产或者负债的平均久期。

动态利率久期与现有研究的不同在于：现有研究久期计算采用的是市场基准利率，而动态利率久期中的利率是随着时间变化的动态利率，是通过 CIR 模型估计出来的。

式（8.7）中，参数 r_t 可以表示为[5]

$$r_t = \sqrt{\left(\beta - \pi\right)^2 + 2\sigma^2} \tag{8.8}$$

第 i 笔资产或负债的第 t 期到期价值 P_{it} 满足式（8.9）[5]：

$$P_{it} = G_{it} \times e^{(-r_t H_{it})} \tag{8.9}$$

其中，H_{it} 和 G_{it} 满足式（8.10）和式（8.11）[5]：

$$H_{it} = \frac{2}{\left(\beta - \pi + r_t\coth\left(\dfrac{r_t t}{2}\right)\right)} \tag{8.10}$$

式（8.10）中，β 为 CIR 模型的估计参数；π 为流动性溢价；t 为期限；coth 函数为双曲线余切函数。

参数 G_{it} 见式（8.11）[5]：

$$G_{it} = \left(\frac{2r_t e^{(r_t + \beta - \pi)\frac{t}{2}}}{(r_t + \beta - \pi)(e^{r_t t} - 1) + 2r_t} \right)^{\frac{2 \times \beta \times \mu}{\sigma_r^2}} \tag{8.11}$$

式（8.11）中，t 为期限；π 为流动性溢价；μ、β、σ 均为 CIR 模型的估计参数。表达式如 8.2.3 节中式（8.13）~式（8.15）所示。

8.2.3　CIR 模型中参数估计

CIR 模型 $dr_t = \beta(\mu - r_t)dt + \sigma\sqrt{r_t}dz$ 中，待估计参数有：利率 r_t 回复到利率均值 μ 的速度 β；长期利率均值 μ；波动项 $\sigma\sqrt{r_t}$ 中的估计量 σ。

利率期限结构是一条连续的收益率随时间变动的曲线。由于现实中可获取的数据是离散的，Chan 等提出离散时间模型的参数估计形式在连续时间模型中同样适用。构建的参数估计表达式为[6]

$$r_{t+1} = a + br_t + \varepsilon_{t+1} \tag{8.12}$$

其中，r_{t+1} 与 r_t 为 CIR 模型中的利率变量；ε_{t+1} 为残差。

通过在银行实践及现有研究[6]中普遍采用的加权两阶段最小二乘法对参数 a 和 b 进行估计，有利于消除异方差性。下文的应用实例中印证了这一点。

将通过加权两阶段最小二乘法拟合的式（8.12）中的系数 a 和 b，代入式（8.13）~式（8.15），可以求解出 CIR 模型中的各个参数[6]：

$$\mu = \hat{a}/(1 - \hat{b}) \tag{8.13}$$

$$\beta = -\ln\hat{b} \tag{8.14}$$

$$\sigma^2 = 2(\sum \sigma_\varepsilon^2)\beta/(1 - e^{-2\beta}) \tag{8.15}$$

8.2.4　动态利率久期中市场利率曲线构建

目的：用于拟合动态利率久期模型中的市场利率 r_t。由于二级市场国债利率实现完全市场化，能够比较准确地反映市场上的利率变动与期限之间的关系，因此以二级市场国债利率作为基准利率估计预期市场收益率曲线。

预期市场利率曲线表示利率与到期时间的关系，模型可以设定如式（8.16）所示[8]：

$$r_t = f(t) = v \times t^\lambda \tag{8.16}$$

式（8.16）中 r_t 为即期市场利率；t 为金融产品的到期时间；v 和 λ 为待估参数。

8.2.5　动态利率久期缺口模型构建

设：D_{GAP} 为动态利率久期缺口；D_{cA_i} 为第 i 笔资产项目的动态利率久期；D_{cL} 为总负债项目的加权平均动态利率久期，为已知量；L_h 为第 h 笔负债的金额；s 为负债的总笔数；A_i 为第 i 笔资产的金额；k 为资产的总笔数。动态利率久期缺口 D_{GAP} 满足[9]：

$$D_{\text{GAP}} = \sum_{i=1}^{k}\left(\frac{A_i}{\sum\limits_{i=1}^{k} A_i} D_{cA_i}\right) - \sum_{h=1}^{s}\left(\frac{L_h}{\sum\limits_{i=1}^{k} A_i} D_{cL}\right) \tag{8.17}$$

式（8.17）是动态利率久期缺口的表达式，与现有研究中久期缺口公式的表现形式几乎是一样的。二者的差别在于计算久期时所采用的利率不同。传统的麦考莱久期模型及 NS 久期模型，采用的都是静态利率，忽略了利率的动态变动。本章中动态利率久期的计算采用的利率是动态变化的。

8.3　基于动态利率风险控制的资产负债优化模型构建

8.3.1　目标函数构建

设：Z 为资产组合的月收益；Y_{A_i} 为第 i 项资产的月利率；k 为银行资产种类数；A_i 为第 i 项资产的市场价值。则建立的银行组合收益最大化目标函数如式（8.18）所示：

$$\max Z = \sum_{i=1}^{k} Y_{A_i} A_i \tag{8.18}$$

8.3.2　动态利率久期缺口免疫条件的构建

本章以动态利率久期缺口为 0 建立利率风险免疫条件，即令式（8.17）= 0，得到动态利率久期缺口免疫约束条件，如式（8.19）所示：

$$\sum_{i=1}^{k} \left(\frac{A_i}{\sum\limits_{i=1}^{k} A_i} \right) D_{cA_i} - \left(\frac{\sum\limits_{h=1}^{s} L_h}{\sum\limits_{i=1}^{k} A_i} \right) D_{cL} = 0 \qquad (8.19)$$

式（8.19）的含义：不论利率如何变化，均能保证银行净值不发生改变，也就是能够保证银行的所有者权益不受利率变化的影响。

8.3.3 流动性约束条件的构建

参考法律、法规及银行经营管理约束，构建与银行流动性风险相关的约束如式（8.20）~式（8.28）所示。

设：A_i 为第 i 笔资产的金额，是决策变量；L_h 为第 h 笔负债的金额，是已知量；E 为所有者权益，是已知量；A_i^* 为中长期贷款；L_h^* 为中长期存款；s 为负债的总笔数；k 为资产的总笔数。

（1）资产规模约束（资产=负债+所有者权益）

$$\sum_{i=1}^{k} A_i = \sum_{h=1}^{s} L_h + E \qquad (8.20)$$

（2）基于流动性的库存现金 A_1 比例（银行测算）

$$A_1 \geq 0.6\% \times \left(\sum_{h=1}^{s} L_h \right) \qquad (8.21)$$

（3）基于营利性的库存现金 A_1 比例（银行测算）

$$A_1 \leq 1.5\% \times \left(\sum_{h=1}^{s} L_h \right) \qquad (8.22)$$

（4）法定存款准备金 A_2 比例

$$A_2 \geq 16.5\% \times \left(\sum_{h=1}^{s} L_h \right) \qquad (8.23)$$

（5）现金 A_1 和备付金 A_3 比例

$$A_1 + A_3 \geq 5\% \times \left(\sum_{h=1}^{s} L_h \right) \qquad (8.24)$$

（6）资产流动性比例

$$\sum_{i=1}^{k} A_i \bigg/ \sum_{h=1}^{s} L_h \geq 0.25 \qquad (8.25)$$

（7）中长期贷款比例指标

$$\sum A_i^* \bigg/ \sum L_h^* \leq 120\% \qquad (8.26)$$

（8）中长期贷款结构

$$A_{i+1}^{*} - A_{i}^{*} \leqslant 0 \qquad (8.27)$$

（9）非负约束

$$A_{i} \geqslant 0 \qquad (8.28)$$

通过式（8.20）~式（8.28）这组法律、法规和经营管理约束来控制银行资产配置中的流动性风险，保障银行的支付能力，避免流动性危机发生。

8.3.4　模型分析

以式（8.19）构建动态利率久期缺口免疫条件，式（8.20）~式（8.28）建立流动性约束条件，本章建立了基于动态利率风险控制的资产负债优化模型。

通过计算在利率变动 Δr 情况下，所有者权益变动值占所有者权益的比重，衡量动态利率久期模型对利率风险的控制效果。

在 k 笔资产与 s 笔负债条件下，所有者权益变化量为

$$\begin{aligned}
\Delta v &= \Delta A_i - \Delta L_h \\
&= -\sum_{i=1}^{k}(D_{cA_i} \times A_i \times \Delta r) + \sum_{h=1}^{s}(D_{cL_h} \times L_h \times \Delta r)
\end{aligned} \qquad (8.29)$$

对式（8.29）进行推导得到

$$\begin{aligned}
\Delta v &= \Delta r \times \left[-\sum_{i=1}^{k}(D_{cA_i} \times A_i) + \sum_{h=1}^{s}(D_{cL_h} \times L_h) \right] \\
&= -\Delta r \times \sum_{i=1}^{k} A_i \times \left[\frac{\sum_{i=1}^{k}(D_{cA_i} \times A_i) - \sum_{h=1}^{s}(D_{cL_h} \times L_h)}{\sum_{i=1}^{k} A_i} \right] \\
&= -\Delta r \times \sum_{i=1}^{k} A_i \times \left[\sum_{i=1}^{k}\left(\frac{A_i}{\sum_{i=1}^{k} A_i} D_{cA_i}\right) - \sum_{h=1}^{s}\left(\frac{L_h}{\sum_{i=1}^{k} A_i} D_{cL}\right) \right]
\end{aligned}$$

又由式（8.17）可得

$$\Delta v = -\Delta r \times \left(\sum_{i=1}^{k} A_i\right) D_{\mathrm{GAP}} \qquad (8.30)$$

由于本章以动态利率久期缺口 D_{GAP} 为 0 建立利率风险免疫条件，即 $D_{\mathrm{GAP}}=0$。因此，无论利率变化量 Δr 取何值，所有者权益变化量 Δv 都为 0。

通过 CIR 模型构建动态利率并将动态利率引入到久期的计算中，构造基于动态利率久期免疫的银行资产负债优化模型，无论利率如何变化，

所有者权益变化量 Δv 都为 0，可以规避利率变动给银行资产所有者带来的损害。

8.4　应　用　实　例

8.4.1　应用背景

动态利率资产负债优化管理模型，是在利率市场化的基础上，利用动态利率持续期构建的优化管理模型。现有研究对利率风险衡量的时候，通常利用传统的麦考莱持续期，该持续期模型没有考虑利率随时间变动的因素，忽略了利率动态变化对持续期的影响，利率的动态变化必然引起平均持续期的变动，忽略利率变动的控制条件无法高精度地衡量利率风险。现有研究对利率风险控制的时候，利用持续期模型构建资产负债优化管理模型约束条件时，通常用麦考莱持续期或者是 NS 静态久期，麦考莱持续期采用的是固定利率；现有的 NS 久期，采用的是远期和近期瞬时利率。这两类久期的计算都没有考虑连续的、随时间变动而变动的动态利率，实际上，市场利率是随着时间变动的，而利率的动态变化必然引起平均持续期的变动，忽略利率变动的控制条件无法高精度地控制资产配置的利率风险。

基于动态利率风险控制的资产负债优化模型中，通过 Vasicek 模型和 CIR 模型两种单一因子的动态利率期限结构模型来构建动态利率持续期，充分考虑了市场化利率随机波动的特点，改变了传统持续期模型中忽略利率动态随机变动的弊端，使研究结果更符合现实。用动态利率持续期免疫利率风险反映利率围绕长期利率均值的变化，同时衡量了连续远期利率与当期利率之间的关系。以银行资产收益最大化为目标函数，动态利率持续期缺口免疫为主要约束条件，辅以监管的流动性约束匹配银行的资产负债，避免了利率风险对银行所有者权益的影响。

在利率市场化背景下，商业银行发展受到冲击。利率市场化下，商业银行的利益增长点和资产负债管理同时受到利率的影响。目前，我国银行在利用资产负债优化管理来规避利率风险方面仍缺乏有效方法，需要一种行之有效的定量分析方法，传统的比例管理法不能科学、准确地调整资产负债表中各个项目的数量、期限和结构。利用基于动态模型的资产负债管理方法可实现资产和负债配置，规避利率风险。动态利率资产负债优化管理模型充分考虑了市场化利率随机波动的特点，能避免利率风险对银行所有者权益的影响。

8.4.2　银行的基本信息

1. 银行负债的基本信息

某银行的负债账面金额 L_h、期限 t_{L_h}、月利率 Y_{L_h} 等基本信息如表 8.1 第 3~5 列所示。

表 8.1　某银行的负债情况

（1）序号	（2）负债 L 和所有者权益 E	（3）负债账面金额 L_h/万元	（4）负债期限 t_{L_h}/月	（5）负债月利率 Y_{L_h}	（6）负债现金流 C_{L_h}	（7）负债市场利率 r_t	（8）负债权重 w_{L_h}
1	活期存款 L_1	20 000	2	0.029%	20 011.6	0.001%	0.286
2	3 个月存款 L_2	10 000	3	0.092%	10 027.6	0.004%	0.143
3	1 年期存款 L_3	13 000	12	0.125%	13 195	0.161%	0.186
4	3 年期存款 L_4	8 000	36	0.229%	8 859.52	3.154%	0.114
5	5 年期存款 L_5	6 000	60	0.263%	6 945	12.58%	0.086
6	1 年期债券 L_6	7 000	12	0.208%	7 174.72	0.161%	0.1
7	3 年期债券 L_7	2 000	36	0.313%	2 225	3.154%	0.029
8	负债总额 L	66 000	—	—	—	—	—
9	所有者权益 E	4 000	—	—	—	—	—
10	负债和权益 L+E	70 000	—	—	—	—	—

将表 8.1 第 3~5 列负债账面金额 L_h、期限 t_{L_h}、月利率 Y_{L_h} 代入负债现金流计算式 $C_{L_h}=(t_{L_h}\times Y_{L_h}\times L_h)+L_h$，求得负债的现金流 C_{L_h} 列入表 8.1 第 6 列对应行中。

表 8.1 第 7 列的负债市场利率 r_t 数据是通过市场利率曲线拟合后得到的数据，拟合过程详见 8.4.3 节。

表 8.1 第 8 列的负债权重 w_{L_h} 是每一笔负债占总负债的比重，即表 8.1 第 2 列中相应行的负债除以表 8.1 第 8 行中总负债 L=66 000 的比重。

2. 银行资产的基本信息

某银行的资产期限 t_{A_i}、资产月利率 Y_{A_i} 等基本信息如表 8.2 第 3 列和 4 列所示。

表 8.2　某银行的资产情况

（1）序号	（2）资产	（3）资产期限 t_{A_i}/月	（4）资产月利率 Y_{A_i}	（5）资产现金流 C_{A_i}	（6）资产账面金额 A_i/万元（未知、决策变量）	（7）资产市场利率 r_t
1	现金 A_1	—	0	0	A_1	0
2	存款准备金 A_2	1.5	0.135%	（$1.5 \times 0.135\% \times A_2$）$+A_2$	A_2	0.000 6%
3	备付金 A_3	1.5	0.06%	（$1.5 \times 0.06\% \times A_3$）$+A_3$	A_3	0.000 6%
4	1个月期贷款 A_4	1	0.33%	（$1 \times 0.33\% \times A_4$）$+A_4$	A_4	0.000 2%
5	6个月期贷款 A_5	6	0.36%	（$6 \times 0.36\% \times A_5$）$+A_5$	A_5	0.025%
6	1年期贷款 A_6	12	0.396%	（$12 \times 0.396\% \times A_6$）$+A_6$	A_6	0.161%
7	3年期贷款 A_7	36	0.408%	（$36 \times 0.408\% \times A_7$）$+A_7$	A_7	3.154%
8	5年期贷款 A_8	60	0.425%	（$60 \times 0.425\% \times A_8$）$+A_8$	A_8	12.579%
9	资产总额	—	—	—	$A=70\,000$	

将资产账面金额用 A_i 表示，设为决策变量，列入表 8.2 第 6 列对应行中。

将表 8.2 第 3~4 列资产期限 t_{A_i}、资产月利率 Y_{A_i}，第 6 列资产账面金额 A_i 代入资产现金流计算式 $C_{A_i}=(t_{A_i} \times Y_{A_i} \times A_i)+A_i$，求得资产现金流 C_{A_i} 列入表 8.2 第 5 列对应行中。

表 8.2 第 7 列的负债市场利率 r_t 是通过市场利率曲线拟合后的数据，拟合过程见 8.4.3。

8.4.3　市场利率曲线拟合

本章拟合预期市场利率的基准利率选用 2014 年 12 月 31 日国债二级市场上的 35 种国债样本，具体的数据如表 8.3 所示[10]。

表 8.3　2014 年 12 月 31 日二级市场国债行情收益表

（1）序号	（2）国债	（3）年利率 r_t	（4）年限 T
1	14 国债 11	3.32%	1
2	14 国债 02	4.04%	1
3	13 国债 12	2.98%	2
⋮	⋮	⋮	⋮
34	14 国债 10	4.67%	50
35	13 国债 24	5.31%	50

1. 步骤 1：模型系数的估计

将表 8.3 第 3 列年利率数据 r_t 代入式（8.16）的左端，将表 8.3 第 4 列年限数 T 代入式（8.16）右端的金融产品到期时间 t，通过幂指数函数拟合，估计模型系数，各参数估计值如表 8.4 所示。

表 8.4　市场利率曲线估计结果

（1）序号	（2）拟合优度 R^2	（3）参数 v	（4）参数 λ
1	0.66	0.161	2.708

2. 步骤 2：模型拟合效果判定

将表 8.4 第 2 列的拟合优度 R^2=0.66 与拟合标准 R^2=0.5[7]做比较，R^2=0.66>0.5 说明拟合效果较好。

3. 步骤 3：市场利率曲线的确定

将表 8.4 第 3 列参数 v=0.161 和表 8.4 第 4 列参数 λ=2.708 分别代入式（8.16）中可得估计后的即期市场利率模型，如式（8.31）所示：

$$r_t=0.161\times(t/12)^{2.708} \tag{8.31}$$

4. 步骤 4：资产负债市场利率的计算

将表 8.1 第 4 列各项负债期限 t_{L_h} 分别代入式（8.31）的右端，求得各项负债市场利率 r_t，分别列入表 8.1 第 7 列相应行中。

将表 8.2 第 3 列资产期限 t_{A_i} 分别代入式（8.31）的右端，求得各项资产市场利率 r_t，分别列入表 8.2 第 7 列相应行中。

8.4.4　动态利率期限结构参数估计

表 8.5 是 2009 年 1 月~2014 年 10 月共 70 组 30 天上海银行间同业拆放利率（Shanghai interbank offered rate，SHIBOR）加权平均利率的原始数据，来源于中国外汇交易中心网站[11]。

表 8.5　30 天上海银行间同业拆借市场加权平均利率

（1）序号	（2）日期	（3）年利率 r
1	2009.1	0.9%
2	2009.2	0.87%
3	2009.3	0.83%
4	2009.4	0.86%
5	2009.5	0.85%
6	2009.6	0.91%
⋮	⋮	⋮
65	2014.3	2.49%

（1）序号	（2）日期	（3）年利率 r
66	2014.4	2.72%
67	2014.5	2.56%
68	2014.6	2.85%
69	2014.7	3.41%
70	2014.10	2.69%

1. 步骤 1：CIR 离散模型系数估计

将表 8.5 第 3 列 SHIBOR 利率数据样本 r 代入式（8.12）右端，下一期利率 r_{t+1} 代入式（8.12）左端，用加权两阶段最小二乘法进行参数估计，该参数的估计可以借助计算机软件实现。

参数 a 的估计结果如表 8.6 第 1 行所示，参数 b 的估计结果如表 8.6 第 2 行所示，残差 ε 平方和 $\sum \sigma_\varepsilon^2$ 的估计结果如表 8.6 第 3 行所示，拟合优度 R^2 如表 8.6 第 4 行所示。表 8.6 第 5~7 行来源详见该部分的步骤 4。表 8.6 第 8~9 行的来源详见 8.4.5 节步骤 1 和步骤 2。

表 8.6　CIR 模型参数估计结果

（1）序号	（2）参数	（3）估计值
1	a	0.999 962
2	b	0.809 676
3	残差 ε 平方和 $\sum \sigma_\varepsilon^2$	0.420 4
4	拟合优度 R^2	0.74
5	长期平均利率 μ	5.254
6	回复到长期平均利率的速度 β	0.211
7	利率变化的波动程度 σ^2	0.933
8	流动性溢价 π	0
9	参数 γ	1.382

2. 步骤 2：模型拟合效果

由表 8.6 第 4 行可知相关系数 R^2 值为 0.74，与拟合标准 R^2=0.5[7]做比较，R^2=0.74>0.5 说明拟合效果较好。

3. 步骤 3：CIR 模型

将表 8.6 第 1 行第 3 列 a=0.999 962 与表 8.6 第 2 行第 3 列 b=0.809 676 代入式（8.12），得到 CIR 模型的表达式，即

$$r_{t+1}=0.999\,962+0.809\,676r_t+\varepsilon_{t+1} \tag{8.32}$$

式（8.32）反映了 CIR 模型下的当期利率 r_t 与下一期利率 r_{t+1} 之间的线性关系。

4. 步骤 4：CIR 模型中系数的计算

将表 8.6 第 1 行参数 a=0.999 962、表 8.6 第 2 行参数 b=0.809 676 代入式（8.13）右端，即

$$\mu=\hat{a}/(1-\hat{b})=0.999\,962/(1-0.809\,676)=5.254$$

结果列入表 8.6 第 5 行。

将表 8.6 第 2 行参数 b=0.809 676 代入式（8.14）右端，即

$$\beta=-\ln\hat{b}=-\ln(0.809\,676)=0.211$$

结果列入表 8.6 第 6 行。

将表 8.6 第 3 行残差 ε 平方和 $\sum\sigma_\varepsilon^2$=0.4204、表 8.6 第 6 行的 β=0.211 代入式（8.15）右端，即

$$\sigma^2=2\left(\sum\sigma_\varepsilon^2\right)\beta/\left(1-\mathrm{e}^{-2\beta}\right)=2\times0.4204\times0.211/\left(1-\mathrm{e}^{-0.211}\right)=0.933$$

结果列入表 8.6 第 7 行。

8.4.5　动态利率久期的计算

1. 利用 CIR 模型参数估计结果化简表达式

目的：将表 8.6 中估计的参数值，代入 CIR 动态久期模型中，化简动态利率久期表达式。具体化简步骤如下。

1）步骤 1：流动性溢价 π 的确定

流动性溢价 π 是远期利率与预期即期利率的差值，本章中不考虑其差值，因此 π=0。结果列入表 8.6 第 8 行。

2）步骤 2：参数 γ 的计算

将表 8.6 第 6 行的 β=0.211、表 8.6 第 7 行的 σ^2=0.933 代入式（8.8）右端，可得参数 γ 的计算结果：

$$\gamma=\left((\beta-\pi)^2+2\sigma^2\right)^{\frac{1}{2}}=\left((0.211-0)^2+2\times0.933\right)^{\frac{1}{2}}=1.382$$

结果列入表 8.6 第 9 行。

3）步骤 3：参数 H_{it} 的表达式

将表 8.6 第 8 行的 π=0、表 8.6 第 9 行的 γ=1.382、表 8.6 第 6 行的 β=0.211 代入式（8.10）右端分母，可得参数 H_{it} 的表达式：

$$H_{it} = 2 \Big/ \left(\beta - \pi + \gamma \coth\left(\frac{\gamma t}{2}\right) \right)$$
$$= 2 \Big/ \left(0.211 + 1.382 \times \coth\left(\frac{1.382t}{2}\right) \right) \tag{8.33}$$

其中，t 为资产或负债项目的期限；coth 为双曲线余切函数。

4）步骤 4：参数 G_{it} 的表达式

将表 8.6 第 8 行的 $\pi=0$、表 8.6 第 9 行的 $\gamma=1.382$、表 8.6 第 5 行的 $\mu=5.254$、表 8.6 第 6 行的 $\beta=0.211$、表 8.6 第 7 行的 $\sigma^2=0.933$ 代入式（8.11）右端，可得参数 G_{it} 的表达式：

$$G_{it} = \left(\frac{2\gamma e^{(\gamma+\beta-\pi)\frac{t}{2}}}{(\gamma+\beta-\pi)(e^{\gamma t}-1)+2\gamma} \right)^{\frac{2\times\beta\times\mu}{\sigma^2}}$$
$$= \left(\frac{2.764}{1.593(e^{1.382t}-1)+2.764} \right)^{2.376} \tag{8.34}$$

5）步骤 5：市场价值 P_{it} 的表达式

将表 8.6 第 9 行的 $\gamma=1.382$ 代入式（8.9）右端，可得市场价值 P_{it} 的表达式：

$$P_{it} = G_{it} \times e^{(-\gamma H_{it})} = G_{it} \times e^{(-1.382\times H_{it})} \tag{8.35}$$

6）步骤 6：动态利率久期 D_{ci} 表达式

将表 8.6 第 8 行的 $\pi=0$、表 8.6 第 9 行的 $\gamma=1.382$、表 8.6 第 5 行的 $\mu=5.254$、表 8.6 第 6 行的 $\beta=0.211$、表 8.6 第 7 行的 $\sigma^2=0.933$ 代入式（8.7）右端，得到第 i 项资产或负债的动态利率久期 D_{ci} 表达式：

$$D_{ci} = \frac{2}{\gamma} \coth^{-1} \left(\frac{\pi-\beta}{\gamma} + \frac{2C_{it}P_{it}}{r_t \sum_{t=1}^{T_i} \frac{2C_t P_t}{\beta-\pi+\gamma\coth\left(\frac{\gamma t}{2}\right)}} \right)$$
$$= \frac{2}{1.382} \coth^{-1} \left(\frac{-0.211}{1.382} + \frac{2C_{it}P_{it}}{r_t \sum_{t=1}^{T_i} \frac{2C_t P_t}{0.211+1.382\coth\left(\frac{1.382t}{2}\right)}} \right) \tag{8.36}$$

2. 负债的动态利率久期的计算

以表 8.1 第 1 行活期存款 L_1 的计算为例说明动态利率久期的计算。

1）步骤 1：中间参数 H_{it} 的计算

将表 8.1 第 1 行第 4 列活期存款期限 t_{L_1}=2 代入式（8.33）第 2 个等号右端，求出活期存款的中间参数 H_{12}：

$$H_{12} = 2 \Big/ \left(0.211 + 1.382 \times \coth\left(\frac{1.382t}{2}\right) \right)$$
$$= 2 \Big/ \left(0.211 + 1.382 \times \coth\left(\frac{1.382 \times 2}{2}\right) \right)$$
$$= 1.124$$

将 H_{12}=1.124 列入表 8.7 第 1 行第 3 列。

同理，将表 8.1 第 4 列其余负债科目的期限 t_{L_h} 代入式（8.33）第 2 个等号右端中，求出中间参数 H_{it} 的值，列入表 8.7 第 3 列其他行。

2）步骤 2：中间参数 G_{12} 的计算

将表 8.1 第 1 行第 4 列活期存款期限 t_{L_1}=2 代入式（8.34）第 2 个等号右端，求出活期存款的中间参数 G_{12} 的值：

$$G_{12} = \left(\frac{2.764}{1.593(e^{1.382t} - 1) + 2.764} \right)^{2.376}$$
$$= \left(\frac{2.764}{1.593(e^{1.382 \times 2} - 1) + 2.764} \right)^{2.376}$$
$$= 0.005$$

将 G_{12}=0.005 列入表 8.7 第 1 行第 4 列。

同理，将表 8.1 第 4 列其余负债科目的期限 t_{L_h} 代入式（8.34）第 2 个等号右端中，求出中间参数 G_{it} 的值，列入表 8.7 第 4 列的其他行。

3）步骤 3：市场价值 P_{it} 的计算

将表 8.7 第 1 行第 3 列的 H_{12}=1.124，表 8.7 第 1 行第 4 列的 G_{12}=0.005 代入式（8.35）第 2 个等号右端，求出活期存款的市场价值 P_{12}：

$$P_{12} = G_{12} \times e^{(-1.382 \times H_{12})} = 0.005 \times e^{(-1.382 \times 1.124)} = 0.000\,99$$

将 P_{12}=0.000 99 列入表 8.7 第 1 行第 5 列。

表 8.7　某银行的负债动态利率久期计算表

（1）序号	（2）负债 L	（3）中间参数 H_{it}	（4）中间参数 G_{it}	（5）到期价值 P_{it}	（6）久期 D_{cLi}	（7）加权 D_{cLi}
1	活期存款 L_1	1.124	0.005	0.000 99	1.207	0.345
2	3 个月存款 L_2	1.221	0.000 1	3.51×10^{-5}	1.447	0.207
3	1 年期存款 L_3	1.256	0	0	1.244	0.231
4	3 年期存款 L_4	1.255	0	0	1.179	0.134
5	5 年期存款 L_5	1.255	0	0	1.267	0.109
6	1 年期债券 L_6	1.255	0	0	1.244	0.124
7	3 年期债券 L_7	1.255	0	0	1.244	0.036
8	负债加权平均动态利率久期 D_{cL}				1.187	

同理，可求得其余负债项目市场价值 P_{it}，列入表 8.7 第 5 列相应行中。

4）步骤 4：动态利率久期 D_{cL2} 的计算

将表 8.1 第 1 行第 7 列的 r_t=0.001%，表 8.1 第 1 行第 6 列的 C_{L_1} =20 011.6 和表 8.7 第 1 行第 5 列的 P_{12}=0.000 99 代入式（8.36）第 2 个等号右端，求出活期存款的动态利率久期 D_{cL2}：

$$D_{cL2} = \frac{2}{1.382} \coth^{-1} \left(\frac{-0.211}{1.382} + \frac{2C_{it}P_{it}}{r_t \sum_{t=1}^{T_i} \dfrac{2C_t P_t}{0.211 + 1.382 \coth\left(\dfrac{1.382t}{2}\right)}} \right)$$

$$= \frac{2}{1.382} \coth^{-1} \left(\frac{-0.211}{1.382} + \frac{2 \times 20\,011.6 \times 0.009\,9}{0.000\,01 \sum_{t=1}^{2} \dfrac{2 \times 20\,011.6 \times 0.0099}{0.211 + 1.382 \coth\left(\dfrac{1.382t}{2}\right)}} \right) = 1.447$$

将 D_{cL2} =1.447 列入表 8.7 第 2 行第 6 列。

同理，可求得其余负债项目动态利率久期 D_{cLi} 列入表 8.7 第 6 列相应行中。

5）步骤 5：加权动态利率久期的计算

对每一种负债科目而言，将表 8.7 第 6 列中的 D_{cLi} 与表 8.1 第 8 列权重 w_{L_h} 相乘，求得每项负债项目的加权动态利率久期，结果列入表 8.7 第 7 列中。

将表 8.7 第 7 列第 1~7 行中的加权久期相加，得到负债加权平均动态利率久期 D_{cL}=1.187，结果列入表 8.7 第 8 行。

3. 资产的动态利率久期的计算

仿照上节负债科目动态利率久期的计算方法，同理计算资产科目动态利率久期，计算结果如表 8.8 所示。

表 8.8　某银行的资产动态利率久期计算表

（1）序号	（2）资产	（3）中间参数 H_{it}	（4）中间参数 G_{it}	（5）到期价值 P_{it}	（6）久期 D_{cA_i}
1	现金 A_1	9.478	1	$2.04×10^{-6}$	—
2	存款准备金 A_2	1.005	0.0218	0.0054	1.103
3	备付金 A_3	1.005	0.0218	0.005	1.103
4	1 个月期贷款 A_4	0.794	0.093	0.031	1.048
5	6 个月期贷款 A_5	1.255	$1.02×10^{-8}$	$1.81×10^{-9}$	1.237
6	1 年期贷款 A_6	1.256	0	0	1.256
7	3 年期贷款 A_7	1.255	0	0	1.256
8	5 年期贷款 A_8	1.255	0	0	1.267

8.4.6　基于动态利率久期的资产负债优化模型建立及求解

1. 目标函数建立

将表 8.2 第 4 列资产科目的月利率 Y_{A_i} 代入式（8.18）的右端，可得收益最大的目标函数，表示为

$$\max Z = \sum_{i=1}^{k} Y_{A_i} A_i$$

$$=0A_1+0.001\,35A_2+0.0006A_3+0.0033A_4+0.0036A_5+0.003\,96A_6$$
$$+0.004\,08A_7+0.004\,25A_8 \qquad (8.37)$$

2. 动态利率久期缺口免疫条件建立

将表 8.1 第 3 列负债的账面金额 L_h，表 8.7 第 8 行 D_{cL}=1.187，表 8.8 第 6 列各项资产的动态利率久期 D_{cA_i} 代入式（8.17）右端，动态利率久期缺口免疫条件可以表示为

$$D_{GAP} = \sum_{i=1}^{8}\left(\frac{A_i}{\sum\limits_{i=1}^{8}A_i}\right)D_{cA_i} - \left(\frac{\sum\limits_{h=1}^{7}L_h}{\sum\limits_{i=1}^{8}A_i}\right)D_{cL}$$

$$=0A_1+0.000\,015\,8A_2+0.000\,015\,8A_3+0.000\,014\,9A_4+0.000\,017\,7A_5$$

$+0.000\,017\,9A_6+0.000\,017\,9A_7+0.000\,018\,1A_8-1.119=0$ （8.38）

3. 流动性约束条件的建立

1）资产规模约束条件建立

将表 8.1 第 10 行第 3 列负债和所有者权益的和 70 000 代入式（8.20）的右端。将资产科目的个数 $k=8$，负债科目的个数 $s=7$ 分别代入式（8.20）的左端和右端，得

$$\sum_{i=1}^{8}A_i=70\,000 \qquad (8.39)$$

2）库存现金 A_1 的流动性比例约束条件建立

将表 8.1 第 8 行第 3 列负债总额 66 000 代入式（8.21）的右端，得

$A_1\geqslant0.6\%\times66\,000$

化简得

$$A_1\geqslant396 \qquad (8.40)$$

3）库存现金 A_1 的营利性比例约束条件建立

将表 8.1 第 8 行第 3 列负债总额 66 000 代入式（8.22）的右端，得

$A_1\leqslant1.5\%\times66\,000$

化简得

$$A_1\leqslant990 \qquad (8.41)$$

4）法定存款准备金 A_2 比例约束条件建立

将表 8.1 第 8 行第 3 列负债总额 66 000 代入式（8.23）的右端，得

$A_2\geqslant16.5\%\times66\,000$

化简得

$$A_2\geqslant10\,890 \qquad (8.42)$$

5）现金 A_1 和备付金 A_3 比例约束条件建立

将表 8.1 第 8 行第 3 列负债总额 66 000 代入式（8.24）的右端，得

$A_1+A_3\geqslant5\%\times66\,000$

化简得

$$A_1+A_3\geqslant3300 \qquad (8.43)$$

6）资产流动性比例约束条件建立

将表 8.2 第 1~6 行第 6 列流动性资产账面金额代入式（8.25）左端的分子，将表 8.1 第 1~3、6 行第 3 列流动性负债账面金额代入式（8.25）左端的分母，得

$$A_1+A_2+A_3+A_4+A_5+A_6\geqslant12\,500 \qquad (8.44)$$

7）中长期贷款比例约束条件建立

将表 8.2 中第 7~8 行第 6 列的中长期贷款的账面金额 A_7 和 A_8 代入式（8.26）左端的分子，将表 8.1 中第 4~5 行第 3 列中长期存款的账面金额 L_4 和 L_5 代入式（8.26）左端的分母，得

$$（A_7+A_8）/14\,000 \leqslant 120\% \tag{8.45}$$

8）中长期贷款结构约束条件建立

将表 8.2 中第 7~8 行第 6 列中长期贷款账面金额 A_7 和 A_8 代入式（8.27）左端，得

$$A_8-A_7 \leqslant 0 \tag{8.46}$$

其中，A_7 为 3 年期贷款，A_8 为 5 年期贷款。

9）非负约束条件建立

$$A_i \geqslant 0 \quad （i=1,2,\cdots,8） \tag{8.47}$$

4. 模型的求解

以式（8.37）为目标函数，以式（8.38）~式（8.47）为约束条件，建立优化模型求解基于动态利率风险免疫的银行最优资产配置，最优资产配置结果如表 8.9 第 3 列所示。

表 8.9　某银行的最优资产配置结果

（1）序号	（2）资产	（3）分配结果/万元	（4）配置比重
1	现金 A_1	990	1.41%
2	存款准备金 A_2	10 890	15.56%
3	备付金 A_3	2 310	3.3%
4	1 个月期贷款 A_4	30 046.33	42.92%
5	6 个月期贷款 A_5	0	0
6	1 年期贷款 A_6	8 963.667	12.81%
7	3 年期贷款 A_7	8 400	12%
8	5 年期贷款 A_8	8 400	12%

由表 8.2 第 9 行资产总额 A=70 000，将表 8.9 第 3 列的资产分配结果 A_i，除以总资产 A=70 000，求得各项资产项目的配置比重，列入表 8.9 第 4 列对应行中。

由表 8.9 第 3~4 列可知，第 1 行现金 A_1 的可配置 990 万元，占总资产的比重为 1.41%；第 2 行存款准备金 A_2 可配置 10 890 万元，占总资产的比重为 15.56%；第 3 行备付金 A_3 可配置 2310 万元，占总资产的比重为 3.3%；第 4 行 1 个月期贷款 A_4 当期可配置 30 046.33 万元，占总资产比重为

42.92%；第 5 行 6 个月期贷款 A_5 当期不配置；第 6 行 1 年期贷款 A_6 可配置 8963.667 万元，占总资产的比重为 12.81%；第 7 行 3 年期贷款 A_7 可配置 8400 万元，占总资产的比重为 12%；第 8 行 5 年期贷款 A_8 可配置 8400 万元，占总资产的比重为 12%。

8.4.7　资产配置效果对比分析

通过以利率变动 1%为例，计算在利率变动 1%的情况下，所有者权益变动值占所有者权益的比重，对比衡量本章动态利率久期模型与麦考莱久期模型对利率风险的控制效果。

模型 1：CIR 动态利率久期模型，久期中利率受时间变动而连续变动。

由 8.3.3 节知，本章令动态久期缺口 D_{GAP} 为 0。由式（8.30）可知，当利率变动为 1%时，CIR 动态利率久期模型的所有者权益变动为 0：

$$\Delta v = -\Delta r \times \left(\sum_{i=1}^{k} A_i \right) D_{\text{GAP}} = -1\% \times \left(\sum_{i=1}^{k} A_i \right) \times 0 = 0$$

由表 8.1 第 9 行第 3 列所有者权益账面金额 E=4000（万元），得到利率变动 1%时，银行净值损失占所有者权益的比重 W 为
$W = |\Delta v / E| = |0 / 7000| = 0$

模型 2：麦考莱久期，模型中利率参数是固定利率。

选择传统的麦考莱久期模型作为对比模型，计算资产配置结果，进而与本章 CIR 动态利率久期模型结果进行对比分析。

计算麦考莱久期的所有者权益变化量 Δv_2，即

$$\Delta v_2 = \Delta A_i - \Delta L_h$$
$$= -\sum_{i=1}^{8} (D_{cA_i} \times A_i \times \Delta r) + \sum_{h=1}^{7} (D_{cL_h} \times L_h \times \Delta r)$$
$$= 144.574 - 302.466 = -157.892$$

由于所有者权益账面价值 E=4000（万元），得到利率变动 1%银行净值损失占所有者权益的比重 W_2 为

$$W_2 = |\Delta v / E| = |-157.892 / 4000| = 0.0395 = 3.95\%$$

对比分析的结果如下。

模型 1 动态利率久期模型资产配置结果，所有者权益变化量 Δv=0，说明利率风险完全免疫，当利率变动时，所有者权益不受损失。模型 2 麦考莱久期资产配置结果，所有者权益变化量 Δv_2=−157.892，说明利率每增加 1%，所有者权益损失 157.892 万元。

当利率变动 1%时模型 1 所引起的银行所有者权益损失占所有者权益

的比重为 0，而在模型 2 中利率上升 1% 时所引起的银行所有者权益损失占所有者权益的比重为 3.95%。由此可见模型 1 能够完全免疫利率风险，而模型 2 不能完全免疫利率风险。

8.4.8　相关说明

本章基于 CIR 动态利率久期模型确定的资产配置比例在一个月内（一个计划期）是不变的。其主要理由有五。

一是免疫条件式（8.38）中的久期缺口是由式（8.7）确定的，而式（8.7）表示的负债久期和资产久期，即表 8.7 第 6 列的 D_{cLi} 和表 8.8 第 6 列的 D_{cA_i} 由式（7.12）拟合的参数计算得到，式（8.12）的参数由表 8.5 第 3 列共 70 个月的实际年化利率拟合确定，反映利率的动态变化过程。所以式（8.38）、式（8.7）可以反映利率随时间的动态变化。并且通过表 8.5 中 70 个月的利率数据进行拟合，相对一个月内（一个计划期）的利率变化，预测准确，可以认为计划期内（一个月）配置比例是不变的。

二是现有研究普遍采用的 CIR 模型[4,8,12,13]、NS 久期模型[1]都是一次得到一个固定的资产配置比例。不足是：现有研究使用麦考莱久期[2]时采用的是固定利率，现有的 NS 久期[1]采用的是瞬时利率这种静态利率，没有考虑时间因素，即连续的随时间变动而变动的动态利率。但确定的资产配置权重 w 都是一组常数向量，而非 t 组常数向量。本模型在确定久期缺口时，已考虑相当长时间（70 个月）的利率变化，未来一个计划期（一个月）的资产配置比例可以认为是不变的。

三是实际中，如果在计划期内利率变化较大，银行在计划期内需要重新确定资产配置比例，银行可以根据本模型基于动态利率久期模型调整资产配置的基本思路，重新测算久期缺口确定资产配置比例也是方便的。

四是银行实际工作中，利率风险管理也是相对稳定的，往往通过上个计划期的资产负债表预测本计划期的资产配置。银行与企业不同，银行往往需要进行日报、周报，并非以一年为计划期，计划期内的资产配置相对稳定。

五是当第 t 个月过去，计划期变成第 $t+1$ 个月时，表 8.5 多了一行时间序列，即第 t 个月的年化利率，可以更准确地反映第 $t+1$ 个月（下一个计划期）的利率变动。而确定第 $t+1$ 个月（下一个计划期）的资产配置比率，只需要基于表 8.5 增加的第 t 个月的年化利率后的全部数据，根据本模型重新确定资产配置即可。

8.5 结 论

8.5.1 主要结论

利率的变化是动态的，因此，银行在进行资产配置、风险控制时必须建立动态的免疫条件。

本章通过 CIR 模型构建动态利率并将动态利率引入久期的计算中，构造基于动态利率久期免疫的银行资产负债优化模型，无论利率如何变化，所有者权益变化量 Δv 均为 0，可以规避利率变动给银行资产所有者带来的损害。

8.5.2 主要创新点

（1）通过引进随时间变化的动态利率久期参数构造利率风险控制条件，建立了控制利率风险的资产负债优化模型，改变了现有研究忽略利率变化进而忽略平均久期变化的弊端。事实上，利率的变动必然引起平均久期的变动，忽略利率变动的控制条件是无法高精度地控制资产配置的利率风险的。

（2）以银行资产收益最大为目标函数，以动态利率久期缺口免疫为主要约束条件，辅以监管的流动性约束匹配银行的资产负债，回避了利率风险对银行所有者权益的影响，避免了利率变动给银行资产所有者带来的损害。

参 考 文 献

[1] 杨婉茜，成力为. 基于 Nelson-Siegel 模型控制利率风险的资产负债组合优化模型[J]. 系统工程，2014，32（2）：12-20.

[2] Vasicek O. An equilibrium characterization of the term structure[J]. Journal of Financial Economics，1977，5（2）：177-188.

[3] 李丹，迟国泰，孙秀艳. 基于期权调整持续期的银行资产负债组合优化模型[J]. 价值工程，2006，25（11）：148-152.

[4] Cox J C, Ingersoll Jr J E, Ross S A. The relation between forward prices and futures prices[J]. Journal of Financial Economics，1981，9（4）：321-346.

[5] 谢赤，邓艺颖. 固定收入债券利率风险管理中的持续期度量方法[J]. 湖南大学学报（自然科学版），2003，30（6）：105-109.

[6]　Chan K C，Karolyi G A，Longstaff F A，et al. An empirical comparison of alternative models of the short-term interest rate[J]. The Journal of Finance，1992，47（3）：1209-1227.

[7]　王重，刘黎明. 拟合优度检验统计量的设定方法[J]. 统计与决策，2010(5)：154-156.

[8]　谢赤，吴雄伟. 基于 Vasicek 和 CIR 模型中的中国货币市场利率行为实证分析[J]. 中国管理科学，2002，10（3）：22-25.

[9]　迟国泰，奚扬，姜大治，等. 基于 VaR 约束的银行资产负债管理优化模型[J]. 大连理工大学学报，2002，42（6）：750-758.

[10]　和讯网. 债券行情[EB/OL]. http://quote.hexun.com/default.htm#bond[2015-03-02].

[11]　中国外汇交易中心. Shibor 报价[EB/OL]. http://www.chinamoney.com.cn/chinese/bkshibor[2015-03-02].

[12]　刘湘云. 基于 CIR 模型的利率风险计量及实证——以我国国债市场为例[J]. 武汉大学学报（哲学社会科学版），2007，60（6）：869-873.

[13]　张玉桂，苏云鹏，杨宝臣. 基于 Vasicek 和 CIR 模型的 SHIBOR 期限结构实证分析[J]. 统计与信息论坛，2009，24（6）：44-48.

第四篇　基于联合风险控制资产负债管理优化模型

第9章 基于违约强度信用久期的资产 负债优化模型

9.1 引 言

本章根据简约化定价模型的原理,在经典的 Macaulay 利率久期的基础上引入违约强度参数,衡量资产负债的各期现金流的违约风险溢价。通过含有违约风险溢价的折现利率,对 Macaulay 利率久期中的现金流折现利率进行修正,构建信用久期测度模型,并建立信用久期免疫条件,控制市场利率的变动和信用风险共同引起的银行净值波动,对信用和利率风险整体进行免疫。

本章的创新与特色有三:一是根据简约化定价理论,即资产价值等于风险贴现率对现金流的贴现值,通过违约强度和违约损失率确定资产负债各期现金流的违约风险溢价,通过含违约风险溢价的折现利率对 Macaulay 经典利率久期模型的参数进行修正,构建了同时反映信用风险和利率风险的信用久期测度模型,完善了经典的 Macaulay 利率久期测度参数,提高了利率风险免疫的精度。事实上,久期是折现利率的函数,而折现利率又是信用风险溢价的函数,因此久期必须反映信用风险。二是通过同时反映信用风险和利率风险的信用久期,来揭示资产和负债的信用久期缺口对银行净值的影响;通过信用久期缺口为 0 的免疫条件,建立了同时控制利率风险和信用风险的资产优化模型。改变了 Macaulay 经典利率久期的免疫条件仅考虑利率风险而忽略了事实上存在的违约风险对银行净值影响的弊端。三是根据 Cox 回归的生存分析模型,通过违约强度为基准违约强度与企业自身风险因素乘积的思路,利用银行贷款真实的违约数据作为生存时间参数,拟合出不同时间点对应的违约强度,确定了不同时间点上的企业违约风险溢价,改变了现有研究的信用风险久期忽略不同时点的违约风险溢价会随时间而变化的不足;通过企业真实的违约状态,改变了现有研究的 Cox 生存分析利用企业 ST 状态代替违约风险的不足。对比结果表明:当市场利率发生变动时,本章建立的信用久期免疫条件(本模型)可以准确免疫利率风险，保证银行净值不受损失。而利用 Macaulay 久期免疫条件（对比模型）进行配置，并不能准确免疫利率风险，利率的变动仍然会导致银行净值的损失。

9.2　原　　理

9.2.1　现有研究的久期模型

现有研究中代表性的久期模型大致分为 5 种，如表 9.1 所示。

表 9.1　现有研究的久期

（1）序号	（2）久期	（3）符号	（4）特点
1	Macaulay 久期	$MacD$	以每期现金流的折现值与总现值之比为权重，对现金流的到期期限进行加权平均[1]
2	F-W 久期	D_{F-W}	在 Macaulay 久期的基础上，考虑了未来即利率的变化。利用每一期限的利率估计值对未来现金流折现，再以现金流折现值与总现值为权重，计算加权平均期限[2]
3	有效久期	D_{eff}	利率发生一定变化时资产价格变动的百分比，是资产价格变动与利率变动的比值，改变了 Macaulay 久期中现金流不随利率而变化的假设[2]
4	方向久期	D_d	以每一特定时段的利率变化量除以全部时段利率变化量的均值作为权重，对现金流进行加权，反映不同时段的利率变化量对现金流平均回收期的影响，刻画利率非平行移动下的利率风险[3]
5	信用风险久期	D_{credit}	基于违约概率、补偿率等参数方法或是基于或有期权的结构化定价模型，测算违约风险溢价。利用违约风险溢价来修正 Macaulay 久期中现金流的折现利率。改变了 Macaulay 久期忽略违约风险影响的不足[4-7]

1. Macaulay 久期等四类久期

Macaulay 久期是最经典的久期模型，其定义久期概念为"现金流的加权平均期限"[1]，其函数表达式为 $MacD=f$（现金流 c_i，无风险收益率 r，现金流到期期限 t）。F-W 久期、有效久期、方向久期则是对 Macaulay 久期的改进模型。

表 9.1 前 4 行的四类久期共同问题是利用未经违约风险调整的现金流来计算久期，忽略信用风险对久期的影响。但事实上，久期是关于收益率的函数，而现金流收益率要受到信用风险的影响，所以久期必然要反映信用风险。

2. 现有研究中信用风险久期 D_{credit}

表 9.1 第 5 行是现有研究中信用风险久期 D_{credit}，其通常的做法是通过违约风险溢价 r_c，对 Macaulay 久期中折现利率进行修正，用函数表示为 $D_{credit}=f$（现金流 c_i，无风险收益率 r，违约风险溢价 r_c，现金流到期期限 t）[4-7]。

这类研究的问题为违约风险溢价 r_c 是一个固定值，忽略了不同时间点的违约风险溢价会随时间而变化。事实上，资产信用状况是随着时间的推移而变化的，违约风险溢价必然是关于时间的函数。

9.2.2　本章的基于违约强度的信用久期 D_C 定义

信用久期 D_C 是指根据资产的价值等于风险贴现率对现金流的贴现简约化定价理论，利用违约强度和违约损失率计算时变的违约风险溢价 $r_c(t)$。利用含违约风险溢价 $r_c(t)$ 的折现利率对每期现金流进行折现，以现金流的折现值为权重，计算出资产负债的加权平均期限。这就是本章信用久期 D_C 的定义。

信用久期用函数表示的数学表达式为 $D_C=f$（现金流 c_i，无风险收益率 r，违约风险溢价 $r_c(t)$，现金流到期期限 t），即

$$D_C=f(c_i,r,r_c(t),t)$$

（1）与 Macaulay 久期 $MacD=f(c_i,r,t)$ 的区别：表达式的右端多了一项"违约风险溢价 $r_c(t)$"，反映信用风险对久期的影响。

（2）与现有研究中含信用风险的久期 $D_{credit}=f(c_i,r,r_c,t)$ 的区别：违约风险溢价增加了时间 t 为自变量，反映不同时间点的违约风险溢价随时间的变化对久期的影响。

9.2.3　简约化定价理论

1. 违约强度的定义及违约风险溢价

简约化定价理论中，违约强度 $h(t)$ 定义为瞬时的违约概率[8]，它是计算违约概率 p 的重要参数，违约概率 p 是违约强度 $h(t)$ 的函数，即[8]

$$p = 1 - \exp(-\int_0^{t_i} h(t)\mathrm{d}t) \qquad (9.1)$$

式（9.1）的含义：根据简约化定价理论，违约概率是指数分布的累积概率分布函数。

通过违约概率 p 和违约损失率 LGD 可得，现金流 c_i 可能产生的违约损失 l：

$$l=c_i\times\mathrm{LGD}\times p \qquad (9.2)$$

而在式（9.1）中违约概率是未知数，它是由违约强度 $h(t)$ 计算得到的，将式（9.1）代入式（9.2），则：

$$l = c_i \times \text{LGD} \times \left(1 - \exp\left(-\int_0^{t_i} h(t)\text{d}t\right)\right) \qquad (9.3)$$

由式（9.2）可以看出违约损失是关于违约强度的函数。经过推导，该函数可以表示为[1,8]

$$l = c_i \times \exp\left(-\int_0^{t_i} \text{LGD}_i \times h(t)\text{d}t\right) \qquad (9.4)$$

根据现有的定价理论[8]，违约损失中的折现利率即为违约风险溢价。那么，式（9.3）的违约损失中的折现利率 $\text{LGD}_i \times h(t)$ 即为违约风险溢价。

2. 简约化定价模型

Duffie 和 Singleton 提出简约化定价模型，信用风险性债券的定价是现金流的折现值之和，而折现利率是无风险利率加上一个违约风险溢价，且这个信用风险溢价是违约强度与违约损失率的函数[8]。

设：P 为资产价值；n 为期限；c_i 为第 i 期的现金流；t_i 为第 i 期现金流的发生时间；r_i 为第 i 期现金流对应的无风险利率；LGD_i 为第 i 期现金流对应的违约损失率；$h(t)$ 为违约强度。则[9]：

$$P = \sum_{i=1}^{n} c_i \exp\left(-\int_0^{t_i} (r_i + \text{LGD}_i \times h(t))\text{d}t\right) \qquad (9.5)$$

式（9.5）的含义：违约强度 $h(t)$ 反映企业在某一时刻的瞬时违约概率，是关于时间 t 的函数。以违约损失率与违约强度的乘积 $\text{LGD}_i \times h(t)$ 作为违约风险溢价，加到无风险利率 r_i 上，得到折现利率 $r_i + \text{LGD}_i \times h(t)$，进而对每期现金流 c_i 折现求和。

在式（9.5）中，违约强度是关于时间的函数 $h(t)$，而违约风险溢价又是违约强度的函数，即 $r_c(t) = g(h(t))$，那么违约风险溢价也是时间 t 的函数。

简约化定价理论为信用久期 D_C 模型提供了可行性：由简约化定价模型式（9.5）可知，违约风险溢价等于违约损失率与违约强度的乘积，即 $r_c(t) = \text{LGD}_i \times h(t)$，其不仅为信用久期 D_C 中违约风险溢价 $r_c(t)$ 提供了测算方法，而且保证信用久期 D_C 中违约风险溢价随时间而变化。

9.2.4　Cox 回归生存分析模型

针对简约化定价模型中违约强度，现有研究通常利用 Cox 回归的生存分析模型进行拟合[10, 11]。

Cox 回归模型将违约风险分成两个部分：一是随着时间变化的基准违约风险 $h_0(t)$；二是与企业自身经营状况相关的风险因素 $\exp(\beta_1 X_1 + \beta_2 X_2 + \cdots + \beta_q X_q)$。通过这两部分的乘积，拟合出违约强度关于时间 t 的函数关系。

设：$h(t)$ 为第 t 时刻的违约强度；$h_0(t)$ 为第 t 时刻的基准违约强度；β_i 为第 i 个指标的回归系数；X_i 为第 i 个指标数据；q 为指标的个数。则[12]：

$$h(t) = h_0(t)\exp(\beta_1 X_1 + \beta_2 X_2 + \cdots + \beta_q X_q) \tag{9.6}$$

式（9.6）的含义：基准违约强度 $h_0(t)$，反映了违约强度随时间而变化的特征。以企业的信用指标为自变量的指数函数 $\exp(\beta_1 X_1 + \beta_2 X_2 + \cdots + \beta_q X_q)$，反映了违约强度因企业信用状况不同而不同的特征。

9.2.5　问题的难点和解决思路

针对 9.2.1 节现有久期模型的主要问题，归纳出问题的难点。并结合 9.2.2 节和 9.2.3 节的理论，提出难点的解决思路。

（1）难点一：如何构建既反映违约风险又反映利率风险的信用久期模型。由于久期就是利率风险的测度参数，故难点一其实也就是在利率风险测度和免疫中，如何确定合适的利率风险测度参数问题。

解决难点一的思路：根据式（9.5）的简约化定价模型，通过违约损失率和违约强度的乘积，衡量每期现金流的违约风险溢价。通过含有违约风险溢价的折现利率对经典的 Macaulay 久期中折现利率参数进行修正，构建既反映违约风险又反映利率风险的信用久期测度模型。解决难点一。

（2）难点二：如何构建信用风险与利率风险同时免疫的资产负债优化模型。难点二即如何在资产负债管理中控制或免疫利率风险和信用风险。

解决难点二的思路：通过同时反映信用风险和利率风险的信用久期模型，构建资产和负债的信用久期缺口模型，揭示信用久期缺口对银行净值的影响。通过信用久期缺口为 0 的免疫条件，同时免疫信用风险和利率风险，建立资产负债优化模型。解决难点二。

（3）难点三：如何刻画违约风险溢价随着时间而变化的规律，进而拟合出不同时间点对应的违约风险溢价。难点三简言之就是如何确定违约强度的问题。

解决难点三的思路：根据 Cox 回归的生存分析模型，通过违约强度为基准违约强度与企业自身的风险因素的乘积的思路，拟合出不同时间点上的企业违约强度。通过拟合出的违约强度，测算不同时间点的违约风险溢价，保证信用久期中违约风险溢价随时间而变化。解决难点三。

基于违约强度信用久期的资产负债优化原理如图 9.1 所示。

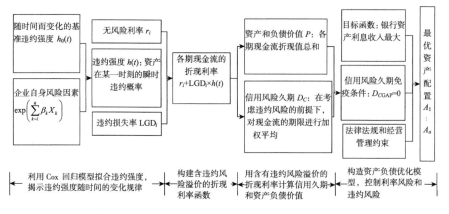

图 9.1   基于违约强度信用久期的资产负债优化原理

9.3   基于违约强度信用久期的资产负债模型

9.3.1   基于违约强度模型的信用久期

1. 经典的 Macaulay 久期表达式

Mac$D$-Macaulay 久期表达式如式（9.7）所示。其中，n 为期限；t_i 为第 i 期现金流的发生时间；c_i 为资产（负债）在第 i 期产生的现金流；r 为无风险利率。则[1]：

$$\text{Mac}D = \frac{\sum\limits_{i=1}^{n} t_i c_i \exp(-rt_i)}{\sum\limits_{i=1}^{n} c_i \exp(-rt_i)} = \sum_{i=1}^{n} t_i \left[\frac{c_i \exp(-rt_i)}{\sum\limits_{i=1}^{n} c_i \exp(-rt_i)} \right] \qquad (9.7)$$

式（9.7）的含义：右端小括号中的项是 t_i 时刻产生的现金流现值与全部时刻产生的现金流现值总和的比率，因此久期 Mac$D$ 是加权平均的现金流回收期限。

将式（9.7）中的折现函数 $\exp(-rt_i)$ 变成积分形式：

$$\exp(-rt_i) = \exp\left(-\int_0^{t_i} r\mathrm{d}t\right) \qquad (9.8)$$

将式（9.8）代入到式（9.7），得到

$$\text{Mac}D = \frac{\sum\limits_{i=1}^{n} t_i c_i \exp(-rt_i)}{\sum\limits_{i=1}^{n} c_i \exp(-rt_i)} = \sum_{i=1}^{n} t_i \left[\frac{c_i \exp\left(-\int_0^{t_i} r\mathrm{d}t\right)}{\sum\limits_{i=1}^{n} c_i \exp\left(-\int_0^{t_i} r\mathrm{d}t\right)} \right] \qquad (9.9)$$

式（9.9）与式（9.7）是等价的，都是 Macaulay 久期的表达式。式（9.9）中的折现函数写成积分的形式，便于与下文信用久期 D_C 作对比。

2. 信用久期 D_C 的表达式

如前所述，本章的基于违约强度的信用久期 D_C 定义为：根据资产的价值等于风险贴现率对现金流的贴现简约化定价理论，利用违约强度和违约损失率计算违约风险溢价 $r_c(t)$。利用含违约风险溢价 $r_c(t)$ 的折现利率对每期现金流进行折现，以现金流的折现值为权重，计算资产负债加权平均期限。

信用久期 D_C 改变了经典的 Macaulay 久期中利用无风险利率作为折现利率，忽略信用风险对久期影响的不足。

由于违约风险溢价是随时间而变化的，而折现利率又是违约风险溢价的函数，那么折现利率也是关于时间 t 的函数关系，记为 $r'(t)$。则信用久期 D_C 的基本表达式：

$$D_C = \sum_{i=1}^{n} t_i \left(\frac{c_i \exp\left(-\int_0^{t_i} r'(t)\mathrm{d}t\right)}{\sum\limits_{i=1}^{n} c_i \exp\left(-\int_0^{t_i} r'(t)\mathrm{d}t\right)} \right) \tag{9.10}$$

式（9.10）的含义：利用含违约风险溢价的折现利率 $r'(t)$ 对现金流进行折现。以每期现金流的折现值与总现值的比为权重，求得加权平均的期限。

借鉴简约化定价模型中折现利率的测算，由式（9.5）可知，每期现金流的折现利率 $r'(t)$ 为无风险利率 r_i 加上一个违约风险溢价 $\text{LGD}_i \times h(t)$，则：

$$r'(t) = r_i + \text{LGD}_i \times h(t) \tag{9.11}$$

将式（9.11）代入到式（9.10），得到

$$D_C = \sum_{i=1}^{n} t_i \left(\frac{c_i \exp\left(-\int_0^{t_i} \left(r_i + \text{LGD}_i \times h(t)\right)\mathrm{d}t\right)}{\sum\limits_{i=1}^{n} c_i \exp\left(-\int_0^{t_i} \left(r_i + \text{LGD}_i \times h(t)\right)\mathrm{d}t\right)} \right) \tag{9.12}$$

式（9.12）即为本章定义的信用久期 D_C 数学表达式。

本章的信用久期 D_C 与经典的 Macaulay 久期的区别：本章的信用久期 D_C 中折现利率考虑了违约风险溢价。式（9.9）的 Macaulay 利率久期 $\text{Mac}D$ 利用无风险利率 r 对每期的现金流进行折现，并没有考虑违约风险对折现利率的影响。而式（9.12）中信用久期的折现利率是在无风险利率 r_i 的基础上加上违约风险溢价 $\text{LGD}_i \times h(t)$，构建了既反映信用风险又反映利率风险的久期模型。

另外，本章的基于违约强度的信用久期 D_C 与现有研究基于期权价格的信用风险久期 D_{credit}[5] 的主要区别在于时变性：本章的信用久期 D_C 中违约风险溢价随时间而变化。现有研究信用风险久期 D_{credit} 中违约风险溢价

是个常数，不随时间而变化。而本章的信用久期 D_C 中违约强度 h_i 是关于现金流发生时间 t_i 的函数，从而建立违约风险溢价 $\text{LGD}_i \times h(t)$ 关于时间 t_i 的函数，反映在不同的时间点上违约风险的变化规律。

9.3.2　基于违约强度的信用久期免疫条件

建立免疫条件的目的有二：一是控制利率风险。市场利率变动时银行的资产和负债价值都会发生变动，银行净值也会发生变动。二是控制信用风险。企业的信用风险会导致现金流的折现利率变化，进而影响银行净值的变动。

1. 资产（负债）价值的变化量与信用久期 D_C 的函数关系

1）步骤 1：价值关于无风险利率的导数 $\mathrm{d}P/\mathrm{d}r_i$

将式（9.5）对 r_i 进行求导。由于式（9.5）中 LGD_i、$h(t)$ 都不是 r_i 的函数[9]，在求导过程中可以按常数处理。

式（9.5）是关于 r_i 的复合函数，所以根据复合函数的求导规则，得到

$$
\begin{aligned}
\frac{\mathrm{d}P}{\mathrm{d}r_i} &= \frac{\mathrm{d}\left(\sum_{i=1}^{n} c_i \exp\left(-\int_0^{t_i} r_i + \text{LGD}_i \times h(t)\mathrm{d}t\right)\right)}{\mathrm{d}r_i} \\
&= \sum_{i=1}^{n} \frac{\mathrm{d}\left(c_i \exp\left(-\int_0^{t_i} r_i + \text{LGD}_i \times h(t)\mathrm{d}t\right)\right)}{\mathrm{d}r_i} \\
&= \sum_{i=1}^{n} \left\{ \frac{\mathrm{d}\left(c_i \exp\left(-\int_0^{t_i} r_i + \text{LGD}_i \times h(t)\mathrm{d}t\right)\right)}{\mathrm{d}\left(\int_0^{t_i} r_i + \text{LGD}_i \times h(t)\mathrm{d}t\right)} \times \frac{\mathrm{d}\left(\int_0^{t_i} r_i + \text{LGD}_i \times h(t)\mathrm{d}t\right)}{\mathrm{d}r_i} \right\} \\
&= \sum_{i=1}^{n} \left(\left(-c_i \exp\left(-\int_0^{t_i} r_i + \text{LGD}_i \times h(t)\mathrm{d}t\right)\right) \times \int_0^{t_i} \mathrm{d}t\right) \\
&= \sum_{i=1}^{n} \left(\left(-c_i \exp\left(-\int_0^{t_i} r_i + \text{LGD}_i \times h(t)\mathrm{d}t\right)\right) \times t_i\right) \\
&= -\sum_{i=1}^{n} t_i c_i \exp\left(-\int_0^{t_i} \left(r_i + \text{LGD}_i \times h(t)\right)\mathrm{d}t\right) \\
&= -\sum_{i=1}^{n} t_i c_i \exp\left(-\int_0^{t_i} \left(r_i + \text{LGD}_i \times h(t)\right)\mathrm{d}t\right)
\end{aligned}
\tag{9.13}
$$

式（9.13）即为价值 P 关于无风险利率 r_i 的导数。

2）步骤 2：价值关于市场利率的导数 $\mathrm{d}P/\mathrm{d}y$

假设市场利率的变化 $\mathrm{d}y$ 与无风险利率的变化 $\mathrm{d}r_i$ 相同[1]。

那么，价值关于市场利率的导数等于价值关于无风险利率的导数，即

$$\frac{\mathrm{d}P}{\mathrm{d}y}=\frac{\mathrm{d}P}{\mathrm{d}r_i} \tag{9.14}$$

将式（9.13）代入式（9.14）右端，得到

$$\frac{\mathrm{d}P}{\mathrm{d}y}=-\sum_{i=1}^{n}t_i c_i \exp\left(-\int_{0}^{t_i}\left(r_i+\mathrm{LGD}_i\times h(t)\right)\mathrm{d}t\right) \tag{9.15}$$

式（8.15）即为价值 P 关于市场利率 y 的导数。

3）步骤 3：价值的微分 $\mathrm{d}P$ 与信用久期 D_C 的函数关系

将式（9.15）的两端乘以 $\mathrm{d}y$，得到

$$\mathrm{d}P=-\sum_{i=1}^{n}t_i c_i \exp\left(-\int_{0}^{t_i}(r_i+\mathrm{LGD}_i\times h(t))\mathrm{d}t\right)\times \mathrm{d}y \tag{9.16}$$

将式（9.16）两端同时除以资产（负债）价值 P，则：

$$\frac{\mathrm{d}P}{P}=\frac{-\sum_{i=1}^{n}t_i c_i \exp\left(-\int_{0}^{t_i}(r_i+\mathrm{LGD}_i\times h(t))\mathrm{d}t\right)\times \mathrm{d}y}{P} \tag{9.17}$$

将式（9.5）代入式（9.17）右端分母，得到

$$\frac{\mathrm{d}P}{P}=\frac{-\sum_{i=1}^{n}t_i c_i \exp\left(-\int_{0}^{t_i}r_i+\mathrm{LGD}_i\times h(t)\mathrm{d}t\right)\times \mathrm{d}y}{\sum_{i=1}^{n}c_i \exp\left(-\int_{0}^{t_i}r_i+\mathrm{LGD}_i\times h(t)\mathrm{d}t\right)}$$

$$=-\frac{\sum_{i=1}^{n}t_i c_i \exp\left(-\int_{0}^{t_i}r_i+\mathrm{LGD}_i\times h(t)\mathrm{d}t\right)}{\sum_{i=1}^{n}c_i \exp\left(-\int_{0}^{t_i}r_i+\mathrm{LGD}_i\times h(t)\mathrm{d}t\right)}\times \mathrm{d}y \tag{9.18}$$

由式（9.12）可知，式（9.18）右端的第一项与信用久期 D_C 相等，即

$$\frac{\sum_{i=1}^{n}t_i c_i \exp\left(-\int_{0}^{t_i}r_i+\mathrm{LGD}_i\times h(t)\mathrm{d}t\right)}{\sum_{i=1}^{n}c_i \exp\left(-\int_{0}^{t_i}r_i+\mathrm{LGD}_i\times h(t)\mathrm{d}t\right)}=D_C \tag{9.19}$$

将式（9.19）代入式（9.18），得到

$$\frac{\mathrm{d}P}{P}=-D_C\times \mathrm{d}y \tag{9.20}$$

将式（9.20）两端乘以价值 P，得到价值的微分 $\mathrm{d}P$ 与信用久期 D_C 的函数关系：

$$dP = -P \times D_C \times dy \qquad (9.21)$$

式（9.21）即为价值的微分 dP 与信用久期 D_C 的关系式。

4）步骤 4：价值变动量 ΔP 与信用久期 D_C 的函数关系

考虑到市场利率有微小变化时，价值的微分 dP 与价值的变动量 ΔP 相等，市场利率的微分 dy 与市场利率的变动量 Δy 相等。

则根据式（9.21），式（9.22）近似成立[1]：

$$\Delta P = -P \times D_C \times \Delta y \qquad (9.22)$$

式（9.22）即为市场利率变化时价值的变化量 ΔP 与信用久期 D_C 的函数关系式。这是下面计算银行净值变化量 ΔV 的重要代入公式。

式（9.22）与现有研究的区别在于所用的久期不同：现有研究的关系式为 $\Delta P = -P \times MacD \times \Delta y$，其中，久期是利用无风险利率折现的 Macaulay 久期 $MacD$，忽略了违约风险对久期的影响。那么，利用 $MacD$ 计算出的价值变动量 ΔP 忽略了信用风险的影响，是不准确的。

而本章利用含违约风险溢价的折现利率，构建既反映利率风险又反映违约风险的信用久期 D_C。那么，利用信用久期 D_C 计算价值变化量 ΔP，反映利率风险和用风险双重风险对价值变动的影响。

2. 银行净值变化量 ΔV 的表达式

由于银行净值 V 等于总资产价值 P_A 减去总负债价值 P_L。所以市场利率发生变动时，资产价值和负债价值都发生变化，那么净值也必然变化，则[1]：

$$\Delta V = \Delta P_A - \Delta P_L = \sum_{k=1}^{a} \Delta P_{Ak} - \sum_{k=1}^{b} \Delta P_{Lk} \qquad (9.23)$$

其中，ΔV 为银行净值变化量；ΔP_A 为总资产价值的变化量；ΔP_L 为总负债价值的变化量；a 为资产数量；ΔP_{Ak} 为第 k 笔资产价值的变化量；b 为负债数量；ΔP_{Lk} 为第 k 笔负债价值的变化量。

根据式（9.22），ΔP_{Ak} 和 ΔP_{Lk}：

$$\Delta P_{Ak} = -P_{Ak} \times D_{CAk} \times \Delta y \qquad (9.24)$$

$$\Delta P_{Lk} = -P_{Lk} \times D_{CLk} \times \Delta y \qquad (9.25)$$

其中，D_{CAk} 为第 k 笔资产的信用久期；D_{CLk} 为第 k 笔负债的信用久期。

将式（9.24）和式（9.25）代入式（9.23），得到

$$\Delta V = \sum_{k=1}^{a} \Delta P_{Ak} - \sum_{k=1}^{b} \Delta P_{Lk}$$

$$= \sum_{k=1}^{a} (-P_{Ak} \times D_{CAk} \times \Delta y) - \sum_{k=1}^{b} (-P_{Lk} \times D_{CLk} \times \Delta y) \quad （9.26）$$

$$= -\left(\sum_{k=1}^{a} P_{Ak} \times D_{CAk} - \sum_{k=1}^{b} P_{Lk} \times D_{CLk} \right) \times \Delta y$$

式（9.26）即为市场利率变化导致银行净值的变化量。而对利率风险和信用风险的控制就是对银行净值的变化量 ΔV 进行控制。

3. 信用久期缺口的表达式

1）信用久期缺口

现有研究的久期缺口的定义[1]：久期缺口 D_{GAP}=资产加权平均久期–负债价值与资产价值的比率×负债加权平均久期。

将现有研究的缺口中的 Macaulay 久期 MacD 替换为本章的信用久期 D_C，从而定义信用久期缺口 D_{CGAP}：

信用久期缺口 D_{CGAP}=资产加权平均的信用久期–负债价值与资产价值的比率×负债加权平均的信用久期。

用数学公式表示如下。

设：D_{CA} 为资产的平均信用久期；P_L 为所有负债价值的总和；P_A 为所有资产价值的总和；D_{CL} 为负债的平均信用久期；a 为资产数量；P_{Ak} 为第 k 笔资产的价值；D_{CAk} 为第 k 笔资产的信用久期；b 为负债数量；P_{Lk} 为第 k 笔负债的价值；D_{CLk} 为第 k 笔负债的信用久期。则：

$$D_{\text{CGAP}} = D_{CA} - \frac{P_L}{P_A} \times D_{CL}$$

$$= \frac{\sum_{k=1}^{a} P_{Ak} \times D_{CAk}}{P_A} - \frac{P_L}{P_A} \times \frac{\sum_{k=1}^{b} P_{Lk} \times D_{CLk}}{P_L} \quad （9.27）$$

式（9.27）即为信用久期缺口 D_{CGAP} 的表达式。式（9.27）与现有研究缺口的函数形式一致，仅是将现有缺口中的 Macaulay 久期替换成了信用久期 D_C。

2）净值变化量 ΔV 与信用久期缺口 D_{CGAP} 的函数关系

将式（9.27）两端同时乘以 P_A，则：

$$D_{\text{CGAP}} \times P_A = \sum_{k=1}^{a} P_{Ak} \times D_{CAk} - \sum_{k=1}^{b} P_{Lk} \times D_{CLk} \quad （9.28）$$

将式（9.28）的两端对调，则：

$$\sum_{k=1}^{a} P_{Ak} \times D_{CAk} - \sum_{k=1}^{b} P_{Lk} \times D_{CLk} = D_{CGAP} \times P_A \qquad (9.29)$$

将式（9.29）代入到式（9.26）中，得到

$$\Delta V = - D_{CGAP} \times P_A \times \Delta y \qquad (9.30)$$

式（9.30）即为银行净值变化量 ΔV 与信用久期缺口 D_{CGAP} 的函数表达式。

4. 信用久期免疫条件的建立

利用式（9.30）建立信用久期免疫条件，根据银行预留缺口的正负，净值变化量 ΔV 取值分为以下三种情况。

1）正缺口 $D_{CGAP} > 0$

若市场利率下降，市场利率的变化量 $\Delta y < 0$。又由于预留了正缺口 $D_{CGAP} > 0$，则式（9.30）右端第一项 "$-D_{CGAP}$" 为负、第二项 "P_A" 为正、第三项 "Δy" 为负，三项的乘积 "负负为正"，计算得到的 $\Delta V > 0$，净值变动量为正，银行获利。

反之，若市场利率上升，净值变动量 ΔV 为负，银行亏损。

2）负缺口 $D_{CGAP} < 0$

若市场利率下降，市场利率的变化量 $\Delta y < 0$。又由于预留了负缺口 $D_{CGAP} < 0$，则式（9.30）右端第一项 "$-D_{CGAP}$" 为正、第二项 "P_A" 为正、第三项 "Δy" 为负，三项的乘积 "正负为负"，计算得到的 $\Delta V < 0$，净值变动量为负，银行亏损。

反之，若市场利率上升，净值变动量 ΔV 为正，银行盈利。

3）零缺口 $D_{CGAP} = 0$

将 "$D_{CGAP} = 0$" 代入式（9.30）右端，得到 $\Delta V = - 0 \times P_A \times \Delta y = 0$。也就是，无论市场利率如何变化，即市场利率变动量 Δy 取任何值，式（9.30）的净值变化量 ΔV 都恒等于 0，对利率变动完全免疫。

在现有研究中，建立久期免疫条件通常的做法分为两种：一是基于零缺口的完全免疫模型[5,10,13-17]；二是基于预留缺口的利率免疫模型[2]。由于缺口的控制问题并不是本章的重点，所以本章仅以零缺口模型为例建立信用久期免疫条件。

根据上文的分析，得到基于违约强度的信用久期免疫条件：

$$D_{CGAP} = \frac{\sum_{k=1}^{a} P_{Ak} \times D_{CAk}}{P_A} - \frac{P_L}{P_A} \times \frac{\sum_{k=1}^{b} P_{Lk} \times D_{CLk}}{P_L} = 0 \qquad (9.31)$$

将式（9.31）左右两端同时乘以 P_A，得到

$$\sum_{k=1}^{a} P_{Ak} \times D_{CAk} - \sum_{k=1}^{b} P_{Lk} \times D_{CLk} = 0 \qquad (9.32)$$

式（9.32）是式（9.31）的展开式，均为信用久期免疫条件。当信用久期缺口 $D_{CGAP}=0$ 时，银行净值变动 $\Delta V=0$，就同时控制了信用风险和利率风险共同影响下银行净值的波动。

式（9.32）的信用久期免疫条件与 Macaulay 久期免疫条件的区别：现有研究利用无风险利率折现的久期 MacD 建立免疫条件，忽略信用风险对久期的影响，仅仅针对利率风险进行免疫。而本章通过含违约风险溢价的信用久期 D_C 建立免疫条件，既反映了信用风险又反映了利率风险，对信用风险和利率风险进行整体免疫。

信用久期免疫条件的特色：通过同时反映信用风险和利率风险的信用久期，来揭示资产和负债的信用久期缺口对银行净值的影响；通过信用久期缺口为 0 的免疫条件，建立了同时控制利率风险和信用风险的资产优化模型。改变了 Macaulay 经典利率久期的免疫条件仅考虑利率风险而忽略了事实上存在的违约风险对银行净值影响的弊端。

9.3.3　基于信用久期免疫的资产负债优化模型

1. 目标函数的建立

以银行各资产的利息收入最大为目标，保证银行资产收益的最大化。

设：Z 为资产的利息收入；a 为资产总数；A_k 为第 k 笔资产待配置的金额，是决策变量；Y_{Ak} 为第 k 笔资产的年利率。则[17]：

$$\text{Obj: max } Z = \sum_{k=1}^{a} A_k Y_{A_k} \qquad (9.33)$$

式（9.33）的含义：每笔资产利息收入的总和最大。

2. 约束条件的建立

1）信用久期免疫条件

由式（9.32）得到信用久期免疫条件，方便起见这里标记为式（9.34）：

$$\text{s.t.} \quad \sum_{k=1}^{a} P_{A_k} \times D_{CA_k} - \sum_{k=1}^{b} P_{L_k} \times D_{CL_k} = 0 \qquad (9.34)$$

2）法律法规约束

根据一组法律法规、经营管理约束来控制银行的流动性风险[17]：

$$\text{s.t.} \quad \sum_{k=1}^{a} \lambda_{sk} A_k + \sum_{k=1}^{b} \gamma_{sk} L_k \leqslant (\text{或} =, \geqslant) c_s \qquad (9.35)$$

其中，$s=1,2,\cdots,t$。λ_{sk}、γ_{sk} 分别为第 s 个约束条件中，第 k 笔资产和第 k 笔负债的系数，由银行法律法规中资产负债的管理比率决定[17]；c_s 为第 s 个约束条件中的常量，其数值也由银行法律法规中的资产负债的管理比率决定[17]；t 为法律法规约束条件的个数。

式（9.35）的作用：控制银行的流动性风险，保障银行正常的资金流动能力，保证银行资产配置的合法性与合规性。

9.4 基于 Cox 回归分析的违约强度拟合模型及重要参数的确定

由于违约强度 $h(t)$ 是式（9.12）信用久期 D_C 中的重要参数，而信用久期 D_C 又是式（9.34）的重要参数，所以违约强度 $h(t)$ 是资产负债优化模型中极其重要的参数。

9.4 节讲的是违约强度 $h(t)$ 这个重要参数的确定。

9.4.1 基于 Cox 回归的违约强度拟合基本模型

1. 违约强度的基本模型

根据 9.2.4 节的 Cox 回归生存分析模型，违约强度 $h(t)$ 的计算分为两部分的乘积：一是基准违约强度 $h_0(t)$，反映了违约强度随时间而变化的特征；二是以企业的信用指标为自变量的指数函数 $\exp(\beta_1 X_1 + \beta_2 X_2 + \cdots + \beta_q X_q)$，反映了企业自身的风险因素，见式（9.36）：

$$h(t) = h_0(t)\exp(\beta_1 X_1 + \beta_2 X_2 + \cdots + \beta_q X_q) \qquad (9.36)$$

式（9.36）中，左端的 $h(t)$ 为违约强度已知，因为对于实证样本的企业可以利用违约概率（违约为 1、非违约为 0）除以生存时间来计算[12]；右端的 $h_0(t)$ 为基准违约强度，是未知量，利用式（9.44a）和（9.44b）来拟合；右端的 β_i 为第 i 个指标的回归系数，是未知量，利用式（9.43a）~ 式（9.43q）来拟合；右端的 X_i 为企业的信用评级指标数据，是已知量。

2. 累积违约强度的基本模型

累积违约强度 $H(t_i)$ 定义为违约强度从时刻 0 到时刻 t_i 的积分[12]，则：

$$H(t_i) = \int_0^{t_i} h(t)\mathrm{d}t \qquad (9.37)$$

将式（9.36）代入式（9.37），得到

$$H(t_i) = \int_0^{t_i} h(t)\mathrm{d}t = \int_0^{t_i} h_0(t)\exp\left(\sum_{k=1}^q \beta_k X_k\right)\mathrm{d}t \qquad (9.38)$$

由于式（9.38）右端的 $\exp\left(\sum\limits_{k=1}^q \beta_k X_k\right)$ 与时间 t 是无关的，不参与积分运算，故将该项移到积分外，则：

$$H(t_i) = \left(\int_0^{t_i} h_0(t)\mathrm{d}t\right) \times \left(\exp\left(\sum_{k=1}^q \beta_k X_k\right)\right) \qquad (9.39)$$

将式（9.39）右端的积分 $\int_0^{t_i} h_0(t)\mathrm{d}t$ 记为累积基准违约强度 $H_0(t_i)$，则[12]：

$$H(t_i) = H_0(t_i) \times \exp\left(\sum_{k=1}^q \beta_k X_k\right) \qquad (9.40)$$

其中，

$$H_0(t_i) = \int_0^{t_i} h_0(t)\mathrm{d}t \qquad (9.41)$$

式（9.40）和式（9.41）即为累积违约强度的基本模型。

9.4.2　Cox 回归参数 β_i 的拟合方法

根据极大似然估计方法，对式（9.36）中的回归参数 β_i 进行估计。

1. 似然函数表达式的确定

若 $T_1 < T_2 < \cdots < T_m$ 为 m 个违约时刻，在每个违约时刻都存在企业违约。则似然函数[12]：

$$L(\beta_1, \beta_2, \cdots, \beta_q) = \prod_{i=1}^m \frac{\exp\left(\sum_{k=1}^q \beta_k X_k^{(i)}\right)}{\sum_{E_j \in \Phi(T_i)} \exp\left(\sum_{k=1}^q \beta_k X_k^{(j)}\right)} \qquad (9.42)$$

其中，m 为存在企业违约的时刻个数；q 为指标的个数；β_k 为第 k 个指标的回归系数；$X_k^{(i)}$ 为在 T_i 时刻违约的企业第 k 个指标数据；$\Phi(T_i)$ 为生存时间大于或等于 T_i 的所有企业的一套评级指标数据；$X_k^{(j)}$ 为生存时间大于或等于 T_i 的所有企业中第 j 个企业第 k 个指标数据。

2. 回归系数的求解

根据极大似然估计的原理[12]，在似然函数式（9.42）最大值时，求得的系数 β_1^*、β_2^*、$\cdots$、β_q^* 为最终的回归系数拟合结果。

步骤 1：将似然函数式（9.42）取对数，得到对数似然函数 $\ln L$。

步骤 2：将对数似然函数 $\ln L$ 分别关于系数 β_1、β_2、$\cdots$、β_q 求偏导数，

得到[12]

$$U_1 = \frac{\partial(\ln L)}{\partial \beta_1} = \sum_{i=1}^{m} X_1^{(i)} - \sum_{i=1}^{m} \frac{\sum_{E_j \in \Phi(T_i)} X_1^{(j)} \exp\left(\sum_{k=1}^{q} \beta_k X_k^{(j)}\right)}{\sum_{E_j \in \Phi(T_i)} \exp\left(\sum_{k=1}^{q} \beta_k X_k^{(j)}\right)} \quad （9.43a）$$

$$\vdots$$

$$U_q = \frac{\partial(\ln L)}{\partial \beta_q} = \sum_{i=1}^{m} X_q^{(i)} - \sum_{i=1}^{m} \frac{\sum_{E_j \in \Phi(T_i)} X_q^{(j)} \exp\left(\sum_{k=1}^{q} \beta_k X_k^{(j)}\right)}{\sum_{E_j \in \Phi(T_i)} \exp\left(\sum_{k=1}^{q} \beta_k X_k^{(j)}\right)} \quad （9.43b）$$

步骤 3：令偏导数式（9.43a）~式（9.43q）都等于 0，得到回归系数的拟合值 β_1、β_2、$\cdots$、β_q。

9.4.3　基准违约强度 $h_0(t)$ 和累积基准违约强度 $H_0(t_i)$ 的计算

根据违约强度的定义"瞬时的违约概率"[9]，在没有违约发生的时刻违约概率肯定为 0，那么该时刻的违约强度 $h(t)$ 也为 0，基准违约强度 $h_0(t)$ 也为 0。所以，我们仅需要计算违约时刻 T_i 的基准违约强度 $h_0(T_i)$，并将违约时刻 T_i 的基准违约强度 $h_0(T_i)$ 进行累加后计算累积基准违约强度 $H_0(t_i)$。

根据生存分析方法[12]，利用 Breslow 估计量对基准违约强度 $h_0(t)$ 和累积基准违约强度 $H_0(t_i)$ 进行估计。

设：$h_0(t)$ 为在违约时刻 t 时的基准违约强度；$d_{(T_i)}$ 为在时刻 T_i 时违约的企业数；$H_0(t_i)$ 为在第 i 期现金流发生时刻 t_i 时的累积基准违约强度；$\Phi(T_i)$、q、β_k 和 $X_k^{(j)}$ 的字母含义如前所述。则[12]：

$$h_0(t) = \begin{cases} \dfrac{d_{(T_i)}}{\sum_{E_j \in \Phi(T_i)} \exp\left(\sum_{k=1}^{q} \beta_k X_k^{(j)}\right)}, & t = T_i \quad （9.44a） \\ \\ 0, & t \neq T_i \quad （9.44b） \end{cases}$$

$$H_0(t_i) = \sum_{T_i \leqslant t_i} h_0(T_i) \quad （9.45）$$

式（9.44）的含义：分为两种情况：①在违约时刻 $t=T_i$，基准违约强度等于违约企业数与生存时间大于等于时刻 T_i 的所有企业风险因素总和的比值。②在非违约时刻 $t \neq T_i$，没有企业在该时刻违约，则基准违约强度为 0。

式（9.45）的含义：在 t_i 时刻以前的所有违约时刻 T_i 上基准违约强度

$h_0\left(T_i\right)$ 的累加值。

9.4.4　信用久期和价值中违约强度参数的计算

1. 信用久期 D_C 中违约强度参数的计算

由上文式（9.12）可知，信用久期的基本计算模型：

$$D_C=\sum_{i=1}^{n}t_i\left(\frac{c_i\exp\left(-\int_0^{t_i}(r_i+\mathrm{LGD}_i\times h(t))\mathrm{d}t\right)}{\sum_{i=1}^{n}c_i\exp\left(-\int_0^{t_i}(r_i+\mathrm{LGD}_i\times h(t))\mathrm{d}t\right)}\right)$$

将式（9.12）右端分子和分母中的积分 $\int_0^{t_i}(r_i+\mathrm{LGD}_i\times h(t))\mathrm{d}t$ 拆分成两

个积分的和[9]，即 $\int_0^{t_i}r_i\mathrm{d}t+\int_0^{t_i}\mathrm{LGD}_i\times h(t)\mathrm{d}t$，则式（9.12）变成：

$$D_C=\sum_{i=1}^{n}t_i\left(\frac{c_i\exp\left(-\int_0^{t_i}r_i\mathrm{d}t-\int_0^{t_i}\mathrm{LGD}_i\times h(t)\mathrm{d}t\right)}{\sum_{i=1}^{n}c_i\exp\left(-\int_0^{t_i}r_i\mathrm{d}t-\int_0^{t_i}\mathrm{LGD}_i\times h(t)\mathrm{d}t\right)}\right) \quad（9.46）$$

根据 Darrell Duffie 强度式定价文献中关于违约损失率的假设，假定企业违约损失率是固定的，并不随时间而变化[8]，仅与企业初始的信用等级相关。本章借鉴这个做法，将式（9.46）中违约损失率 LGD_i 可以作为一个固定值 LGD 并移到积分外，则：

$$D_C=\sum_{i=1}^{n}t_i\left(\frac{c_i\exp\left(-\int_0^{t_i}r_i\mathrm{d}t-\mathrm{LGD}\times\int_0^{t_i}h(t)\mathrm{d}t\right)}{\sum_{i=1}^{n}c_i\exp\left(-\int_0^{t_i}r_i\mathrm{d}t-\mathrm{LGD}\times\int_0^{t_i}h(t)\mathrm{d}t\right)}\right) \quad（9.47）$$

令 $\int_0^{t_i}r_i\mathrm{d}t=R\left(t_i\right)$，$\int_0^{t_i}h(t)\mathrm{d}t=H\left(t_i\right)$。$R\left(t_i\right)$ 为累积无风险利率；$H\left(t_i\right)$ 为累积违约强度。则[12]：

$$D_C=\sum_{i=1}^{n}t_i\left(\frac{c_i\exp\left(-R(t_i)-\mathrm{LGD}\times H(t_i)\right)}{\sum_{i=1}^{n}c_i\exp\left(-R(t_i)-\mathrm{LGD}\times H(t_i)\right)}\right) \quad（9.48）$$

其中[12]，

$$R(t_i)=\int_0^{t_i}r_i\mathrm{d}t=r_i\times t_i \quad（9.49）$$

$$H(t_i)=\int_0^{t_i}h(t)\mathrm{d}t \quad（9.50）$$

式（9.48）与式（9.12）是等价的，均为信用久期的表达式。式（9.48）

是为了下文计算方便，对式（9.12）推导后的表达式，其好处及特色与式（9.12）一致，在此不赘述。

信用久期 D_C 中违约强度参数的计算：由式（9.48）可知，信用久期中计算的违约强度参数为累积违约强度 $H(t_i)$。式（9.40）是累积违约强度 $H(t_i)$ 计算的基本模型，其中的回归参数 β_i 由式（9.43a）~式（9.43q）计算得到，基准累积违约强度 $H_0(t_i)$ 由式（9.45）计算得到。

2. 资产（负债）价值 P 中违约强度参数的计算

由式（9.5）可知，一笔资产（负债）价值的基本计算模型：

$$P = \sum_{i=1}^{n} c_i \exp\left(-\int_0^{t_i}(r_i + \mathrm{LGD}_i \times h(t))\mathrm{d}t\right) \tag{9.5}$$

将式（9.49）和式（9.50）代入式（9.5）中，得到

$$P = \sum_{i=1}^{n} c_i \exp\left(-R(t_i) - \mathrm{LGD} \times H(t_i)\right) \tag{9.51}$$

式（9.51）与式（9.5）是等价的，均为资产（负债）价值的计算公式，式（9.51）是为了下文计算方便，对式（9.5）推导后的表达式，其好处与特色与式（9.5）一致。

资产（负债）价值 P 中违约强度参数的计算：由式（9.51）可知，在一笔资产（负债）价值的计算公式中，违约强度参数是累积违约强度 $H(t_i)$。式（9.40）是累积违约强度 $H(t_i)$ 计算的基本模型，其中的回归参数 β_i 由式（9.43a）~式（9.43q）计算得到，基准累积违约强度 $H_0(t_i)$ 由式（9.45）计算得到。

9.4.5 违约强度重要参数的确定

为了 9.5 节应用实例的计算，首先要对违约强度 $h(t)$ 这个重要参数进行实证拟合。

1. 样本的选取和数据来源

1）样本的选取

本章样本选取某区域性商业银行北京、天津、上海、重庆等全部分支行 3100 笔贷款。其中，违约有 70 笔，非违约有 3030 笔。样本涉及的行业包括工业、建筑业、批发业、零售业等 12 个行业。

2）数据来源

数据均来自某区域性商业银行总行的信贷管理系统，如表 9.2 前 3100 行所示。

表 9.2　违约强度拟合的数据及回归系数

（1）序号	（2）贷款企业	（3）生存时间 τ_j /年	（4）违约时刻 T_j	（5）违约状态 $S_j{=}p$	（6）主营业务收入现金比率 X_1	（7）超速动比率 X_2	（8）流动资产周转速度 X_3	（9）恩格尔系数 X_4	（10）违约强度 $h(t)$
1	企业 1	0.003	—	0	0.92	0.50	1.73	37.9	0
⋮	⋮	⋮	⋮	⋮	⋮	⋮	⋮	⋮	⋮
315	企业 315	0.140	0.140	1	0.00	0.07	1.26	54.3	7.1
316	企业 316	0.140	—	0	1.00	0.96	0.35	35.9	0
⋮	⋮	⋮	⋮	⋮	⋮	⋮	⋮	⋮	⋮
1640	企业 1640	0.912	0.912	1	0.00	0.00	0.00	39.4	1.1
1641	企业 1641	0.912	0.912	1	0.00	0.00	0.00	41.5	1.1
1642	企业 1642	0.912	0.912	1	0.00	0.18	2.19	41.5	1.1
1643	企业 1643	0.912	0.912	1	0.00	0.00	0.00	41.5	1.1
⋮	⋮	⋮	⋮	⋮	⋮	⋮	⋮	⋮	⋮
3100	企业 3100	3.000		0	0.91	0.24	0.62	37.9	0
3101	回归系数				−0.785	−2.082	−0.359	0.447	

3）生存时间 τ_j 的确定

生存分析模型中，对于生存时间的定义为特定事件发生的时间或特定事件没有发生而研究期结束的时间[12]。

由于本节的研究内容是违约强度，所以本章中这一特定事件是贷款违约。根据生存时间的定义[12]，违约企业的生存时间是从贷款发放时刻到违约发生时刻的时间长度，非违约企业的生存时间是贷款期限结束的时间。生存时间 τ_j 如表 9.2 第 3 列的前 3100 行所示。

在表 9.2 中，第 5 列是违约状态 S_j，违约企业标记为"1"，非违约企业记为"0"，第 6~9 列是企业的 4 个指标数据 X_{ij}。

4）违约时刻 T_i 的确定

违约时刻 T_i 是指违约企业的生存时间。

表 9.2 第 4 列的数据来源如下：对比表 9.2 第 5 列和第 3 列，在不同的行中可以找到第 3 列违约企业的序号，然后在第 3 列中，只把违约企业的数据，抄到第 4 列的 T_i。

对于非违约企业，违约时刻 T_i 是不存在的，所以，表 9.2 第 4 列的非违约企业对应行均用横线表示。

如前所述，生存时间 τ_j 被定义为：违约企业的违约时间，以及非违约企业的贷款结束时间。

如前所述，违约时刻 T_i 被定义为：违约企业的违约时间。

二者的差别：违约时刻 T_i 不包括非违约企业的生存时间 τ_j；而生存时间 τ_j 既包括违约企业又包括非违约企业。

2. 指标的筛选

建立违约强度拟合的 Cox 回归模型，首先需要对回归方程中的指标进行筛选，找到能显著影响违约强度的指标代入回归方程中。

步骤 1：海选指标。根据国内外经典文献的高频信用评价指标，从企业财务指标和宏观经济指标两个方面，海选了包括速动比率、资产负债率、GDP 增长率等 54 个评价指标。54 个指标的数据均来源于某区域性商业银行总行的信贷管理系统。

步骤 2：基于共线性检验的第一次指标筛选。在步骤 1 中 54 个海选指标的基础上，通过共线性检验，计算每个指标的方差膨胀因子 VIF，方差膨胀因子越大表示该指标越可能被其他指标线性替代。当方差膨胀因子 VIF 大于 10[18]时，该指标为冗余指标，应该删除。经过实证，利用共线性检验共删除 11 个冗余指标，剩余 43 个指标。

步骤 3：基于 Cox 回归分析的第二次指标筛选。

1）违约强度 $h(t)$ 的确定

设：p 为违约概率；τ_j 为生存时间。则 $h(t)$[12]：

$$h(t)=p/\tau_j \qquad (9.52)$$

违约概率 p 确定：违约企业，$p=1$；非违约企业，$p=0$。与表 9.2 第 5 列的违约状态数据是一样的。

将表 9.2 第 5 列的 p 和第 3 列的 τ_j 代入式（9.52），得到 $h(t)$，列于表9.2 第 10 列。

2）指标筛选过程

以表 9.2 第 10 列的 $h(t)$ 为因变量，以步骤 2 剩余的 43 个指标数据 x_{ij} 为自变量，代入式（9.36）进行拟合。利用最大似然估计法，对回归方程中的系数进行拟合，并通过 t 检验的显著性检验方法，计算回归系数的 t 统计量值。t 统计量值越大表示该回归系数对应的指标对违约强度的影响越显著。在 5%的显著性水平下，保留 t 统计量值大于临界值 $t_{0.05}=1.96$[18] 的指标。经过实证，最终在 43 个指标中保留了 4 个对违约强度影响显著的指标，如表 9.2 第 6~9 列表头所示。如前所述，表 9.2 第 6~9 列是企业的四个指标数据。

3. 回归参数的确定

如前文所述，本章筛选出表 9.2 第 6~9 列的四个指标作为 Cox 回归分析模型中的自变量，则式（9.36）中的指标个数 $q=4$。

步骤 1：确定偏导数函数 U_1。

将表 9.2 中第 6~9 列的数据代入式（9.43a）中得到偏导函数 U_1，具体的代入过程如下。

1）式（9.43a）第一项的计算

$\sum_{i=1}^{m} X_1^{(i)}$ 为违约企业的指标 X_1 数值之和。将表 9.2 第 5 列标记为 "1" 的违约企业对应行的第 5 列数据值相加，又由于违约企业个数 $m=70$，则得到 $\sum_{i=1}^{70} X_1^{(i)} = 21.92$。

2）式（9.43a）的第二项分子 $\sum_{E_j \in \Phi(T_i)} X_1^{(j)} \exp\left(\sum_{k=1}^{q} \beta_k X_k^{(j)} \right)$ 的数据代入

（1）确定评级指标数据 $\Phi(T_i)$。$\Phi(T_i)$ 为生存时间大于或等于时间 T_i 的所有企业的一套评级指标数据 x_{ij}。

以 $\Phi(T_1)$ 为例，由表 9.2 第 315 行第 4 列的 T_i 可知，第一个违约时刻为 $T_1=0.140$ 年。将表 9.2 第 3 列的 τ_j 与 "$T_1=0.140$ 年" 进行比较，得到大于 $T_1=0.140$ 的企业是表 9.2 第 315~3100 行，共 2786 行第 6~9 列的所有的 x_{ij} 组成的矩阵。

再以 $\Phi(T_2)$ 为例，由表 9.2 第 1640 行第 4 列的 T_i 可知，第二个违约时刻为 $T_2=0.912$ 年。将表 9.2 第 3 列的 τ_j 与 $T_2=0.912$ 年进行比较，得到大于 $T_2=0.912$ 的企业是表 9.2 第 1640~3100 行，共 1461 行第 6~9 列的所有的 x_{ij} 组成的矩阵。

其他的 $\Phi(T_i)$ 的含义类推。

（2）数据代入。在上一步中确定的企业评级指标数据 $\Phi(T_i)$ 中，将表 9.2 第 6 列的数据代入 $\sum_{E_j \in \Phi(T_i)} X_1^{(j)} \exp\left(\sum_{k=1}^{q} \beta_k X_k^{(j)} \right)$ 中的 $X_1^{(j)}$，表 9.2 第 7 列的数据代入 $\sum_{E_j \in \Phi(T_i)} X_1^{(j)} \exp\left(\sum_{k=1}^{q} \beta_k X_k^{(j)} \right)$ 中的 $X_2^{(j)}$，表 9.2 第 8 列的数据代入 $\sum_{E_j \in \Phi(T_i)} X_1^{(j)} \exp\left(\sum_{k=1}^{q} \beta_k X_k^{(j)} \right)$ 中的 $X_3^{(j)}$、表 9.2 第 9 列的数据代入

$\sum_{E_j \in \Phi(T_i)} X_1^{(j)} \exp\left(\sum_{k=1}^{q} \beta_k X_k^{(j)}\right)$ 中的 $X_4^{(j)}$ 。

经过上述（1）和（2）的数据代入过程，式（9.43a）右端的第二项分子是一个关于四个回归参数的表达式，即

$$\sum_{E_j \in \Phi(T_i)} X_1^{(j)} \exp\left(\sum_{k=1}^{q} \beta_k X_k^{(j)}\right) = f_i^1 \left(\beta_1,\ \beta_2,\ \beta_3,\ \beta_4\right) \quad （9.53）$$

3）式（9.43a）第二项的分母 $\sum_{E_j \in \Phi(T_i)} \exp(\sum_{k=1}^{q} \beta_k X_k^{(j)})$ 的数据代入

由于式（9.43a）第二项的分母只比分子少一项 $X_1^{(j)}$，所以与上文（2）的数据代入过程同理，得到式（9.43a）第二项的分母也是一个关于四个回归参数的表达式，即

$$\sum_{E_j \in \Phi(T_i)} \exp\left(\sum_{k=1}^{q} \beta_k X_k^{(j)}\right) = g_i^1 \left(\beta_1,\ \beta_2,\ \beta_3,\ \beta_4\right) \quad （9.54）$$

4）偏导数函数 U_1 的确定

根据上述 1）~3）的数据代入过程，将得到的 $\sum_{i=1}^{70} X_1^{(i)} = 21.92$、式（9.53）、式（9.54）代入到式（9.43a），则：

$$U_1(\beta_1, \beta_2, \beta_3, \beta_4) = 21.92 - \sum_{i=1}^{m} \frac{f_i^1(\beta_1, \beta_2, \beta_3, \beta_4)}{g_i^1(\beta_1, \beta_2, \beta_3, \beta_4)} \quad （9.55）$$

式（9.55）为偏导数 U_1 的函数表达式，该函数仅包含 β_1、β_2、β_3、β_4 四个参数。

步骤 2：确定其他偏导数函数 U_2、U_3、U_4。

与上文步骤 1 的数据代入过程同理，可以得到其他三个偏导数的函数表达式：

$$U_2(\beta_1, \beta_2, \beta_3, \beta_4) = 18.84 - \sum_{i=1}^{m} \frac{f_i^2(\beta_1, \beta_2, \beta_3, \beta_4)}{g_i^2(\beta_1, \beta_2, \beta_3, \beta_4)} \quad （9.56）$$

$$U_3(\beta_1, \beta_2, \beta_3, \beta_4) = 49.69 - \sum_{i=1}^{m} \frac{f_i^3(\beta_1, \beta_2, \beta_3, \beta_4)}{g_i^3(\beta_1, \beta_2, \beta_3, \beta_4)} \quad （9.57）$$

$$U_4(\beta_1, \beta_2, \beta_3, \beta_4) = 2763.7 - \sum_{i=1}^{m} \frac{f_i^4(\beta_1, \beta_2, \beta_3, \beta_4)}{g_i^4(\beta_1, \beta_2, \beta_3, \beta_4)} \quad （9.58）$$

式（9.55）~式（9.58）即为四个偏导数的函数表达式，且这四个偏导函数仅包含参数 β_1、β_2、β_3、β_4。

步骤 3：求解回归系数。

由于式（9.55）~式（9.58）是偏导数函数，所以直接令式（9.55）~

式（9.58）都等于 0，构成一个含有四个未知数 β_1、β_2、β_3、β_4 的方程组，通过求解方程组，得到回归系数 β_1=-0.785、β_2=-2.082、β_3=-0.359、β_4=0.447，结果列于表 9.2 第 3101 行。

4. 违约时刻 T_i 时基准违约强度 $h_0(T_i)$ 的计算

将表 9.2 第 4 列的违约时刻 T_i 中的重复数据仅保留第 1 个，剔除其余相同数据后，列入表 9.3 第 2 列。

表 9.3　违约时刻的基准违约强度 $h_0(T_i)$

（1）序号	（2）违约时刻 T_i/年	（3）违约企业数 $d_{(T_i)}$	（4）基准违约强度 $h_0(T_i)$
1	0.140	1	1.422×10^{-11}
2	0.247	1	2.034×10^{-11}
3	0.252	1	3.401×10^{-11}
⋮	⋮	⋮	⋮
16	0.912	4	7.035×10^{-10}
⋮	⋮	⋮	⋮
29	1	6	3.092×10^{-9}
⋮	⋮	⋮	⋮
38	2.989	1	1.468×10^{-8}

在每个违约时刻上违约企业的个数，如表 9.3 第 3 列所示。例如，表9.2 第 4 列第 1640~1643 行的 T_i 都是 0.912，说明在 T_i=0.912 时有 4 个企业违约，则违约企业数为 4，列入表 9.3 第 3 列第 16 行。

1）$h_0(T_{16})$ 的计算

以第 16 个违约时刻 T_{16} 时的基准违约强度 $h_0(T_{16})$ 为例进行说明。$h_0(T_{16})$ 的计算分为两步。

步骤 1：基本参数的代入。由表 9.3 第 16 行第 3 列可知，在第 16 个违约时刻 T_{16}=0.912 时，违约企业数为 4，即式（9.44a）中分子 $d_{(0.912)}$=4。

如前所述，式（9.44）计算 $h_0(t)$ 分为两种情况：一是式（9.44a），它仅仅用来计算违约时刻的 $h_0(t)$；二是式（9.44b），它仅仅用来计算非违约时刻的 $h_0(t)$。

由于这里（包括下文的实证）计算的是违约时刻的 $h_0(t)$，所以要用式（9.44a）进行计算。

将 T_{16}=0.912、违约企业数 $d_{(0.912)}$=4、表 9.2 第 3101 行的四个回归系数 β_1=-0.785、β_2=-2.082、β_3=-0.359、β_4=0.447 代入式（9.44a），则：

$$h_0(T_{16})=h_0(0.912)=\frac{d_{(0.912)}}{\sum\limits_{E_j\in\Phi(0.912)}\exp\left(\sum\limits_{k=1}^{4}\beta_k X_k^{(j)}\right)}$$

$$=\frac{4}{\sum\limits_{E_j\in\Phi(0.912)}\exp(-0.785\times X_1^{(j)}-2.082\times X_2^{(j)}-0.359\times X_3^{(j)}+0.447\times X_4^{(j)})}$$

$$（9.59）$$

步骤 2：指标数据的代入。评级指标数据的矩阵 Φ（0.912）：由于式（9.59）分母中 Φ（T_{16}=0.912）表示生存时间大于等于 0.912 年的所有企业的一套评级指标数据 x_{ij}。所以在表 9.2 第 3 列中找到大于等于 0.912 年的数据，为表 9.2 第 1640~3100 行，则 Φ（0.912）是表 9.2 第 1640~3100 行的所有企业的一套评级指标数据 x_{ij}。

式（9.59）的数据代入：根据上文确定的评级指标数据矩阵 Φ（0.912），将表 9.2 第 1640~3100 行第 6 列的数据代入式（9.59）中的 $X_1^{(j)}$、将表 9.2 第 1640~3100 行第 7 列的数据代入式（9.59）中的 $X_2^{(j)}$、将表 9.2 第 1640~3100 行第 8 列的数据代入式（9.59）中的 $X_3^{(j)}$、将表 9.2 第 1640~3100 行第 9 列的数据代入式（9.59）中的 $X_4^{(j)}$，得到 h_0（T_{16}）=7.035×10^{-10}，列入表 9.3 第 16 行第 4 列。

2）h_0（T_{29}）的计算

再以第 29 个违约时刻 T_{29} 时的基准违约强度 h_0（T_{29}）为例进行说明。h_0（T_{29}）的计算分为两步。

步骤 1：基本参数的代入。当表 9.3 第 29 行第 2 列违约时刻 T_{29}=1 时，第 3 列违约企业数为 6，即式（9.44a）中分子 $d_{(1)}$=6。

如前所述，式（9.44）计算 h_0（t）分为两种情况：一是式（9.44a），它仅仅用来计算违约时刻的 h_0（t）；二是式（9.44b），它仅仅用来计算非违约时刻的 h_0（t）。由于这里（包括下文的实证）计算的是违约时刻的 h_0（t），所以要用式（9.44a）进行计算。

将 T_{29}=1、违约企业数 $d_{(1)}$=6、表 9.2 第 3101 行的四个回归系数 β_1=−0.785、β_2=−2.082、β_3=−0.359、β_4=0.447 代入式（9.44a），则：

$$h_0(T_{16})=h_0(1)=\frac{d_{(1)}}{\sum\limits_{E_j\in\Phi(1)}\exp\left(\sum\limits_{k=1}^{4}\beta_k X_k^{(j)}\right)}$$

$$=\frac{6}{\sum\limits_{E_j\in\Phi(1)}\exp(-0.785\times X_1^{(j)}-2.082\times X_2^{(j)}-0.359\times X_3^{(j)}+0.447\times X_4^{(j)})}$$

$$（9.60）$$

步骤 2：指标数据的代入。

评级指标数据的矩阵 Φ（1）：由于式（9.60）分母中 Φ（T_{29}=1）表示生存时间大于等于 1 年的所有企业的一套评级指标数据 x_{ij}。所以在表 9.2 第 3 列中找到大于等于 1 年的数据，为表 9.2 第 2688~3100 行第 6~9 列的评级指标数据 x_{ij} 组成的矩阵。

式（9.59）的数据代入：根据上文确定的评级指标数据矩阵 Φ（1），将表 9.2 第 2688~3100 行第 6 列的数据代入式（9.60）中的 $X_1^{(j)}$、将表 9.2 第 2688~3100 行第 7 列的数据代入式（9.60）中的 $X_2^{(j)}$、将表 9.2 第 2688~3100 行第 8 列的数据代入式（9.60）中的 $X_3^{(j)}$、将表 9.2 第 2688~3100 行第 9 列的数据代入式（9.60）中的 $X_4^{(j)}$，得到 h_0（T_{29}）=3.092×10^{-9}，列入表 9.3 第 29 行第 4 列。

"h_0（T_{29}）的计算"与"h_0（T_{16}）的计算"的区别：①违约企业数 $d_{(T_i)}$ 代入的数据不同；②指标数据 $X_1^{(j)}$、$X_2^{(j)}$、$X_3^{(j)}$、$X_4^{(j)}$ 不同。

与上述"h_0（T_{29}）的计算"和"h_0（T_{16}）的计算"同理，可以得到其他违约时刻的 h_0（T_i），结果如表 9.3 第 4 列其他行所示。

5. 累积基准违约强度 H_0（t_i）的计算

由于本章中实证样本的生存时间跨度是 0~3 年，所以基于 3 年以内的实证样本仅能拟合 3 年以内的违约强度 h（t）。若样本量增加，利用本章的方法可以拟合 3 年以上的违约强度。所以，本节累积基准违约强度 H_0（t_i）中 t_i 的取值范围为 0~3 年。

根据式（9.45）可知，H_0（t_i）是在时刻 t_i 之前的所有违约时刻 T_i 上 h_0（T_i）的累加值。而 h_0（T_i）的结果如表 9.3 第 4 列所示。所以，H_0（t_i）的计算就是根据 t_i 的取值，对表 9.3 第 4 列的数据 h_0（T_i）进行累加。

表 9.4 第 2 列的确定：将表 9.3 第 2 列的 38 个违约时间作为时间分割点，故将 0~3 年分成 39 个时间段，如表 9.4 第 2 列所示。

表 9.4　累积基准违约强度 H_0（t_i）

（1）序号	（2）时间 t_i/年	（3）累积违约强度 H_0（t_i）
1	t_i<0.140	0
2	0.140≤t_i<0.247	1.422×10^{-11}
3	0.247≤t_i<0.252	3.456×10^{-11}
4	0.252≤t_i<0.496	6.857×10^{-11}
⋮	⋮	⋮
17	0.912≤t_i<0.934	2.872×10^{-9}
⋮	⋮	⋮
39	2.989≤t_i<3	5.514×10^{-8}

表 9.4 第 3 列 $H_0(t_i)$ 的计算：根据表 9.4 第 2 列的时间 t_i，在表 9.3 第 2 列中找到所有小于等于 t_i 的行，将找到的行中第 4 列的数据进行累加，结果列入表9.4 第 2 列 t_i 对应行的第 3 列。具体如下。

（1）表 9.4 第 1 行第 3 列的确定：①根据表 9.4 第 1 行第 2 列，可知时间段 t_i 左端点为 0。②将表 9.3 第 2 列的数据与"t_i 左端点 0"进行比较。③发现表 9.3 第 2 列中不存在小于等于 0 年的数据。所以，累加值为 0，列入表 9.4 第 1 行第 3 列。

（2）表 9.4 第 2 行第 3 列的确定：①根据表 9.4 第 2 行第 2 列，可知时间段 t_i 左端点为 0.140。②将表 9.3 第 2 列的数据与"t_i 左端点 0.140"进行比较。③发现表 9.3 第 2 列中，只有第 1 行小于等于 0.140 年。④将上述②中找到的表 9.3 第 1 行中，第 4 列的数据 $1.422×10^{-11}$ 抄到表 9.4 第 2 行第 3 列。

（3）表 9.4 第 3 行第 3 列的确定：①根据表 9.4 第 3 行第 2 列，可知时间段 t_i 左端点为 0.247。②将表 9.3 第 2 列的数据与"t_i 左端点 0.247"进行比较。③发现表 9.3 第 2 列中，第 1 行、第 2 行小于等于 0.247 年。④将上述②中找到的表 9.3 第 1 行中，第 4 列的数据 $1.422×10^{-11}$，以及②中找到的表 9.3 第 2 行中，第 4 列的数据 $2.034×10^{-11}$ 进行累加，得到累加结果为 $3.456×10^{-11}$，列于表 9.4 第 3 行第 3 列。

（4）表 9.4 其他行第 3 列的计算依次类推。

6. 累积违约强度 $H(t_i)$ 的测算模型

将表 9.2 第 3101 行四个回归系数代入式（9.40），则：

$$H(t_i)=H_0(t_i)×\exp（-0.785X'_1-2.082X'_2-0.359X'_3+0.447X'_4）\quad（9.61）$$

其中，$H_0(t_i)$ 的数值如表 9.4 第 3 列所示。X'_1、X'_2、X'_3、X'_4 为增量贷款企业的指标数据。

经过上文的实证过程，得到式（9.61）的累积违约强度 $H(t_i)$ 测算模型。

9.5　应　用　实　例

9.5.1　应用背景

现有资产负债优化模型主要有三类：一是基于信用风险的资产负债优化模型；二是基于利率风险的资产负债优化模型；三是基于信用和利率风险的资产负债优化模型。前两类研究的不足是在资产优化配置时仅针对信用风险或利率风险一方进行风险控制，忽略了信用风险与利率风险之间的相互作用。而事实上，信用风险与利率风险并不是独立的，不考虑信用风险会导致资产估值的不准确，从而影响利率风险免疫的精度。第三类研究的不足是没有考虑资产在不同时间点上违约风险的变化，而事实上违约风险是随着时间的推移而变化的，违约风险溢价必然是时变的。

首先，久期是折现利率的函数，而折现利率又是信用风险溢价的函数，因此久期必须反映信用风险。本章修正了 Macaulay 经典利率久期模型的参数，通过构建能同时反映信用风险和利率风险的信用久期测度模型，提高了利率风险免疫的精度。其次，本章通过信用久期缺口为 0 的免疫条件，建立了同时控制利率风险和信用风险的资产优化模型。改变了 Macaulay 经典利率久期的免疫条件仅考虑利率风险而忽略了事实上存在的违约风险对银行净值影响的弊端。最后，本章根据 Cox 回归的生存分析模型，通过违约强度为基准违约强度与企业自身的风险因素的乘积的思路，利用银行贷款真实的违约数据作为生存时间参数，拟合出不同时间点对应的违约强度，确定了不同时间点上的企业违约风险溢价。

本章以银行贷款真实的违约数据作为生存时间参数，拟合出不同时间点对应的违约强度，确定不同时间点上的企业违约风险溢价，改变了现有研究的信用风险久期忽略不同时点的违约风险溢价会随时间而变化的不足；通过企业真实的违约状态，改变了现有研究的 Cox 生存分析利用企业 ST 状态代替违约风险的不足。对比结果表明：当市场利率发生变动时，本章建立的信用久期免疫条件（本模型）可以准确免疫利率风险，保证银行净值不受损失。而利用 Macaulay 久期免疫条件（对比模型）进行配置，并不能准确免疫利率风险，利率的变动仍然会导致银行净值的损失。

9.5.2　银行的基本信息

假设某银行的资产总额 A=100 000 万元，负债总额 L=63 000 万元。

某银行的资产基本情况如表 9.5 第 1~5 列所示。在表 9.5 中：第 5 列的月利率 y_{A_k} 等于第 4 列的年利率 Y_{A_k} 除以 12。为了下文表述方便，将资产的待配置金额变量 $A_1 \sim A_{10}$ 列于第 6 列。第 2 列第 4~8 行的贷款 $A_4 \sim A_8$ 的还款方式均为按月付息、到期还本。

表 9.5 某银行的资产情况及资产的信用久期

（1）序号	（2）资产	（3）期限 t_{A_k}/年	（4）年利率 Y_{A_k}	（5）月利率 y_{A_k}	（6）账面金额 A_k/万元（未知、决策变量）	（7）信用久期 D_{CA_k}/年	（8）资产价值的表达式 P_{A_k}/万元
1	现金 A_1	—	0	0	A_1	0	A_1
2	存款准备金 A_2	0.684 2	1.62%	0.14%	A_2	0.680 9	A_2
3	备付金 A_3	0.684 2	0.72%	0.06%	A_3	0.682 7	A_3
4	1 个月期贷款 A_4	0.083	4.60%	0.38%	A_4	0.083 3	1.000 2×A_4
5	6 个月期贷款 A_5	0.5	4.60%	0.38%	A_5	0.495 3	1.001 0×A_5
6	1 年期贷款 A_6	1	4.60%	0.38%	A_6	0.979 3	1.001 5×A_6
7	2 年期贷款 A_7	2	5.20%	0.43%	A_7	1.904 2	1.007 9×A_7
8	3 年期贷款 A_8	3	5.20%	0.43%	A_8	2.782 4	0.993 6×A_8
9	固定资产 A_9	—	0	0	A_9	0	A_9
10	其他资产 A_{10}	—	0	0	A_{10}	0	A_{10}
11	资产总额	—	—	A=100 000	—	—

某银行的负债基本情况如表 9.6 第 1~6 列所示。在表 9.6 中：第 5 列的月利率 y_{L_k} 等于第 4 列的年利率 Y_{L_k} 除以 12。第 2 列第 6 行 "3 年期债券 L_6" 是每半年付息一次、到期还本。

表 9.6 某银行的负债情况及负债的信用久期

（1）序号	（2）负债	（3）期限 t_{L_k}/年	（4）年利率 Y_{L_k}	（5）月利率 y_{L_k}	（6）账面金额 L_k/万元	（7）信用久期 D_{CL_k}/年	（8）负债价值 P_{L_k}/万元
1	活期存款 L_1	0.2	0.35%	0.029%	20 000	0.2	20 000
2	3 个月存款 L_2	0.25	1.10%	0.092%	10 000	0.25	999.96
3	6 个月存款 L_3	0.5	1.50%	0.125%	13 000	0.5	12 996.4
4	1 年期存款 L_4	1	2.10%	0.175%	8 000	1	7 998.3
5	3 年期存款 L_5	3	2.75%	0.229%	6 000	3	5 980.7
6	3 年期债券 L_6	3	3.66%	0.305%	6 000	2.85	5 994.3
7	负债总额	—	—	L=63 000	—	—

9.5.3 无风险类资产的信用久期计算和价值表达式确定

1. 现金 A_1 的信用久期计算

由于现金 A_1 不产生利息这种现金流，且不存在本金回收，所以不存在现金流的回收时间，即式（9.12）中 t_i=0。将 t_i=0 代入式（9.12），得到 D_{CA_1}=0。结果列于表 9.5 第 1 行第 7 列。

2．存款准备金 A_2 的信用久期计算

1）存款准备金的等效期限

根据现有研究，存款准备金的期限就等效于各存款的加权平均期限[19]。

等效期限的计算思路：各存款的账面价值 L_k 除以总存款账面价值 L' 作为权重，对各存款的期限 t_{L_k} 加权，计算存款准备金的等效期限 t_{A_2}[19]。

$$t_{A_2} = \sum_{k=1}^{5} L_k \times t_{L_k} / L' \qquad (9.62)$$

将表 9.6 第 6 列第 1~5 行的 L_k 相加，得到 L'=57 000 万元。将表 9.6 第 1~5 行中，第 3 列的 t_{L_k}，第 6 列的 L_k，L'=57 000 万元代入式（9.62），则：

$$t_{A_2} = (0.2 \times 20\,000 + \cdots + 3 \times 6000) / 57\,000 = 0.6842 \text{ 年}$$

结果列于表 9.5 第 2 行第 3 列。

2）现金流的确定

现金流发生时间 t_i：现金流发生在每个月月末，即 1/12=0.0833 年、2/12=0.1667 年、…、0.6842 年，如表 9.7 第 2 列所示。

现金流表达式的确定：存款准备金在前 8 期的现金流是央行给的利息 z_{A_2}。由表 9.5 第 2 行第 5 列可知，月利率 y_{A_2}=0.14%。则月利息 z_{A_2}=0.14%× A_2。列于表 9.7 第 3 列第 1~8 行。

在最后一期，如前所述，等效于存款 L_1~L_5 到期，所以存款准备金回收相应的金额 A_2，如表 9.7 第 9 行第 3 列所示。

3）累积无风险利率 $R(t_i)$ 的计算

由于存款准备金 A_2 是无风险资产，所以 A_2 的利率就是无风险利率，即 r_i=1.62%。将 r_i=1.62%、表 9.7 第 2 列的 t_i 代入式（9.49），得到 $R(t_i)$，结果列入表 9.7 第 4 列。

表 9.7　存款准备金 A_2 的现金流及累积无风险利率

（1）序号	（2）现金流发生时间 t_i/年	（3）每期产生的现金流 c_i/万元	（4）累积无风险利率 $R(t_i)$
1	0.0833	0.0014×A_2	0.0014
2	0.1667	0.0014×A_2	0.0027
⋮	⋮	⋮	⋮
8	0.6667	0.0014×A_2	0.0108
9	0.6842	A_2	0.0111

4）信用久期 D_{CA_2} 的计算

如前所述，存款准备金 A_2 是无风险资产，则违约损失率 LGD=0，由

式（9.61）可知累积违约强度 $H(t)=0$。

将表 9.7 第 2 列的 t_i，表 9.7 第 3 列的 c_i、表 9.7 第 4 列的 $R(t_i)$、LGD= 0、$H(t)=0$ 代入式（9.48），得到

$$
\begin{aligned}
D_{CA_2} &= \sum_{i=1}^{n} t_i \left(\frac{c_i \exp\left(-R(t_i)-\text{LGD}\times H(t_i)\right)}{\sum_{i=1}^{n} c_i \exp\left(-R(t_i)-\text{LGD}\times H(t_i)\right)} \right) \\
&= \left(0.0833\times 0.0014\times A_2 \times \exp(-0.0014)+\cdots \right. \\
&\quad \left. +0.6842\times A_2 \times \exp(-0.0111)\right) \div \left(0.0014\times A_2 \times \exp(-0.0014)+\cdots \right. \\
&\quad \left. +A_2 \times \exp(-0.0111)\right) \\
&= 0.6809 \text{年}
\end{aligned}
$$

结果列于表 9.5 第 7 列第 2 行。

3. 备付金 A_3 的信用久期计算

备付金也称"超额准备金"，上交央行作为银行的准备金，再由央行付给银行利息。根据现有研究，备付金的等效利率也是各存款的加权平均期限[19]。

所以，备付金的信用久期 D_{CA_3} 计算过程与上文"存款准备金 A_2 的信用久期计算"同理，只是将上文中的利率 1.62% 替换成表 9.5 第 3 行第 4 列的 0.72%，得到 $D_{CA_3}=0.6827$，列于表 9.5 第 3 行第 7 列。

4. 固定资产 A_9 和其他资产 A_{10} 的信用久期计算

与上文"现金 A_1 的信用久期计算"同理，固定资产 A_9 和其他资产 A_{10} 都不产生利息这种现金流，且不存在本金回收，则 $D_{CA_9}=D_{CA_{10}}=0$。结果分别列于表 9.5 第 7 列第 9、10 行。

5. 现金 A_1 的资产价值表达式的确定

如前所述，由于现金 A_1 不存在现金流的回收时间，即 $t_i=0$。将 $t_i=0$ 代入式（9.5），得到 $P_{A_1}=A_1$，列于表 9.5 第 8 列第 1 行。

6. 存款准备金 A_2 的资产价值表达式的确定

将表 9.7 第 3 列的 c_i、表 9.7 第 4 列的 $R（t_i）$、如前所述 LGD=0、如前所述 $H（t）=0$ 代入式（9.51），得到

$$P_{A_2} = \sum_{i=1}^{n} c_i \exp\left(-R(t_i) - \mathrm{LGD} \times H(t_i)\right)$$
$$= 0.0014 \times A_2 \times \exp(-0.0014) + \cdots + A_2 \times \exp(-0.0111)$$
$$= A_2$$

结果列于表 9.5 第 8 列第 2 行。

7. 备付金 A_3 的资产价值表达式的确定

如前所述,备付金 A_3 与存款准备金 A_2 是同理的,仅将利率 1.62%替换成表 9.5 第 3 行第 4 列的 0.72%,得到 $P_{A_3} = A_3$,列于表 9.5 第 8 列第 3 行。

8. 固定资产 A_9 和其他资产 A_{10} 的价值表达式的确定

与上文"现金 A_1 的资产价值表达式确定"同理,固定资产 A_9 和其他资产 A_{10} 都不产生利息这种现金流,且不存在本金回收,资产价值均等于账面金额,得到 $P_{A_9} = A_9$、$P_{A_{10}} = A_{10}$,分别列于表 9.5 第 8 列第 9、10 行。

9.5.4 贷款类资产信用久期计算和价值表达式确定

1. 贷款企业的基本情况

假设表 9.5 第 4~8 行贷款 A_4~A_8 对应贷款企业的基本情况如表 9.8 所示。如前所述,贷款 A_4~A_8 的还款方式均为按月付息、到期还本。

表 9.8 贷款企业的基本情况

(1)序号	(2)贷款	(3)月利率 y_{A_k}	(4)信用等级	(5)违约时的挽回率 $R^{[17]}$	(6)违约损失率 LGD	(7)主营业务收入现金比率 X'_1	(8)超速动比率 X'_2	(9)流动资产周转速度 X'_3	(10)恩格尔系数 X'_4
1	1 个月期贷款 A_4	0.38%	BB	42%	58%	0.23	0.67	0.71	39.8
2	6 个月期贷款 A_5	0.38%	BBB	53%	47%	0.54	0.75	0.99	37.9
3	1 年期贷款 A_6	0.38%	AA	77%	23%	0.71	1.1	2.45	36.5
4	2 年期贷款 A_7	0.43%	AAA	78%	22%	0.86	1.21	3.28	35.5
5	3 年期贷款 A_8	0.43%	A	57%	43%	0.75	0.94	1.64	37.6

在表 9.8 中:第 3 列是贷款的月利率 y_{A_k},数据来源于表 9.5 第 5 列第 4~8 行。第 4 列是贷款企业所在的信用等级。第 5 列是穆迪评级机构测算出的各信用等级企业违约时的挽回率 R,表示企业违约时银行能够挽回的资金比例[17]。第 6 列是企业违约时违约损失率 LGD,用 1 减去第 5 列的挽回率 R 计算得到[1],表示企业违约时银行损失的资金比例。第 7~10 列是企业四

个指标的数据 x_{ij}。

2. 贷款 A_6 的信用久期计算

1）每期现金流 c_i 的确定

表 9.9 第 2 列现金流发生时间 t_i 的确定：由表 9.8 第 3 行第 2 列所示，贷款 A_6 的贷款期限是 1 年。如前文所述，还款方式是按月还息、到期还本，所以现金流发生的时间是每个月末，即 1/12=0.0833 年、2/12=0.1667 年、…、1 年，如表 9.9 第 2 列所示。

表 9.9　一个贷款企业 E_3 的累积无风险利率和累积违约强度

（1）序号	（2）现金流发生时间 t_i/年	（3）每期产生的现金流 c_i/万元	（4）无风险利率 r_i	（5）累积无风险利率 $R(t_i)$	（6）累积基准违约强度 $H_0(t_i)$	（7）累积违约强度 $H(t_i)$	（8）信用久期 D_{CA_6}	（9）资产价值 P_{A_6}/万元
1	0.083 3	0.003 8×A_6	4.35%	0.003 6	0	0		
2	0.166 7	0.003 8×A_6	4.35%	0.007 3	1.422×10^{-11}	4.2×10^{-6}		
⋮	⋮	⋮	⋮	⋮	⋮	⋮	0.979 3	1.001 5×A_6
11	0.916 7	0.003 8×A_6	4.35%	0.039 9	2.87×10^{-9}	0.000 847		
12	1	1.003 8×A_6	4.35%	0.043 5	1.37×10^{-8}	0.004 053		

表 9.9 第 3 列现金流 c_i 表达式的确定：由表 9.8 第 3 行第 3 列可知，贷款 A_6 的月利率 y_{A_6}=0.38%。则贷款月利息 z_{A_6} 等于月利率 y_{A_6}=0.38%乘以贷款本金 A_6，即 z_{A_6}=0.38%×A_6。

（1）贷款在前 11 期，每一期的现金流仅是当月的利息，则：$c_i=z_{A_6}$=0.38%×A_6（i=1,2,…,11），列入表 9.9 第 3 列第 1~11 行。

（2）贷款在最后一期既回收本金 A_6 又回收月利息 z_{A_6}，所以在最后一期 i=12 时 $c_{12}=A_6+z_{A_6}=A_6+0.38\%\times A_6=1.38\%\times A_6$，列入表 9.9 第 3 列第 12 行。

2）累积无风险利率 $R(t_i)$ 的计算

表 9.9 第 4 列无风险利率 r_i 的确定：现有研究通常将贷款基准利率作为贷款类资产的无风险利率[13-16]。本章借鉴该做法，将贷款基准利率作为贷款类资产的无风险利率 r_i。由于 1 年内的贷款基准利率都为 4.35%，所以在表 9.9 第 2 列的每一行 t_i 对应的无风险利率 r_i 均为 4.35%，即 r_i=4.35%，如表 9.9 第 4 列所示。

表 9.9 第 5 列累积无风险利率 $R(t_i)$ 的确定：将表 9.9 第 4 列的 r_i、表 9.9 第 2 列的 t_i 代入式（9.49），得到 $R(t_i)$，结果列入表 9.9 第 5 列。

3）累积违约强度 $H(t_i)$ 的确定

表 9.9 第 6 列累积基准违约强度 $H_0(t_i)$ 的确定如下。

例如，根据表 9.9 第 7 列第 1 行确定。

（1）表 9.9 第 2 列第 1 行可知，$t_i=0.0833$。

（2）将表 9.4 第 2 列数据与 0.0833 进行比较，发现是 0.0833 属于第 1 行，所以找到的行是表 9.4 第 1 行。

（3）将（2）中找到的表 9.4 第 1 行中第 3 列数据 $H_0(t_i)=0$，列入表 9.9 第 6 列第 1 行。

再如，根据表 9.9 第 7 列第 2 行确定。

（1）由表 9.9 第 2 列第 2 行可知，$t_i=0.1667$。

（2）将表 9.4 第 2 列数据与 0.1667 进行比较，发现是 0.1667 属于第 2 行，所以找到的行是表 9.4 第 2 行。

（3）将（2）中找到的表 9.4 第 2 行中第 3 列数据 $H_0(t_i)=1.422\times10^{-11}$，列入表 9.9 第 6 列第 2 行。

表 9.9 第 7 列的其他行类推。

表 9.9 第 7 列累积违约强度 $H(t_i)$ 的计算：由于贷款 A_6 对应企业的数据在表 9.8 第 3 行中，所以将表 9.8 第 3 行第 7~10 列的四个指标数据 X'_1、X'_2、X'_3、X'_4，表 9.9 第 6 列的 $H_0(t_i)$ 代入式（9.61）中，得到 $H(t_i)$，结果列入表 9.9 第 7 列。

4）信用久期 D_{CA_6} 的计算

将表 9.9 第 2 列的 t_i、表 9.9 第 3 列的 c_i、表 9.9 第 5 列的 $R(t_i)$、表9.8 中贷款 A_6 对应的第 3 行第 6 列的 LGD=23%、表 9.9 第 7 列的 $H(t_i)$ 代入式（9.48），得到

$$
\begin{aligned}
D_{CA_6} &= \sum_{i=1}^{n} t_i \left(\frac{c_i \exp\left(-R(t_i) - \mathrm{LGD} \times H(t_i)\right)}{\sum_{i=1}^{n} c_i \exp\left(-R(t_i) - \mathrm{LGD} \times H(t_i)\right)} \right) \\
&= \left(0.0833 \times 0.0038 \times A_6 \times \exp(-0.0036 - 23\% \times 0) + \cdots \right. \\
&\quad \left. + 1 \times 1.0038 \times A_6 \times \exp(-0.0435 - 23\% \times 0.004\,053)\right) \\
&\quad \div \left(0.0038 \times A_6 \times \exp(-0.0036 - 23\% \times 0) + \cdots \right. \\
&\quad \left. + 1.0038 \times A_6 \times \exp(-0.0435 - 23\% \times 0.004\,053)\right) \\
&= 0.9793 \text{年}
\end{aligned}
$$

结果列于表 9.9 第 8 列。

同时也将结果列于表 9.5 第 7 列第 6 行。

3. 其他贷款的信用久期计算

与上文"贷款 A_6 的信用久期计算"同理，得到贷款 A_4 的信用久期 D_{CA_4} = 0.0833 年，列入表 9.5 第 7 列第 4 行。

贷款 A_5 的信用久期 D_{CA_5} =0.4953 年，列入表 9.5 第 5 行第 7 列。

贷款 A_7 的信用久期 D_{CA_7} =1.9042 年，列入表 9.5 第 7 行第 7 列。

贷款 A_8 的信用久期 D_{CA_8} =2.7824 年，列入表 9.5 第 8 行第 7 列。

4. 贷款 A_6 的资产价值表达式的确定

将表 9.9 第 3 列的 c_i、表 9.9 第 5 列的 $R(t_i)$、表 9.8 中贷款 A_6 对应的第 3 行第 6 列的 LGD=23%、表 9.9 第 7 列的 $H(t_i)$ 代入式（9.51），得到

$$
\begin{aligned}
P_{A_6} &= \sum_{i=1}^{n} c_i \exp\left(-R(t_i) - \text{LGD} \times H(t_i)\right) \\
&= 0.0038 \times A_6 \times \exp(-0.0036 - 23\% \times 0) + \cdots \\
&\quad + 1.0038 \times A_6 \times \exp(-0.0435 - 23\% \times 0.004\,053) \\
&= 1.0015 \times A_6
\end{aligned}
$$

结果列入表 9.9 第 9 列。

同时结果也列入表 9.5 第 6 行第 8 列。

5. 其他贷款的资产价值表达式的确定

与上文"贷款 A_6 的资产价值表达式的确定"同理，得到贷款 A_4 的资产价值表达式 P_{A_4} =1.0002×A_4，列入表 9.5 第 4 行第 8 列。

贷款 A_5 的资产价值表达式 P_{A_5} =1.0010×A_5，列入表 9.5 第 5 行第 8 列。

贷款 A_7 的资产价值表达式 P_{A_7} =1.0079×A_7，列入表 9.5 第 7 行第 8 列。

贷款 A_8 的资产价值表达式 P_{A_8} =0.9936×A_8，列入表 9.5 第 8 行第 8 列。

9.5.5 存款类负债的信用久期和价值计算

由于银行资产负债管理只评价贷款企业的信用风险，不对银行本身的信用风险进行评价，认为银行本身不存在信用风险。也就是，对于负债，违约损失率 LGD=0，由式（9.61）可知累积违约强度 $H(t)$ =0。

1. 活期存款 L_1 的信用久期计算

假设该银行活期存款的平均到期期限为 0.2 年。

由于活期存款 L_1 是到期后一次还本付息的，相当于零息票债券。所以，久期就等于名义期限，即 D_{CL_1} =0.2 年。结果列于表 9.6 第 1 行第 7 列。

2. 定期存款 L_2~L_5 的信用久期计算

与上文"活期存款 L_1 的信用久期计算"同理，由于银行定期存款 L_2~L_5 也是到期后一次还本付息，现金流只在存款到期时发生一次，也相当于零息票债券。所以定期存款的信用久期都等于名义期限。结果如表 9.6 第 7 列第 2~5 行所示。

3. 活期存款 L_1 的负债价值计算

1）现金流的计算

如前所述，活期存款到期后一次还本付息，所以只在存款到期时发生一次现金流 c_1，即

$$c_1 = L_1 + L_1 \times Y_{L_1} \times t \qquad （9.63）$$

其中，L_1 为存款本金；Y_{L_1} 为存款年利率；t 为存款期限。

在表 9.6 第 1 行中，将第 6 列的 L_1=20 000 万元、第 4 列的 Y_{L_1}=0.35%、第 3 列的 t_{L_1}=0.2 年代入式（9.63），得到

$$c_1 = L_1 + L_1 \times Y_{L_1} \times t_{L_1}$$
$$= 20\ 000 + 20\ 000 \times 0.35\% \times 0.2 = 20\ 014\ 万元$$

2）活期存款 L_1 的价值计算

如前所述，银行存款不存在信用风险。那么，存款利率就是无风险利率。由表 9.6 第 1 行第 4 列可知，活期存款的年利率为 0.35%，活期存款 L_1 的无风险利率 r=0.35%。

将上文 1）的计算结果 c_1=20 014 万元，r=0.35%，表 9.6 第 1 行第 3 列的 t_{L_1}=0.2 年银行不存在信用风险时，LGD=0 且 $H(t)$=0，代入式（9.5）得到

$$P_{L_1} = 20\ 014 \times \exp\left(-\int_0^{0.2} 0.35\% \mathrm{d}t\right)$$
$$= 20\ 014 \times \exp(-0.35\% \times 0.2)$$
$$= 20\ 014 \times 0.9993 = 20\ 000\ 万元$$

结果列于表 9.6 第 8 列第 1 行。

4. 定期存款 L_2~L_5 的负债价值计算

银行定期存款也是到期后一次还本付息，现金流只在存款到期时发生一次。所以定期存款的价值的计算与上文"活期存款 L_1 的负债价值计算"同理，计算结果如表 9.6 第 8 列第 2~5 行所示。

9.5.6 债券类负债信用久期和价值的计算

1. 表 9.10 第 2 列现金流发生时间 t_i 的确定

由表 9.6 第 6 行可知，此银行债券类负债只有 3 年期债券 L_6。如前所述，该债券是每半年付息一次，3 年付息 6 次，所以现金流共发生 6 次，如表 9.10 第 2 列所示。

表 9.10　三年期债券 L_6 的现金流及累积无风险利率

（1）序号	（2）现金流发生时间 t_i/年	（3）每期产生的现金流 c_i/万元	（4）累积无风险利率 $R(t_i)$
1	0.5	109.8	0.0183
2	1.0	109.8	0.0366
3	1.5	109.8	0.0549
4	2.0	109.8	0.0732
5	2.5	109.8	0.0915
6	3.0	6109.8	0.1098

2. 表 9.10 第 3 列现金流的确定

每期的利息 z_{L_6} 等于表 9.6 第 6 行中，第 4 列的年利率 3.66%、第 6 列的本金 6000 万元与 0.5 年三项的乘积，即利息 z_{L_6} =3.66%×6000×0.5=109.8 万元。

在前 5 期银行仅向债权人付息，则前 5 期的现金流 c_i= z_{L_6} =109.8 万元，结果列入表 9.10 第 3 列的前 5 行。

在最后一期 t_i=3 年时，银行不仅要支付债券的面值 L_6，还要偿付当期的利息 z_{L_6}。由表 9.6 第 6 列第 6 行可知，L_6=6000 万元，则最后一期的现金流 c_6=L_6+ z_{L_6} =6000+109.8=6109.8 万元。结果列于表 9.10 第 3 列第 6 行。

3. 表 9.10 第 4 列累积无风险利率 $R(t_i)$ 的计算

如前所述，银行发放的债券不存在信用风险，所以债券利率即为无风险利率。由表 9.6 第 6 行第 4 列可知，三年期债券 L_6 的利率为 3.66%，则债券 L_6 的无风险利率 r_i=3.66%。

将 r_i=3.66%、表 9.10 第 2 列每 1 行的 t_i 代入式（9.49），得到 $R(t_i)$，结果列入表 9.10 第 4 列。

4. 三年期债券 L_6 的信用久期的计算

如前所述，由于银行自身不存在信用风险，所以，对于负债"三年期

债券 L_6"，违约损失率 LGD=0，由式（9.61）可知累积违约强度 $H(t)$ =0。

故将表 9.10 第 2 列的 t_i、表 9.10 第 3 列的 c_i、表 9.10 第 4 列的 $R(t_i)$、LGD=0、$H(t_i)$ =0 代入式（9.48），得到债券 L_6 的信用久期：

$$D_{CL_6} = \sum_{i=1}^{n} t_i \left(\frac{c_i \exp(-R(t_i) - \text{LGD} \times H(t_i))}{\sum\limits_{i=1}^{n} c_i \exp(-R(t_i) - \text{LGD} \times H(t_i))} \right)$$

$$= \left(0.5 \times 109.8 \times \exp(-0.0183) + \cdots + 3 \times 6109.8 \times \exp(-0.1098) \right)$$

$$\div \left(109.8 \times \exp(-0.0183) + \cdots + 6109.8 \times \exp(-0.1098) \right)$$

$$= 2.85 \text{ 年}$$

结果列于表 9.6 第 6 行第 7 列。

5. 三年期债券 L_6 的价值计算

将表 9.10 第 3 列的 c_i、表 9.10 第 4 列的 $R(t_i)$、如前所述 LGD=0、如前所述 $H(t_i)$ =0 代入式（9.51），得到负债 L_6 的价值：

$$P_{L_6} = \sum_{i=1}^{n} c_i \exp(-R(t_i) - \text{LGD} \times H(t_i))$$

$$= 109.8 \times \exp(-0.0183) + \cdots + 6109.8 \times \exp(-0.1098)$$

$$= 5994.3$$

结果列于表 9.6 第 6 行第 8 列。

9.5.7　优化模型的建立与求解

1. 目标函数的建立

将表 9.5 第 4 列资产的年利率 $Y_{A_1} \sim Y_{A_{10}}$ 代入目标函数式（9.33），得

$$\begin{aligned}
\text{Obj} : \max Z &= \sum_{k=1}^{10} A_k Y_{A_k} \\
&= A_1 \times 0 + A_2 \times 1.62\% + A_3 \times 0.72\% \\
&\quad + A_4 \times 4.60\% + A_5 \times 4.60\% + A_6 \times 4.60\% \\
&\quad + A_7 \times 5.20\% + A_8 \times 5.20\% + A_9 \times 0 + A_{10} \times 0
\end{aligned} \qquad (9.64)$$

式（9.64）即为应用实例中资产负债优化模型的目标函数。

2. 信用久期免疫条件的建立

将表 9.5 第 8 列的 P_{A_k}、表 9.5 第 7 列的 D_{CA_k}、表 9.6 第 8 列的 P_{L_k}、表 9.6 第 7 列的 D_{CL_k} 代入式（9.34），得

$$\sum_{k=1}^{a} P_{A_k} \times D_{CA_k} - \sum_{k=1}^{b} P_{L_k} \times D_{CL_k}$$

$$= (A_1 \times 0 + A_2 \times 0.6809 + A_3 \times 0.6827$$

$$+ \cdots + A_7 \times 1.9042 + A_8 \times 2.7824 + A_9 \times 0 + A_{10} \times 0)$$

$$-(20\,000 \times 0.2 + 999.96 \times 0.25 + 12\,996.4 \times 0.5 \quad (9.65)$$

$$+ 7998.3 \times 1 + 5980.7 \times 3 + 5994.3 \times 2.85)$$

$$= 0.6809 A_2 + 0.6827 A_3 + 0.0833 A_4 + 0.4958 A_5$$

$$+ 0.9808 A_6 + 1.9192 A_7 + 2.7646 A_8 - 56\,133.7$$

由于免疫条件式（9.34）=0，则式（9.65）=0，即

$$0.6809 A_2 + 0.6827 A_3 + 0.0833 A_4 + 0.4958 A_5 + 0.9808 A_6 + 1.9192 A_7 + 2.7646 A_8$$
$$-56\,133.7 = 0 \quad\quad (9.66)$$

式（9.66）即为应用实例中信用久期免疫条件。

3. 流动性约束条件的建立

将表 9.6 第 6 列的 L_k、表 9.5 最后一行的 A=100 000 万元、表 9.6 最后一行的 L=63 000 万元代入式（9.35），建立流动性约束条件如下[17]：

（1）资产规模约束（资产总额 A=100 000 万元）：

$$\sum_{k=1}^{10} A_k = 100\,000 \quad\quad (9.67a)$$

（2）流动性的库存现金比例约束：

$$A_1 \geqslant 0.6\% \times \sum_{k=1}^{5} L_k \quad\quad (9.67b)$$

（3）营利性的库存现金比例约束：

$$A_1 \geqslant 1.5\% \times \sum_{k=1}^{5} L_k \quad\quad (9.67c)$$

上述式（9.67b）、式（9.67c）是银行的经营管理约束，由银行测算。

（4）法定存款准备金比例约束：

$$A_2 = 16.5\% \times \sum_{k=1}^{5} L_k \quad\quad (9.67d)$$

（5）备付金比例约束：

$$A_1 + A_3 \geqslant 5\% \times \sum_{k=1}^{5} L_k \quad\quad (9.67e)$$

（6）资产流动性比例约束：

$$\sum_{k=1}^{6} A_k \Big/ \sum_{k=1}^{4} L_k \geqslant 25\% \quad\quad (9.67f)$$

（7）存贷款比例约束：

$$\sum_{k=4}^{8} A_k \bigg/ \sum_{k=1}^{5} L_k \leqslant 75\% \qquad (9.67\text{g})$$

（8）中长期贷款比例约束：

$$\sum_{k=7}^{8} A_k \bigg/ L_3 \leqslant 120\% \qquad (9.67\text{h})$$

式（9.67d）~式（9.67h）是法律法规的监管约束。

（9）固定性约束：

$$A_9 = 1000 \qquad (9.67\text{i})$$

（10）固定性约束：

$$A_{10} = 500 \qquad (9.67\text{j})$$

（11）非负约束：

$$A_i \geqslant 0 \quad (i=1,2,\cdots,10) \qquad (9.67\text{k})$$

通过式（9.67a）~式（9.67k）的法律法规和经营管理约束，控制了流动性风险，满足了银行资本监管的客观要求。

4. 优化结果

以式（9.64）银行收益最大为目标函数，以式（9.66）为信用风险免疫条件，以式（9.67a）~式（9.67k）为流动性约束条件，建立线性规划模型，求解决策变量 A_1、A_2、$\cdots$、A_{10}，结果如表 9.11 第 3 列前 10 行所示。

表 9.11　某银行的资产负债优化结果

（1）序号	（2）资产	（3）本章的优化结果 A_k	（4）对比模型的优化结果 A'_k
1	现金 A_1/万元	342.00	342.00
2	存款准备金 A_2/万元	9 405.00	9 405.00
3	备付金 A_3/万元	46 003.00	46 003.00
4	1 个月期贷款 A_4/万元	34 235.22	34 011.16
5	6 个月期贷款 A_5/万元	290.23	0.00
6	1 年期贷款 A_6/万元	1 024.56	1 538.84
7	2 年期贷款 A_7/万元	6 604.90	7 200.00
8	3 年期贷款 A_8/万元	595.10	0.00
9	固定资产 A_9/万元	1 000.00	1 000.00
10	其他资产 A_{10}/万元	500.00	500.00
11	利率下降 1% 时银行净值损失/万元	0.00	3 794.91

（1）序号	（2）资产	（3）本章的优化结果 A_k	（4）对比模型的优化结果 A'_k
12	银行净值损失占全部资产的比重	0.00	3.79%
13	银行净值损失占所有者权益的比重	0.00	10.26%
14	利息收入 Z/万元	2 493.28	2 493.28

9.5.8　对比分析

1. 对比模型

为了方便对比分析，首先确定对比分析所用的模型。

本模型：本章建立的基于违约强度信用久期免疫的资产负债优化模型，如 9.5.6 节中建立的优化模型所示。

对比模型：①利率久期免疫条件为将式（9.34）中的信用久期 D_C 替换成 Macaulay 久期 MacD，其中 MacD 的计算公式如式（9.7）所示。②目标函数和流动性约束条件为均与本模型相同，目标函数如式（9.64）所示、流动性约束条件如式（9.67a）~式（9.67k）所示。

对比模型与本模型的区别：利率久期免疫条件中，对比模型所用的久期是式（9.7）计算的 Macaulay 久期 MacD，而本模型所用的久期是式（9.12）计算的信用久期 D_C。

2. 对比模型的优化结果

利用表 9.5 和表 9.6 中各项资产负债的基本数据，以式（9.64）银行利息收入最大化为目标函数，以 Macaulay 久期缺口为 0 建立免疫条件，以式（9.67a）~式（9.67k）建立流动性约束条件，建立优化模型，求解得到各项资产的配置金额 A'_k，如表 9.11 第 4 列前 10 行所示。

3. 对比分析的标准

模型 1 和模型 2 从风险和收益两个角度，按照以下两个标准进行对比。

对比标准 1：利率变动时银行净值损失的对比。若利率变动时银行净值发生损失，则说明优化模型计算出的配置结果并不能控制利率风险和信用风险。

对比标准 2：银行利息收入的对比。从银行资产收益的角度，追求目标收益的最大化。银行利息收入越高，说明优化模型计算出的配置结果越能获利。

4. 对比分析的数据计算及结果分析

1）对比标准 1 "利率变动时银行净值变化 ΔV" 的计算及对比结果

上文的式（9.26）是银行净值的变化量 ΔV 的计算公式。则将式（9.65）代入到式（9.26）中，得到

$$\begin{aligned} \Delta V &= -\left(\sum_{k=1}^{a} P_{A_k} \times D_{CA_k} - \sum_{k=1}^{b} P_{L_k} \times D_{CL_k}\right) \times \Delta y \\ &= -(0.6809A_2 + 0.6827A_3 + 0.0833A_4 + 0.4958A_5 \qquad (9.68) \\ &\quad + 0.9808A_6 + 1.9192A_7 + 2.7646A_8 - 56\,133.7) \times \Delta y \end{aligned}$$

式（9.68）为实例中净值变化量 ΔV 的计算公式。

（1）本模型的净值变化量 ΔV_1。将表 9.11 第 3 列前 10 行的资产配置结果 $A_1 \sim A_{10}$ 代入到式（9.68）中，得到模型 1 的银行净值变化量 $\Delta V_1=0$，结果列于表 9.11 第 11 行第 3 列。

本模型的净值变化量 $\Delta V_1=0$ 说明无论利率如何变动，银行净值不会发生变化，对利率风险和信用风险进行免疫。

（2）本模型的净值变化量 ΔV_2。将表 9.11 第 4 列前 10 行的资产配置结果 $A'_1 \sim A'_{10}$ 代入到式（9.68）中，得到模型 2 的银行净值变化量 $\Delta V_2=$ 379 491.37×Δy。当利率下降 1%，即 $\Delta y=-1\%$ 时，$\Delta V_2=379\,491.37 \times (-1\%)=$ −3794.91 万元。

对比模型的净值变化量 $\Delta V_2=-3794.91$ 万元，说明利率每下降 1%，银行净值损失 3794.91 万元，结果列于表 9.11 第 4 列第 11 行。

净值损失占全部资产的比重：如前所述，银行总资产为 100 000 万元。则净值损失占全部资产的比重为 3794.91/100 000=3.79%，结果列于表 9.11 第 4 列第 12 行。

净值损失占所有者权益的比重：如前所述，银行所有者权益为 37 000 万元。则净值损失占所有者权益的比重为 3794.91/37 000=10.26%，结果列于表 9.11 第 4 列第 13 行。

标准 1 的对比结果：当利率发生变动时，本模型比现有研究模型更能抵抗利率风险给银行带来的损失。

2）对比标准 2 "银行利息收入 Z" 的计算及对比结果

将表 9.11 第 3 列前 10 行的优化结果 $A_1 \sim A_{10}$ 代入式（9.64），得到模型 1 的银行利息收入 $Z_1=2493.28$ 万元，结果列于表 9.11 第 3 列最后一行。

将表 9.11 第 4 列前 10 行的优化结果 $A'_1 \sim A'_{10}$ 代入式（9.64），得到模型 2 的银行利息收入 $Z_1=2493.28$ 万元，结果列于表 9.11 第 4 列最后一行。

标准 2 的对比结果：本模型与现有研究模型在银行利息收入上是相等

的，获利能力是一样的。

综上所述，当市场利率发生变动时，用本章建立的信用久期免疫条件（本模型）进行配置，可以准确免疫利率风险，保证银行净值不受损失。而利用 Macaulay 久期免疫条件（对比模型）进行配置，并不能准确免疫利率风险，利率的变动仍然会导致银行净值的损失。

9.6　结　　论

9.6.1　主要结论

（1）久期是利率的函数，而利率又是信用风险溢价的函数，因此久期必须反映信用风险。

（2）当市场利率发生变动时，本章建立的信用久期免疫条件（本模型）可以准确免疫利率风险，保证银行净值不受损失。而利用 Macaulay 久期免疫条件（对比模型）进行配置，并不能准确免疫利率风险，利率的变动仍然会导致银行净值的损失。

9.6.2　特色与创新

（1）根据风险贴现率对现金流的贴现简约化定价理论、通过违约强度和违约损失率确定资产负债各期现金流的违约风险溢价、通过含违约风险溢价的折现利率对 Macaulay 经典利率久期模型的参数进行修正，构建了同时反映信用风险和利率风险的信用久期测度模型。而事实上，久期是利率的函数，而利率又是信用风险溢价的函数，因此久期必须反映信用风险。

（2）通过同时反映信用风险和利率风险的信用久期，揭示了资产和负债的信用久期缺口对银行净值的影响；通过信用久期缺口为 0 的免疫条件，建立了同时控制利率风险和信用风险的资产优化模型。这改变了 Macaulay 经典利率久期的免疫条件仅考虑利率风险而忽略了事实上存在的违约风险对银行净值影响的弊端。

（3）根据 Cox 回归的生存分析模型，通过违约强度为基准违约强度与企业自身风险因素乘积的思路，以银行贷款真实的违约数据作为生存时间参数，拟合出不同时间点对应的违约强度，确定了不同时间点上的企业违约风险溢价。通过确定不同时间点上的企业违约风险溢价，改变了现有研究的信用风险久期忽略不同时间点的违约风险溢价会随时间而变化的不足；通过企业真实的违约状态，改变了现有研究的 Cox 生存分析利用企业

ST 状态代替违约风险的不足。

参 考 文 献

[1] 赫尔 J C. 风险管理与金融机构（第 3 版）[M]. 王勇，董方鹏，译. 北京：机械工业出版社，2014.

[2] 闫达文. 基于信用与利率风险控制的银行资产负债优化模型研究[D]. 大连：大连理工大学，2010.

[3] 吴灏文，迟国泰. 基于方向久期与凸度免疫的资产负债优化模型[J]. 系统工程学报，2012，27（4）：506-512.

[4] 王春峰，杨建林，蒋祥林. 含有违约风险的利率风险管理[J]. 管理科学学报，2006，9（2）：53-60.

[5] 刘艳萍，涂荣，迟国泰. 基于信用风险久期免疫的资产负债管理优化模型[J]. 管理学报，2010，7（2）：278-288.

[6] Chance D M. Default risk and the duration of zero coupon bonds[J]. The Journal of Finance，1990，45（1）：265-274.

[7] Drehmann M，Sorensen S，Stringa M. The integrated impact of credit and interest rate risk on banks：a dynamic framework and stress testing application[J]. Journal of Banking & Finance，2010，34（4）：713-729.

[8] Duffie D，Singleton K J. Modeling term structures of defaultable bonds[J]. Review of Financial Studies，1999，12（4）：687-720.

[9] 达雷尔·达菲 D，辛格尔顿 K J. 信用风险——定价、度量和管理[M]. 许勤，魏嶷，杜鹃，译. 上海财经大学出版社，2009.

[10] 宋雪枫，杨朝军. 财务危机预警模型在商业银行信贷风险管理中的应用[J]. 国际金融研究，2006，（5）：14-20.

[11] 宋雪枫，杨朝军，徐正重. 商业银行信用风险评估的生存分析模型及实证研究[J]. 金融论坛，2006，11（11）：42-47.

[12] 彭非，王伟. 生存分析[M]. 北京：中国人民大学出版社，2004.

[13] 尹力博，韩立岩. 基于多阶段随机规划模型的国债动态积极投资策略[J]. 中国管理科学，2015，23（6）：9-16.

[14] 杨宝臣，李晶晶，苏云鹏. 随机久期免疫：一种非参数方法[J]. 系统工程，2013，31（1）：37-43.

[15] Topaloglou N，Vladimirou H，Zenios S A. Optimizing international portfolios with options and forwards[J]. Journal of Banking & Finance，2011，35（12）：3188-3201.

[16] Gajek L，Krajewska E. A new immunization inequality for random streams of assets，liabilities and interest rates[J]. Insurance：Mathematics and Economics，2013，53（3）：624-631.

[17] 迟国泰，闫达文，杜娟. 基于信用与利率双重风险免疫的资产组合优化模型[J]. 预测，2008，27（2）：42-49.

[18] 何晓群. 多元统计分析[M]. 3 版. 北京：中国人民大学出版社，2012.

[19] 迟国泰，张玉玲，王元斌. 基于全部资产负债利率风险免疫优化的增量资产组合决策模型[J]. 管理工程学报，2011，25（2）：161-172.

第10章　基于层次算法多组最优解的银行资产负债多目标规划模型

10.1　引　　言

资产负债管理是银行实现经营管理目标的重要手段。本章以偿债能力、流动性风险、净利息收入三项指标正负偏差最小化为目标，以资本充足率、杠杆率、拆除资金比率等为约束条件，建立了基于层次算法的多组最优解的银行资产负债管理优化模型。

本章的创新与特色：一是建立资产已有的巨额存量组合和待配置的增量组合所形成的全部资产组合的违约风险、流动性风险、收益三重目标的资产优化配置模型，兼顾"存量+增量"的全部组合资产的流动性、安全性和收益性，对增量资产进行优化配置，改变了现有研究仅考虑增量资产优化配置而忽视存量资产对全部资产配置风险影响的弊端。二是根据违约风险、流动性风险、净利息收入的三重目标建立多目标规划模型，通过多目标规划的层次算法解出多组而非一组最优解，保证了银行可以在多组优先顺序的最优解中根据实际需要选取一个组最优解。改变了现有研究设定同等或主观差异化优先级，把多目标规划变成单目标规划，仅得一组最优解，导致银行无法根据实际情况选择切合实际的最优解的弊端。三是在基期负债规模的基础上考虑计划期的增长情况进行未来计划期的资产优化，改变了现有研究仅对基期现有头寸的静态数值进行配置，无法满足未来需要的状况。四是对宁波银行的实证研究表明，基于层次算法的多组最优解的银行资产负债管理优化模型，改变目标优先级次序，仍可同时满足多个目标，且优先级越高的目标，满足的效果越好。

10.2　银行资产负债多目标优化原理

10.2.1　现有研究问题及解决思路

1. 现有研究问题指标筛选的赋权步骤

（1）现有研究仅仅考虑可用头寸，即待配置的那部分增量组合之内的不同资产负债的匹配，立足于增量资产组合最优，但增量资产组合的风险远远代表不了全部资产组合的风险。事实上，银行几十亿元、几百亿元可用头寸增量贷款的增量组合配置的风险，对银行生存和发展的影响不大，而对银行的生存具有决定性意义的恰恰是已经发放出去的、巨量的几千亿元的贷款存量组合的风险。后者往往更具有绝对性意义。因此，控制"存量+增量"全部资产组合的风险才是亟待解决的难题。

（2）现有研究往往以风险或收益其中一方面为目标，或者虽设有多目标但对目标赋予相等重要程度的优先级，或设立人为主观的差异化的优先级，把一个多目标规划变成一个单目标规划，导致其仅有一组最优解，使银行无法根据实际情况在多组最优解中根据实际情况选择切合实际的最优解。而银行的决策是在多种可行解中选择理想方案的一个过程，仅仅给出唯一的方案显然无法满足银行实际需要。

2. 问题的难点

（1）与现有研究立足于增量资产配置不同，增量与存量后的全部组合的风险收益，其指标约束更为复杂，研究起来难度更大。

（2）现有研究以单目标规划资产配置或对多目标赋予相等重要程度的优先级，或人为主观的差异化的优先级，设定相对简单，求解相对容易，但综合考虑违约风险、流动性风险及利息收入等多目标规划，可能存在无解。

3. 解决问题思路

针对问题（1），在"存量+增量"总资产的违约风险、流动性风险最小化、利息收入最大化三重目标的前提下，求增量可用头寸的最优配置。由于"存量组合"+"增量组合"="全部组合"，且存量资产的规模是固定的，则"全部组合"的最优配置规模，减去"存量组合"的规模，就是增量资产这个"增量组合"的最优配置。

针对问题（2），通过以存量组合加上增量组合后的全部资产组合的流动性偏差、偿付能力偏差与净利息收入偏差三项的综合偏差最小化为目标，构建反映违约风险、流动性风险、净利息收入的三重目标建立多目标规划模型，通过多目标规划的层次算法解出多组而不是一组最优解，保证了银行可以在多组最优解中根据实际需要选取一组切合实际的最优解，适宜银行不同的发展战略。

10.2.2　银行资产负债多目标规划的基本模型

多目标规划的约束条件包括含有正负偏差变量的目标约束如式（10.2）所示，以及不含正负偏差变量的绝对约束如式（10.3）所示。本章多目标为违约风险、流动性风险、净利息收入三重目标，对应式（10.4）即为目标约束，其余约束条件式（10.7）~式（10.16）为不含正负偏差变量 d_k^+、d_k^- 的绝对约束条件。

多目标规划的基本模型如下：

$$\min \quad Z = \sum_P p_k \left(u_k d_k^+ + v_k d_k^- \right) \tag{10.1}$$

$$\text{s.t.} \begin{cases} \sum_{i=1}^m \alpha_{ij} x_{(i)} - d_j^+ + d_j^- = A_j & (10.2) \\[2mm] \sum_{i=1}^m \beta_{ij} x_{(i)} \leqslant (=,\geqslant) B_j & (10.3) \end{cases}$$

式（10.1）中：p_k 为第 k 个目标的优先级别，代表对 k 个指标的重视程度。例如，下文的建模考虑到银行流动性、安全性、收益性的三重目标，把目标分别设置为偿付能力、流动性、利息收入等三个目标。u_k、v_k 为赋予正负偏差的权重系数，代表此指标正负偏差的相对的重视程度，u_k、v_k 越大，越优先实现此偏差。d_k^+，d_k^- 为指标偿付能力、流动性、利息收入等正负偏差。

式（10.1）右边代表偿付能力、流动性、利息收入等指标的正负偏差加权平均值。此模型目标函数最小化即求正负偏差加权平均值最小化，实现指标与预期目标正负波动最小。

式（10.2）为目标约束条件。$x_{(i)}$ 为决策变量，如在下文中 $x_{(i)}$ 为预测期资产、负债、股东权益值；α_{ij} 为各目标约束条件，即下文 10.3.2 节中的资本充足率 K_1、流动性比率 k_2、资产收益率 R_i^A 等；$\sum_{i=1}^m \alpha_{ij} x_{(i)}$ 为预测期偿付能力、流动性、净利息收入等目标的实现值；A_j 为预期目标值；d_j^+，d_j^-

为预测期目标实现值与目标值的正负偏差。

式（10.3）为绝对约束条件，$x_{(i)}$ 为决策变量，在下文的建模中是预测期资产、负债、股东权益的数值；β_{ij} 为绝对约束条件，即 10.3.3 节中杠杆率 K_L、存贷款比率 LD、拆除资金比率及资产负债规模的增长率等；$\sum_{i=1}^{m}\beta_{ij}x_{(i)}$ 为预测期指标的政策比率约束值；B_j 为预期指标的预测值。

10.3　基于层次算法的资产负债多目标规划模型的建立

10.3.1　决策变量

根据商业银行的资产负债种类，本章使用 35 个结构变量，其中 18 个指代资产 A_i（$i=1,2,\cdots,18$），详见表 10.1 第 1 列。12 个指代负债 L_j（$j=1,2,\cdots,12$），见表 10.1 第 2 列前 12 行。5 个指代所有者权益 E_p（$p=1,2,\cdots,5$），见表 10.1 第 2 列第 14~18 行。

表 10.1　决策变量

序号	（1）资产	（2）负债
1	A_1：现金及存放中央银行款项	L_1：向中央银行借款
2	A_2：存放同业款项	L_2：同业及其他金融机构存放款项
3	A_3：贵金属	L_3：拆入资金
4	A_4：拆出资金	L_4：衍生金融负债
5	A_5：以公允价值计量且其变动计入当期损益的金融资产	L_5：卖出回购金融资产款
6	A_6：衍生金融资产	L_6：吸收存款
7	A_7：买入返售金融资产	L_7：应付职工薪酬
8	A_8：应收利息	L_8：应交税费
9	A_9：发放贷款及垫款	L_9：应付利息
10	A_{10}：可供出售金融资产	L_{10}：应付债券
11	A_{11}：持有至到期投资	L_{11}：递延所得税负债
12	A_{12}：应收款项类投资	L_{12}：其他负债
13	A_{13}：长期股权投资	所有者权益
14	A_{14}：投资性房地产	E_1：股本
15	A_{15}：固定资产	E_2：资本公积
16	A_{16}：无形资产	E_3：盈余公积
17	A_{17}：递延所得税资产	E_4：一般风险准备
18	A_{18}：其他资产	E_5：未分配利润

除表 10.1 中上述参数，还有 6 个正负偏差变量，即 d_1^+、d_1^- 为偿付能力目标的正负偏差，见式（10.4）；d_2^+、d_2^- 为流动性目标的正负偏差，见式（10.5）；d_3^+、d_3^- 为净利息收入目标的正负偏差，见式（10.6）。

控制偿付能力目标的正负偏差，既减少违约风险、符合监管要求，又预防过高资本带来的经营成本增加，符合监管要求。

控制流动性目标的正负偏差，既减少流动性风险，又避免持有流动资产过高，降低资金的利用效率，减少收益弊端。

控制净利息收入目标的正负偏差，既实现收益的合理稳定增长，又防止片面追求收益而使资产过快增长的经营危机发生。

控制此三重目标的偏差，兼顾风险收益，实现银行经营的安全性、流动性和营利性的目标。

10.3.2　目标约束条件

根据商业银行经营管理的安全性、流动性和营利性原则，本章选取偿债能力指标反映银行经营的安全性；流动性覆盖率指标反映银行经营的流动性；净利息收入指标反映银行经营的营利性。

除此以外，由于资产负债配置，实际中即使出现负偏差，在银行经营中也是暂时的，可以通过银行的及时规划调整解决。例如，实例式（10.19）中，d_1^+、d_1^- 对应的偿付能力目标的正负偏差，都是大于 0 的，也就是说式（10.19）中的总资本减去加权风险资产在任何情况下都是大于 0 的。由于绝对约束式（10.23）的约束，总资本减去加权风险资产与资本充足率乘积的差在任何情况下都大于等于 0。因此，各优先级次序下实际配置的结果，在表 10.2 中第 2 行 1~6 列，d_1^- 也都为 0，必然满足监管要求。

表 10.2　GP 模型正负偏差结果

序号	符号	（1）$P_1{>}P_2{>}P_3$	（2）$P_1{>}P_3{>}P_2$	（3）$P_2{>}P_1{>}P_3$	（4）$P_2{>}P_3{>}P_1$	（5）$P_3{>}P_1{>}P_2$	（6）$P_3{>}P_2{>}P_1$
1	d_1^+	3 047 294	3 047 294	6 075 595	6 075 595	6 453 483	8 118 213
2	d_1^-	0	0	0	0	0	0
3	d_2^+	19 558 830	19 558 830	14 677 920	14 677 920	22 912 818	17 150 419
4	d_2^-	0	0	0	0	0	0
5	d_3^+	3 120 515	3 120 515	2 216 389	2 216 389	0	0
6	d_3^-	0	0	0	0	0	0

目标约束是指对银行资产配置中需要实现的安全性、流动性、收益目

标的约束；绝对约束是指监管机构对银行资产配置的最低限制要求或出于银行自身生存和发展需要的必然考虑。二者是一个问题的两个方面，其主要的联系在于目标约束与绝对约束的对象相同。二者的区别在于二者的目的不一样，目标约束要求其与合理的偿债能力、流动性、收益的正负偏差最小，尽可能为 0，接近目标值；而绝对约束是限制偿债能力、流动性、收益的最低要求，追求满足的程度越大越好。

比如，式（10.4）偿债能力的目标约束要求其与要求的资本充足率偏差最小；在式（10.7）资本充足率的绝对约束要求了最低限制，追求满足的程度越大越好，越大银行越安全。

1. 偿付能力目标

偿付能力比率反映银行监管侧重防备风险资产而非总资产的风险。其目标表示如式（10.4）所示：

$$\sum_{p=1}^{5} E_p - K_1 \left(\sum_{i=1}^{18} w_i A_i + \text{CRMR} \times 12.5 + \text{CROR} \times 12.5 \right) + d_1^- - d_1^+ = 0 \quad (10.4)$$

E_p（p=1,2,…,5）为预测期资产负债表所有者权益：股本、资本公积等 5 项值，见表 10.1 第 2 列 $E_1 \sim E_5$。K_1 为以巴塞尔协议Ⅲ[1]要求的总资本充足率代表的偿债能力比率。资本充足率是存款人、债权人遭受损失，银行可以承担的损失。在自有资金范围内，是银行对负债的最后偿债能力，是银行抵御风险的能力。w_i 为资产风险权重系数[2]；A_i 为预测期各项资产的数值；$w_i A_i$ 为加权风险资产；$\sum w_i A_i$ 为全部信用风险加权风险资产总额。CRMR 和 CROR 分别为市场风险资本要求和操作风险资本要求，《商业银行资本管理办法（试行）》规定市场风险加权资产是市场风险资本要求的 12.5 倍[2]，操作风险加权资产是操作风险资本要求的 12.5 倍[2]。

d_1^+、d_1^- 为预测期总资本与（资本充足率×总风险加权资产）之差，d_1^+ 为正偏差，d_1^- 为负偏差的绝对值。

式（10.4）的 $\sum E_p$ 即对信用风险、市场风险及操作风险的总风险加权资产配置要求的安全资本。当 $\sum E_p$ 大于第二项满足监管要求，此时式（10.4）的偏差 d_1^+ 合理；当 $\sum E_p$ 小于第二项，即 d_1^- 大于 0，违反监管要求，因此 d_1^- 应为 0。通过控制式（10.4）正负偏差和"$d_1^+ + d_1^-$"最小，既保证银行全部资产配置中偿付能力，降低违约风险，符合监管要求；又防止资本过高导致经营成本增加。同理，下文中 d_2^+、d_2^-、d_3^+、d_3^- 也为非负数。

式（10.4）考虑信用风险、市场风险及操作风险，通过银行资本对信用风险加权资产、市场风险加权资产及操作风险加权资产之和的总风险加权资产进行优化配置，降低银行全部资产配置中的违约风险，保证银行安全性。本章式（10.4）中的资产 A_i 包括了所有存量资产和待配置的增量资产，改变现有研究仅立足于可用头寸的增量资产配置的弊端。事实上，可用头寸往往几十亿元、几百亿元，而已经发放出去的几千亿元的存量资产才是资产配置中控制违约风险的重点。

2. 流动性目标

流动性管理应兼控存量和流量。适度控制存量，防止存量过大造成资金闲置，资金存量过小危及经营，并适度调节流量。此流动性目标即流动资产对现阶段负债的比值。其目标表示如下：

$$\sum_{i\in A} A_i - k_2 \sum_{j\in L} L_j - d_2^+ + d_2^- = 0 \qquad （10.5）$$

A 为所有流动资产集合；L 为所有流动负债集合；k_2 为中国人民银行定义的流动性比率[3]，即流动性资产与流动性负债比值；d_2^+、d_2^- 为银行预测期流动性资产与（流动性负债×流动性比率）的偏差，大于零即正偏差 d_2^+，小于零即负偏差 d_2^-。

式（10.5）中，预测期流动性资产 $\sum A_i$ 与（流动性负债 $\sum L_j$ ×流动性比率）的偏差，体现对流动性目标的实现程度。如式（10.4），式（10.5）第一项 $\sum A_i$ 与第二项 $k_2 \sum L_j$ 的差大于 0，即 d_2^+ 大于 0，符合监管要求，保证流动性；若差小于 0，违反监管要求，存在流动性风险，因此 d_2^- 应为 0。通过控制正负偏差和"$d_2^+ + d_2^-$"最小，既保证银行流动性；又防止资金利用效率低，减少收益。

本章的式（10.5）中的 L_j 既包括已配置资产的负债，又包括待配置资产的负债；综合考虑了"存量+增量"总资产负债的流动性风险，避免存量对银行流动性风险的影响，改变现有研究仅立足于可用头寸的增量资产配置的弊端。

3. 净利息收入目标

我国商业银行营利主要依赖于利息收入，净利差（net interest margin）是衡量商业银行净利息收入的普遍标准。本章单期规划，预测期未来一年，假定各项贷款、债券投资、信托计划等方面收益率不变，各项存款、应付债券等负债项目成本费率不变。其目标表示如下：

$$\sum_{i=1}^{n} R_i^A A_i - \sum_{j=1}^{m} C_j^L L_j - d_3^+ + d_3^- = k_3 \qquad （10.6）$$

R_i^A 为资产 i 的收益率；$\sum R_i^A A_i$ 为利息收入；C_j^L 为负债 j 的成本率；$\sum C_j^L L_j$

为利息支出；$\sum R_i^A A_i - \sum C_j^L L_j$ 为预测期总净利息收入；k_3 为净利息收入的预期目标值；d_3^+、d_3^- 为银行预测期净利息收入与预期值的差值，大于零即正偏差 d_3^+、小于零即负偏差 d_3^-。

式（10.6）表明预测期净利息收入与目标值的偏差。当其大于 0 时，即 d_3^+ 大于 0，超额实现预期净利息收入；当其小于 0 时，即 d_3^- 大于 0 时，未达到预期净利息收入。通过控制正负偏差和"$d_3^+ + d_3^-$"最小，使银行实现稳定发展，防止片面追求收益带来危机。

式（10.6）综合考虑"存量+增量"总资产负债的净利息收入，改变现有研究仅立足于几十亿、几百亿元的可用头寸的增量资产配置，忽视已经发放出去的、几千亿元的存量资产仍然是银行净利息收入的主体的弊端。

通过式（10.4）~式（10.6），建立违约风险、流动性风险、净利息收入的三重目标，使资产配置兼顾流动性、安全性和营利性。改变了现有研究一类只注重风险[4-9]，无法实现超额收益；另一类只注重收益[10-13]，因风险过大带来危机的弊端。

10.3.3　绝对约束条件

1. 资本充足率约束

巴塞尔协议Ⅲ要求普通股资本占总资本在 50%以上[1]。而资本充足率指资本占总风险加权资产的比率，巴塞尔协议Ⅲ要求：普通股充足率达到 4.5%[1]，总资本充足率达到 10.5%[1]。另外，系统性重要银行总资本充足率不低于 11.5%[1]。

$$\frac{\sum\limits_{P \in E} E_p}{\sum\limits_{i \in A} w_i A_i + \mathrm{CRMR} \times 12.5 + \mathrm{CROR} \times 12.5} \geqslant K_{\mathrm{BCA}} \qquad (10.7)$$

E 和 A 为特定的权益和资产账户分类；w_i 为资产风险权重系数；$\sum w_i A_i$ 为全部信用风险加权风险资产总额；CRMR 和 CROR 分别为市场风险资本要求和操作风险资本要求，见式（10.4）。K_{BCA} 为巴塞尔协议Ⅲ要求的各等级资本充足率比例。

式（10.7）左面表明预测期各级资本与总风险加权资本的比率，右面是巴塞尔协议Ⅲ要求的各等级资本充足率比例，银行资本充足率要达到巴塞尔协议Ⅲ的政策要求，为银行的信用风险、市场风险、操作风险提供基本保证。

如前所述，式（10.7）与式（10.4）是一个问题的两个方面。将式（10.7）左边分母移项与右边资本充足率相乘后，左边即式（10.4）中第一项 $\sum E_p$，右边即式（10.4）中第二项资本充足率与总风险加权资产乘积，左边减右边即式（10.4）中第一项减第二项。

$$\frac{E_1}{\sum\limits_{p=1}^{5} E_p} \geqslant 0.5 \qquad (10.8)$$

E_1 为普通股股本；E_p（$p=1,2,\cdots,5$）为预测期资产负债表所有者权益：股本、资本公积等 5 项值，见表 10.1 第 2 列 $E_1 \sim E_5$。

式（10.8）左面为预测期银行普通股资本占总资本的比重，巴塞尔协议Ⅲ要求达到 50%[1]。

2012 年，中国银监会颁布《商业银行资本管理办法（试行）》规定，核心一级资本剔除部分无形资产项目和部分关联方在核心资本的投资项目，核心一级资本充足率不低于 7.5%，总资本充足率不低于 10.5%，系统性重要银行资本充足率不低于 11.5%[2]。

$$\frac{\sum\limits_{p \in E} E_p}{\sum\limits_{i \in A} w_i A_i + \mathrm{CRMR} \times 12.5 + \mathrm{CROR} \times 12.5} \geqslant K_{\mathrm{CCA}} \qquad (10.9)$$

K_{CCA} 为中国银监会要求的各等级资本充足率。

同理，式（10.9）表明中国银监会要求预测期各级资本与总风险加权资本的比率达到《商业银行资本管理办法（试行）》要求的各等级资本充足率，为银行的信用风险、市场风险、操作风险提供保证。

2. 杠杆率指标约束

衡量企业负债经营程度，是自有资本与总资产的比值。银行业普遍具有极高的杠杆比率，其在不同程度上使用复杂的金融模型，增加杠杆水平，降低权益资本，增加银行经营风险。巴塞尔协议Ⅲ要求银行杠杆率不低于 3%[1]。同时中国中小银行相对而言杠杆率较低，面临更大经营风险，2015 年中国银监会颁布《商业银行杠杆率管理办法（修订）》要求杠杆率不低于 4%[14]。

$$\frac{\sum\limits_{p=1}^{5} E_p}{\sum\limits_{i=1}^{18} A_i} \geqslant K_L \qquad (10.10)$$

K_L 为巴塞尔协议Ⅲ或中国银监会要求的杠杆率。

式（10.10）左面为预测期权益资本与总资产比值，右面为巴塞尔协议Ⅲ或中国银监会要求的杠杆率。银行杠杆率水平不得低于政策要求。

银行业普遍具有极高的杠杆比率，且商业银行往往不同程度使用复杂的金融模型，提高了杠杆水平，降低了权益资本的实际规模，弱化了资本充足水平，增加了银行的经营风险。因此，对银行资产负债进行优化管理要在资本充足率约束之上，关注杠杆率监管，预防经营风险。

3. 资产负债账户约束

银行对资产负债账户常施加更严格约束，一方面满足监管部门的需要；另一方面控制经营风险，保证银行经营的安全性和营利性。银行分类账户限制表示如下：

$$MA_0 \leqslant A \leqslant HA_0 \qquad (10.11)$$

$$ML_0 \leqslant L \leqslant HL_0 \qquad (10.12)$$

A 和 L 为特定资产、负债账户；MA_0（ML_0）为特定资产（负债）账户的下界，可以用银行基期存量代表；HA_0（HL_0）为特定资产（负债）账户的上界，以基期为基准，考虑银行计划期资产、负债规模预计增长幅度。

式（10.11）与式（10.12）表明预测期特定资产、负债账户规模的变动范围。资产规模过低影响银行收益、增长发展；但规模过高会增加银行经营风险，需要对其有一个合理的预期变动增长范围，以保证银行安全、健康、可持续发展。

式（10.11）与式（10.12）在基期负债规模的基础上，考虑计划期的增长情况进行未来计划期的资产优化，改变现有研究仅对基期现有头寸的静态数值进行配置，没有考虑未来预测期的资产负债增长，忽视增量资产与存量资产整体风险收益对资产配置影响的弊端，更符合银行未来发展的实际需要。

4. 存贷款比率

存贷款比率（loan-deposit ratio，LD）指商业银行各项贷款总额与各项存款总额的比率。存贷款比率是用于避免银行过度扩张引发流动性危机。此指标虽在 2015 年从《中华人民共和国商业银行法》中删除[15]，但监控存贷款比率是银行惯用的做法。若满足式（10.4）和式（10.7）的约束条件，流动性也能得到控制。以存贷款比率约束更简洁明快。2018 年中国银保监会颁布的《商业银行流动性风险管理办法》规定，其不得超过 75%[3]。

$$\frac{L'}{D} \leqslant 75\% \qquad (10.13)$$

其中，L' 为各项贷款期末余额；D 为各项存款期末余额。

式（10.13）左面为预测期各项贷款与存款比率，右面为银保监会要求最高存贷款比率，商业银行存贷款比例不得高于 75%[3]。存贷款比率反映银行总体流动性状况和存贷款的匹配情况。银行面临大量的日常现金支取、结算，需要一定的库存现金存款准备金，若存贷款比率过高，现金不足，会导致银行的支付危机，扩散更可能导致金融危机，损害存款人的利益。为防止银行过度扩张，存贷款比率不宜过高。

5. 备付金比率

备付金保证存款支付和货币清算的资金需要。备付金比率是在央行备付金和库存现金总额与存款总额的比值，也可通过现期净资产与总资产的比率来核算备付金比例。我国人民银行规定备付金比率不低于5%[16]。

$$\frac{R + C}{D} \geqslant 5\% \tag{10.14}$$

其中，R 为在中国人民银行备付金存款期末余额；C 为代库存现金的期末余额；D 为各项存款期末余额。

式（10.14）左面为预测期备付金和库存现金期末总额与存款总额的比值，右面是人民银行要求最低备付金比率，商业银行备付金比率不得低于5%[16]，保证银行的正常支付能力及流动性，避免贷款过度扩张。

6. 拆出资金比率

拆出资金指商业银行从其他银行、证券公司等金融机构借入的资金。拆出资金比率指拆出资金期末余额与各项存款期末余额的比值。拆出资金降低银行应对风险损失能力，但拆出资金利率远高于市场利率，适度拆出资金在资金闲置时也有益。人民银行规定拆出资金上限是吸收存款的8%[16]。

$$\frac{M_1}{D} \leqslant 8\% \tag{10.15}$$

其中，M_1 为拆出资金期末余额；D 为各项存款期末余额。

式（10.15）左面为预测期拆出资金期末余额与存款期末余额的比值，右面是人民银行要求最高拆出资金比率，商业银行拆出资金比率不得高于8%[16]，防止经营风险过于集中。

7. 资产负债表结构约束

资产负债表必须满足资产等于负债加所有者权益，即

$$\sum_{i=1}^{n} A_i = \sum_{j=1}^{m} L_j + \sum_{p=1}^{s} E_p \tag{10.16}$$

其中，$i=1,2,\cdots,n$，n 为资产变量数目；$\sum A_i$ 为预测期总资产。$j=1,2,\cdots,m$，m 为负债变量数目；$\sum L_j$ 为预测期总负债。$p=1,2,\cdots,s$，s 为所有者权益变量数目；$\sum E_p$ 为预测期总资本。

式（10.16）左面为预测期资产总值，右面为预测期负债和股东权益总值，保证预测期资产负债结构平衡，满足资产负债表基础。此处资产、负债、股东权益是未来预测期的规划值，此模型是对未来资产负债进行配置，更符合银行实际规划预测需要。

10.3.4　目标函数

此多重目标规划模型的三重优化目标对不同银行不同阶段的重要程度不同，不适合直接汇总求偏差变量的最大化或最小化。应按照轻重缓急程度给予不同优先级次序。规定：$P_i > P_j$，即 P_i 比 P_j 拥有更高的优先级，优先考虑 P_i 级目标的实现。

依确立的目标，此模型设三个优先级，如下所示。

P_1：偿债能力目标。

P_2：流动性目标。

P_3：净利息收入目标。

目标函数如下：

$$\min Z = P_1\left(d_1^- + d_1^+\right) + P_2\left(d_2^- + d_2^+\right) + P_3\left(d_3^- + d_3^+\right) \tag{10.17}$$

式（10.17）右端第一项追求偿债能力目标偏差 P_1（$d_1^- + d_1^+$），具体含义如式（10.4）所示；第二项追求流动性目标偏差 P_2（$d_2^- + d_2^+$），具体含义由式（10.5）所示；第三项追求净利息收入目标偏差 P_3（$d_3^- + d_3^+$），具体含义由式（10.6）所示。因此，目标函数式（10.17）是追求偿债能力、流动性、净利息收入三大目标偏差最小化。

对偿债能力目标、流动性目标、净利息收入目标三类目标赋予不同优先级次序，可得到 6 种优先级排序，如表 10.2 中 1~6 列所示。以其第 1 列为例，优先级 $P_1 > P_2 > P_3$，即以偿债能力作为第一目标，优先考虑，第二目标才是流动性，最后考虑净利息收入目标。表 10.2 的第 2~6 列同理。

本章对偿债能力目标、流动性目标、净利息收入目标赋予 6 种优先级次序建立多目标规划模型，以 10.3.6 节中层次算法求解，可得多组而非一组最优解，改变了现有研究主观设定同等优先级，将多目标规划变成单目标规划，仅有一组最优解，使银行无法根据实际情况选择切合实际的最优解的弊端。

同时，式（10.4）~式（10.17）的每一个公式中的资产变量都是"存量+增量"的全部组合资产的预测量，改变了现有研究仅考虑增量资产优化配置而忽视存量资产对配置风险影响的弊端。已经发放出去的巨量资产存量组合的风险收益对银行资产配置具有重要意义。

10.3.5　资产负债管理多目标规划模型

目标函数式（10.17），目标约束条件式（10.4）~式（10.6），绝对约束式（10.7）~式（10.16）。

本章以式（10.17）为目标函数，实现偿债能力目标、流动性目标、净利息收入三重目标相对合理预期值的正负偏差最小。以式（10.4）~式（10.6）为目标约束条件，式（10.7）~式（10.16）为绝对约束条件，对预测期银行资产负债规模和资产配置在满足资本充足率、杠杆率等合理要求基础上，实现风险最小化、合理收益规模最大化为目标，建立商业银行资产负债管理多目标规划模型。

对三类不同重要程度目标以优先级法进行排序，在三重目标都实现的基础上，根据银行发展阶段、战略、重点不同，赋予目标不同重要顺序，以层次算法可求得六组最优解。

三个目标函数根据不同的优先次序可以得到 6 种不同次序的最优解。不言而喻，对于式（10.17）的目标函数中的三个目标 P_1，P_2，P_3，其中任何一个目标 P_i 都可以作为排序第一的优先顺序，同理，其中的任何一个目标都可以作为排序第二的优先顺序，等等。故三个目标函数根据不同的优先次序可以得到 6 种不同次序 $P_1>P_2>P_3$、$P_1>P_3>P_2$、$P_2>P_1>P_3$、$P_2>P_3>P_1$、$P_3>P_1>P_2$、$P_3>P_2>P_1$ 的最优解。而每一组解都满足式（10.17）的目标函数及式（10.4）~式（10.16）构成的约束条件，只不过是"满足目标约束条件更好"的程度不同。这正好为银行在多组最优解中根据实际情况进行择优创造了前提条件。

本章的目标规划模型是对银行"存量+增量"的全部资产负债的优化配置。在"存量+增量"总资产的组合风险收益进行控制规划基础上，实现三类目标综合偏差最小化，反推增量资产的优化配置最优解。

10.3.6　资产负债管理多目标规划的解法

以优先级 $P_1>P_2>P_3$ 为例，其他优先次序类推。

步骤 1：第一组最优解的求法。在 $P_1>P_2>P_3$ 的优先次序下，由于 P_1 为第一优先次序，故以 P_1 的偿债能力正负偏差 d_1^-、d_1^+ 之和最小为目标函数 $\min Z_1=d_1^-+d_1^+$，以式（10.4）~式（10.16）为约束条件，得到第一组最优解。

步骤 2：由于 P_2 为第二优先次序，故以 P_2 的流动性正负偏差 d_2^-、d_2^+ 之和最小为目标函数 $\min Z_2=d_2^-+d_2^+$，以式（10.4）~式（10.16）及步骤 1

解出的 $d_1^+=h$、$d_1^-=0$ 为约束条件，得到第二组最优解。

步骤 3：由于 P_3 为第三优先次序，故以 P_3 的净利息收入正负偏差 d_3^-、d_3^+ 之和最小为目标函数 $minZ_3=d_3^-+d_3^+$，以式（10.4）~式（10.16）及步骤 1 和步骤 2 解出的 $d_1^+=h$、$d_1^-=0$、$d_2^+=f$、$d_2^-=0$ 为约束条件，得到第三组最优解，即为优先级 $P_1>P_2>P_3$ 时各决策变量的最优解。

综上所述，本章采用层次算法[17]按优先级顺序依次以一个目标约束偏差最小作为目标，将此偏差最优解作为约束条件代入下一层目标，改变了现有研究对优先级赋予相等重要程度，或人为主观设置差异化权重，把一个多目标规划变成一个单目标规划，导致其仅有一组最优解，使银行无法根据实际情况进行选择的弊端。

10.3.7　资产负债管理多目标规划模型的特色

（1）在同时考虑资产负债"存量组合"与"增量组合"后的"全部组合"的风险与收益的前提下优化配置增量资产组合，开拓了金融资产配置的新思路，改变了现有研究仅考虑增量资产优化配置而忽视存量资产对全部资产配置风险影响的弊端。通过建立资产已有的巨额存量组合和待配置的增量组合所形成的全部资产组合的违约风险、流动性风险、收益三重目标的资产优化配置模型，兼顾"存量+增量"的全部组合资产的流动性、安全性和收益性，对增量资产进行优化配置。

（2）根据违约风险、流动性风险、净利息收入的三重目标建立多目标规划模型，通过多目标规划的层次算法解出多组而非一组最优解，保证了银行可以在多组优先顺序的最优解中根据实际需要选取一组最优解。改变了现有研究设定同等或主观差异化优先级，把多目标规划变成单目标规划，仅得一组最优解，导致银行无法根据实际情况选择切合实际的最优解的弊端。

（3）在基期负债规模的基础上考虑计划期的增长情况进行未来计划期的资产优化，改变了现有研究仅对基期现有头寸的静态数值进行配置，无法满足未来需要的状况。

10.4　实证研究与结果

10.4.1　应用背景

银行的运营目标往往是多元化的，而关于最优资产组合问题中，马科维茨提出的均值-方差模型和夏普的资本资产定价模型都是以单目标为前提所做的研究。因此本章考虑了实际的组合资产负债中不存在绝对最优解的情况，提出了多目标规划有利于银行兼顾各种目标，通过改变目标优先级次序来达到近期最优的经营策略。

首先，本章通过改进现有研究忽视存量资产对全部资产配置风险影响的弊端，建立已有的巨额存量组合和待配置的增量组合所形成的全部资产组合的违约风险、流动性风险、收益三重目标的资产优化配置模型，对增量资产进行优化配置。其次，本章区别于现有研究设定同等或主观差异化优先级，仅得一组最优解，导致银行无法根据实际情况选择切合实际的最优解的弊端。根据违约风险、流动性风险、净利息收入的三重目标建立多目标规划模型，通过多目标规划的层次算法解出多组而非一组最优解，保证了银行可以在多组优先顺序的最优解中根据实际需要选取一组最优解。再次，本章在基期负债规模的基础上考虑计划期的增长情况进行未来计划期的资产优化，改变了现有研究仅对基期现有头寸的静态数值进行配置，无法满足未来需要的状况。最后，本章通过对宁波银行的实证研究表明，基于层次算法的多组最优解的银行资产负债管理优化模型，改变目标优先级次序，仍可同时满足多个目标，且优先级越高的目标，满足的效果越好。

本章以宁波银行 2013 年资产负债表数据为基础，建立实证模型，得出 2014 年不同目标优先级情况下最优资产负债配置结构，并与 2014 年宁波银行实际资产负债表进行对比，分析对资本充足率、流动性、净利息收入等的实现程度，对模型实用性、合理性进行检验。

资料来源于宁波银行 2013 年、2014 年年度报告[18, 19]。

10.4.2　目标函数的建立

目标函数：

$$minZ = P_1\left(d_1^- + d_1^+\right) + P_2\left(d_2^- + d_2^+\right) + P_3\left(d_3^- + d_3^+\right) \qquad （10.18）$$

式（10.18）右端偿债能力目标偏差 P_1（$d_1^-+d_1^+$）由式（10.19）总资本充足率约束，为银行安全性；流动性目标偏差 P_2（$d_2^-+d_2^+$）由式（10.20）流动性覆盖率约束，为银行流动性；净利息收入目标偏差 P_3（$d_3^-+d_3^+$），由式（10.21）净利息收入约束，为银行收益性。故式（10.18）以偿债能力、流动性、净利息收入三大目标偏差最小为目标函数，以兼顾银行安全性、流动性及收益性。

10.4.3　目标约束条件

建立的规划模型的决策变量分三类，即资产 A_i（$i=1,2,\cdots,18$），详见表10.1 第 1 列；负债 L_j（$j=1,2,\cdots,12$），见表 10.1 第 2 列前 12 行；所有者权益 E_p（$p=1,2,\cdots,5$），见表 10.1 第 2 列第 14~18 行。

资产 A_i 的建立是综合考虑"存量组合"与"增量组合"后的全部资产，对"存量+存量"总体资产进行优化配置，其求得最优解的资产值减去已有的巨额的存量资产，即得到对增量资产的优化配置。

负债 L_j 是在基期 2013 年负债规模的基础上，考虑未来预测期 2014 年预计的增长规模，以未来的预期增长规模作为上限，建立决策变量进行优化配置。

所有者权益 E_p 是在基期 2013 年变量值的基础上，考虑由于资产增长即增量资产及资本充足率等安全性监管要求，银行需要主动增加资本而建立决策变量。

本章目标约束及绝对约束特色在于：一是考虑了未来负债规模变动及银行主动负债理论，设立决策变量负债 L_j；二是考虑了银行在实际中可主动吸收资本以保证或提高安全性，设立决策变量所有者权益 E_p。

1. 偿付能力目标约束

宁波银行 2013 年市场风险加权资产总额为 577 319 万元，操作风险加权资产总额为 1 931 757 万元[18]。假定市场风险加权资产和操作风险加权资产在 2014 年保持稳定。监管要求宁波银行总资本充足率不得低于 10.5%[1]。拆出资金、衍生金融资产、买入返售金融资产、应收利息、长期股权投资、投资性房地产、固定资产、无形资产的信用风险权重系数 w_i 为 100%[2]，以公允价值计量且变动计入当期损益的金融资产 w_i 为 21.71%[2,18]，贷款 w_i 为 95.23%[2,18]，可供出售金融资产 w_i 为 68.9%[2,18]，具体详见附录 A。偿付能力目标约束表述如下：

$$\sum_{p=1}^{5} E_p - 0.105 \left(A_4 + 0.2171 A_5 + \sum_{i=6}^{8} A_i + 0.9523 A_9 + 0.689 A_{10} \right. \quad (10.19)$$
$$\left. + \sum_{i=12}^{18} A_i + 577\,319 + 1\,931\,757 \right) + d_1^- - d_1^+ = 0$$

式（10.19）为预测期 2014 年总资本与（资本充足率×总风险加权资产）之差，d_1^+ 是正偏差，d_1^- 是负偏差。对应目标函数式（10.18）优先级 P_1，实现偿债能力目标正负偏差和最小。

2. 流动性目标约束

2013 年, 宁波银行的各资产项目中期限 1 个月内的流动性资产所占比重: 现金及存放中央银行款项 26.75%[18], 存放同业 54.68%[18], 拆出资金 0.47%[18], 交易性金融资产 86.23%[18], 买入返售金融资产 32.48%[18], 发放贷款及垫款 8.21%[18], 可供出售金融资产 3.12%[18], 应收款项类投资 7.76%[18]。假定各项资产中流动性资产比重在 2014 年保持稳定。中国人民银行监管要求流动性比率不低于 25%[3]。流动性目标约束表述如下:

$$0.2675A_1 + 0.5468A_2 + 0.0047A_4 + 0.8623A_5 + 0.3248A_7 + 0.0821A_9 + 0.0312A_{10}$$
$$+0.0776A_{12} - 0.25(L_1 + 0.3487L_2 + 0.6531L_3 + 0.1872L_5 + 0.5913L_6) + d_2^- - d_2^+ = 0$$

（10.20）

式（10.20）为预测期 2014 年流动性资产与（流动性负债×流动性比率）的偏差, d_2^+ 是正偏差, d_2^- 是负偏差。对应目标函数式（10.18）优先级 P_2, 实现流动性目标正负偏差和最小。

3. 净利息收入目标约束

2013 年宁波银行存放中央银行利息收入 74 380 万元[18], 本金 6 219 482 万元[18], 即利息收益率 0.0119。同理, 收益率: 存放同业 0.0292, 拆出资金 0.2297, 交易性金融资产 0.1019, 买入返售金融资产 0.0678, 发放贷款及垫款 0.0712, 可供出售金融资产 0.0467。成本率: 同业存放 0.0247, 拆入资金 0.0263, 卖出回购金融资产 0.0866, 吸收存款 0.0204, 发放债券 0.0424, 其他负债 0.0236。具体详见附录 B。2013 年净利息收入 1 125 869 万元[18], 较 2012 年上升 22.17%[18], 预计 2014 年净利息收入增长率保持 22.17%。净利息收入目标约束表述如下:

$$0.0119A_1 + 0.0292A_2 + 0.2297A_4 + 0.1019A_5 + 0.0678A_7 + 0.0712A_9$$
$$+0.0467A_{10} - (0.0247L_2 + 0.0263L_3 + 0.0866L_5 + 0.0204L_6 + 0.0424L_{10})$$
$$+d_3^- - d_3^+ = 1.2217 \times 11 258 689$$

（10.21）

式（10.21）为预测期 2014 年净利息收入与目标值的偏差, d_3^+ 是正偏差, d_3^- 是负偏差。对应目标函数式（10.18）优先级 P_3, 实现净利息收入正负偏差和最小。

10.4.4　绝对约束条件

1. 资本充足率约束

宁波银行 2013 年市场风险加权资产与操作风险加权资产总额为 2 509 076 万元[18]，预期下年度保持稳定。信用风险加权资产如式（10.19）所示，拆出资金、衍生金融资产、买入返售金融资产、应收利息、长期股权投资、投资性房地产、固定资产、无形资产的信用风险权重系数 w_i 为 100%[2]，以公允价值计量且变动计入当期损益的金融资产 w_i 为 21.71%[2,18]，贷款 w_i 为 95.23%[2,18]，可供出售金融资产 w_i 为 68.9%[2,18]。

巴塞尔协议Ⅲ要求核心资本充足率达到 4.5%[1]，约束条件如下：

$$E_1 - 0.045 \times \left(A_4 + 0.2171 A_5 + \sum_{i=6}^{8} A_i + 0.9523 A_9 + 0.689 A_{10} + \sum_{i=12}^{18} A_i + 25\,090\,762 \right) \geqslant 0$$

（10.22）

式（10.22）表明股本与总风险加权资产比值，即核心资本充足率大于等于 4.5%。

巴塞尔协议Ⅲ要求总资本充足率达到 10.5%[1]，约束条件如下：

$$E_1 + E_2 + E_3 + E_4 + E_5 - 0.105 \times \left(A_4 + 0.2171 A_5 + \sum_{i=6}^{8} A_i + 0.9523 A_9 + 0.689 A_{10} \right.$$

$$\left. + \sum_{i=12}^{18} A_i + 25\,090\,762 \right) \geqslant 0$$

（10.23）

式（10.23）表明总资本 $\sum E_p$ 与总风险加权资产的比值，即总资本充足率大于等于 10.5%。

2012 年《商业银行资本管理办法（试行）》规定核心资本充足率达到 7.5%[2]，约束条件如下：

$$E_1 - 0.075 \times \left(A_4 + 0.2171 A_5 + \sum_{i=6}^{8} A_i + 0.9523 A_9 + 0.689 A_{10} \right.$$

$$\left. + \sum_{i=12}^{18} A_i + 25\,090\,762 \right) \geqslant 0$$

（10.24）

式（10.24）表明股本与总风险加权资产比值，即核心资本充足率大于等于 7.5%。

2012 年《商业银行资本管理办法（试行）》规定资本充足率达到 10.5%[2]，约束条件如下：

$$E_1 + E_2 + E_3 + E_4 + E_5 - 0.105 \times \left(A_4 + 0.2171A_5 + \sum_{i=6}^{8} A_i + 0.9523A_9 + 0.689A_{10} \right.$$

$$\left. + \sum_{i=12}^{18} A_i + 25\,090\,762 \right) \geqslant 0$$

（10.25）

式（10.25）表明总资本$\sum E_p$与总风险加权资产比值，即总资本充足率大于等于10.5%。

2. 杠杆率约束

巴塞尔协议Ⅲ要求杠杆率不低于3%[1]，约束条件如下：

$$E_1 + E_2 + E_3 + E_4 + E_5 - 0.03 \times \sum_{i=1}^{18} A_i \geqslant 0 \qquad （10.26）$$

式（10.26）表明总资本$\sum E_p$与总资产$\sum A_i$比值，即杠杆率大于等于3%。

《商业银行杠杆率管理办法（修订）》要求杠杆率不得低于4%[14]，约束条件如下：

$$E_1 + E_2 + E_3 + E_4 + E_5 - 0.04 \times \sum_{i=1}^{18} A_i \geqslant 0 \qquad （10.27）$$

式（10.27）表明总资本$\sum E_p$与总资产$\sum A_i$比值，即杠杆率大于等于4%。

3. 流动性风险监管约束

《商业银行流动性风险管理办法》要求流动性比率不低于25%[3]。各资产项目中期限1个月内的流动性资产所占比重如式（10.20）所述，即现金及存放中央银行款项26.75%[18]，存放同业54.68%[18]，拆出资金0.47%[18]，交易性金融资产86.23%[18]，买入返售金融资产32.48%[18]，发放贷款及垫款8.21%[18]，可供出售金融资产3.12%[18]，应收款项类投资7.76%[18]。约束条件如下：

$$0.2675A_1 + 0.5468A_2 + 0.0047A_4 + 0.8623A_5 + 0.3248A_7 + 0.0821A_9$$

$$+ 0.0312A_{10} + 0.0776A_{12} - 0.25(L_1 + 0.3487L_2 + 0.6531L_3 + 0.1872L_5$$

$$+ 0.5913L_6) \geqslant 0$$

（10.28）

式（10.28）表明流动性资产与流动性负债比率，即流动性率大于等于25%。

《商业银行流动性风险管理办法》要求存贷款比率不高于75%[3]，约束条件如下：

$$A_9 - 0.75L_6 \leqslant 0 \qquad （10.29）$$

式（10.29）表明贷款A_9与存款L_6比值小于等于75%。

中国人民银行要求备付金比例不低于 5%[16]，2012 年后存款准备金率 16.5%[20]，约束条件如下：

$$A_1-0.165L_6-0.05L_6\geqslant0 \qquad (10.30)$$

式（10.30）表明银行持有的现金及存放中央银行的款项应高于监管要求的 16.5%倍贷款的法定准备金与 5%倍存款的备付金之和。

中国人民银行要求拆出资金比率不高于 80%[16]，约束条件如下：

$$A_4-0.80L_6\leqslant0 \qquad (10.31)$$

式（10.31）表明拆出资金 A_4 与存款 L_6 比重，即拆出资金比率小于等于 80%。

4. 资产负债账户约束

宁波银行 2013 年各项贷款期末余额为 16 730 217 万元[18]，贷款和垫付款预计必须适当增加，但不能增加超过前一年水平的 17.35%[18]。

贷款总额 A_9 不低于 16 730 217 万元，以 2013 年的基数值为下限，约束条件如下：

$$A_9\geqslant16\ 730\ 217 \qquad (10.32)$$

贷款总额 A_9 较 2013 年上涨不高于 17.35%[18]，约束条件如下：

$$A_9\leqslant1.1735\times16\ 730\ 217 \qquad (10.33)$$

宁波银行 2013 年表内总资产余额为 46 788 477 万元[18]。2014 年预计总资产不低于 2013 年实际值。2013 总资产规模较 2012 年上涨 25.54%[18]，以此作为 2014 年总资产规模上涨的上限。

全部资产 $\sum A_i$ 不低于 46 788 477 万元，以 2013 年的基数值为下限，约束条件如下：

$$\sum_{i=1}^{18}A_i\geqslant46\ 788\ 477 \qquad (10.34)$$

全部资产 $\sum A_i$ 较 2013 年上涨幅度不高于 25.54%[18]，约束条件如下：

$$\sum_{i=1}^{18}A_i\leqslant1.2554\times46\ 788\ 477 \qquad (10.35)$$

2013 年存款期末余额为 25 527 833 万元[18]，存款规模预计存在适当增加，但不能超过前一年增长水平的 22.97%[18]。

存款总额 L_6 不低于 25 527 833 万元，以 2013 年的基数值为下限，约束条件如下：

$$L_6\geqslant25\ 527\ 833 \qquad (10.36)$$

存款总额 L_6 较 2013 年上涨不高于 22.97%[18]，约束条件如下：

$$L_6 \leqslant 1.2297 \times 25\,527\,833 \qquad (10.37)$$

宁波银行 2013 年总负债 44 225 071 万元，预计 2014 年总负债规模不低于 2013 年，也不高于 2013 年增长规模的 26.15%[18]。

全部负债$\sum L_j$不低于 44 225 071 万元，以 2013 年的基数值为下限，约束条件如下：

$$\sum_{j=1}^{12} L_j \geqslant 44\,225\,071 \qquad (10.38)$$

全部负债$\sum L_j$较 2013 年上涨幅度不高于 26.15%[18]，约束条件如下：

$$\sum_{j=1}^{12} L_j \leqslant 1.2615 \times 44\,225\,071 \qquad (10.39)$$

宁波银行 2013 年股本 288 382 万元[18]。商业银行的股东权益大部分为股份资本，不能被削减，即预测期 2014 年股本不低于 2013 年值，约束条件如下：

$$E_1 \geqslant 288\,382 \qquad (10.40)$$

某些资产负债账户调整不宜过大，除个别说明外，一律不允许变化超过上一年账户值的 20%。

5. 资产负债表结构约束

$$\sum_{i=1}^{18} A_i = \sum_{j=1}^{12} L_i + \sum_{p=1}^{5} E_p \qquad (10.41)$$

式（10.41）表明预测期 2014 年总资产$\sum A_i$等于总负债$\sum L_j$与总资本$\sum E_p$之和。

10.4.5 目标规划求解

1. 6 组决策变量最优解输出

偿债能力目标、流动性目标与净利息收入目标三重目标组成 6 种优先级次序，如表 10.2 所示。三个目标中，每一个目标都可以分别作为第一次序、第二次序及第三次序，共有 6 种组合。

如 10.3.6 节所述，采用层次算法[17]依优先级顺序，求出最小目标约束偏差，将此偏差最优解作为约束条件代入下一层目标，求得此优先级次序下的一组最优解。

2. 每组最优解特色

根据表 10.3 中决策变量值求得 6 组最优解的总资本充足率、资产流动性比率及净利息收入三类目标参数，见表 10.4 第 1~6 行 1~3 列。

表 10.3　GP 模型资产负债权益账户结果

序号	符号	(1) 2013年实际值	(2) 上浮范围值 H%	(3) 2014年预测值下限	(4) 2014年实际值	GP 模型值											
						(5) $P_1>P_2>P_3$	(6)Δ1 (5)-(3)	(7) $P_1>P_3>P_2$	(8)Δ2 (7)-(3)	(9) $P_2>P_1>P_3$	(10)Δ3 (9)-(3)	(11) $P_2>P_3>P_1$	(12)Δ4 (11)-(3)	(13) $P_3>P_1>P_2$	(14)Δ5 (13)-(3)	(15) $P_3>P_2>P_1$	(16)Δ6 (15)-(3)
1	A_1	62 194 816	20	62 194 816	70 953 938	67 491 888	5 297 072	67 491 888	5 297 072	67 491 888	5 297 072	67 491 888	5 297 072	74 633 779	12 438 963	63 809 493	1 614 677
2	A_2	38 964 591	20	38 964 591	30 447 600	38 964 591	—	38 964 591	—	38 964 591	—	38 964 591	—	38 964 591	—	38 964 591	—
3	A_3	33 159	20	33 159	—	33 159	—	33 159	—	39 791	6 632	39 791	6 632	39 791	6 632	39 791	6 632
4	A_4	548 000	20	548 000	2 866 596	657 600	109 600	657 600	109 600	657 600	109 600	657 600	109 600	548 000	—	548 000	—
5	A_5	1 178 908	20	1 178 908	8 878 979	1 178 908	—	1 178 908	—	1 178 908	—	1 178 908	—	1 178 908	—	1 178 908	—
6	A_6	7 193 453	20	7 193 453	1 293 140	8 632 144	1 438 691	8 632 144	1 438 691	8 632 144	1 438 691	8 632 144	1 438 691	8 632 144	1 438 691	8 632 144	1 438 691
7	A_7	39 537 850	20	39 537 850	17 079 001	47 445 420	7 907 570	47 445 420	7 907 570	39 537 850	—	39 537 850	—	47 445 420	7 907 570	39 537 850	—
8	A_8	2 474 309	20	2 474 309	3 015 047	2 969 171	494 862	2 969 171	494 862	2 969 171	494 862	2 969 171	494 862	2 969 171	494 862	2 969 171	494 862
9	A_9	167 302 170	17.35	167 302 170	204 749 878	196 329 096	29 026 926	196 329 096	29 026 926	167 302 170	—	167 302 170	—	196 329 096	29 026 926	167 302 170	—
10	A_{10}	90 355 457	20	90 355 457	120 109 026	153 980 394	63 624 937	153 980 394	63 624 937	174 191 799	83 836 342	174 191 799	83 836 342	107 056 883	16 701 426	135 642 286	45 286 829
11	A_{11}	15 949 957	20	15 949 957	16 569 101	15 949 957	—	15 949 957	—	19 139 948	3 189 991	19 139 948	3 189 991	19 139 948	3 189 991	19 139 948	3 189 991
12	A_{12}	36 083 540	20	36 083 540	71 554 844	43 300 248	7 216 708	43 300 248	7 216 708	36 083 540	—	36 083 540	—	43 300 248	7 216 708	43 300 248	7 216 708
13	A_{13}	13 250	20	13 250	—	15 900	2 650	15 900	2 650	15 900	2 650	15 900	2 650	15 900	2 650	15 900	2 650
14	A_{14}	16 609	20	16 609	16 596	19 931	3 322	19 931	3 322	19 931	3 322	19 931	3 322	19 931	3 322	19 931	3 322
15	A_{15}	2 392 068	20	2 392 068	3 352 019	2 870 482	478 414	2 870 482	478 414	2 870 482	478 414	2 870 482	478 414	2 870 482	478 414	2 870 482	478 414
16	A_{16}	147 596	20	147 596	208 642	177 115	29 519	177 115	29 519	177 115	29 519	177 115	29 519	177 115	29 519	177 115	29 519
17	A_{17}	867 712	—	—	769 245	867 712	867 712	867 712	867 712	867 712	867 712	867 712	867 712	867 712	867 712	867 712	867 712
18	A_{18}	2 519 156	—	—	2 248 966	2 519 156	2 519 156	2 519 156	2 519 156	2 519 156	2 519 156	2 519 156	2 519 156	2 519 156	2 519 156	2 519 156	2 519 156
19	资产合计	467 772 601	25.5	—	554 112 618	583 402 872	—	583 402 872	—	562 659 695	—	562 659 695	—	546 708 274	—	527 534 895	—

续表

GP 模型值（第(5)~(16)列）

序号	符号	(1) 2013年实际值	(2) 上浮范围 H/%	(3) 2014年预测值下限	(4) 2014年实际值	(5) $P_1>P_2>P_3$	(6)Δ1 (5)−(3)	(7) $P_1>P_3>P_2$	(8)Δ2 (7)−(3)	(9) $P_2>P_1>P_3$	(10)Δ3 (9)−(3)	(11) $P_2>P_3>P_1$	(12)Δ4 (11)−(3)	(13) $P_3>P_1>P_2$	(14)Δ5 (13)−(3)	(15) $P_3>P_2>P_1$	(16)Δ6 (15)−(3)
20	L_1	200 000	—	200 000	—	240 000	40 000	240 000	40 000	240 000	40 000	240 000	40 000	200 000	—	240 000	40 000
21	L_2	89 986 906	20	89 986 906	86 634 335	107 984 284	17 997 381	107 984 284	17 997 381	107 984 287	17 997 381	107 984 287	17 997 381	107 984 287	17 997 381	89 986 906	—
22	L_3	13 015 003	20	13 015 003	14 071 981	15 618 001	2 603 001	15 618 001	2 603 001	15 618 004	2 603 001	15 618 004	2 603 001	15 618 004	2 603 001	15 618 004	2 603 001
23	L_4	7 228 839	20	7 228 839	1 303 488	8 674 604	1 445 768	8 674 604	1 445 768	7 228 839	—	7 228 839	—	7 228 839	—	7 228 839	—
24	L_5	37 139 833	20	37 139 833	28 155 132	44 567 797	7 427 967	44 567 797	7 427 967	44 567 800	7 427 967	44 567 800	7 427 967	44 567 800	7 427 967	44 567 800	7 427 967
25	L_6	255 278 327	22.9	255 278 327	306 531 829	310 606 032	58 637 432	310 606 032	58 637 432	313 915 759	58 637 432	313 915 759	58 637 432	294 311 089	39 032 762	296 788 340	41 510 013
26	L_7	1 018 894	20	1 018 894	1 098 768	1 222 670	203 779	1 222 670	203 779	1 018 894	—	1 018 894	—	1 018 894	—	1 018 894	—
27	L_8	683 906	20	683 906	795 134	820 684	136 781	820 684	136 781	683 906	—	683 906	—	683 906	—	683 906	—
28	L_9	4 961 449	20	4 961 449	5 587 627	5 953 736	992 290	5 953 736	992 290	4 961 449	—	4 961 449	—	4 961 449	—	4 961 449	—
29	L_{10}	18 466 246	20	18 466 246	50 655 391	22 159 492	3 693 249	22 159 492	3 693 249	18 466 246	—	18 466 246	—	22 159 495	3 693 249	18 466 246	—
30	L_{11}	3	—	—	3 871	3	3	3	3								
31	L_{12}	14 271 307	—	—	23 809 254	14 271 304	14 271 307	14 271 304	14 271 307								
32	负债合计	442 250 713	26.2	—	519 948 406	535 428 360	—	535 428 360	—	514 685 183	—	514 685 183	—	498 733 762	—	479 560 383	—
33	E_1	2 883 821	—	2 883 821	3 249 829	35 980 884	33 097 063	35 980 884	33 097 063	35 980 884	33 097 063	35 980 884	33 097 063	35 980 884	33 097 063	35 980 884	33 097 063
34	E_2	7 162 873	20	7 162 873	10 598 201	7 162 873	—	7 162 873	—	7 162 873	—	7 162 873	—	7 162 873	—	7 162 873	—
35	E_3	1 970 844	20	1 970 844	2 531 957	1 970 844	—	1 970 844	—	1 970 844	—	1 970 844	—	1 970 844	—	1 970 844	—
36	E_4	2 859 911	20	2 859 911	4 054 719	2 859 911	—	2 859 911	—	2 859 911	—	2 859 911	—	2 859 911	—	2 859 911	—
37	E_5	10 629 244	—	—	13 347 261												
38	权益合计	25 521 888	—	62 194 816	34 164 212	47 974 512	—	47 974 512	—	47 974 512	—	47 974 512	—	47 974 512	—	47 974 512	—

由表 10.4 第 1~6 行，对 6 种优先级次序下 6 组最优解分析如下：得到的 6 组最优解中，每组最优解都同时满足偿债能力、流动性和净利息收入三重目标要求。6 种优先级次序下，总资本充足率都高于监管要求的 10.5%，流动性比率也高于监管要求的 25%。

表 10.4　6 种优先级顺序指标比较

序号	排序	（1）总资本充足率	（2）流动性比率	（3）净利息收入
1	$P_1>P_2>P_3$	11.21%	33.08%	16 875 255
2	$P_1>P_3>P_2$	11.21%	33.08%	16 875 255
3	$P_2>P_3>P_1$	12.02%	31.06%	15 971 129
4	$P_2>P_1>P_3$	12.02%	31.06%	15 971 129
5	$P_3>P_1>P_2$	12.13%	34.94%	13 754 740
6	$P_3>P_1>P_2$	12.64%	32.60%	13 754 740
7	标准	10.50%	25.00%	13 754 740

同时，不同优先级顺序，优先等级越高，目标越优先满足，其目标偏差越小。当以偿债能力为第一优先级时，其总资本充足率最小为 11.21%，偿债能力目标偏差 3 047 294 最小，对偿债目标满足最好，详见表 10.4 第 1 列与表 10.2 第 1 行。当以流动性目标为第一优先级时，其流动性比率31.06%最小，流动性目标偏差 14 677 920 最小，对流动性目标满足最好，详见表10.4 第 2 列与表 10.2 第 3 行。当以净利息收入为第一优先级时，净利息收入偏差最小，为 0。

综上，不同优先级次序下，可同时满足三重目标约束条件与绝对约束条件，并且优先级次序越高，满足效果越好。保证了银行在兼顾流动性、安全性和营利性的同时，根据具体情况决定适宜的优先级顺序，选择一组最优解进行资产优化配置。

10.5　结　　论

10.5.1　主要结论

（1）银行资产负债优化配置应综合考虑"存量+增量"的全部组合资产负债的违约风险、流动性风险、净利息收入三重目标，兼顾风险与收益，保证安全性、流动性及营利性。同时，资产优化配置应对应"存量+增量"的全部组合资产，不能忽视巨量、对风险收益影响重大的存量资产。

（2）银行的资产负债优化配置应视目标重要程度不同，给予多组最优解，使银行可根据实际情况、个性化需要选择一组最适宜的最优解进行资产优化配置决策。但仅仅一组最优解，无法满足银行经营者实际经营决策需要。基于层次算法的多目标规划可避免主观赋权，既同时兼顾风险收益目标的实现，又使优先级越高的目标，满足的效果越好。

10.5.2 主要创新与特色

（1）以"存量+增量"的全部组合资产的违约风险、流动性风险最小化、利息收入最大化为三重目标，兼顾风险与收益，建立银行资产负债优化配置的多目标规划模型，实现对增量资产进行优化配置。改变了现有研究仅考虑可用头寸，即增量资产，而忽视了已发放、巨量、对银行的生存具有决定性意义的存量资产风险与收益的重大影响的弊端。

（2）通过基于层次算法多目标规划，解出多组而非一组最优解。改变了现有研究设定同等或主观差异化优先级，把多目标规划变成单目标规划，仅得一组最优解，导致银行无法根据实际情况选择切合实际的最优解的弊端。保证了银行在兼顾流动性、安全性和营利性的同时，可视具体情况选择最适宜的一组最优解。

（3）模型建立既考虑了基期资产负债规模，又考虑了基期基础上的计划期的预计增长情况。改变了现有研究仅对基期现有头寸的静态数值进行配置，忽视银行未来计划期资产负债规模的持续发展，无法满足银行对未来发展进行预测的实际需要。

参 考 文 献

[1] 巴塞尔银行监管委员会. 第三版巴塞尔协议[M]. 中国银行业监督管理委员会，译. 北京：中国金融出版社，2011.

[2] 中国银行业监督管理委员会. 商业银行资本管理办法（试行）. [EB/OL]. http://www. gov.cn/gongbao/content/2012/content_2245522.htm[2015-03-02].

[3] 中国银行保险监督管理委员会. 商业银行流动性风险管理办法. [EB/OL]. http://www. cbirc.gov.cn/cn/view/pages/govermentDetail.html?docId=270854&itemId=861&general type=1[2018-05-23].

[4] Markowitz H M. Portfolio selection[J]. The Journal of Finance，1952，7（1）：77-91.

[5] 迟国泰，许文，王化增. 兼控利率风险和流动性风险的资产负债组合优化模型[J]. 控制与决策，2006，21（12）：1407-1411，1416.

[6] Gatev E，Schuermann T，Strahan P E. Managing bank liquidity risk：how deposit-loan synergies vary with market conditions[J]. The Review of Financial Studies，2009，22（3）：995-1020.

[7] 王志强，康书隆. Nelson-Siegel 久期配比免疫模型的改进与完善[J]. 数量经济技术经济研究，2010，27（12）：133-147.

[8] Birge J R，Júdice P. Long-term bank balance sheet management：estimation and simulation of risk-factors[J]. Journal of Banking & Finance, 2013, 37（12）：4711-4720.

[9] 汪冬华，黄康，龚朴. 我国商业银行整体风险度量及其敏感性分析——基于我国商业银行财务数据和金融市场公开数据[J]. 系统工程理论与实践，2013，33（2）：284-295.

[10] Gjerde φ，Semmen K. Risk-based capital requirements and bank portfolio risk[J]. Journal of Banking and Finance，1995，19（7）：1159-1173.

[11] Altman E I. Corporate Bond and Commercial Loan Portfolio Analysis[M]. New York：Stern School of Business，1996.

[12] Tokat Y，Rachev S T，Schwartz E S. The stable non-gaussian asset allocation：a comparison with the classical gaussian approach[J]. Journal of Economic Dynamics & Control，2003，27（6）：937-969.

[13] 袁乐平，黄博文. 基于 VaR 约束的商业银行资产负债组合配给模型探讨[J]. 中南大学学报（社会科学版），2005，11（2）：217-221.

[14] 中国银行业监督管理委员会. 商业银行杠杆率管理办法（修订）. [EB/OL]. http://www. cbirc.gov.cn/cn/view/pages/govermentDetail.html?docId=265243&itemId=861&general type=1[2015-01-31].

[15] 全国人民代表大会常务委员会，全国人民代表大会常务委员会关于修改《中华人民共和国商业银行法》的决定 [EB/OL]. http://www.gov.cn/zhengce/2015-08/30/ content_2922393.htm[2015-08-30].

[16] 中国人民银行. 关于印发商业银行资产负债比例管理监控、监测指标和考核办法的通知[EB/OL]. http://www.law-lib.com/cpd/law_detail.asp?id=12961[2015-03-02].

[17] 胡运权. 运筹学基础及应用[M]. 4 版. 北京：高等教育出版社.

[18] 宁波银行股份有限公司 2013 年年度报告[R]. http://www.nbcb.com.cn/about_nbcb/ information_diclosure/periodic_report/index_4.shtml?page=5 [2014-04-26].

[19] 宁波银行股份有限公司 2014 年年度报告[R]. http://www.nbcb.com.cn/about_nbcb/ information_diclosure/periodic_report/index_4.shtml?page=4 [2015-04-28].

[20] 人民银行决定下调人民币存款准备金率 0.5 个百分点[EB/OL]. http://www.gov.cn/ govweb/gzdt/2012-02/18/content_2070703.htm[2015-02-04].

第五篇　基于增量与存量的全资产负债管理优化模型

第 11 章　基于总体信用风险迁移的贷款
组合优化模型

11.1　引　　言

信用风险是贷款的主要风险。贷款配置不应仅考虑增量贷款组合的信用风险迁移，更应考虑包括巨额存量贷款组合在内的总体信用风险迁移，因为后者数量更多、风险更大。

本章通过 0-1 规划的风险价值贡献度模型，构建存量与增量贷款组合非线性叠加后的风险函数关系，解决现有研究中忽略巨额存量，仅立足于增量贷款风险进行配置的不足。通过不同信用等级迁移状态下贷款收益率与其对应等级迁移概率的加权平均值表示信用风险迁移后的收益率，进而根据信用风险迁移后的贷款收益率与总体贷款组合风险的离散函数关系，建立了信用风险迁移与风险价值贡献度之间的内在联系，使优化模型的约束条件和目标函数不但反映了增量贷款组合，而且反映了巨额的、未到期的存量贷款组合的信用风险迁移对全部贷款组合风险的影响。

11.2　基于总体信用风险迁移的贷款组合优化模型原理

11.2.1　贷款增量与存量非线性风险叠加原理

贷款组合价值的方差等于两种贷款的方差同二者的协方差之和[1]:

$$\sigma_P^2 = \sigma_i^2 + 2\rho_{i,j}\sigma_i\sigma_j + \sigma_j^2 \qquad (11.1)$$

由式（11.1）可以看到，等式右边代表两种风险的 σ_i^2 和 σ_j^2 的加和并不等于代表总风险的方差 σ_P^2，因此，计算存量贷款的风险，预估增量贷款的风险，并不能直接得到银行总贷款的实际风险。

非线性风险叠加原理可以理解成：增量贷款的收益率和存量贷款的收益率之间存在相关性，或者相互影响，增加新贷款时，总体贷款风险并不等于存量贷款风险和增量贷款风险之和，贷款的总风险与存量贷款和增量贷款风险之间存在非线性关系。本章通过解决贷款增量与存量非线性风叠加的问题，弥补了银行现有的放贷只考虑增量贷款风险，而忽略巨额存量贷款风险的问题。

11.2.2 基于 VaRC 的风险控制

风险价值贡献度 VaRC 是针对存在关联性的贷款组合进行风险度量的方法。其代数和即为贷款组合的风险价值 VaR。

VaR 的含义是"处在风险中的价值（风险价值）"，指市场常规变动下，银行贷款组合或金融资产在未来特定时间内与指定置信度（如 95%、99%）下可能发生的最大损失[2]。

设：Δ_p 为贷款预期损失；VaR 为银行发放贷款的组合风险价值；α 为给定置信度，取值可由银行自行调整。在给定置信度下银行风险价值约束条件为[3]

$$\text{Prob}\left(\Delta_p > \text{VaR}\right) = 1 - \alpha \tag{11.2}$$

式（11.2）表示在 α 置信度下，损失 Δ_p 小于贷款风险价值 VaR。

对于一般情况下既包括增量又包括存量的全部贷款组合，式（11.1）的方差表达式可以写为[1]

$$\sigma_p^2 = \sum_{i=1}^{m+n} \sum_{j=1}^{m+n} \rho_{ij} \sigma_i \sigma_j \tag{11.3}$$

其中，σ_p 为全部贷款组合的标准差；σ_i、σ_j 为单笔贷款标准差；ρ_{ij} 为相关系数；m 为存量贷款笔数；n 为增量贷款笔数。ρ_{ij} 可将贷款收益率历史数据代入相关系数的估计公式进行计算[3]：

$$\rho_{ij} = \frac{\dfrac{1}{n}\sum_{i,j=1}^{n}(r_i - \overline{r_i})(r_j - \overline{r_j})}{\sqrt{\dfrac{1}{n}\sum_{i=1}^{n}(r_i - \overline{r_i})^2}\sqrt{\dfrac{1}{n}\sum_{j=1}^{n}(r_j - \overline{r_j})^2}} \tag{11.4}$$

式（11.3）两边同时除以贷款组合的标准差，可以得到

$$\sigma_P = \sum_{i=1}^{m+n} \sigma_i \left(\frac{\sum_{j=1}^{m+n} \rho_{ij} \sigma_j}{\sigma_p} \right) \tag{11.5}$$

对于式（11.2），已知贷款预期损失 Δ_p 即为实际收益率 R 与收益率均值 $\overline{R}$ 之差：

$$\Delta_p = R - \overline{R} \tag{11.6}$$

将式（11.6）代入式（11.2），同时不等式两边除以标准差 σ_p 即可将式（11.2）转化为标准正态分布：

$$\text{Prob}\left(\frac{R-\overline{R}}{\sigma_p}>\frac{\text{VaR}}{\sigma_p}\right)=1-\alpha \tag{11.7}$$

查标准正态分布分位数表可得[4]

$$\frac{\text{VaR}}{\sigma_p}=z_\alpha \tag{11.8}$$

即为

$$\text{VaR}=z_\alpha\sigma_p \tag{11.9}$$

其中，α 为置信度；z_α 为标准正态分布数值，根据银行不同风险承受度，查标准正态分布分位数表可得。

将式（11.5）代入式（11.9）中得到组合的风险价值 VaR_p：

$$\text{VaR}_p=z_\alpha\sum_{i=1}^{m+n}\sigma_i\left(\frac{\sum_{j=1}^{m+n}\rho_{ij}\sigma_j}{\sigma_p}\right) \tag{11.10}$$

由于 z_α 是一个常数，故可以把式（11.10）右端 z_α 移到求和项里：

$$\text{VaR}_p=\sum_{i=1}^{m+n}z_\alpha\sigma_i\left(\frac{\sum_{j=1}^{m+n}\rho_{ij}\sigma_j}{\sigma_p}\right) \tag{11.11}$$

定义贷款 i 的风险价值贡献度 VaRC_i 为[1]

$$\text{VaRC}_i=z_\alpha\sigma_i\left(\frac{\sum_{j=1}^{m+n}\rho_{ij}\sigma_j}{\sigma_p}\right) \tag{11.12}$$

将式（11.12）代入式（11.11）右端求和项里，则有

$$\text{VaR}_p=\sum_{i=1}^{m+n}\text{VaRC}_i \tag{11.13}$$

式（11.13）证明了 VaRC 具有线性可加的性质，其代数和即为贷款组合的 VaR_p。

将式（11.13）代入式（11.2）可以得到

$$\text{Prob}\left(\Delta_p>\sum_{i=1}^{m+n}\text{VaRC}_i\right)=1-\alpha \tag{11.14}$$

式（11.14）表示增量加存量贷款组合的单笔贷款风险价值贡献度 VaRC 加和小于预期损失，即为基于 VaRC 的风险控制原理。

式（11.14）表示的基于 VaRC 的风险控制原理同式（11.2）表示的一般 VaR 原理不同点在于，一是通过控制增量加存量的全部贷款组合风险价值小于预期损失，控制了包括增量贷款在内的全部贷款的信用风险。二是将增量和存量贷款的非线性风险叠加表示为单笔贷款的风险价值贡献度 VaRC 的线性加和，为下文构建 0-1 规划的目标函数和约束条件打下基础。

将式（11.3）开平方后代入式（11.12）右端的分母中，可以得到

$$VaRC_i = z_\alpha \sigma_i \times \frac{\sum_{j=1}^{m+n} \rho_{ij} \sigma_j}{\sqrt{\sum_{i=1}^{m+n} \sum_{j=1}^{m+n} \rho_{ij} \sigma_i \sigma_j}} \qquad （11.15）$$

其中，α 为置信度；z_α 为标准正态分布数值；σ_i、σ_j 为单笔贷款标准差；ρ_{ij} 为相关系数；m 为存量贷款笔数；n 为增量贷款笔数。

式（11.15）为 VaRC 的计算公式，其中求和项上标为 m 和 n 时，分别包含了存量贷款和增量贷款的标准差，通过 VaRC，构建新增多笔贷款风险价值和存量贷款、增量贷款标准差的函数关系，解决了增量贷款和存量贷款信用风险非线性叠加的问题。

11.2.3 基于信用风险迁移确定贷款预期收益

1. 信用迁移和信用等级迁移矩阵

信用迁移是指债务人或客户的信用质量发生变化，比如从 AAA 级降低到 AA 级等，或从 BBB 级提高至 A 级等。

信用迁移矩阵反映了信用主体在不同信用等级间的变动概率，体现了债务人信用波动的情况，对企业的信用风险实现了完全覆盖。表 11.1~表11.5 给出 1~5 年期信用迁移矩阵[5]。表 11.1~表 11.5 中信用等级迁移概率数据是通过大量市场数据统计得到的，反映了正常市场波动下信用等级波动的情况。因此通过表 11.1~表 11.5 的数据进行算例验证，可以反映"市场正常波动下"信用等级变化对贷款利率的影响。

下面以表 11.1 企业信用等级为 AAA 级为例进行说明，企业在下一年信用等级要由 AAA 向 AA、A 等七个等级或是违约状态迁移，即为表11.1第 1 行所表示的概率。

表 11.1　第 1 年信用等级迁移概率矩阵 P_{iK}^1 [5]①

（序号 i）原始信用等级	1 年后可能迁移的信用等级（序号 k）							
	（1）AAA	（2）AA	（3）A	（4）BBB	（5）BB	（6）B	（7）CCC	（8）违约
（1）AAA	87.74%	10.93%	0.45%	0.63%	0.12%	0.10%	0.02%	0.02%
（2）AA	0.84%	88.23%	7.47%	2.16%	1.11%	0.13%	0.05%	0.02%
（3）A	0.27%	1.59%	89.05%	7.40%	1.48%	0.13%	0.06%	0.03%
（4）BBB	1.84%	1.89%	5.00%	84.21%	6.51%	0.32%	0.16%	0.07%
（5）BB	0.08%	2.91%	3.29%	5.53%	74.68%	8.05%	4.14%	1.32%
（6）B	0.21%	0.36%	9.25%	8.29%	2.31%	63.89%	10.13%	5.58%
（7）CCC	0.06%	0.25%	1.85%	2.06%	12.34%	24.86%	39.97%	18.6%

表 11.2　第 2 年信用等级迁移概率矩阵 P_{iK}^2 [5]

（序号 i）原始信用等级	2 年后可能迁移的信用等级（序号 k）							
	（1）AAA	（2）AA	（3）A	（4）BBB	（5）BB	（6）B	（7）CCC	（8）违约
（1）AAA	77.09%	19.26%	1.66%	1.37%	0.37%	0.18%	0.05%	0.05%
（2）AA	1.54%	78.13%	13.40%	4.36%	2.07%	0.32%	0.13%	0.07%
（3）A	0.63%	3.03%	79.85%	12.95%	2.93%	0.36%	0.16%	0.10%
（4）BBB	3.20%	3.73%	9.06%	71.73%	10.47%	1.05%	0.50%	0.26%
（5）BB	0.28%	4.95%	6.70%	9.85%	56.91%	12.21%	5.57%	3.53%
（6）B	0.51%	0.97%	14.85%	13.31%	5.13%	43.56%	10.64%	11.07%
（7）CCC	0.18%	0.84%	5.21%	5.44%	14.89%	26.82%	19.01%	27.59%

表 11.3　第 3 年信用等级迁移概率矩阵 P_{iK}^3 [5]

（序号 i）原始信用等级	3 年后可能迁移的信用等级（序号 k）							
	（1）AAA	（2）AA	（3）A	（4）BBB	（5）BB	（6）B	（7）CCC	（8）违约
（1）AAA	67.83%	25.48%	3.36%	2.21%	0.71%	0.27%	0.08%	0.09%
（2）AA	2.13%	69.46%	18.10%	6.50%	2.92%	0.54%	0.22%	0.16%
（3）A	1.03%	4.35%	72.12%	17.08%	4.28%	0.66%	0.29%	0.22%
（4）BBB	4.19%	5.45%	12.40%	61.85%	12.75%	1.89%	0.86%	0.60%
（5）BB	0.56%	6.40%	9.94%	13.17%	44.26%	13.81%	5.84%	6.01%
（6）B	0.84%	1.73%	18.36%	16.44%	7.25%	30.95%	8.91%	15.56%
（7）CCC	0.36%	1.53%	8.30%	8.43%	14.52%	23.09%	10.94%	32.82%

---

① 表中数据在取值时存在修约情况，故相加总和近似为 100%。此类情况余同。

表 11.4   第 4 年信用等级迁移概率矩阵 P_{iK}^4 [5]

（序号 i）原始信用等级	4 年后可能迁移的信用等级（序号 k）							
	（1）AAA	（2）AA	（3）A	（4）BBB	（5）BB	（6）B	（7）CCC	（8）违约
（1）AAA	59.78%	30.01%	5.36%	3.15%	1.10%	0.36%	0.12%	0.15%
（2）AA	2.62%	62.01%	21.79%	8.54%	3.69%	0.77%	0.32%	0.29%
（3）A	1.46%	5.54%	65.61%	20.12%	5.48%	0.99%	0.43%	0.40%
（4）BBB	4.91%	7.01%	15.17%	54.02%	13.95%	2.67%	1.17%	1.08%
（5）BB	0.89%	7.47%	12.83%	15.68%	35.17%	13.91%	5.60%	8.46%
（6）B	1.18%	2.56%	20.57%	18.40%	8.59%	22.65%	7.03%	19.06%
（7）CCC	0.57%	2.21%	10.75%	10.69%	13.42%	18.68%	7.33%	36.34%

表 11.5   第 5 年信用等级迁移概率矩阵 P_{iK}^5 [5]

（序号 i）原始信用等级	5 年后可能迁移的信用等级（序号 k）							
	（1）AAA	（2）AA	（3）A	（4）BBB	（5）BB	（6）B	（7）CCC	（8）违约
（1）AAA	52.78%	33.19%	7.51%	4.17%	1.53%	0.46%	0.17%	0.23%
（2）AA	3.04%	55.62%	24.67%	10.43%	4.38%	1.01%	0.42%	0.47%
（3）A	1.88%	6.64%	60.13%	22.32%	6.51%	1.34%	0.58%	0.64%
（4）BBB	5.42%	8.41%	17.48%	47.81%	14.45%	3.33%	1.42%	1.68%
（5）BB	1.22%	8.27%	15.32%	17.53%	28.57%	13.19%	5.14%	10.76%
（6）B	1.51%	3.42%	21.94%	19.58%	9.34%	17.00%	5.51%	21.77%
（7）CCC	0.80%	2.86%	12.58%	12.29%	12.24%	14.89%	5.40%	38.93%

2. 增量与存量贷款预期收益率计算

设：s 为企业贷款的剩余年限；i 为企业当前信用等级；k 为企业可能的信用等级；$P_{i,k}^5$ 为初始信用等级为 i，剩余 s 年迁移为 k 的概率；$R_{k,s}$ 为表 11.6 中信用等级为 k，剩余期限为 s 的贷款收益率[6]。RD_i 为表 11.6 中信用等级为 i 的企业违约时的贷款收益率[6]。

表 11.6   不同信用等级贷款的收益率 $R_{k,m}$ [7]

期限 m	信用等级（序号 k）对应 m 年期的收益率 $R_{k,m}$						
	（1）AAA	（2）AA	（3）A	（4）BBB	（5）BB	（6）B	（7）CCC
（1）1 年期（$m=1$）	3.6%	3.65%	3.67%	3%	2.03%	1.2%	−10.01%
（2）2 年期（$m=2$）	5.9%	5.6%	4.13%	3.87%	2.69%	1.35%	−15.24%
（3）3 年期（$m=3$）	6.1%	5.9%	5.1%	4.31%	3.1%	1.33%	−17.5%
（4）4 年期（$m=4$）	9.36%	8.88%	8.21%	7.33%	3.82%	−1.51%	−23.85%
（5）5 年期（$m=5$）	11.36%	9.58%	8.4%	8.05%	5.43%	−2.34%	−29.43%
（6）⋮	⋮	⋮	⋮	⋮	⋮	⋮	⋮
（7）违约时的贷款收益率 RD_i	−22%	−23%	−43%	−47%	−58%	−65%	−83%

则信用等级为 i，剩余年限为 s 的贷款预期收益率 $r_{i,s}$ 为[7]

$$r_{i,s} = \sum_{k=1}^{7} \left(P_{i,k}^s \times R_{k,s} \right) + P_{i,8}^s \times \mathrm{RD}_i \qquad (11.16)$$

在式（11.16）中，$\sum_{k=1}^{7} \left(P_{i,k}^s \times R_{k,s} \right)$ 为单笔贷款在非违约情况下的收益率期望值；$P_{i,8}^s \times \mathrm{RD}_i$ 是单笔贷款在违约情况下的收益率。当信用等级不发生变化时，即 $k=i$ 时，$R_{k,s}$ 取值为当前约定收益率。

式（11.16）表示不同信用等级迁移状态下贷款收益率 $R_{k,s}$ 与其对应等级迁移概率 $P_{i,k}^s$ 的加权平均值，反映了信用等级迁移对银行贷款收益产生的影响程度，其中信用等级迁移概率 $P_{i,k}^s$ 是通过大量市场数据统计分析所得（表 11.1~表 11.5）。由于信用等级迁移矩阵的优选和估计不是本章的研究重点，故在建模过程中直接应用了信用等级迁移矩阵。通过将式（11.16）计算出的信用风险迁移后的收益率分别代入单位贷款收益最大目标函数［见式（11.18）］和风险价值贡献度约束［见式（11.19）］这两贷款配置关键函数中，建立了信用风险迁移后的收益率和全部贷款组合风险的离散函数关系，反映了风险价值贡献度与信用风险迁移的内在联系。

通过信用迁移计算预期收益率可以覆盖信用风险可能带来的损失，不但反映增量贷款组合，而且反映了巨额的、未到期的存量贷款组合的信用风险迁移对全部贷款组合风险的影响。

11.2.4　贷款组合优化配置

1. 目标函数的建立

对于 0-1 规划的单笔贷款风险价值贡献度 VaRC_i，式（11.15）可以写成：

$$\mathrm{VaRC}_i = z_\alpha \sigma_i \times \frac{\sum\limits_{j=1}^{m+n} \rho_{ij} \sigma_j x_j}{\sqrt{\sum\limits_{i=k}^{m+n} \sum\limits_{j=1}^{m+n} x_k x_j \rho_{k,j} \sigma_k \sigma_j}} \qquad (11.17)$$

其中，x_k、x_j 为 0-1 变量；α 为置信度；z_α 为标准正态分布数值；σ_i、σ_j、σ_k 为单笔贷款标准差；ρ 为相关系数；m 为存量贷款笔数；n 为增量贷款笔数。

通过引入了 0-1 变量 x_k、x_j，使式（11.17）可以表示 m 笔增量贷款和 n 笔存量贷款标准差 σ 同 VaRC 的 0-1 规划函数关系，解决了增量贷款和存量贷款信用风险非线性叠加的问题。

以贷款单位风险收益最大为目标函数构建 0-1 规划：

$$\mathrm{Max}Y = \sum_{i=1}^{m+n} x_i \frac{M_i R_i}{\mathrm{VaRC}_i} \qquad （11.18）$$

其中，M_i 为单笔贷款金额，与收益率 R_i 的乘积代表预期收益的高低，即为分子；分母 VaRC_i 为第 i 笔贷款的风险价值贡献度，用以衡量风险的大小；每个求和项为单笔贷款单位风险收益，加和最大即为总贷款单位风险收益最大的 0-1 规划目标函数。

式（11.18）中的 VaRC_i 是由式（11.17）计算得到的，而式（11.17）在计算过程中充分考虑了增量贷款组合和存量贷款组合信用风险的非线性叠加问题，因此，目标函数式（11.18）同时覆盖增量贷款和存量贷款的信用风险。

2. 约束条件的建立

1）VaRC 约束的建立

保证信用风险的损失小于短期流行性即可保证增量存量信用风险可控。以银行总贷款 VaRC 之和小于短期流动性要求为约束条件，建立 VaRC 约束：

$$\sum_{i=1}^{m+n} \mathrm{VaRC}_i x_i \leqslant g \qquad （11.19）$$

其中，m 为存量贷款笔数；n 为增量贷款笔数；VaRC_i 为第 i 笔贷款的风险价值贡献度；x_i 等于 0 或 1；g 为现金和超额准备金之和，即短期流动性要求。

式（11.19）等式左边为贷款风险价值，右侧为现金加超额准备金之和，即为优质流动性资产，银行的风险价值小于优质流动性资产即可保证风险可控[3]。

式（11.19）中的 VaRC_i 由式（11.17）计算得到的，式（11.17）在计算过程中充分考虑了增量贷款组合和存量贷款组合信用风险的非线性叠加问题，因此，约束条件式（11.19）同时覆盖了增量贷款和存量贷款的信用风险。

式（11.19）构建了存量贷款组合风险与增量贷款组合风险这二者进行非线性叠加后的全部组合风险的函数关系，建立了控制包括存量组合和增量组合在内的全部贷款组合风险价值贡献度的约束条件，改变了现有研究仅仅立足于控制增量风险、忽略巨额存量风险的弊端。

式（11.18）与式（11.19）通过构建信用风险迁移后的收益率与贷款组合风险的函数关系，建立了风险价值贡献度与信用风险迁移的内在联系，使优化模型的目标函数和约束条件不但反映增量贷款组合，而且反映巨额的、未到期的存量贷款组合的信用风险迁移对全部贷款组合风险的影响。

2）其他约束

资产负债优化管理离不开银行监管机构对商业银行的监管约束，本章选取较为基础的监管约束及结构性约束。

结构性约束：

$$T = \sum x_i M_i + g + G \qquad (11.20)$$

其中，T 为存款总额，包含贷款金额 $\sum x_i M_i$、存款准备金 G 及现金和超额准备金之和 g。

商业银行准备金与商业银行吸收存款的比率——法定存款准备金：

$$\frac{G}{\sum x_i M_i + g + G} = \delta \qquad (11.21)$$

式（11.21）中 δ 为常数，表示法定存款准备金率，根据监管政策取具体值。

基于营利性的库存现金比例：

$$g \leqslant \theta \left(\sum x_i M_i + g + G \right) \qquad (11.22)$$

式（11.22）中 θ 为常数，表示库存现金比例，银行现金过多会影响其营利，现金过少会影响流动性，因此根据银行实际情况取具体值。11.3 节应用实例中参照现有文献[2]取值 $\theta = 3\%$。

式（11.20）~式（11.22）均是 0-1 变量 x_i 的函数，根据式（11.19）~式（11.22）的约束条件，可以求得目标函数式（11.18）的最大值，以及变量 x_i 的取值。

11.3　应 用 实 例

11.3.1　应用背景

信用风险本身较难观测，本章通过信用风险迁移的方法来反映信用状态的变化。信用风险迁移的优点是考虑了贷款企业的信用等级变化，使得研究结果与贷款的真实风险更加贴合。目前关于贷款组合的研究主要体现在三个方面：一是建立了基于组合收益最大化的多阶段均值—方差组合优化模型；二是基于 VaR 方法，对 Markowitz 资产组合选择策略进行了深入研究；三是对 CVaR 概念、计算、优化和均值-CVaR 有效前沿等价描述的研究进行。本章将企业信用风险迁移引入到贷款收益率的计算中，建立了组合贷款优化决策模型。

实际应用中银行机构在发放贷款时仅针对增量贷款进行风险评估，往往忽视存量贷款的风险因素，该做法容易引起银行风险整体的评估不足。多数金融机构缺乏对贷款的"增量+存量"风险的整体把控，进而缺少相关风险的有效计量方法。同时本章提出单位或个人的信用风险不是一成不变的，金融机构应该意识到信用风险的迁移性问题，提出存量和增量贷款均面临着信用迁移的情况，因此针对总体信用风险迁移的贷款组合优化模型的提出很有必要。

本章将实际的银行贷款数据进行了简化，通过将增量存量和信用风险的模型定义为模型 1，将只考虑信用风险不考虑存量贷款的模型定义为模型 2，在进行模型求解后结合预期收益和单位风险收益两方面因素分析得出：增量加存量风险的模型贷款结果更加合理。

11.3.2　增量与存量贷款预期收益率的计算

例如，银行现有存量贷款 15 笔，对应存款 10 000 万元。现有新申请贷款 7 笔，可用存款额度不超过 2000 万元，存量贷款基本信息列入表 11.7 前 15 行，增量贷款基本信息列入表 11.7 后 7 行。

表 11.7　贷款信息一览表

	（1）贷款序号 i	（2）信用等级	（3）贷款年限 t/年	（4）剩余年限 t'/年	（5）约定收益率 r'	（6）贷款金额 M_i/万元
存量贷款	1	AAA	2	1	6.10%	696
	2	AAA	3	1	6.12%	500
	3	AAA	4	3	9.44%	352
	4	AAA	5	2	11.40%	604
	5	AAA	4	2	9.47%	772
	6	AA	2	1	5.65%	520
	7	AA	3	2	5.94%	768
	8	AA	3	1	5.95%	344
	9	A	5	4	8.51%	576

续表

（1）贷款序号 i		（2）信用等级	（3）贷款年限 t/年	（4）剩余年限 t'/年	（5）约定收益率 r'	（6）贷款金额 M_i/万元
存量贷款	10	A	4	2	8.25%	408
	11	BBB	3	1	4.39%	224
	12	BBB	5	2	8.10%	301.6
	13	BB	3	2	3.11%	352
	14	B	2	1	1.51%	568
	15	B	4	1	3.31%	774.4
增量贷款	16	AAA	3	3	6.04%	360
	17	AA	2	2	5.40%	350
	18	A	5	5	8.31%	310
	19	BBB	4	4	7.10%	280
	20	BB	3	3	5.92%	350
	21	B	2	2	9.70%	260
	22	CCC	2	2	25.00%	320

以表 11.7 第 1 行的第一类企业为例：其信用等级为 AAA，贷款年限为 2 年，剩余年限为 1 年。

步骤 1：第一年收益率的确定。

由于信用等级在第 1 年并没有发生变化，故收益率为约定收益率，由表 11.7 第 1 行第 5 列可知，约定收益率为 6.10%，将其放入表 11.8 第 1 行第 1 列。

步骤 2：第二年收益率的确定。

第二年的预期收益率，即为等级 AAA，剩余年限为 1 年的贷款预期收益率 $r_{1,1}$，根据式（11.16）确定为

$$r_{1,1} = \sum_{k=1}^{7} \left(P_{1,k}^1 \times R_{k,1} \right) + P_{1,8}^1 \times RD_1$$

=87.74%×6.10%+10.93%×3.65%+0.45%×3.67%+0.63%×3%
+0.12%×2.03%+0.1%×1.2%+0.02%×（-10.01%）+0.02×（-22%）

=5.78%

表 11.8　全部贷款收益率表

项目	存量贷款序号															增量贷款序号						
	1	2	3	4	5	6	7	8	9	10	11	12	13	14	15	16	17	18	19	20	21	22
（1）第一年	6.10	6.12	9.44	11.4	9.47	5.65	5.94	5.95	8.51	8.25	4.39	8.1	3.11	1.51	3.31	6.04	5.4	8.31	7.1	5.92	9.7	25
（2）第二年	5.78	6.12	8.97	11.4	9.47	5.37	5.7	5.95	8.31	8.25	4.39	8.1	1.55	-3.02	3.31	5.74	3.55	7.86	4.09	1.92	1.43	-4.79
（3）第三年	—	5.8	8.47	11.4	9.47	—	5.33	5.63	8.1	7.76	4.1	8.1	0.04	—	3.31	3.55	—	4.73	3.41	0.5	—	—
（4）第四年	—	—	7.01	10.65	8.74	—	—	—	7.09	7.11	—	7.37	—	—	-1.87	—	—	3.81	2.3	—	—	—
（5）第五年	—	—	—	—	—	—	—	—	6.35	—	—	6.44	—	—	—	—	—	3	—	—	—	—
（6）收益率均值 R_i	5.94%	6.01%	8.47%	11.21%	9.29%	5.51%	5.66%	5.84%	7.67%	7.84%	4.29%	7.62%	1.57%	-0.76%	2.02%	5.11%	4.47%	5.54%	4.23%	2.78%	5.57%	10.11%
（7）收益率标准差 σ_i	0.16%	0.15%	0.91%	0.33%	0.32%	0.14%	0.25%	0.15%	0.82%	0.47%	0.14%	0.65%	1.25%	2.27%	2.24%	1.11%	0.93%	2.15%	1.78%	2.30%	4.14%	14.90%
（8）金额标准差 σ'_i 万元	1.11	0.76	3.21	1.96	2.44	0.73	1.91	0.52	4.74	1.91	0.31	1.97	4.41	12.87	17.37	4.00	3.25	6.67	4.98	8.03	10.75	47.66

其中，各个参数的取值确定如下。

（1）$P_{1,k}^1$ 的确定。$P_{1,k}^1$ 对应表 11.1 第 1 行迁移概率，仍为 AAA 的概率 $P_{1,1}^1$ 为 87.74%，变为 AA 的概率 $P_{1,2}^1$ 为 10.93%……，变为 CCC 的概率 $P_{1,7}^1$ 为 0.02%。

（2）$R_{k,1}$ 的确定。当信用等级仍为 AAA 时，收益率 $R_{1,1}$ 对应表 11.7 第 1 行第 5 列约定收益率 6.10%。

当信用等级发生变化时 $R_{k,1}$ 对应表 11.6 第 1 行 1~7 列 1 年期贷款收益率，变为 AA 的收益率 $R_{2,1}$ 为 3.65%，变为 A 的收益率 $R_{3,1}$ 为 3.67%……，变为 CCC 的收益率 $R_{7,1}$ 为−10.01%。

（3）$P_{1,8}^1$ 的确定。$P_{1,8}^1$ 对应表 11.1 第 1 行第 8 列的违约概率，为 0.02%。

（4）RD_1 的确定。RD_1 对应表 11.6 第 7 行第 1 列违约的收益率，为−22%。

将计算结果 5.78% 放入表 11.8 第 2 行第 1 列。

同理根据表 11.7 的贷款信息，表 11.1~表 11.5 的概率迁移矩阵，表 11.6 对应的不同年限收益率，可以求出其余贷款剩余 s 年期的预期收益率，求得的数据分别放入表 11.8 第 1~5 行的对应位置。

将表 11.8 第 1~5 行各列分别代入均值公式可以得到收益率均值 R_i 的数据，放入表 11.8 第 6 行，同理可以得到收益率的标准差 σ_i'，放入表 11.8 第 7 行，将收益率的标准差分别乘以表 11.7 第 6 列贷款金额后，得到金额的标准差 σ_i 的数据，放入表 11.8 第 8 行。

11.3.3　风险价值贡献度 VaRC 的计算

表 11.9 收集了银行十年间，与存量贷款和增量贷款同信用等级、同贷款年限的实际收益率历史数据。

表 11.9 中第 i 列和第 j 列数代入式（11.4），就可以得到表 11.10 中一组相关系数 ρ_{ij}（同 ρ_{ji}），将表 11.9 的数据分别代入式（11.4）中，不同企业贷款之间收益率的相关系数矩阵 ρ_{ij} 结果列入表 11.10 中。

表 11.9　全部贷款收益率历史数据

贷款序号	存量贷款																			增量贷款		
	1	2	3	4	5	6	7	8	9	10	11	12	13	14	15	16	17	18	19	20	21	22
年份 1	6.90	7.11	10.32	12.54	10.32	6.43	6.45	6.45	9.32	8.66	5.02	9.66	3.34	3.21	4.09	7.11	6.43	9.32	8.65	5.02	3.21	3.20
年份 2	7.02	7.02	10.77	11.67	10.77	6.02	6.26	6.26	9.09	8.44	4.39	9.24	1.56	4.09	3.87	7.02	6.02	9.09	8.34	4.39	4.09	0.90
年份 3	6.12	6.60	8.46	10.04	8.46	6.22	6.27	6.27	8.89	7.98	4.44	9.24	2.80	1.08	2.96	6.60	6.22	8.89	8.09	4.44	1.08	−13.90
年份 4	6.43	6.10	9.56	12.21	9.56	5.56	6.12	6.12	8.45	8.35	4.67	8.08	2.45	2.54	3.04	6.10	5.56	8.45	7.45	4.67	2.54	−22.89
年份 5	6.45	6.32	9.32	11.09	9.32	5.31	6.23	6.23	9.26	9.07	4.29	8.45	4.88	3.01	3.09	6.32	5.31	9.26	7.65	4.29	3.01	−20.87
年份 6	6.10	6.33	8.77	11.17	8.77	5.01	5.98	5.98	8.87	8.87	4.11	7.98	3.34	2.96	2.76	6.33	5.01	8.87	7.66	4.11	2.96	−12.67
年份 7	5.67	5.98	9.67	11.18	9.67	5.98	5.45	5.45	8.44	8.43	4.54	8.66	3.28	1.68	3.03	5.98	5.98	8.44	6.98	4.54	1.68	−26.00
年份 8	5.89	6.09	9.55	11.09	9.55	5.66	6.01	6.01	8.44	8.21	3.98	8.21	3.04	−0.87	3.11	6.09	5.66	8.44	7.09	3.98	−0.87	−18.08
年份 9	5.70	5.77	8.56	10.56	8.56	5.34	5.93	5.93	8.32	7.06	4.06	7.88	2.98	1.12	2.87	5.77	5.34	8.32	6.88	4.06	1.12	−19.05
年份 10	6.03	6.23	8.21	10.98	8.21	5.44	5.86	5.86	8.45	7.69	4.06	8.04	3.04	1.34	3.00	6.23	5.44	8.45	6.87	4.06	1.34	−14.66
均值 $\bar{r}_i$	6.23	6.36	9.32	11.25	9.32	5.70	6.06	6.06	8.75	8.28	4.36	8.54	3.07	2.02	3.18	6.36	5.70	8.75	7.57	4.36	2.02	−14.40

表 11.10　企业贷款之间收益率的相关系数矩阵 ρ_{ij}

ρ_{ij}	$j{=}1$	$j{=}2$	$j{=}3$	⋯	$j{=}22$
$i{=}1$	1.00	0.87	0.69	⋯	0.77
$i{=}2$	0.87	1.00	0.57	⋯	0.90
$i{=}3$	0.69	0.57	1.00	⋯	0.49
⋮	⋮	⋮	⋮	1.00	
$i{=}22$	0.77	0.90	0.49	⋯	1.00

本章实证根据银行风险承受能力，取置信度为 99%，查标准正态分布表可知，$z_\alpha{=}2.32$。

令存量贷款的 0-1 变量 $x_i{=}1$，设增量贷款的 0-1 变量为 $x_1{\sim}x_7$，将表 11.8 第 8 行的标准差 $\sigma_1{\sim}\sigma_{22}$，表 11.10 的相关系数 ρ_{ij} 及 z_α 分别代入式（11.17），即可得到每笔增量贷款的风险价值贡献度。列入表 11.11 第 3 列对应行。

表 11.11　不同贷款风险价值贡献度

（1）贷款序号	（2）风险价值贡献度	（3）计算表达式/十万元
1	$VaRC_1$	$(8.99/(15.97x_1^2+16.34x_1x_2+\cdots+1729.8))^{1/2}$
2	$VaRC_2$	$(6.70/(15.97x_1^2+16.34x_1x_2+\cdots+1729.8))^{1/2}$
⋮	⋮	⋮
22	$VaRC_{22}$	$(397.69/(15.97x_1^2+16.34x_1x_2+\cdots+1729.8))^{1/2}$

表 11.11 第 1 列为贷款企业序号，第 2 列为风险价值贡献度，第 3 列为通过式（11.17）所得 $VaRC_i$ 详细表达式。

11.3.4　目标函数的建立

将表 11.7 第 6 列的贷款金额 $M_1{\sim}M_{22}$，表 11.8 第 6 行的预期收益率 $R_1{\sim}R_{22}$，表 11.11 第 3 列的风险价值贡献度表达式代入式（11.18），即可得到目标函数为

$$\max\ Y = \frac{696\times5.94\%}{\left(8.99/\left(15.97x_1^2+16.34x_1x_2+\cdots+1729.8\right)\right)^{1/2}}$$
$$+\cdots+x_1\frac{360\times5.11\%}{\left(37.05/\left(15.97x_1^2+16.34x_1x_2+\cdots+1729.8\right)\right)^{1/2}} \quad（11.23）$$
$$+\cdots+x_7\frac{320\times10.11\%}{\left(367.69/\left(15.97x_1^2+16.34x_1x_2+\cdots+1729.8\right)\right)^{1/2}}$$

11.3.5　约束条件的建立

1. VaR 约束

将表 11.11 第 3 列的各笔贷款风险价值贡献度代入式（11.19），得到 VaR 约束条件：

$$
\left(8.99 / \left(15.97x_1^2 + 16.34x_1x_2 + \cdots + 1729.8\right)\right)^{1/2} + \cdots
$$
$$
+ x_1\left(37.05 / \left(15.97x_1^2 + 16.34x_1x_2 + \cdots + 1729.8\right)\right)^{1/2} + \cdots \quad （11.24）
$$
$$
+ x_7\left(397.69 / \left(15.97x_1^2 + 16.34x_1x_2 + \cdots + 1729.8\right)\right)^{1/2} \leqslant g
$$

2. 其他约束

将表 11.7 第 6 列的贷款金额 M_i 代入式（11.20）可得

$$
T = 696 + \cdots + 360x_1 + \cdots + 320x_7 + g + G \quad （11.25）
$$

根据当下监管条例，取法定存款准备金率 δ=19.5%，代入表 11.7 第 6 列的贷款金额 M_i 可得

$$
\frac{G}{696 + \cdots + 360x_1 + \cdots + 320x_7 + g + G} = 19.5\% \quad （11.26）
$$

根据银行实际营利性要求，本章取现金比例 θ=3%[8]，代入表 11.7 第 6 列的贷款金额 M_i 可得

$$
g \leqslant 3\%\left(696 + \cdots + 360x_1 + \cdots + 320x_7 + g + G\right) \quad （11.27）
$$

11.3.6　模型求解及模型对比

1. 求解结果

根据式（11.24）~式（11.27）所代表的约束条件，对由式（11.23）所代表的目标函数进行求解，并将贷款结果放到表 11.12 第 3 行对应位置，设新增企业序号为 1~7，贷款结果为 1 表示发放贷款，结果为 0 表示不发放。

表 11.12　求解结果

（1）企业序号	1	2	3	4	5	6	7	8 预期收益率 R	9 单位风险收益 R/VaRC
（2）信用等级	AAA	AA	A	BBB	BB	B	CCC	—	—
（3）求解结果	1	1	1	0	0	1	1	4.64%	9.43

由式（11.23）~式（11.27）知，本章模型的贷款配置求解是一个非线性约束条件下的、多目标 0-1 规划模型的求解问题，本章实际计算中是通过 Matlab 软件编程，穷举了 0-1 规划所有解的可能，得到的全局最优解。

此外非线性约束下的 0-1 整数规划这类问题，还可用遗传算法等方法求解，因规划求解算法并非本章主要创新点，故本章并没有在此方面深入展开。

根据实证求得的结果为：贷款发放给序号 1、2、3、6、7 代表的 5 家企业，总贷款组合预期收益率为 4.64，单位风险收益为 9.43。

2. 模型对比

定义本章所介绍的模型，即实证应用的，同时考虑增量存量和信用风险的模型为模型 1；定义基于同样贷款数据，但只考虑信用风险，不考虑存量贷款的模型为模型 2；给出贷款结果、预期收益率和单位风险收益如表 11.13 所示。

表 11.13　模型对比

（1）企业序号	1	2	3	4	5	6	7	8 预期收益率 R	9 单位风险收益 $R/VaRC$
（2）模型 1 求解结果	1	1	1	0	0	1	1	4.64%	9.43
（3）模型 2 求解结果	1	1	1	1	1	0	0	4.43%	9.03

对比模型 1 和模型 2 可以看到：在忽略存量贷款风险情况下，求解结果与模型 1 结果并不相同，在预期收益降低（4.64–4.43）/4.64=4.53% 情况下，单位风险收益同时降低（9.43–9.03）/9.43=4.24%，毫无疑问，考虑增量加存量风险的模型贷款结果更加合理。

11.4　结　　论

在贷款组合优化中往往只考虑增量贷款风险，忽略了存量贷款风险。事实上贷款配置不应仅考虑增量贷款组合的信用风险迁移，更应考虑包括巨额存量贷款组合在内的总体信用风险迁移，因后者数量更多、风险更大。本章通过构建存量组合风险 σ_i 与增量组合风险 σ_j 非线性叠加后的全部组合风险 $\sigma_p = f(\sigma_i, \sigma_j)$ 的函数关系，并采用 0-1 规划建立了控制全部贷款组合风险价值贡献度的贷款配置优化模型，弥补了现有研究中忽略巨额存量，仅立足于增量贷款进行配置的不足。并通过建立信用风险迁移后的收益率与全部贷款组合风险之间的离散函数关系，构建了风险价值贡献度和信用风险迁移的内在联系，使优化模型的约束条件和目标函数不但反映了增量贷款组合，而且反映了巨额的、未到期的存量贷款组合的信用风险迁移对全部贷款组合风险的影响。

参 考 文 献

[1] 莫里森 C. 金融风险度量概论[M]. 汤大马, 李松, 译. 北京：清华大学出版社, 2009.

[2] 迟国泰, 丁士杰. 基于非预期损失控制的资产组合优化模型[J]. 数量经济技术经济研究, 2018, 35 (3): 150-167.

[3] 张志鹏, 迟国泰. 基于随机久期利率免疫的银行资产负债优化模型[J]. 运筹与管理, 2018, 27 (8): 135-148.

[4] Cui X T, Zhu S S, Sun X L, et al. Nonlinear portfolio selection using approximate parametric value-at-risk[J]. Journal of Banking & Finance, 2013, 37 (6): 2124-2139.

[5] 吴青. 信用风险的度量与控制[M]. 北京：对外经济贸易大学出版社, 2008.

[6] 史永奋. 基于修正的 CVaR 动态优化模型的商业银行贷款组合优化研究[J]. 金融经济学研究, 2013, 28 (6): 22-33.

[7] de Jesús R, Ortiz E, Cabello A. Long run peso/dollar exchange rates and extreme value behavior: value at risk modeling[J]. The North American Journal of Economics and Finance, 2013, 24 (1): 139-152.

[8] 刘艳萍, 王婷婷, 迟国泰. 基于方向久期利率风险免疫的资产负债组合优化模型[J]. 管理评论, 2009, 21 (4): 11-25, 33.

第12章 基于半绝对偏差的全部贷款组合区间优化模型

12.1 引　　言

我国商业银行的利润主要来源于贷款业务，贷款配置的合理与否对银行经营业绩有着直接的影响。

本章通过以区间数表示的贷款组合风险最小为目标函数，以及以区间数表示的目标收益率满足水平为约束条件，建立区间规划模型，对包括存量和增量在内的全部贷款组合的风险进行约束，求解贷款的最优配置。本章的创新与特色：一是基于组合半绝对偏差风险函数来描述组合的风险区间，考虑了多笔贷款收益率之间的相关性，改变了现有线性区间型算法忽略各笔贷款之间的相关性从而夸大组合风险的弊端。二是以全部贷款组合半绝对偏差区间中点 $m(\sigma^{\text{total}})$ 最小为目标来控制风险的大小，以全部贷款组合半绝对偏差区间的半径 $w(\sigma^{\text{total}})$ 最小为目标来控制风险变动的范围，通过多目标规划来兼控"存量组合+增量组合"的全部贷款风险的大小和变动范围。改变了现有研究忽略控制风险区间范围的不足，完善了现有的区间型规划仅仅立足于增量资产配置忽略巨额存量风险的弊端。三是基于模糊两阶段算法来求解多目标规划模型，解决了多目标线性叠加组合风险的不合理现象，从而导致无法真正实现对两目标同时控制的目的。

12.2　基于组合半绝对偏差的全部贷款组合区间优化模型原理

12.2.1　组合半绝对偏差风险的原理

设：σ_{it} 为第 i 笔贷款第 t 年历史收益率低于期望收益率的半绝对偏差（$i=1,2,\cdots,S$；$t=1,2,\cdots,T$）；r_{it} 为第 i 笔贷款第 t 年的历史收益率；R_i 为第 i 笔贷款的期望收益率。则有[1]

$$\sigma_{it} = \left| \min\{0, r_{it} - R_i\} \right| \tag{12.1}$$

式（12.1）的含义：若第 i 笔贷款第 t 年历史收益率 r_{it} 低于其期望收益

率 R_i，则半绝对偏差为低于期望收益率的历史收益率与期望收益率的差值，即 $|r_{it} - R_i|$；若第 i 笔贷款第 t 年历史收益率高于其期望收益率，对投资者不构成损失，此时半绝对偏差值为 0。

设：σ_i 为第 i 笔贷款的半绝对偏差风险；T 为贷款总年限。则有[1]

$$\sigma_i = \frac{1}{T} \sum_{t=1}^{T} \sigma_{it} = \frac{1}{T} \sum_{t=1}^{T} \left| \min\{0, r_{it} - R_i\} \right| \tag{12.2}$$

设：w_i 为第 i 笔贷款占贷款总额的比例；S 为贷款的总笔数。

若直接将各笔贷款风险按照投资比例进行线性加权，则计算得到的线性叠加贷款组合风险 σ_l 为[2-4]

$$\sigma_l = \sum_{i=1}^{S} \sigma_i w_i \tag{12.3}$$

将式（12.2）代入式（12.3），整理得到线性叠加贷款组合风险 σ_l[2-4] 为

$$\sigma_l = \sum_{i=1}^{S} \sigma_i w_i = \frac{1}{T} \sum_{t=1}^{T} \sum_{i=1}^{S} \left| \min\{0, r_{it} - R_i\} \right| w_i \tag{12.4}$$

设：σ 为基于组合半绝对偏差风险函数的贷款组合风险。则有[1]

$$\sigma = \frac{1}{T} \sum_{t=1}^{T} \left| \min\left\{0, \sum_{i=1}^{S} (r_{it} - R_i) w_i\right\} \right| \tag{12.5}$$

式（12.5）与式（12.4）的区别在于组合风险的处理方式不同：式（12.4）是"半绝对偏差的加权平均"，它未考虑到各笔贷款之间的相关性，直接将各笔贷款的风险进行线性加权；而式（12.5）则是"加权后的半绝对偏差"，考虑到了各笔贷款的相关性。式（12.4）是对半绝对偏差 $|\min\{0, r_{it} - R_i\}|$ 进行加权平均 $\sum_{i=1}^{S} |\min\{0, r_{it} - R_i\}| w_i$，它是先取绝对值，再加权。而式（12.5）则是先对单笔贷款收益率偏差（$r_{it} - R_i$）进行加权平均 $\sum_{i=1}^{S} (r_{it} - R_i) w_i$，再取绝对值 $\left| \min\left\{0, \sum_{i=1}^{S} (r_{it} - R_i) w_i\right\} \right|$。故式（12.5）的加权平均反映了偏差（$r_{it} - R_i$）大于 0 和小于 0 正负抵消后的效果，它考虑了不同笔贷款之间相互作用后的综合效果，而式（12.4）则做不到这一点。

式（12.5）运用半绝对偏差来刻画贷款组合的风险，体现了贷款组合未来可能收益率低于期望收益率的程度，反映了风险的本质，同时反映了多笔贷款之间的相互影响，提高了风险测算的精度。

因此，下文的建模将采用式（12.5）的参数表达式原理来分别确定贷款组合风险区间的左、右端点值，建立非线性叠加组合风险区间表达式。

12.2.2 基于组合半绝对偏差的全部贷款组合区间优化的原理

本节运用组合半绝对偏差[1]来度量包括存量和增量的全部贷款组合的风险，以反映全部贷款组合未来收益率低于其期望收益率的下偏风险。

本节中的半绝对偏差风险用区间数表示，下文将基于组合半绝对偏差风险函数[1]的原理分别确定其左右端点，进而确定风险区间。

1. 全部贷款组合半绝对偏差风险区间左端点的确定

（1）全部贷款组合在第 t 年历史收益率低于期望收益率区间左端点的半绝对偏差，设：$\sigma_t^{\text{total}L}$ 为全部贷款组合在第 t 年历史收益率低于期望收益率区间左端点的半绝对偏差；n 为增量贷款的笔数；r_{it}^{new} 为第 i 笔增量贷款第 t 年的历史收益率（$t=1,2,\cdots,T$；$i=1,2,\cdots,n$）；$R_i^{\text{new}}=[R_i^{\text{new}L}, R_i^{\text{new}U}]$ 为第 i 笔增量贷款的期望收益率区间，由银行当局给出，其中，$R_i^{\text{new}L}$ 为第 i 笔增量贷款期望收益率区间左端点，$R_i^{\text{new}U}$ 为第 i 笔增量贷款目标收益率区间右端点；x_i 为第 i 笔增量贷款占全部新旧两组贷款总额的权重；m 为存量贷款的笔数；r_{jt}^{old} 为第 j 笔存量贷款第 t 年的历史收益率（$t=1,2,\cdots,T$；$j=1,2,\cdots,m$）；$R_j^{\text{old}L}$ 为第 j 笔存量贷款在未来的目标收益率区间左端点；$R_j^{\text{old}U}$ 为第 j 笔存量贷款在未来的目标收益率区间右端点；$R_j^{\text{old}}=[R_j^{\text{old}L}, R_j^{\text{old}U}]$ 为第 j 笔存量贷款期望收益率区间，由银行当局给出；y_j 为存量贷款组合中第 j 笔存量贷款占全部新旧两组贷款总额的权重。

全部贷款组合在第 t 年历史收益率低于期望收益率区间左端点的半绝对偏差 $\sigma_t^{\text{total}L}$ 可表示[1]：

$$\sigma_t^{\text{total}L} = \left| \min\left\{0, \sum_{i=1}^{n}(r_{it}^{\text{new}}-R_i^{\text{new}L})x_i + \sum_{j=1}^{m}(r_{jt}^{\text{old}}-R_j^{\text{old}L})y_j\right\}\right| \quad (12.6)$$

式（12.6）右端 0 后边的表达式表示的是包括存量和增量的全部贷款组合在第 t 年历史收益率 $\sum_{i=1}^{n}r_{it}^{\text{new}}x_i + \sum_{j=1}^{m}r_{jt}^{\text{old}}y_j$ 与期望收益率区间左端点 $\sum_{i=1}^{n}R_i^{\text{new}L}x_i + \sum_{j=1}^{m}R_j^{\text{old}L}y_j$ 之差。

在式（12.6）中，若期望收益率区间左端点 $\sum_{i=1}^{n}R_i^{\text{new}L}x_i + \sum_{j=1}^{m}R_j^{\text{old}L}y_j$ 高于全部贷款组合在第 t 年历史收益率 $\sum_{i=1}^{n}r_{it}^{\text{new}}x_i + \sum_{j=1}^{m}r_{jt}^{\text{old}}y_j$，此时式（12.6）中

的 $\sum_{i=1}^{n} (r_{it}^{\text{new}} - R_i^{\text{new}L})x_i + \sum_{j=1}^{m} (r_{jt}^{\text{old}} - R_j^{\text{old}L})y_j \leqslant 0$，根据式（12.6）中的取最小值

关系，则半绝对偏差为 $\sigma_t^{\text{total}L} = \left| \sum_{i=1}^{n} (r_{it}^{\text{new}} - R_i^{\text{new}L})x_i + \sum_{j=1}^{m} (r_{jt}^{\text{old}} - R_j^{\text{old}L})y_j \right|$，此时

存在"左端点半绝对偏差"。

同理，根据上边的分析：若期望收益率区间左端点低于全部贷款组合在第

t 年历史收益率，此时式（12.6）中的 $\sum_{i=1}^{n} (r_{it}^{\text{new}} - R_i^{\text{new}L})x_i + \sum_{j=1}^{m} (r_{jt}^{\text{old}} - R_j^{\text{old}L})y_j > 0$，

根据式（12.6）中的取最小值关系，则半绝对偏差为 0，即不存在"左端

点半绝对偏差"。

应该指出，若全部贷款组合在第 t 年历史收益率高于期望收益率区间左

端点，仅仅说明它不存在"左端点半绝对偏差"，并不表示它也不存在"右

端点半绝对偏差"。关于"右端点半绝对偏差"，将在下文式（12.9）中描述。

（2）半绝对偏差风险区间左端点的确定。将全部贷款组合在 T 年内

每年的历史收益率低于期望收益率区间左端点的半绝对偏差 $\sigma_t^{\text{total}L}$

（$t=1,2,\cdots,15$）求平均，得到全部贷款组合未来收益率低于期望收益率的

半绝对偏差风险区间左端点 $\sigma^{\text{total}L}$，则有[1]

$$\sigma^{\text{total}L} = \frac{1}{T} \sum_{t=1}^{T} \sigma_t^{\text{total}L} \qquad (12.7)$$

将式（12.6）代入式（12.7），则有

$$\begin{aligned} \sigma^{\text{total}L} &= \frac{1}{T} \sum_{t=1}^{T} \sigma_t^{\text{total}L} \\ &= \frac{1}{T} \sum_{t=1}^{T} \left| \min \left\{ 0, \sum_{i=1}^{n} (r_{it}^{\text{new}} - R_i^{\text{new}L})x_i + \sum_{j=1}^{m} (r_{jt}^{\text{old}} - R_j^{\text{old}L})y_j \right\} \right| \end{aligned} \qquad (12.8)$$

式（12.8）中其他参数含义同式（12.6）。

式（12.8）是用组合半绝对偏差风险函数来刻画全部贷款组合风险区间

的左端点，根据组合半绝对风险函数的性质，式（12.8）度量的是包含存量、

增量的全部贷款组合风险非线性叠加后的半绝对偏差风险区间的左端点。

2. 全部贷款组合半绝对偏差风险区间右端点的确定

仿照全部贷款组合半绝对偏差风险区间左端点的计算过程，将式（12.8）

中各单项增量贷款期望收益率区间的左端点值 $R_i^{\text{new}L}$ 换成右端点值 $R_i^{\text{new}U}$，将

各单项存量贷款期望收益率区间的左端点值 $R_j^{\text{old}L}$ 换成右端点值 $R_j^{\text{old}U}$。

可得全部贷款组合半绝对偏差风险区间右端点 $\sigma^{\text{total}U}$ 为[1]

$$\sigma^{\mathrm{total}U}=\frac{1}{T}\sum_{t=1}^{T}\left|\min\left\{0,\sum_{i=1}^{n}(r_{it}^{\mathrm{new}}-R_{i}^{\mathrm{new}U})x_{i}+\sum_{j=1}^{m}(r_{jt}^{\mathrm{old}}-R_{j}^{\mathrm{old}U})y_{j}\right\}\right| \qquad (12.9)$$

式（12.9）中其他字母含义同式（12.8）。

式（12.9）是用组合半绝对偏差风险函数来刻画全部贷款组合风险区间的右端点，根据组合半绝对风险函数的性质，式（12.9）度量的是包含存量、增量的全部贷款组合风险非线性叠加后的半绝对偏差风险区间的右端点。

式（12.9）的含义：若期望收益率区间右端点 $\displaystyle\sum_{i}^{n}R_{i}^{\mathrm{new}U}x_{i}+\sum_{j}^{m}R_{j}^{\mathrm{old}U}y_{j}$ 高

于全部贷款组合在第 t 年历史收益率 $\displaystyle\sum_{i=1}^{n}r_{it}^{\mathrm{new}}x_{i}+\sum_{j=1}^{m}r_{jt}^{\mathrm{old}}y_{j}$，此时式（12.9）

中的 $\displaystyle\sum_{i=1}^{n}(r_{it}^{\mathrm{new}}-R_{i}^{\mathrm{new}U})x_{i}+\sum_{j=1}^{m}(r_{jt}^{\mathrm{old}}-R_{j}^{\mathrm{old}U})y_{j}\leqslant0$，根据式（12.9）中取最小值

关系，则半绝对偏差为 $\sigma_{t}^{\mathrm{total}L}=\left|\displaystyle\sum_{i=1}^{n}(r_{it}^{\mathrm{new}}-R_{i}^{\mathrm{new}U})x_{i}+\sum_{j=1}^{m}(r_{jt}^{\mathrm{old}}-R_{j}^{\mathrm{old}U})y_{j}\right|$，此

时存在"右端点半绝对偏差"。

同理，根据上边的分析：若期望收益率区间右端点低于全部贷款组合在第

t 年历史收益率，此时式（12.9）中的 $\displaystyle\sum_{i=1}^{n}(r_{it}^{\mathrm{new}}-R_{i}^{\mathrm{new}U})x_{i}+\sum_{j=1}^{m}(r_{jt}^{\mathrm{old}}-R_{j}^{\mathrm{old}U})y_{j}>0$，

根据式（12.9）中的取最小值关系，半绝对偏差也为 0，即不存在"右端点半绝对偏差"。

式（12.9）与式（12.8）的区别在于表述的是左右两个不同端点的风险。如前所述，不存在"左端点风险"时，并不意味着也不存在"右端点风险"。

3. 全部贷款组合半绝对偏差风险区间的确定

设：σ^{total} 为全部贷款组合半绝对偏差风险区间，则有

$$\sigma^{\mathrm{total}}=[\sigma^{\mathrm{total}L},\ \sigma^{\mathrm{total}U}] \qquad (12.10)$$

将式（12.8）、式（12.9）分别代入式（12.10）右侧的左、右端点，则有

$$\begin{aligned}\sigma^{\mathrm{total}}&=[\sigma^{\mathrm{total}L},\sigma^{\mathrm{total}U}]\\&=\left[\frac{1}{T}\sum_{t=1}^{T}\left|\min\left\{0,\sum_{i=1}^{n}(r_{it}^{\mathrm{new}}-R_{i}^{\mathrm{new}L})x_{i}+\sum_{j=1}^{m}(r_{jt}^{\mathrm{old}}-R_{j}^{\mathrm{old}L})y_{j}\right\}\right|,\right.\\&\left.\quad\frac{1}{T}\sum_{t=1}^{T}\left|\min\left\{0,\sum_{i=1}^{n}(r_{it}^{\mathrm{new}}-R_{i}^{\mathrm{new}U})x_{i}+\sum_{j=1}^{m}(r_{jt}^{\mathrm{old}}-R_{j}^{\mathrm{old}U})y_{j}\right\}\right|\right]\end{aligned} \qquad (12.11)$$

式（12.11）中其他字母含义同式（12.8）、式（12.9）。

式（12.11）度量的是存量贷款组合与增量贷款组合风险非线性叠加后的全部贷款组合半绝对偏差风险区间。

本章的式（12.11）度量组合半绝对偏差风险区间与现有研究的区别在于以下几点。

1）一是组合风险的处理方式不同

现有研究[2, 3, 4]计算贷款组合风险区间时，思路如式（12.4）所示，是先分别求出单笔贷款的风险区间，再将各笔贷款的风险区间线性加权[2-4]，这种线性区间型算法未考虑到各笔贷款收益率之间的相互作用。本章式（12.11）为组合风险区间，它是基于式（12.5）的原理来分别确定其左、右端点风险。式（12.5）则是先对各笔贷款收益率偏差 $r_{it}-R_i$ 进行加权平均 $\sum_{i=1}^{s}(r_{it}-R_i)w_i$，再求半绝对偏差风险 $\left|\min\left\{0, \sum_{i=1}^{s}(r_{it}-R_i)w_i\right\}\right|$。故式（12.5）的加权平均反映了偏差（$r_{it}-R_i$）大于 0 和小于 0 正负抵消后的效果，它考虑了不同笔贷款之间相互作用后的综合效果。

综合上述，本章式（12.11）所求的全部贷款组合风险区间 σ^{total} 考虑了不同笔贷款之间相互作用后的综合效果，改变了现有研究[2-4]直接将各笔贷款风险线性加权，进而夸大组合风险的弊端，提出了求解非线性叠加贷款组合风险区间的新思路。

2）二是风险控制的范围不同

现有研究[5, 6]仅对增量资产组合的风险进行控制，忽略了巨额存量资产的风险。

本章在式（12.8）和式（12.9）中，不但考虑了增量贷款组合区间左、右端点的风险，也同时考虑了存量贷款组合区间左、右端点的风险，并在下文的模型中作为目标函数进行优化，改变了现有的区间型规划[5, 6]仅仅立足于增量资产配置、忽略巨额存量风险的弊端。

12.2.3 全部贷款组合期望收益率区间

1. 区间数的常用运算

对于两个区间数 $A=[A^L, A^U]$，$B=[B^L, B^U]$，则其运算规则有[5]

$$A+B=[A^L+B^L, A^U+B^U] \tag{12.12}$$

对于任一实数 k，若 $k>0$，则[5]：

$$kA=[kA^L, kA^U] \tag{12.13}$$

2. 全部贷款组合期望收益率区间的确定

设：$E(R)=[E(R)^L, E(R)^U]$ 为包含存量、增量的全部贷款组合期望收益率区间。其中，$E(R)^L$ 为全部贷款组合期望收益率区间左端点；$E(R)^U$ 为全部贷款组合期望收益率区间右端点。则有

$$E(R) = \sum_{i=1}^{n} x_i[R_i^{\text{new}L}, R_i^{\text{new}U}] + \sum_{j=1}^{m} y_j[R_j^{\text{old}L}, R_j^{\text{old}U}] \qquad (12.14)$$

其中，$[R_i^{\text{new}L}, R_i^{\text{new}U}]$ 为第 i 笔增量贷款的期望收益率区间；$\sum_{i=1}^{n} x_i[R_i^{\text{new}L}, R_i^{\text{new}U}]$ 为增量贷款组合期望收益率区间的加权平均值；$[R_j^{\text{old}L}, R_j^{\text{old}U}]$ 为第 j 笔存量贷款的期望收益率区间；$\sum_{j=1}^{m} y_j[R_j^{\text{old}L}, R_j^{\text{old}U}]$ 为存量贷款组合期望收益率区间的加权平均值；$\sum_{i=1}^{n} x_i[R_i^{\text{new}L}, R_i^{\text{new}U}] + \sum_{j=1}^{m} y_j[R_j^{\text{old}L}, R_j^{\text{old}U}]$ 为包含存量、增量的全部贷款组合期望收益率区间。

由于 $x_i \geqslant 0$，$y_i \geqslant 0$，结合区间数运算式（12.13），可将式（12.14）化简为如下表达式：

$$\begin{aligned} E(R) &= \sum_{i=1}^{n} x_i[R_i^{\text{new}L}, R_i^{\text{new}U}] + \sum_{j=1}^{m} y_j[R_j^{\text{old}L}, R_j^{\text{old}U}] \\ &= \sum_{i=1}^{n} [x_i R_i^{\text{new}L}, x_i R_i^{\text{new}U}] + \sum_{j=1}^{m} [y_j R_j^{\text{old}L}, y_j R_j^{\text{old}U}] \end{aligned} \qquad (12.15)$$

由区间数运算式（12.12），两个区间数相加等于其左、右端点分别相加，则式（12.15）可化简为如下表达式：

$$\begin{aligned} E(R) &= \sum_{i=1}^{n} x_i[R_i^{\text{new}L}, R_i^{\text{new}U}] + \sum_{j=1}^{m} y_j[R_j^{\text{old}L}, R_j^{\text{old}U}] \\ &= \sum_{i=1}^{n} [x_i R_i^{\text{new}L}, x_i R_i^{\text{new}U}] + \sum_{j=1}^{m} [y_j R_j^{\text{old}L}, y_j R_j^{\text{old}U}] \\ &= [\sum_{i=1}^{n} x_i R_i^{\text{new}L} + \sum_{j=1}^{m} y_j R_j^{\text{old}L}, \sum_{i=1}^{n} x_i R_i^{\text{new}U} + \sum_{j=1}^{m} y_j R_j^{\text{old}U}] \end{aligned} \qquad (12.16)$$

式（12.16）中其他字母含义同式（12.11）。

式（12.16）中的第一项 $\sum_{i=1}^{n} x_i R_i^{\text{new}L} + \sum_{j=1}^{m} y_j R_j^{\text{old}L}$ 为全部贷款组合期望收益率区间的左端点 $E(R)^L$ 的表达式；第二项 $\sum_{i=1}^{n} x_i R_i^{\text{new}U} + \sum_{j=1}^{m} y_j R_j^{\text{old}U}$ 为全部贷款组合期望收益率区间右端点 $E(R)^U$ 的表达式。

12.3 基于半绝对偏差的全部贷款区间优化模型的构建与求解

12.3.1 目标函数的建立

以全部贷款组合半绝对偏差风险 σ^{total} 最小为目标函数,由于式(12.11)是区间数表达式,无法直接进行优化求解,因此求区间数表达式(12.11)最小,即求区间数表达式(12.11)的中点值和半径最小[6]。

设:$m(\sigma^{\text{total}})$ 为全部贷款组合半绝对偏差风险区间的中点;$w(\sigma^{\text{total}})$ 为全部贷款组合半绝对偏差风险区间的半径。

1. 风险区间中点值最小的目标函数

半绝对偏差风险最小的目标函数为

$$\min f_1 = m(\sigma^{\text{total}}) = \frac{1}{2}(\sigma^{\text{total}L} + \sigma^{\text{total}U}) \qquad (12.17)$$

将式(12.8)和式(12.9)代入式(12.17),则有

$$
\begin{aligned}
\min f_1 = m(\sigma^{\text{total}}) &= \frac{1}{2}(\sigma^{\text{total}L} + \sigma^{\text{total}U}) \\
&= \frac{1}{2T}\left(\sum_{t=1}^{T}\left| \min\left\{ 0, \sum_{i=1}^{n}(r_{it}^{\text{new}} - R_i^{\text{new}L})x_i + \sum_{j=1}^{m}(r_{jt}^{\text{old}} - R_j^{\text{old}L})y_j \right\} \right| \right. \\
&\quad \left. + \sum_{t=1}^{T}\left| \min\left\{ 0, \sum_{i=1}^{n}(r_{it}^{\text{new}} - R_i^{\text{new}U})x_i + \sum_{j=1}^{m}(r_{jt}^{\text{old}} - R_j^{\text{old}U})y_j \right\} \right| \right)
\end{aligned} \qquad (12.18)
$$

式(12.18)是风险区间中点值的表达式。当区间半径不变时,区间的中点值越小,区间在数轴上的位置越靠左,风险越小。

从式(12.18)第一行的表达式中也可以看出:区间的中点 $m(\sigma^{\text{total}})$ 小了,会导致半绝对偏差风险区间的左端点 $\sigma^{\text{total}L}$ 和半绝对偏差风险区间的右端点 $\sigma^{\text{total}U}$ 的代数和减少,进而减少了收益率的不确定性。因此追求半绝对偏差风险区间中点值 $m(\sigma^{\text{total}})$ 最小等效于半绝对偏差风险最小。

2. 风险区间的半径最小的目标函数

风险区间半径最小的目标函数为

$$\min f_2 = w(\sigma^{\text{total}}) = \frac{1}{2}(\sigma^{\text{total}U} - \sigma^{\text{total}L}) \qquad (12.19)$$

将式(12.8)和式(12.9)代入式(12.19),则有

$$\min f_2 = w(\sigma^{\text{total}}) = \frac{1}{2}(\sigma^{\text{total}U} - \sigma^{\text{total}L})$$

$$= \frac{1}{2T}\left[\sum_{t=1}^{T}\left|\min\left\{0, \sum_{i=1}^{n}(r_{it}^{\text{new}} - R_i^{\text{new}U})x_i + \sum_{j=1}^{m}(r_{jt}^{\text{old}} - R_j^{\text{old}U})y_j\right\}\right| \quad (12.20)\right.$$

$$\left. - \sum_{t=1}^{T}\left|\min\left\{0, \sum_{i=1}^{n}(r_{it}^{\text{new}} - R_i^{\text{new}L})x_i + \sum_{j=1}^{m}(r_{jt}^{\text{old}} - R_j^{\text{old}L})y_j\right\}\right|\right]$$

式（12.20）是风险区间半径的表达式。当区间中点值不变时，区间的半径越小，区间在数轴上长度越短，风险波动范围越小。

从式（12.20）中也可以看出：区间的半径 $w(\sigma^{\text{total}})$ 小了，会导致半绝对偏差风险区间的右端点 $\sigma^{\text{total}U}$ 和半绝对偏差风险区间的左端点 $\sigma^{\text{total}L}$ 的差值减少，即风险区间的长度减少，减少了风险的波动，进而降低了收益率的不确定性。

式（12.18）与式（12.20）都是控制对贷款组合不利的"半绝对偏差"风险，但控制的角度不同。

前者控制的是"位置风险"，这个目标的最小化是在"区间长度"不变的情况下，使这个区间的位置尽量向坐标轴的左端移动。不言而喻，在数轴上的位置越往左，风险越小。

而后者，是区间中点值在数轴上位置不变的前提下，控制区间的长度。区间长度越小，风险波动也越小，收益率的不确定性也越小。

目标函数式（12.18）和式（12.20）的特色：一是基于半绝对偏差风险函数来描述全部贷款组合风险区间，改变了现有线性区间型风险算法忽略各笔贷款收益率之间相关性的弊端；二是以式（12.18）的全部贷款组合半绝对偏差区间中点 $m(\sigma^{\text{total}})$ 最小为目标来控制风险的大小，以式（12.20）全部贷款组合半绝对偏差区间的半径 $w(\sigma^{\text{total}})$ 最小为目标来控制风险变动的范围，通过多目标规划来兼控"存量组合+增量组合"的全部贷款风险的大小和变动范围，改变了现有研究忽略控制风险区间范围的不足，完善了现有的区间型规划仅仅立足于增量资产配置忽略巨额存量风险的弊端。

12.3.2　约束条件的建立

1. 主约束条件的建立

1）参数 p 的定义

设：$R_0 = [R_0^L, R_0^U]$ 为银行的目标收益率区间，由银行当局给出。

银行贷款配置的期望收益区间 $E(R) = [E(R)^L, E(R)^U]$ 与银行的目标收益

区间 $R_0=[R_0^L，R_0^U]$，这两个区间数之间有如下约束关系：

$$[E(R)^L，E(R)^U] \geqslant [R_0^L，R_0^U] \qquad （12.21）$$

对于区间数 $E(R)=[E(R)^L，E(R)^U]$ 和区间数 $[R_0^L，R_0^U]$，引入参数 p，对于模型任一解向量 x，称 $p=P([E(R)^L，E(R)^U] \geqslant [R_0^L，R_0^U])$ 是 x 对区间数约束条件 $[E(R)^L，E(R)^U] \geqslant [R_0^L，R_0^U]$ 的满足水平，其中 $p \in [0，1]$。p 越大，区间数约束条件的满足水平越高，则有[7]

$$p = P(E(R) \geqslant R_0)$$

$$= \frac{\max(0, R_0^U - R_0^L + E(R)^U - E(R)^L - \max(0, R_0^U - E(R)^L))}{(R_0^U - R_0^L) + (E(R)^U - E(R)^L)} \qquad （12.22）$$

2）区间数约束条件的转化

设：μ 为银行所要求的区间约束条件最低满足水平，$\mu>0$，则有

$$p = \frac{\max(0, R_0^U - R_0^L + E(R)^U - E(R)^L - \max(0, R_0^U - E(R)^L))}{(R_0^U - R_0^L) + (E(R)^U - E(R)^L)} \geqslant \mu \qquad （12.23）$$

不等式（12.23）经整理可化简为如下所示的一般实数约束条件[7]：

$$\mu E(R)^L + (1-\mu)E(R)^U \geqslant (1-\mu)R_0^L + \mu R_0^U \qquad （12.24）$$

下文实例中银行所要求的区间约束条件最低满足水平 $\mu=0.8$，即区间数约束条件满足水平式（12.22）的值要大于 0.8。

μ 的大小反映了银行所要求的全部贷款组合期望收益率区间高于银行目标收益率区间的程度；也代表了银行决策者对于收益率区间的一个偏好；μ 越大，全部贷款配置的期望收益率区间 $E(R)=[E(R)^L，E(R)^U]$ 高于银行目标收益率区间 $R_0=[R_0^L，R_0^U]$ 的程度越大，越偏好于高收益区间[7]。

2. 其他约束条件的建立

增量和存量贷款权重和为 1 的约束条件，如式（12.25）所示：

$$\sum_{i=1}^{n} x_i + \sum_{i=1}^{m} y_i = 1 \qquad （12.25）$$

各单项增量贷款权重不小于 0 的约束条件，如式（12.26）所示：

$$x_i \geqslant 0 \ (i=1,2,\cdots,n) \qquad （12.26）$$

12.3.3　基于半绝对偏差的全部贷款组合区间优化模型的构建

以式（12.18）、式（12.20）为目标函数，以式（12.24）~式（12.26）为约束条件，建立全部贷款组合的多目标优化模型。

12.3.4　多目标优化模型的求解

现有研究以风险最小和收益最大为目标所建立的多目标规划模型，可通过效用函数将多目标转化成单目标规划模型进行求解，但由于本模型中的两目标函数分别代表风险区间的中点值和半径，两者之间无特定的偏好关系，无法进行类似的转化，所以基于模糊两阶段算法[8]，求解上述所构建的多目标规划模型［式（12.18）、式（12.20）、式（12.24）~式（12.26）］。

第一阶段：设：$x=(x_1,x_2,\cdots,x_n)$ 为满足模型约束条件［式（12.22）~式（12.24）］的一个解向量，X 为满足模型约束条件的解向量的集合。则有[8]

$$X = \begin{cases} x \Big/ \mu E(R)^L + (1-\mu)E(R)^U \geqslant (1-\mu)R_0^L + \mu R_0^U \\ \sum_{i=1}^{n} x_i + \sum_{i=1}^{m} y_i = 1 \\ x_i \geqslant 0 \end{cases} \quad (12.27)$$

式（12.27）解向量集合 X 中的约束条件来自式（12.24）~式（12.26），其中式（12.24）中的 $E(R)^L$ 与 $E(R)^U$ 来自式（12.16），也是含有解向量 x 的表达式。

在集合 X 中求解式（12.18）和式（12.20）的最大值和最小值，确定各目标函数值的范围[8]：

$$\begin{cases} f_1^U = \max_{x \in X} f_1(x) \\ f_1^L = \min_{x \in X} f_1(x) \\ f_2^U = \max_{x \in X} f_2(x) \\ f_2^L = \min_{x \in X} f_2(x) \end{cases} \quad (12.28)$$

其中，f_1^U 为式（12.18）在解集合 X 中的最大值；f_1^L 为式（12.18）在解集合 X 中的最小值；f_2^U 为式（12.20）在解集合 X 中的最大值；f_2^L 为式（12.20）在解集合 X 中的最小值。

构造隶属函数，反映各目标函数与其最小值的接近程度[8]：

$$\mu(f_1(x)) = \begin{cases} 1, & f_1(x) \leqslant f_1^L \\ \dfrac{f_1(x) - f_1^U}{f_1^L - f_1^U}, & f_1^L < f_1(x) < f_1^U \\ 0, & f_1(x) \geqslant f_1^U \end{cases} \quad (12.29)$$

式（12.29）中的 $f_1(x)$ 来自式（12.18），为风险区间中点值表达式，f_1^L、f_1^U 来自式（12.28），分别为 $f_1(x)$ 的最小值、最大值。

$$\mu(f_2(x)) = \begin{cases} 1, & f_2(x) \leqslant f_2^L \\ \dfrac{f_2(x) - f_2^U}{f_2^L - f_2^U}, & f_2^L < f_2(x) < f_2^U \\ 0, & f_2(x) \geqslant f_2^U \end{cases} \qquad (12.30)$$

式（12.30）中的 $f_2(x)$ 来自式（12.20），为风险区间半径表达式，f_2^L、f_2^U 来自式（12.28），分别为 $f_2(x)$ 的最小值、最大值。

式（12.29）~式（12.30）的含义：目标函数 $f_1(x)$ 与 $f_2(x)$ 所追求的是越小越好，当 $f_1(x)$ 的值越小即越接近于其最小值 f_1^L 时，$\dfrac{f_1(x) - f_1^U}{f_1^L - f_1^U}$ 越大，且越接近于 1。同理，当 $f_2(x)$ 的值越小即越接近于其最小值 f_2^L 时，$\dfrac{f_2(x) - f_2^U}{f_2^L - f_2^U}$ 越大，且越接近于 1。

引入未知变量 λ，对于所构建的模型 [式（12.18）、式（12.20）、式（12.24）~式（12.26）]，其求解可以用模糊线性规划建立新的模型 [式（12.31）~式（12.33）、式（12.27）] 来实现[8]：

$$\max \lambda \qquad (12.31)$$

$$\text{s.t.} \quad \lambda \leqslant \frac{f_1(x) - f_1^U}{f_1^L - f_1^U} \qquad (12.32)$$

$$\lambda \leqslant \frac{f_2(x) - f_2^U}{f_2^L - f_2^U} \qquad (12.33)$$

$$x \in X \qquad (12.34)$$

由模型可知，在解集合 X 中，式（12.18）和式（12.20）与其各自最小值的接近程度均大于 λ，所以 λ 越大，各目标函数值与其各自最小值的接近程度也越大。

基于模糊线性规划所建立的新模型[式（12.31）~式（12.33）、式（12.34）]的最优解是所构建的原模型[式（12.18）、式（12.20）、式（12.24）~式（12.26）]的有效解[9]，因此我们可以通过求基于模糊线性规划建立的新模型[式（12.31）~式（12.33）、式（12.34）]的最优解来得到原模型的有效解，最终得到满足条件的贷款配置方案。

基于模糊两阶段算法来求解偏好不确定的多目标规划模型的特色在于，通过目标函数式（12.18）控制了风险区间的中点值，通过目标函数式（12.20）控制了风险区间的半径，实现了对风险区间中点值和半径的同时控制，解决了多目标组合系数不确定的问题。

12.4　实 证 分 析

12.4.1　应用背景

目前关于资产组合选择的研究主要集中在几点：一是假定收益分布服从 t 分布，以更"厚"尾部的分布来减少正态假定下"厚尾"产生的误差；二是利用 Boot-strap 方法对收益率进行模拟；三是基于均值−方差模型，以最小化方差风险为目标，将自融资投资组合问题用凸二次规划表示；四是对均值−绝对离差投资组合模型及其有效边界的研究等。本章建立的基于半绝对偏差的全部贷款组合区间优化模型可以为银行优化资产负债管理水平提供参考。

本章通过如下几点进行阐释：首先，本章提出的基于组合半绝对偏差风险函数改进了现有线性区间型算法夸大组合风险的弊端，考虑了多笔贷款收益率之间的相关性；其次，本章完善了现有研究忽略控制风险区间范围的不足，实现了同时控制多个目标的问题；最后，本章解决了多目标线性加权系数的不合理导致无法实现对两目标同时控制的问题，解决途径是通过建立模糊两阶段算法来求解多目标规划模型。

本章根据某银行贷款的真实数据进行部分提取，得到了 8 笔存量贷款和 5 笔增量贷款数据，同时提出了两个对比模型：仅包含增量贷款组合风险控制的对比模型 1，仅包含存量贷款组合风险控制的对比模型 2。通过模型的求解得出本章提出的基于组合半绝对偏差的全部贷款模型有效控制了风险区间的范围，防止风险区间过于发散，避免了在区间中点值很小的情况下半径过大所带来的风险波动较大，进而导致贷款组合配置可能面临较大的极端损失风险。

12.4.2　基本数据

某一银行在满足各种金融监管的要求下，贷款资金总额为 10 000/（$\times 10^7$ 元）。

该银行原有 8 笔存量贷款（即 $m=8$），如表 12.1 中的贷款 1 至贷款 8 所示。其中贷款 1 的金额如表 12.1 第 1 列第 1 行所示，贷款 1 占全部贷款总额的比重 y_1=1500/10 000=0.15，如表 12.1 第 1 列第 2 行所示。同理，其他 7 笔贷款的金额与权重如表 12.1 第 2~8 列所示。

表 12.1　各笔存量贷款金额及其占贷款总额的权重 y_j

项目	贷款 1（1）	贷款 2（2）	贷款 3（3）	贷款 4（4）	贷款 5（5）	贷款 6（6）	贷款 7（7）	贷款 8（8）	全部存量贷款（9）
金额/（×10⁷元）（1）	1500	1400	800	1160	840	400	600	800	7 500
权重 y_j（2）	0.15	0.14	0.08	0.116	0.084	0.04	0.06	0.08	0.75

　　需要说明的是，存量贷款总额为 7500/（×10⁷元），占全部贷款总额的比重为 7500/10 000=0.75。由于贷款资金总额为 10 000/（×10⁷元），故增量贷款总额为 2500/（×10⁷元），占全部贷款总额的比重为 2500/10 000=0.25。

　　这 8 笔存量贷款 15 年内的历史收益率如表 12.2 第 1~15 行所示（即 $T=15$）。其中存量贷款 1 的 15 年历史收益率如表 12.2 第 1 列第 1~15 行所示，其他 7 笔贷款的 15 年历史收益率如表第 2~8 列第 1~15 行所示。这 8 笔存量贷款的期望收益率区间如表 12.2 第 16 行所示。

表 12.2　第 j 笔存量贷款第 t 年的历史收益率 r_{jt}^{old} 及第 j 笔存量贷款的期望收益率区间 R_j^{old}

年份	贷款 1（1）	贷款 2（2）	贷款 3（3）	贷款 4（4）	贷款 5（5）	贷款 6（6）	贷款 7（7）	贷款 8（8）
1	8.4%	7.4%	7.4%	7.0%	5.1%	4.7%	7.3%	6.1%
2	8.3%	6.7%	7.1%	7.3%	6.1%	5.0%	7.2%	6.4%
3	8.5%	7.9%	8.2%	6.9%	6.6%	4.0%	7.4%	6.0%
4	8.1%	7.8%	8.1%	6.6%	5.8%	−1.4%	7.0%	5.7%
5	10.4%	7.6%	7.7%	7.1%	5.4%	7.0%	9.3%	6.2%
6	7.8%	7.3%	7.4%	6.8%	4.4%	−3.5%	6.7%	5.9%
7	7.5%	7.1%	7.2%	6.6%	−0.7%	−4.7%	6.4%	5.7%
8	8.1%	7.9%	8.0%	7.2%	0.4%	4.5%	7.0%	6.3%
9	8.3%	7.8%	8.1%	6.7%	4.8%	6.0%	7.2%	5.8%
10	8.9%	7.6%	7.0%	7.7%	5.5%	7.7%	7.8%	6.8%
11	8.6%	7.5%	6.7%	6.8%	6.2%	4.1%	7.5%	5.9%
12	8.2%	7.1%	7.4%	6.5%	6.0%	−3.9%	7.3%	5.6%
13	8.6%	7.5%	7.4%	7.0%	6.0%	−3.4%	7.7%	6.1%
14	10.7%	8.6%	8.5%	7.4%	6.1%	5.2%	9.6%	6.5%
15	9.0%	7.9%	8.0%	7.2%	5.4%	4.6%	7.9%	6.3%
期望收益率区间 $R_j^{old}=[R_j^{oldL}, R_j^{oldU}]$	[8.65%, 8.95%]	[6.57%, 8.62%]	[7.32%, 7.50%]	[6.91%, 7.09%]	[5.30%, 5.39%]	[2.33%, 4.20%]	[7.55%, 7.85%]	[6.01%, 6.19%]

　　银行现打算在已有 8 笔存量贷款的基础上，新增 5 笔贷款。

　　查得与增量贷款 1 近似的其他贷款 15 年历史收益率如表 12.3 第 1 列第 1~15 行所示，其他 4 笔增量贷款的近似贷款 15 年历史收益率如表 12.3

第 2~5 列第 1~15 行所示。这 5 笔增量贷款的期望收益率区间如表 12.3 第 16 行所示。

表 12.3　第 i 笔增量贷款第 t 年的历史收益率 r_{it}^{new} 及第 i 笔增量贷款的期望收益率区间 R_i^{new}

年份	（1）贷款 1	（2）贷款 2	（3）贷款 3	（4）贷款 4	（5）贷款 5
1	8.3%	7.6%	7.1%	5.0%	4.8%
2	8.2%	6.9%	7.4%	6.0%	5.1%
3	8.4%	8.1%	7.0%	6.5%	4.1%
4	8.0%	8.0%	6.7%	5.7%	−1.3%
5	10.3%	7.8%	7.2%	5.3%	7.1%
6	7.7%	7.5%	6.9%	4.3%	−3.4%
7	7.4%	7.3%	6.7%	−0.8%	−4.6%
8	8.0%	8.1%	7.3%	0.3%	4.6%
9	8.2%	8.0%	6.8%	4.7%	6.1%
10	8.8%	7.8%	7.8%	5.4%	7.8%
11	8.5%	7.7%	6.9%	6.1%	4.2%
12	8.3%	7.3%	6.6%	5.9%	−3.8%
13	8.7%	7.5%	7.1%	6.9%	−3.3%
14	10.6%	8.8%	7.5%	6.0%	5.3%
15	8.9%	8.1%	7.3%	5.3%	4.7%
期望收益率区间 $R_i^{\text{new}} = [R_i^{\text{new}L}, R_i^{\text{new}U}]$	[8.55%,8.85%]	[6.77%,8.82%]	[7.01%,7.19%]	[5.20%,5.29%]	[2.43%,4.30%]

银行决策者所要求的目标收益率区间 $R_0 = [R_0^L, R_0^U] = [6.0\%, 7.5\%]$。

银行决策者所要求的贷款组合期望收益率区间高于目标收益率区间的最低满足水平为 0.8，即式（12.24）中的 $\mu = 0.8$。

12.4.3　基于存量和增量的全部贷款组合半绝对偏差风险区间的计算

1. 全部贷款组合半绝对偏差风险区间左端点值的计算

（1）全部贷款组合在第 1 年历史收益率低于期望收益率区间左端点的半绝对偏差 $\sigma_1^{\text{total}L}$ 的计算。

式（12.6）有 8 个参数，分别来源如下。

第 1 个参数 n：增量贷款的笔数 $n=5$，如表 12.3 所示。

第 2 个参数 r_{i1}^{new} $(i=1,2,\cdots,5)$ 来自表 12.3 第 1 行。

第 3 个参数 $R_i^{\text{new}L}$ $(i=1,2,\cdots,5)$ 来自表 12.3 第 16 行各区间数的左端点。

第 4 个参数 $x_i(i=1,2,\cdots,5)$，即待求的变量。

第 5 个参数 m：存量贷款的笔数，参数 $m=8$，如表 12.2 所示。

第 6 个参数 r_{j1}^{old} $(j=1,2,\cdots,8)$ 来自表 12.2 第 1 行。

第 7 个参数 R_j^{oldL} $(j=1,2,\cdots,8)$来自表 12.2 第 16 行各区间数的左端点。

第 8 个参数 y_j $(j=1,2,\cdots,8)$来自表 12.1 第 2 行第 1~8 列。

将上述参数代入式（12.6）得到全部贷款组合在第 1 年历史收益率低于期望收益率区间左端点的半绝对偏差 σ_1^{totalL} 的表达式，即

$$
\begin{aligned}
\sigma_1^{totalL} &= \left| \min\left\{ 0, \sum_{i=1}^{n}(r_{i1}^{new} - R_i^{newL})x_i + \sum_{j=1}^{m}(r_{j1}^{old} - R_j^{oldL})y_j \right\} \right| \\
&= \left| \min\left\{ \begin{array}{l} 0,[(0.083-0.0855)x_1 + (0.076-0.0677)x_2 + \cdots + (0.048 \\ \quad -0.0243)x_5] + [(0.084-0.0865)\times 0.15 + (0.074-0.0657) \\ \quad \times 0.14 + \cdots + (0.061-0.0601)\times 0.08] \end{array} \right\} \right| \\
&= \left| \min\left\{ \begin{array}{l} 0, -0.0025x_1 + 0.0083x_2 + 0.0009x_3 - 0.002x_4 + 0.0237x_5 \\ +0.001\,657\,4 \end{array} \right\} \right|
\end{aligned}
$$

（12.35）

仿照式（12.35） σ_1^{totalL} 的求法，仅求解 σ_1^{totalL} 时的第 2 个参数值和第 6 个参数值的来源不同，第 2 个参数值来源于表 12.3 第 2 行，第 6 个参数值来源于表 12.2 第 2 行，计算得到全部贷款组合在第 2 年历史收益率低于期望收益率区间左端点的半绝对偏差 σ_2^{totalL} 的表达式。

同理，可求得全部贷款组合在第 t 年（$t=1,2,\cdots,15$）的历史收益率低于期望收益率区间左端点的半绝对偏差 σ_t^L 的表达式：

$$
\left\{
\begin{aligned}
\sigma_1^{totalL} &= \left| \min\left\{ \begin{array}{l} 0, -0.0025x_1 + 0.0083x_2 + 0.0009x_3 - 0.002x_4 + 0.0237x_5 \\ +0.001\,657\,4 \end{array} \right\} \right| \\
\sigma_2^{totalL} &= \left| \min\left\{ \begin{array}{l} 0, -0.0035x_1 + 0.0013x_2 + 0.0039x_3 + 0.008x_4 + 0.0267x_5 \\ +0.001\,775\,4 \end{array} \right\} \right| \\
&\qquad\qquad\qquad\vdots \\
\sigma_{15}^{totalL} &= \left| \min\left\{ \begin{array}{l} 0, 0.0035x_1 + 0.0133x_2 + 0.0029x_3 + 0.001x_4 + 0.0227x_5 \\ +0.004\,701\,4 \end{array} \right\} \right|
\end{aligned}
\right.
$$

（12.36）

（2）全部贷款组合半绝对偏差风险区间左端点值 σ^L 的计算。将历史收益率的总期数 $T=15$ 和式（12.36）的 σ_t^{totalL}（$t=1,2,3,\cdots,15$），代入式（12.7）中，得到全部贷款组合未来的收益率低于期望收益率的半绝对偏差风险区间左端点 σ^{totalL} 的表达式：

$$
\begin{aligned}
\sigma^{\text{total}L} &= \frac{1}{T}\sum_{t=1}^{T}\sigma_t^{\text{total}L} \\
&= \frac{1}{15}\left(\left|\min\left\{\begin{array}{l}0,-0.0025x_1+0.0083x_2+0.0009x_3-0.002x_4+0.0237x_5 \\ +0.000\,828\,7\end{array}\right\}\right|\right. \\
&\quad +\left|\min\left\{\begin{array}{l}0,-0.0035x_1+0.0013x_2+0.0039x_3+0.008x_4+0.0267x_5 \\ +0.001\,775\,4\end{array}\right\}\right|+\cdots \\
&\quad \left.+\left|\min\left\{\begin{array}{l}0,0.0035x_1+0.0133x_2+0.0029x_3+0.001x_4+0.0227x_5 \\ +0.004\,701\,4\end{array}\right\}\right|\right)
\end{aligned}
$$

$$(12.37)$$

2. 全部贷款组合半绝对偏差风险区间右端点值的计算

仿照"全部贷款组合半绝对偏差风险区间左端点值 σ^L 的计算"过程，仅将式（12.8）中的参数 $R_i^{\text{new}L}$ 替换为 $R_i^{\text{new}U}$、将 $R_j^{\text{old}L}$ 替换为 $R_j^{\text{old}U}$，其中 $R_i^{\text{new}U}$ 来自表 12.3 第 16 行各区间数的右端点、$R_j^{\text{old}U}$ 来自表 12.2 第 16 行各区间数的右端点，计算全部贷款组合半绝对偏差风险区间右端点值。

（1）全部贷款组合在第 1 年历史收益率低于期望收益率区间右端点的半绝对偏差 $\sigma_1^{\text{total}U}$ 的计算。

全部贷款组合在第 1 年历史收益率低于期望收益率区间右端点的半绝对偏差 $\sigma_1^{\text{total}U}$ 的表达式：

$$
\begin{aligned}
\sigma_1^{\text{total}U} &= \left|\min\left\{0,\sum_{i=1}^{n}(r_{i1}^{\text{new}}-R_i^{\text{new}U})x_i+\sum_{j=1}^{m}(r_{j1}^{\text{old}}-R_j^{\text{old}U})y_i\right\}\right| \\
&= \left|\min\left\{\begin{array}{l}0,[(0.083-0.0885)x_1+(0.076-0.0882)x_2+\cdots+(0.048-0.043)x_5] \\ +[(0.084-0.0895)\times0.15+(0.074-0.0862)\times0.14+\cdots \\ +(0.061-0.0619)\times0.08]\end{array}\right\}\right| \\
&= \left|\min\left\{0,-0.0055x_1-0.0122x_2-0.0009x_3-0.0029x_4+0.005x_5-0.003\,163\right\}\right|
\end{aligned}
$$

$$(12.38)$$

同理，计算全部贷款组合在第 t 年（$t=1,2,3,\cdots,15$）的历史收益率低于期望收益率区间右端点的半绝对偏差 σ_t^U 的表达式：

$$
\begin{cases}
\sigma_1^{\text{total}U} = \left| \min \begin{cases} 0, -0.0055x_1 - 0.0122x_2 - 0.0009x_3 - 0.0029x_4 + 0.005x_5 \\ -0.003\,163 \end{cases} \right| \\
\sigma_2^{\text{total}U} = \left| \min \begin{cases} 0, -0.0065x_1 - 0.0192x_2 + 0.0021x_3 + 0.0071x_4 + 0.008x_5 \\ -0.003\,045 \end{cases} \right| \\
\qquad\qquad\qquad\qquad\qquad\qquad \vdots \\
\sigma_{15}^{\text{total}U} = \left| \min \begin{cases} 0, 0.0005x_1 - 0.0072x_2 + 0.0011x_3 + 0.0001x_4 + 0.004x_5 \\ -0.000\,119 \end{cases} \right|
\end{cases}
$$

$$(12.39)$$

（2）全部贷款组合半绝对偏差风险区间右端点值 $\sigma^{\text{total}U}$ 的计算。仿照全部贷款组合未来收益率低于期望收益率的半绝对偏差风险区间左端点 $\sigma^{\text{total}L}$ 的求法，仅将式（12.37）中的参数式（12.36）$\sigma_t^{\text{total}L}$ 变为式（12.39）$\sigma_t^{\text{total}U}$，可求得右端点值 $\sigma^{\text{total}U}$ 的表达式：

$$
\begin{aligned}
\sigma^{\text{total}U} &= \frac{1}{T} \sum_{t=1}^{T} \sigma_t^{\text{total}U} \\
&= \frac{1}{15} \left(\left| \min \begin{cases} 0, -0.0055x_1 - 0.0122x_2 - 0.0009x_3 - 0.0029x_4 + 0.005x_5 \\ -0.003\,163 \end{cases} \right| \right. \\
&\quad + \left| \min \begin{cases} 0, -0.0065x_1 - 0.0192x_2 + 0.0021x_3 + 0.0071x_4 + 0.008x_5 \\ -0.003\,045 \end{cases} \right| + \cdots \\
&\quad \left. + \left| \min \begin{cases} 0, 0.0005x_1 - 0.0072x_2 + 0.0011x_3 + 0.0001x_4 + 0.004x_5 \\ -0.000\,119 \end{cases} \right| \right)
\end{aligned}
$$

$$(12.40)$$

12.4.4 基于存量和增量的全部贷款组合期望收益率区间的计算

式（12.16）有 8 个参数，分别来源如下。

第 1 个参数 n：增量贷款的笔数，参数 $n=5$，如表 12.3 所示。

第 2 个参数 $x_i(i=1,2,\cdots,5)$，即待求解的变量。

第 3 个参数 $R_i^{\text{new}L}$ ($i=1,2,\cdots,5$) 来自表 12.3 第 16 行各区间数的左端点。

第 4 个参数 m：存量贷款的笔数，参数 $m=8$，如表 12.2 所示。

第 5 个参数 $y_j(j=1,2,\cdots,8)$ 来自表 12.1 第 2 行。

第 6 个参数 $R_j^{\text{old}L}$ ($j=1,2,\cdots,8$) 来自表 12.2 第 16 行各区间数的左端点。

第 7 个参数 $R_i^{\text{new}U}$ ($i=1,2,\cdots,5$) 来自表 12.3 第 16 行各区间数的右端点。

第 8 个参数 $R_j^{\text{old}U}$ ($j=1,2,\cdots,8$) 来自表 12.2 第 16 行各区间数的右端点。

将上述参数代入式（12.16）得到全部贷款组合期望收益率区间 $E(R)$

的表达式，即

$$E(R)=[E(R)^L, E(R)^U]$$

$$= \left[\sum_{i=1}^{n} x_i R_i^{\text{new}L} + \sum_{j=1}^{m} y_j R_j^{\text{old}L}, \sum_{i=1}^{n} x_i R_i^{\text{new}U} + \sum_{j=1}^{m} y_j R_j^{\text{old}U} \right]$$

$$= [(0.0855x_1 + 0.0677x_2 + \cdots + 0.0243x_5) + (0.15 \times 0.0865 + 0.14 \times 0.0657 + \cdots$$
$$+ 0.08 \times 0.0601), (0.0885x_1 + 0.0822x_2 + \cdots + 0.043x_5) + (0.15 \times 0.0895 + 0.14$$
$$\times 0.0862 + \cdots + 0.08 \times 0.0619)]$$

$$= [0.0855x_1 + 0.0677x_2 + 0.0701x_3 + 0.052x_4 + 0.0243x_5 + 0.050\,77, 0.0855x_1$$
$$+ 0.0677x_2 + 0.0719x_3 + 0.0529x_4 + 0.043x_5 + 0.055\,59]$$

$$(12.41)$$

12.4.5　基于半绝对偏差的全部贷款组合区间优化模型的建立

1. 目标函数的建立

式（12.17）有两个参数，分别来源如下。

第 1 个参数 $\sigma^{\text{total}L}$ 由式（12.37）表示。第 2 个参数 $\sigma^{\text{total}U}$ 由式（12.40）表示。

将上述参数代入式（12.17）得到风险区间中点值的表达式，即

$$f_1 = m(\sigma^{\text{total}}) = \frac{1}{2}(\sigma^{\text{total}L} + \sigma^{\text{total}U})$$

$$= \frac{1}{2} \left(\frac{1}{15} \left(\left| \min \begin{cases} 0, -0.0025x_1 + 0.0083x_2 + 0.0009x_3 - 0.002x_4 + 0.0237x_5 \\ +0.000\,828\,7 \end{cases} \right| \right. \right.$$

$$+ \left| \min \begin{cases} 0, -0.0035x_1 + 0.0013x_2 + 0.0039x_3 + 0.008x_4 + 0.0267x_5 \\ +0.001\,775\,4 \end{cases} \right| + \cdots$$

$$+ \left. \left| \min \begin{cases} 0, 0.0035x_1 + 0.0133x_2 + 0.0029x_3 + 0.001x_4 + 0.0227x_5 \\ +0.004\,701\,4 \end{cases} \right| \right)$$

$$+ \frac{1}{15} \left(\left| \min \begin{cases} 0, -0.0055x_1 - 0.0122x_2 - 0.0009x_3 - 0.0029x_4 + 0.005x_5 \\ -0.003\,163 \end{cases} \right| \right.$$

$$+ \left| \min \begin{cases} 0, -0.0065x_1 - 0.0192x_2 + 0.0021x_3 + 0.0071x_4 + 0.008x_5 \\ -0.003\,045 \end{cases} \right| + \cdots$$

$$+ \left. \left. \left| \min \begin{cases} 0, 0.0005x_1 - 0.0072x_2 + 0.0011x_3 + 0.0001x_4 + 0.004x_5 \\ -0.000\,119 \end{cases} \right| \right) \right)$$

$$(12.42)$$

式（12.19）有两个参数，分别来源如下。第 1 个参数 $\sigma^{\text{total}U}$ 由式（12.40）

表示。第 2 个参数 $\sigma^{\text{total}L}$ 由式（12.37）表示。

将上述参数代入式（12.19）得到风险区间半径的表达式，即

$$
\begin{aligned}
f_2 = w(\sigma^{\text{total}}) = {} & \frac{1}{2}(\sigma^{\text{total}U} - \sigma^{\text{total}L}) \\
= {} & \frac{1}{2}\left(\frac{1}{15}\left(\left|\min\left\{\begin{array}{l}0, -0.0055x_1 - 0.0122x_2 - 0.0009x_3 - 0.0029x_4 + 0.005x_5 \\ -0.003\,163\end{array}\right\}\right|\right.\right. \\
& + \left|\min\left\{\begin{array}{l}0, -0.0065x_1 - 0.0192x_2 + 0.0021x_3 + 0.0071x_4 + 0.008x_5 \\ -0.003\,045\end{array}\right\}\right| + \cdots \\
& + \left.\left|\min\left\{\begin{array}{l}0, 0.0005x_1 - 0.0072x_2 + 0.0011x_3 + 0.0001x_4 + 0.004x_5 \\ -0.000\,119\end{array}\right\}\right|\right) \\
& - \frac{1}{15}\left(\left|\min\left\{\begin{array}{l}0, -0.0025x_1 + 0.0083x_2 + 0.0009x_3 - 0.002x_4 + 0.0237x_5 \\ +0.000\,828\,7\end{array}\right\}\right|\right. \\
& + \left|\min\left\{\begin{array}{l}0, -0.0035x_1 + 0.0013x_2 + 0.0039x_3 + 0.008x_4 + 0.0267x_5 \\ +0.001\,775\,4\end{array}\right\}\right| + \cdots \\
& + \left.\left.\left|\min\left\{\begin{array}{l}0, 0.0035x_1 + 0.0133x_2 + 0.0029x_3 + 0.001x_4 + 0.0227x_5 \\ +0.004\,701\,4\end{array}\right\}\right|\right)\right)
\end{aligned}
$$

（12.43）

2. 约束条件的建立

1）主约束条件的建立

将 $\mu = 0.8$，区间数表达式（12.41）的左、右端点，$R_0^L = 6.0\%$、$R_0^U = 7.5\%$
代入不等式（12.24）得到不等式约束条件，即

$$
\begin{aligned}
& 0.8 \times (0.0855x_1 + 0.0677x_2 + 0.0701x_3 + 0.052x_4 + 0.0243x_5 + 0.05077) \\
& + (1 - 0.8) \times (0.0855x_1 + 0.0822x_2 + 0.0719x_3 + 0.0529x_4 + 0.043x_5 + 0.055\,59) \\
& \geqslant (1 - 0.8) \times 0.06 + 0.8 \times 0.075
\end{aligned}
$$

（12.44）

2）其他约束条件的建立

增量和存量贷款权重和为 1 的约束条件，如式（12.45）所示：

$$
\sum_{i=1}^{5} x_i + 0.75 = 1
$$

（12.45）

式（12.45）中的 0.75 代表的是存量贷款总额占全部贷款总额的比重，
12.4.2 节中已给出。

各单项贷款权重不小于 0 的约束条件，如式（12.46）所示：

$$x_i \geqslant 0 (i=1,2,\cdots,5) \tag{12.46}$$

以式（12.42）和式（12.43）为目标函数，以式（12.44）~式（12.46）为约束条件，则建立了本章的全部贷款组合的多目标优化模型。

12.4.6　本模型的求解

设：X 为满足所构建的多目标优化模型约束条件 [式（12.44）~式（12.46）] 的解向量的集合。则有

$$X = \begin{cases} x/0.8 \times (0.0855x_1 + 0.0677x_2 + 0.0701x_3 + 0.052x_4 + 0.0243x_5 + 0.050\,77) \\ + (1-0.8) \times (0.0855x_1 + 0.0822x_2 + 0.0719x_3 + 0.0529x_4 + 0.043x_5 \\ \quad + 0.055\,59) \\ \geqslant (1-0.8) \times 0.06 + 0.8 \times 0.075 \\ \sum\limits_{i=1}^{5} x_i + 0.75 = 1 \\ x_i \geqslant 0 \end{cases} \tag{12.47}$$

在满足约束条件式（12.44）~式（12.46）的解向量的集合 X 中任取一解向量 $x=(x_1, x_2, x_3, x_4, x_5)$，代入式（12.42），可得到 1 个 f_1 值。在满足约束条件式（12.44）~式（12.46）的解向量的集合中任取多个解向量 $x=(x_1, x_2, x_3, x_4, x_5)$，代入式（12.42），可得到多个 f_1 的值。总可以找到一个解向量 x 使得 f_1 值最大，求得最大值为 f_1^U。也存在一个解向量 x 使得 f_1 值最小，求得最小值为 f_1^L。

同理，可求得 f_2 的最大值 f_2^U、最小值 f_2^L。

以上过程可以在 Matlab 软件中实现，得到各目标函数的最大值、最小值：

$$\begin{cases} f_1^U = \max\limits_{x \in X} f_1(x) = 0.003\,936 \\ f_1^L = \min\limits_{x \in X} f_1(x) = 0.003\,385 \\ f_2^U = \max\limits_{x \in X} f_2(x) = 0.002\,042 \\ f_2^L = \min\limits_{x \in X} f_2(x) = 0.001\,602 \end{cases} \tag{12.48}$$

将式（12.42）的 $m(\sigma)$ 表达式，式（12.48）中的 $f_1^U=0.003\,936$、$f_1^L=0.003\,385$ 代入式（12.32），得到式（12.50）。将式（12.43）中 $w(\sigma)$ 的表达式、式（12.48）中的 $f_2^U=0.002\,042$、$f_2^L=0.001\,602$ 代入式（12.33），得到式（12.51）。

由此，最终得到基于模糊两阶段算法[8]建立的新模型 [式（12.47）、式（12.49）~式（12.51）] 为

$$\max \lambda \tag{12.49}$$

$$\text{s.t.}\quad \lambda \leqslant \frac{f_1(x)-0.003\,936}{0.003\,385-0.003\,936} \tag{12.50}$$

$$\lambda \leqslant \frac{f_2(x)-0.002\,042}{0.001\,602-0.002\,042} \tag{12.51}$$

$$x\in X \tag{12.52}$$

式（12.49）目标函数中的 λ 是基于模糊两阶段算法引入的未知变量。

式（12.50）、式（12.51）是基于模糊两阶段算法转化所得的约束条件。

利用 Matlab 软件对式（12.47）、式（12.48）~式（12.51）所构建的非线性规划模型进行求解，得到各单项增量贷款占全部贷款总额的比例为：$x=(x_1,x_2,x_3,x_4,x_5)=$（0.1721，0.0000，0.0758，0.0020，0.0000），将结果列入表 12.4 第 1 行第 1 列，同时得到未知变量 $\lambda=0.9713$。

表 12.4　本模型与对比模型的比较　　　　单位：%

比较参数	（1）本模型	（2）对比模型 1	（3）对比模型 2
（1）贷款配置比例 x	（0.1721, 0.0000, 0.0758, 0.0020, 0.0000）	（0.0246, 0.0000, 0.2254, 0.0000, 0.0000）	（0.1698, 0.0000, 0.0802, 0.0000, 0.0000）
（2）期望收益率区间	[7.0899, 7.6374]	[6.8670, 7.3970]	[7.0906, 7.6380]
（3）目标收益率满足水平	0.800	0.690	0.800
（4）半绝对偏差风险区间	[0.1786, 0.5015]	[0.2180, 0.6055]	[0.1726, 0.5044]
（5）风险区间中点值	0.3401	0.4118	0.3385
（6）风险区间半径	0.1615	0.1938	0.1659

由 $\lambda=0.9713$ 可知，在满足约束条件下，所求的增量贷款配置使得风险区间中点值和风险区间半径与其各自最小值的接近程度均大于 0.9713。

这个资产配置结果至少有两个好处。

一是风险区间中点值与其最小值的接近程度大于 0.9713，说明风险区间中点值与其最小值很接近；风险区间中点值与其最小值越接近，说明在"区间长度"不变的情况下，这个区间的位置越向坐标轴的左端移动；而左移则意味着在数轴上的位置越往左，风险越小。

二是风险区间半径与其最小值的接近程度大于 0.9713，说明风险区间半径与其最小值很接近；而风险区间半径与其最小值越接近，说明在区间中点值在数轴上位置不变的前提下，控制区间的长度。区间长度越小，风险波动也越小，收益率的不确定性也越小。

12.4.7　对比模型的定义及求解

1. 对比模型 1 的定义及求解

令式（12.8）、式（12.9）、式（12.16）和式（12.25）中的下列 5 个参

数值为 0，得到仅考虑增量贷款组合风险控制的对比模型 1。

采用本模型所应用的数据及求解过程，对仅考虑增量贷款组合风险控制的优化模型进行求解，得到各单项增量贷款占增量贷款总额的比例为（0.0985，0.0000，0.9015，0.0000，0.0000）。

由于增量贷款占全部贷款的比例为 0.25，故处理得到现有仅考虑增量贷款组合风险控制的各单项增量贷款占全部贷款总额的配置比例为 $x'=(x_1', x_2', x_3', x_4', x_5')=0.25\times(0.0985, 0.0000, 0.9015, 0.0000, 0.0000)=(0.0246, 0.0000, 0.2254, 0.0000, 0.0000)$，将结果列入表 12.4 第 1 行第 2 列。

2. 对比模型 2 的定义及求解

仅以风险区间的中点值式（12.18）最小为目标函数，约束条件［式（12.24）~式（12.26）］均保持不变，建立未考虑控制风险区间半径的全部贷款组合优化模型［式（12.18）、式（12.24）~式（12.26）］。

采用本模型所应用的数据以及求解过程，对现有未考虑控制风险区间半径的组合优化模型进行求解，得到各单项增量贷款占全部贷款总额的配置比例为 $x^*=(x_1^*, x_2^*, x_3^*, x_4^*, x_5^*)=(0.1698, 0.0000, 0.0802, 0.0000, 0.0000)$，将结果列入表 12.4 第 1 行第 3 列。

12.4.8　本模型与现有模型的对比分析

1. 目标收益率满足水平 p 的计算

1）本模型下目标收益率满足水平 p 的计算

将表 12.4 第 1 行第 1 列代入式（12.39）得到本模型下全部贷款组合期望收益率区间 $E(R)$：

$$E(R)=[E(R)^L, E(R)^U]$$

$$=[\sum_{i=1}^{n} x_i R_i^{\text{new}L} + \sum_{j=1}^{m} y_j R_j^{\text{old}L}, \sum_{i=1}^{n} x_i R_i^{\text{new}U} + \sum_{j=1}^{m} y_j R_j^{\text{old}U}]$$

$$=[0.0855x_1 + 0.0677x_2 + 0.0701x_3 + 0.052x_4 + 0.0243x_5 + 0.050\,77,$$
$$0.0855x_1 + 0.0677x_2 + 0.0719x_3 + 0.0529x_4 + 0.043x_5 + 0.055\,59]$$

$$=[0.0855\times0.1721 + 0.0677\times0 + \cdots + 0.0243\times0 + 0.050\,77,$$
$$0.0885\times0.1721 + 0.0822\times0 + \cdots + 0.043\times0 + 0.055\,59]$$

$$=[7.0899\%, 7.6374\%]$$

结果列入表 12.4 第 2 行第 1 列。

将 $E(R)=[E(R)^L, E(R)^U]=[7.0899\%, 7.6374\%]$、$R_0=[R_0^L, R_0^U]=[6.0\%, 7.5\%]$ 代入式（12.22），计算得到本模型下的全部贷款组合期望收益率区间大于

银行目标收益率区间的满足水平 p：

$$p=p\left(E\left(R\right)\geqslant R_0\right)$$

$$=\frac{\max(0,7.5\%-6.0\%+7.6374\%-7.0899\%-\max(0,7.5\%-7.0899\%))}{(7.5\%-6.0\%)+(7.6374\%-7.0899\%)}$$

$$=0.800$$

结果同时列入表 12.4 第 3 行第 1 列。

2）对比模型 1 下目标收益率满足水平 p 的计算

设：$E(R)'$ 为全部贷款组合期望收益率区间。

同理，仿照"本模型下目标收益率满足水平 p 的计算"过程，可计算得到仅考虑增量贷款组合风险控制下全部贷款组合期望收益率区间 $E(R)'=$[6.8670%，7.3970%]。

结果列入表 12.4 第 2 行第 2 列。

同时可得到本模型下的全部贷款组合期望收益率区间大于银行目标收益率区间的满足水平为 0.690。结果列入表 12.4 第 3 行第 2 列。

3）对比模型 2 下目标收益率满足水平 p 的计算

设：$E(R)^*=[E(R)^{*L}, E(R)^{*U}]$ 为全部贷款组合期望收益率区间。

同理，仿照"本模型下目标收益率满足水平 p 的计算"过程，可计算得到仅考虑增量贷款组合风险控制下全部贷款组合期望收益率区间 $E(R)^*=$[7.0906%，7.6380%]。

计算结果列入表 12.4 第 2 行第 3 列。

同时可得到本模型下的全部贷款组合期望收益率区间大于银行目标收益率区间的满足水平为 0.800。

计算结果列入表 12.4 第 3 行第 3 列。

2. 风险区间的中点值和半径的计算

1）本模型下全部贷款组合半绝对偏差风险区间的计算

将表 12.4 第 1 行第 1 列分别代入式（12.37）、式（12.40），计算得到本模型下全部贷款组合半绝对偏差风险区间 $\sigma^{\text{total}}=[\sigma^{\text{total}L}, \sigma^{\text{total}U}]$=[0.1786%，0.5015%]。

结果列入表 12.4 第 4 行第 1 列。

由本模型下全部贷款组合风险区间 $\sigma^{\text{total}}=[\sigma^{\text{total}L}, \sigma^{\text{total}U}]$=[0.1786%，0.5015%]，求得本模型下全部贷款组合风险区间中点值 $m\left(\sigma^{\text{total}}\right)$ 和半径 $w\left(\sigma^{\text{total}}\right)$：

$$m\left(\sigma^{\text{total}}\right)=\frac{1}{2}(\sigma^{\text{total}L}+\sigma^{\text{total}U})=\frac{1}{2}(0.1786\%+0.5015\%)=0.3401\%$$

结果同时列入表 12.4 第 5 行第 1 列。

$$w\left(\sigma^{\text{total}}\right)=\frac{1}{2}\left(\sigma^{\text{total}U}-\sigma^{\text{total}L}\right)=\frac{1}{2}(0.5015-0.1786)=0.1615\%$$

结果同时列入表 12.4 第 6 行第 1 列。

2）对比模型 1 下全部贷款组合半绝对偏差风险区间的计算

设：$\sigma^{\text{total}'}$=[$\sigma^{\text{total}'L}$, $\sigma^{\text{total}'U}$]为全部贷款组合半绝对偏差风险区间。

同理，仿照"本模型下全部贷款组合半绝对偏差风险区间的计算"过程，可计算得到仅考虑增量贷款组合风险控制下全部贷款组合半绝对偏差风险区间 $\sigma^{\text{total}'}$=[$\sigma^{\text{total}'L}$, $\sigma^{\text{total}'U}$]=[0.2180%，0.6055%]。

结果列入表 12.4 第 4 行第 2 列。

同时可计算得到仅考虑增量贷款组合风险控制下全部贷款组合风险区间中点值 $m\left(\sigma^{\text{total}'}\right)$ 和半径 $w\left(\sigma^{\text{total}'}\right)$。

$$m\left(\sigma^{\text{total}'}\right)=0.4118\%$$

结果列入表 12.4 第 5 行第 2 列。

$$w\left(\sigma^{\text{total}'}\right)=0.1938\%$$

结果列入表 12.4 第 6 行第 2 列。

3）对比模型 2 下全部贷款组合半绝对偏差风险区间的计算

设：$\sigma^{\text{total}*}$=[$\sigma^{\text{total}*L}$, $\sigma^{\text{total}*U}$]为全部贷款组合半绝对偏差风险区间，则有[1]以下情形。

仿照"本模型下全部贷款组合半绝对偏差风险区间的计算"过程，可计算得到未控制风险区间半径下全部贷款组合半绝对偏差风险区间 $\sigma^{\text{total}*}$=[$\sigma^{\text{total}*L}$, $\sigma^{\text{total}*U}$]=[0.1726%，0.5044%]。

结果列入表 12.4 第 4 行第 3 列。

同时可计算得到未控制风险区间半径下全部贷款组合风险区间中点值 $m\left(\sigma^{\text{total}*}\right)$ 和半径 $w\left(\sigma^{\text{total}*}\right)$。

$$m\left(\sigma^{\text{total}*}\right)=0.3385\%$$

结果列入表 12.4 第 5 行第 3 列。

$$w\left(\sigma^{\text{total}*}\right)=0.1659\%$$

结果列入表 12.4 第 6 行第 3 列。

对比表 12.4 第 1、2 列的第 3 行可知，本模型下的全部贷款组合期望收益率区间大于银行目标收益率区间的满足水平为 0.800，而对比模型 1 下全部贷款组合期望收益率区间大于银行目标收益率区间的满足水平为 0.690，在目标收益率的满足水平上，本模型要优于现有仅考虑增量贷款组合风险控制的优化模型。

对比表 12.4 第 1、2 列的第 5 行可知，风险区间中点值越小越好，本模型下的半绝对偏差风险区间中点值为 0.3401%，对比模型 1 的为 0.4118%，本模型的风险区间中点值小于对比模型 1 的风险区间中点值。

对比表 12.4 第 1、2 列的第 6 行可知，风险区间半径越小越好，本模型下的半绝对偏差风险区间半径 0.1615%优于对比模型 1 的 0.1938%。

对比表 12.4 第 1、3 列的第 3 行可知，本模型下的全部贷款组合期望收益率区间大于银行目标收益率区间的满足水平为 0.800，而对比模型 2 下全部贷款组合期望收益率区间大于银行目标收益率区间的满足水平为 0.800，本模型和对比模型 2 在期望收益率满足水平上无显著差别。

对比表 12.4 第 1、3 列的第 5 行可知，风险区间中点值越小越好，本模型下的半绝对偏差风险区间中点值 0.3401%稍劣于对比模型 2 的 0.3385%。

对比表 12.4 第 1、3 列的第 6 行可知，风险区间半径越小越好，本模型下的半绝对偏差风险区间半径 0.1615%优于对比模型 2 的 0.1659%。

本模型在风险区间中点值上稍劣于对比模型 2，但是却有效控制了风险区间的范围，防止风险区间过于发散，避免了在区间中点值很小的情况下半径过大所带来的风险波动较大，进而导致贷款组合配置可能面临较大的极端损失风险。

12.5　结　　论

基于组合半绝对偏差风险函数来描述组合的风险区间，考虑了多笔贷款收益率之间的相关性，改变了现有线性区间型算法忽略各笔贷款之间的相关性从而夸大组合风险的弊端。

以全部贷款组合半绝对偏差区间中点 $m(\sigma^{\text{total}})$ 最小为目标来控制风险的大小，以全部贷款组合半绝对偏差区间的半径 $w(\sigma^{\text{total}})$ 最小为目标来控制风险变动的范围，从而达到通过多目标规划来兼控“存量组合+增量组合”的全部贷款风险的大小和变动范围，改变了现有研究忽略控制风险区间范围的不足，完善了现有的区间型规划仅仅立足于增量资产配置忽略巨额存量风险的弊端。

基于模糊两阶段算法来求解多目标规划模型，解决了多目标线性叠加组合风险的不合理现象，从而导致无法真正实现对风险大小和风险变动同时控制的问题。

参 考 文 献

[1] Speranza G M. Linear programming models for portfolio optimization[J]. Finance, 1993, 14: 107-123.

[2] 赵玉梅, 陈华友. 证券组合投资的多目标区间数线性规划模型[J]. 运筹与管理, 2006, 15 (2): 124-127.

[3] 陈国华, 陈收, 汪寿阳. 区间数模糊投资组合模型[J]. 系统工程, 2007, 25 (8): 34-37.

[4] 刘家和, 金秀, 苑莹, 等. 鲁棒均值-CVaR 投资组合模型及实证: 基于安全准则的视角[J]. 运筹与管理, 2016, 25 (6): 128-132, 138.

[5] 冯宝军, 闫达文, 迟国泰. 基于非线性区间数风险控制的资产负债优化模型[J]. 中国管理科学, 2012, 20 (1): 79-90.

[6] 徐晓宁, 何枫. 不允许卖空下证券投资组合的区间二次规划问题[J]. 中国管理科学, 2012, 20 (3): 57-62.

[7] 刘新旺, 达庆利. 一种区间数线性规划的满意解[J]. 系统工程学报, 1999, 14 (2): 123-128.

[8] 陈国华, 陈收, 房勇, 等. 带有模糊收益率的投资组合选择模型[J]. 系统工程理论与实践, 2009, 29 (7): 8-15.

[9] Lai K K, Wang S Y, Xu J P, et al. A class of linear interval programming problems and its application to portfolio selection[J]. IEEE Transactions on Fuzzy Systems, 2002, 10 (6): 698-704.

第13章 基于随机久期利率免疫的银行全资产负债优化模型

13.1 引 言

银行资产负债管理是指商业银行在负债数量和结构一定的条件下对资产进行优化配置,通过平衡资产的流动性、营利性和安全性,以实现银行收益的最大化。

本章通过 Vasicek 动态期限结构模型推导出随机久期,以包括存量与增量在内的全部资产随机久期等于全部负债随机久期为约束条件控制利率风险,辅以现行法律法规等其他约束条件,建立全部资产负债组合的随机久期利率风险免疫模型,并通过算例说明本模型构建过程。本章的创新与特色有三:一是通过建立全部资产负债组合的利率免疫条件,对包括存量与增量在内的全部资产组合利率风险进行控制,改变了现有研究在进行资产配置时,仅对增量组合风险控制的弊端;二是通过资产负债的随机久期缺口等于 0 的利率风险免疫条件建立资产负债优化模型,确保在利率发生变化时,银行股东的所有者权益不受损失;三是以银行各项资产组合收益率最大化为目标函数,通过随机久期的利率免疫条件控制利率风险,建立了全部资产负债组合的随机久期利率风险免疫模型,改变了现有研究的资产负债管理模型忽略随机久期变动的影响。

13.2 随机久期利率免疫的全资产负债优化原理

13.2.1 基于随机久期的利率风险免疫原理

在银行实践中,利率的变动不可避免。利率风险免疫通过使银行的资产和负债受利率变动的影响相互抵消,从而从利率风险进行控制。

麦考莱久期缺口免疫方法是商业银行利率风险免疫的最常用方法。久期的公式为[1]

$$D_M = \frac{\text{PV}(\text{CF}_1)}{P} \times 1 + \frac{\text{PV}(\text{CF}_2)}{P} \times 2 + \cdots + \frac{\text{PV}(\text{CF}_T)}{P} \times T = \left(\sum_{t=1}^{T} \frac{t(\text{CF}_t)}{(1+k)^t} \right) / P$$

（13.1）

其中，D_M 为麦考莱久期；P 为当前支付的价格（包括应付利息）；$\text{PV}(\text{CF}_i)$ 为第 i 期现金流 CF_i 的现值；T 为现金流的次数；k 为折现率。

麦考莱久期对所有现金流采用了同一折现率 k 进行折现，但实际上，不同到期时间的即期利率大小、变化程度及其波动性都不相同[2]。同时，银行存贷实践中，贷款利率具有波动性，而且这种波动具有随机性及动态性[3]，传统久期模型不能准确地识别实际利率的随机变化。

随机久期是基于动态利率期限结构模型提出的，考虑了利率的随机变化。Vasicek 建立了利率随机过程[4]，后续研究给出了 Vasicek 模型的参数估计方法[5]。学者基于 Vasicek 动态利率期限结构模型，已推导出了随机久期公式和相关参数表达式[6, 7]。

本章将上述随机久期引入到资产负债管理，通过建立 Vasicek 模型和估计市场利率，得到随机久期计算公式，建立基于随机久期的利率风险免疫条件，在控制利率风险的情况下最优配置资产。

1. 随机久期和利率免疫原理

设：D_V 为 Vasicek 随机久期；τ 为距离到期日的时间，$\tau = T - t$，其中 T 为到期时刻，t 为当前时刻；$\text{CF}(\tau_l)$ 为到期日前第 l 笔现金流；$P(r, \tau_l)$ 为发生第 l 笔现金流时每一元对应的贴现价格，是关于市场利率 r_t 的函数式；P 为到期价格；r_t 为市场利率；$A(\tau_l)$、$B(\tau_l)$、α、β、σ 为过程参数。

则 Vasicek 随机久期 D_V 的表达式如下所示[6]：

$$D_V = \sum_{l=1}^{N} \frac{\text{CF}(\tau_l) P(r, \tau_l) B(\tau_l)}{P}$$

（13.2）

其中，

$$P = \sum_{l=1}^{N} \text{CF}(\tau_l) P(r, \tau_l)$$

（13.3）

$$P(r, \tau_l) = A(\tau) e^{-r_t B(\tau)}$$

（13.4）

$$A(\tau_l) = e^{\left(\frac{\beta}{\alpha} - \frac{\sigma^2}{2\alpha^3} \right)(1 - \alpha\tau - e^{-\alpha\tau}) - \frac{\sigma^2}{4\alpha^3}(1 - \alpha\tau - e^{-\alpha\tau})^2}$$

（13.5）

$$B(\tau_l) = \frac{1}{\alpha}(1 - e^{-\alpha\tau})$$

（13.6）

式（13.5）中的 α、β、σ 为 Vasicek 模型的参数，参数含义详见下文。上述参数需要通过构建 Vasicek 利率期限结构模型并进行估计得到。

根据式（13.2），可以求出全部资产和全部负债对应的随机久期。以全部资产负债组合的随机久期缺口为零，建立利率风险免疫条件。

令 A_{os} 为第 s 笔存量贷款对应的价值，$D_{A_{os}}$ 为其对应随机久期；A_{Nj} 为第 j 笔增量贷款对应的价值，$D_{A_{Nj}}$ 为其对应随机久期；L_{OLDh} 为第 h 笔存量负债对应的价值，$D_{L\text{-}OLDh}$ 为其对应随机久期；L_{NEWi} 为第 i 笔增量负债价值的变化；$D_{L\text{-}NEWi}$ 为其对应随机久期；N_1 为银行存量贷款的笔数；N_2 为银行增量贷款的笔数；M_1 为银行存量负债的笔数；M_2 为银行增量贷款的笔数。则有

$$\frac{\sum_{s=1}^{N_1} D_{A_{os}} \times A_{os} + \sum_{j=1}^{N_2} D_{A_{Nj}} \times A_{Nj}}{\sum_{s=1}^{N_1} A_{os} + \sum_{j=1}^{N_2} A_{Nj}}$$

$$= \frac{\sum_{h=1}^{M_1} L_{OLDh} + \sum_{i=1}^{M_2} L_{NEWi}}{\sum_{s=1}^{N_1} A_{OLDs} + \sum_{j=1}^{N_2} A_{NEWj}} \times \frac{\sum_{h=1}^{M_1} D_{L\text{-}OLDh} \times L_{OLDh} + \sum_{i=1}^{M_2} D_{L\text{-}NEWi} \times L_{NEWi}}{\sum_{h=1}^{M_1} L_{OLDh} + \sum_{i=1}^{M_2} L_{NEWi}}$$

（13.7）

式（13.7）等式的经济学含义：等式左边为全部组合资产的组合久期；等式右边第一项为全部组合负债与全部组合资产总量的比值；等式右边第二项为全部组合负债的组合久期。通过令该式左右相等，保证银行全部资产负债的随机久期缺口为0。

式（13.7）与现有研究的差别：现有研究[8]进行久期缺口免疫时，久期 D 是传统久期，即麦考莱久期。本章中的久期采用随机久期。由于传统久期假设利率期限结构是平坦的，并且当利率变化时，利率期限结构是平行移动的[2]，采用随机久期进行缺口控制更加合理。

式（13.7）的创新与特色：通过资产负债的随机久期缺口等于 0 的利率风险免疫条件建立资产负债优化模型，确保在利率发生变化时，银行股东的所有者权益不受损失。

2. Vasicek 利率模型的构建原理和参数估计

随机久期是基于利率动态期限结构模型而得出的。计算随机久期 D_V，需要式（13.5）中的 α、β、σ 等参数，而上述参数由 Vasicek 模型给出。因此要构建 Vasicek 模型来估计上述参数。

设 $r(t)$ 为短期瞬时利率；α 为利率均值回归速度；β 为长期均值；σ 为波动率；dz 为随机项。则 Vasicek 模型的基本公式为[4]

$$\mathrm{d}r = \alpha(\beta - r(t))\mathrm{d}t + \sigma \mathrm{d}z \qquad (13.8)$$

Vasicek 模型主要针对利率的均值回复特征而提出。若短期瞬时利率 $r(t)$ 较大且大于长期平均利率 β 时，$\beta - r(t)$ 为负，利率将产生负的漂移，漂移的速率为 α，之后短期瞬时利率 $r(t)$ 被拉低到长期平均水平附近。当短期瞬时利率 $r(t)$ 较小且小于长期平均利率 β 时，$\beta - r(t)$ 为正，利率将产生正的漂移，漂移的速率为 α，之后短期瞬时利率 $r(t)$ 被提升到长期平均水平附近。

Vasicek 模型中，待估计参数有：利率均值回复速度 α、回复水平 β 及波动率 σ。其中，$\mathrm{d}z$ 可以看作是均值为 0、方差为 $\mathrm{d}t$ 的正态变量。则有[7]

$$E(\mathrm{d}r) = \alpha(\beta - r_{(t)})\mathrm{d}t \qquad (13.9)$$

$$\mathrm{Var}(\mathrm{d}r) = \sigma^2 \qquad (13.10)$$

借鉴 Chan 等的思路，通过离散模型方法估计上述模型参数[5]。

$$r_{(t+1)} = a + (b+1)r_{(t)} + \varepsilon_{t+1} \qquad (13.11)$$

其中，$r_{(t+1)}$ 为第 $t+1$ 期的短期瞬时利率；a 为待估截距项；$b+1$ 为待估斜率；ε_{t+1} 为均值为 0、方差为 σ^2 的随机误差项。

通过 $E(\varepsilon_{t+1}) = 0$，$E(\varepsilon_{t+1}^2) = \sigma^2$，得到

$$\alpha = -b \qquad (13.12)$$

$$\beta = a / \alpha \qquad (13.13)$$

通过估计 a、b、σ^2，得到利率均值回复速度 α、回复水平 β 及波动率 σ 的估计量。

3. 市场利率的估计

由随机久期的计算式（13.2）可知，求解随机久期 D_V 需要确定 $P(r, \tau)$。而根据式（13.4），$P(r, \tau)$ 的确定又需要确定市场利率 r_t。

设市场利率 r_t 通过式（13.14）表示[7]，其中，r_t 为市场利率；T 为到期时间；a_0、a_1 为待估计参数。

$$r_t = a_0 \times T^{a_1} \qquad (13.14)$$

13.2.2　全资产负债优化原理

本章在配置增量资产时，通过两个方面将过去已配置资产的存量组合纳入考虑：一是对过去已配置资产的存量组合对应的价格和久期进行重新计算；二是目标函数和约束条件体现全部资产负债。

1. 对过去已配置资产和负债的价格与久期进行计算

在配置增量资产及负债时，针对尚未到期的、过去已配置资产和负债的市场价格及随机久期进行计算。

2. 目标函数体现全部资产负债

以银行全部资产的利息收益最大，建立目标函数。

设：N_2 为增量资产组合中资产的笔数；A_{Nj} 为增量组合中第 j 种增量资产的账面价值；R_{Nj} 为增量组合中第 j 种增量资产的利率。

由于存量资产已经配置完毕，其组合收益固定，故银行全部资产组合的收益最大等价于增量资产组合的收益最大：

$$\text{Obj}: \max f = \sum_{j=1}^{N_2} A_{Nj} \times R_{Nj} \qquad (13.15)$$

3. 约束条件体现全部资产负债

令全部组合的随机久期缺口为零，建立利率风险免疫条件，如式（13.7）所示。

式（13.7）与现有研究的差别：现有研究常采用的利率风险免疫条件如式（13.16）所示[9]，该条件仅通过控制增量资产负债组合的久期缺口，没有考虑过去配置的存量组合对应的利率风险。而式（13.7）控制的是增量组合和存量组合在内的全部组合对应的利率风险。

$$\frac{\sum_{i=1}^{n} D_{A_i} \times A_i}{\sum_{i=1}^{n} A_i} - \frac{\sum_{j=1}^{m} L_j}{\sum_{i=1}^{n} A_i} \times \frac{\sum_{j=1}^{m} D_{L_j} \times L_j}{\sum_{j=1}^{m} L_j} = 0 \qquad (13.16)$$

其中，D_{A_i} 为第 i 种资产的久期；A_i 为第 i 种资产的市场价值；D_{L_j} 为第 j 种负债的久期；L_j 为第 j 种负债的市场价值。

13.3　随机久期各参数的确定

13.3.1　Vasicek 模型的建立

1. 样本的选取

Vasicek 模型参数估计需要瞬时利率 r，由于在金融市场中无法直接观察到瞬时利率，因此必须选择短期利率进行替代。

SHIBOR 是我国推出的基准利率，其具有明显的均值回复性[10]。研究表明，虽然近年来我国正在推进利率市场化，但基于最近 10 年 SHIBOR 数据（数据区间包含了下文实证所采用的 2011~2015 年数据），Vasicek 模型仍对 SHIBOR 具有较好的模拟能力[11]。

因此本章的研究将采用 SHIBOR 进行 Vasicek 模型参数的估计。由于 SHIBOR 短期品种包括隔夜、1 周、2 周、1 个月、3 个月等 5 个短期品种，因此需要从中选择最具代表性的一个品种进行 Vasicek 模型参数的估计。

作为瞬时利率替代的短期利率的选择需要从以下两个原则出发[12]。

原则一：该利率的短期变化趋势必须同其他利率的短期变化趋势存在高度相关。

原则二：以该利率作为基准的衍生品交易应该成交量极大、具有代表性。

根据原则一，对 SHIBOR 短期品种（隔夜、1 周、2 周、1 个月、3 个月）的波动相关性进行分析。

选取近 5 年（2011 年 1 月 1 日~2015 年 12 月 31 日）的 SHIBOR 利率进行分析。数据来源为锐思数据库。SHIBOR 日期列入表 13.1 第 2 列 1~1248 行，SHIBOR 隔夜、1 周、2 周、1 个月、3 个月数据各 1248 个，分别列入表 13.1 第 3~7 列第 1~1248 行。SHIBOR 隔夜利率对应的利率平均值如表 13.1 第 3 列第 1249 行所示，其他品种如表 13.1 第 1249 行其他列所示。

表 13.1　SHIBOR 短期品种对应的利率数据

（1）序号	（2）日期	（3）隔夜/%	（4）1 周/%	（5）2 周/%	（6）1 个月/%	（7）3 个月/%
1	2011-1-4	2.9308	4.3108	4.3692	4.4711	4.5583
2	2011-1-5	2.68	3.2192	4.1208	4.1676	4.552
⋮	⋮	⋮	⋮	⋮	⋮	⋮
1247	2015-12-30	1.935	2.352	2.918	3.004	3.0882
1248	2015-12-31	1.991	2.355	2.947	3.002	3.0852
1249	平均值	2.839	3.611	3.993	4.432	4.521

根据相关分析计算公式[13]，计算 SHIBOR 各品种间的相关系数。设 r_{ij} 为第 i 个品种和第 j 个品种的相关系数；x_{ik} 为第 i 个品种第 k 个数据（$i=1,2,\cdots,m$；$k=1,2,\cdots,n$），$\overline{x}_i$ 为第 i 个指标的均值，x_{jk} 为第 j 个品种第 k 个数据（$j=1,2,\cdots,m$），$\overline{x}_j$ 为第 j 个指标的均值，则：

$$r_{ij} = \frac{\sum_{k=1}^{n}(x_{ik}-\overline{x}_i)(x_{jk}-\overline{x}_j)}{\sqrt{\sum_{k=1}^{n}(x_{ik}-\overline{x}_i)^2 \sum_{k=1}^{n}(x_{jk}-\overline{x}_i)^2}} \tag{13.17}$$

分别将表 13.1 第 3~7 列各行数据，代入式（13.17）中，得到 SHIBOR 隔夜、1 周、2 周、1 个月、3 个月的两两相关系数，列入表 13.2 第 3~7 列的相应位置。表 13.2 中的两两相关系数均通过显著水平检验。

表 13.2   SHIBOR 短期品种相关性分析

（1）序号	（2）品种	（3）隔夜	（4）1 周	（5）2 周	（6）1 个月	（7）3 个月
1	隔夜	1	0.896**	0.851**	0.820**	0.571**
2	1 周	0.896**	1	0.936**	0.878**	0.618**
3	2 周	0.851**	0.936**	1	0.905**	0.637**
4	1 个月	0.820**	0.878**	0.905**	1	0.778**
5	3 个月	0.571**	0.618**	0.637**	0.778**	1

**为 5%的显著性水平

由表 13.2 可以看出，SHIBOR 隔夜、1 周、2 周、1 个月利率，彼此的相关性水平更高。因此对 SHIBOR 隔夜、1 周、2 周、1 个月等 4 个品种的成交量进行分析。

根据原则二，对 SHIBOR 短期品种（隔夜、1 周、2 周、1 个月）对应的衍生品成交量进行分析。

表 13.3 第 2、3 列是近 5 年（2011 年 1 月 1 日~2015 年 12 月 31 日）以 SHIBOR 为基准利率的利率互换品种及对应交易量数据。数据来源为锐思数据库。

表 13.3   SHIBOR 各品种交易量

（1）序号	（2）品种	（3）交易量/亿元
1	隔夜	25 430.15
2	1 周	4.5
3	2 周	0
4	1 个月	11 476.5

由表 13.3 可知，以 SHIBOR 隔夜利率作为基准利率的利率互换产品近 5 年交易量高达 25 430.15 亿元，远高于其他 SHIBOR 短期品种为基准利率的利率互换产品交易量。

因此综合上述原则一和原则二，我们采用 SHIBOR 隔夜利率对 Vasicek 模型参数进行估计。

2. 基于 SHIBOR 隔夜利率的 Vasicek 模型估计

Vasicek 模型估计采用的实证样本是 SHIBOR 隔夜利率从 2011 年 1

月 1 日~2015 年 12 月 31 日的共 1248 笔数据，如表 13.1 第 3 列前 1248 行所示。为方便读者阅读，将该列数据在表 13.4 第 2~3 列进行再次表示。

表 13.4　SHIBOR 隔夜利率的单利与复利形式

（1）序号	（2）日期	（3）隔夜单利利率 $R_{(t)}$	（4）隔夜复利利率 $r_{(t)}$
1	2011-1-4	2.9308	2.9189
2	2011-1-5	2.68	2.6701
3	2011-1-6	2.1804	2.1738
⋮	⋮	⋮	⋮
1246	2015-12-29	1.935	1.9298
1247	2015-12-30	1.935	1.9298
1248	2015-12-31	1.991	1.9855

由于 SHIBOR 发布的利率以单利形式表示，因此在实证分析前对 SHIBOR 利率数据进行处理，将单利数据转化为等价的连续复利形式[14]，转化公式如式（13.18）所示：

$$r_{(t)} = \frac{1}{T}\ln(1 + R_{(t)}T) \qquad (13.18)$$

其中，$r_{(t)}$ 为 SHIBOR 的连续复利利率形式；T 为到期期限，由于是隔夜拆借，则此处 $T=1/360$；$R_{(t)}$ 为 SHIBOR 的单利利率形式。

将表 13.4 第 3 列 $R_{(t)}$、$T=1/360$ 代入式（12.18），得到转换后的复利数据 $r_{(t)}$ 列入表 13.4 第 4 列。

将表 13.4 第 4 列的复利利率 $r_{(t)}$ 数据代入式（13.11）进行自回归。自回归分析采用 EViews 6.0 进行。得到参数 a、$b+1$，以及残差 S.E. of regression、R^2 和 F 统计量的变量名列入表 13.5 第 2 列，对应的估计值、标准差、t 统计量和 p 值列入表 13.5 第 3~6 列。由表 13.5 第 4 行可知，式（13.11）拟合方程的 R^2 为 0.847 98，拟合效果良好。

表 13.5　SHIBOR 的自回归拟合结果

（1）序号	（2）变量	（3）估计值	（4）标准差	（5）t 统计量	（6）p 值
1	a	0.222 349	0.033	6.64	0.000
2	$b+1$	0.921 078	0.011	83.34	0.000
3	S.E. of regression	0.424 574	—	—	—
4	R^2	0.847 98	—	—	—
5	F	6 944.75	—	—	0.000

根据表 13.5 第 3 列第 1 行，a=0.222 349，又根据表 13.5 第 3 列第 2 行，b+1=0.921 078，则 b=−0.078 92。

将 b=−0.078 92 代入式（13.12），得到 α=−b=0.078 92，列入表 13.6 第 1 列。

将 α=0.078 92、a=0.222 349，代入式（13.13），得到 β=2.817 397，列入表 13.6 第 2 列。

表 13.6　Vasicek 模型的对应参数估计结果

参数	（1）α	（2）β	（3）σ
估计值	0.078 92	2.817 397	0.424 574

由于回归的标准误（S.E. of regression）是模型中随机扰动项（误差项）的标准差的估计值，因此 σ＝（S.E. of regression），即 σ=0.424 574，列入表13.6 第 3 列。表 13.6 就是 Vasicek 模型的对应参数估计结果。

即 Vasicek 模型为

$$\mathrm{d}r = 0.07892(2.817397 - r(t))\mathrm{d}t + 0.424574\mathrm{d}z \qquad (13.19)$$

13.3.2　市场利率的估计

根据式（13.4），在求解债券价格 $P(r,\tau)$ 过程中，需要对市场利率 r_t 进行拟合，以得到当前时刻不同期限的利率大小。而求解债券价格 $P(r,\tau)$，则是随机久期确定的基础。

需要注意的是：此处是拟合某一时刻不同期限的利率大小。上文则通过构建 Vasicek 模型得到利率在未来不同时刻的变化规律，从而确定随机久期各项参数。

本章将通过国债利率构造预期市场利率曲线。选取 2016 年 3 月 29 日存在交易量的 10 只国债作为样本，将每一品种国债对应的代码、简称、名义期限 T、到期时间 t 及利率 r_t 数据分别列入表 13.7。数据来源于和讯债券网及上海证券交易所。

表 13.7　国债利率数据

（1）序号	（2）代码	（3）简称	（4）名义期限 T	（5）到期时间 t	（6）利率 r_t
1	010107	21 国债（7）	20	5.34	0.025 20
2	010213	02 国债（13）	15	1.48	0.023 60
3	010303	03 国债（3）	20	7.05	0.028 30
4	010512	05 国债（12）	15	4.64	0.027 20

续表

（1）序号	（2）代码	（3）简称	（4）名义期限 T	（5）到期时间 t	（6）利率 r_t
5	019203	12 国债 03	5	0.89	0.021 70
6	019311	13 国债 11	10	7.15	0.028 00
7	019413	14 国债 13	7	5.27	0.024 80
8	019514	15 国债 14	7	6.28	0.027 60
9	019517	15 国债 17	30	29.35	0.034 10
10	019519	15 国债 19	5	4.45	0.025 40

将表 13.7 中第 5 列到期时间 t 和第 6 列利率 r_t 代入式（13.14），采用最小二乘法对其进行拟合。得到参数 a_0、a_1，以及 R^2、F 统计量和 p 值列入表 13.8 相应位置。

表 13.8　拟合方程的参数估计值

	因变量：利率 r_t				
方程	模型汇总			参数估计值	
	R^2	F	p 值	a_0	a_1
	0.896	69.000	0.000	0.022	0.124
	自变量：到期时间 t				

由表 13.8 可知，模型对应的 $R^2=0.896$，模型的估计结果显著。将 $a_0=0.022$、$a_1=0.124$ 代入式（13.14），最终得到市场利率的拟合方程，如式（13.20）所示：

$$r_t=0.022t^{0.124} \tag{13.20}$$

式（13.20）的经济学含义：式（13.20）通过拟合 2016 年 3 月 29 日的期限与利率的关系，得到各期限对应的利率。根据式（13.20），可以估计任一期限对应的市场利率。

给出 $t=0.5,1,\cdots,10$，分别列入表 13.9 第 2、4、6、8 列。将上述时间 t 值分别代入式（13.20），得到各期限对应利率 r_t，分别列入表 13.9 第 3、5、7、9 列。

表 13.9　估计出的 10 年利率

（1）序号	（2）期限/年	（3）利率 r_t	（4）期限/年	（5）利率 r_t	（6）期限/年	（7）利率 r_t	（8）期限/年	（9）利率 r_t
1	0.5	0.0202	3	0.0252	5.5	0.0272	8	0.0285
2	1	0.022	3.5	0.0257	6	0.0275	8.5	0.0287
3	1.5	0.0231	4	0.0261	6.5	0.0277	9	0.0289

续表

（1）序号	（2）期限/年	（3）利率 r_t	（4）期限/年	（5）利率 r_t	（6）期限/年	（7）利率 r_t	（8）期限/年	（9）利率 r_t
4	2	0.0240	4.5	0.0265	7	0.0280	9.5	0.0291
5	2.5	0.0246	5	0.0269	7.5	0.0282	10	0.029

13.3.3 随机久期的算例

通过对银行一年期增量贷款的随机久期进行计算，举例说明各期限资产和负债对应的随机久期的计算过程。

假设银行贷出一笔本金为 1000 万元，年利率为 5% 的一年期贷款。该笔贷款到期还本，每月收取利息。

其各月对应的 t 值分别为 $1/12, 2/12, \cdots, 12/12$ 列入表 13.10 第 2 列。由于 τ 是距离到期日的时间，则 τ 为 $11/12, 10/12, \cdots, 0$ 分别列入表 13.10 第 3 列。

表 13.10　随机久期算例

（1）序号	（2）时间 t	（3）τ	（4）CF(τ)	（5）市场利率 r_t	（6）$A(\tau)$	（7）$B(\tau)$	（8）$P(r,\tau)$
1	1/12	11/12	4.167	0.016 2	1.457	0.884	1.436 7
2	2/12	10/12	4.167	0.017 6	1.366	0.807	1.346 9
3	3/12	9/12	4.167	0.018 5	1.288	0.728	1.271 1
4	4/12	8/12	4.167	0.019 2	1.222	0.649	1.207 08
5	5/12	7/12	4.167	0.019 7	1.166	0.570	1.153 44
6	6/12	6/12	4.167	0.020 2	1.120	0.490	1.109 06
7	7/12	5/12	4.167	0.020 6	1.082	0.410	1.073 05
8	8/12	4/12	4.167	0.020 9	1.052	0.329	1.044 73
9	9/12	3/12	4.167	0.021 2	1.028	0.248	1.023 57
10	10/12	2/12	4.167	0.021 5	1.013	0.166	1.009 2
11	11/12	1/12	4.167	0.021 8	1.003	0.083	1.001 4
12	12/12	0	1 004.17	0.022	1	0	1

现金流 CF(τ) 的计算：到期前每期现金流 CF$_t$ 的计算如式（13.21）所示，到期时现金流 CF$_T$ 的计算如式（13.22）所示：

$$\mathrm{CF}_t = (A \times R) \times (n/12)/n = A \times R/12 \tag{13.21}$$

$$\mathrm{CF}_T = \mathrm{CF}_t + A \tag{13.22}$$

其中，CF$_t$ 为到期前每期的现金流；A 为账面价值；R 为名义利率；n 为期限；CF_T 为到期时的现金流。

第 1~11 月的现金流 CF_t=1000×5%÷12=4.167 万元，分别列入表 13.10
第 4 列第 1~11 行。第 12 月的现金流为 CF_T=1000+4.167=1004.17 万元，列
入表 13.10 第 4 列第 12 行。

市场利率 r_t 的计算：将表 13.10 第 2 列各行的 t 值代入式（13.20），得
到各月对应的市场利率 r_t，列入表 13.10 第 5 列。

参数 $A(\tau)$ 的计算：将表 13.10 第 3 列 τ 值，以及表 13.6 中的 α=0.078 92、
β=2.817 397 代入式（13.5），得到参数 $A(\tau)$，分别列入表 13.10 第 6 列。

$B(\tau)$ 的计算：将表 13.10 第 3 列 τ 值，以及表 13.6 中的 α=0.078 92
代入式（13.6），得到 $B(\tau)$ 列入表 13.10 第 7 列第 1~12 行。

$P(r,\tau)$ 的计算：分别将表 13.10 中第 5 列市场利率 r_t、第 6 列 $A(\tau)$
及第 7 列 $B(\tau)$ 数据代入式（13.4），得到 $P(r,\tau)$ 结果分别列入表 13.10
第 8 列第 1~12 行。

到期价格 P 的计算：分别将表 13.10 中第 4 列现金流 $CF(\tau)$、第 8 列 $P(r,\tau)$
数据代入式（13.3），得到 P=1393.40。

分别将表 13.10 中第 4 列现金流 $CF(\tau)$、第 7 列 $B(\tau)$ 及第 8 列 $P(r,\tau)$
对应数据，以及 P=1393.40 代入式（13.2），得到随机久期

$$D_v = \sum_{l=1}^{N} \frac{CF(\tau_l)P(r,\tau_l)B(\tau_l)}{P} = \frac{4.17 \times 1.4367 \times 0.884 + \cdots + 1004.17 \times 1 \times 0}{1393.40} = 0.0258$$

需要注意的是：随机久期的随机性，体现在随机久期公式（13.2）
中的参数 $P(r,\tau)$ 和 $B(\tau)$ 上，这两个参数的计算需要用到 Vasicek 动态利率
模型的 α、β，即利率波动过程中利率均值回归速度和利率波动长期均值。
因此，随机久期通过 Vasicek 模型中参数 α、β 刻画了利率的随机性和波
动性，更好地反映了利率的变动。

13.4　银行全资产负债优化模型的构建

13.4.1　以银行全部资产利息收益最大建立目标函数

根据式（13.15），以银行全部资产的利息收益最大建立目标函数，即

$$\text{Obj}: \max f = \sum_{j=1}^{N_2} A_{Nj} \times R_{Nj} \tag{13.15}$$

13.4.2 基于随机久期利率风险免疫的约束条件

根据式（13.7），以全部组合的随机久期缺口为零，建立利率风险免疫条件，即

$$\frac{\sum_{s=1}^{N_1} D_{A_{os}} \times A_{os} + \sum_{j=1}^{N_2} D_{A_{Nj}} \times A_{Nj}}{\sum_{s=1}^{N_1} A_{os} + \sum_{j=1}^{N_2} A_{Nj}}$$

$$= \frac{\sum_{h=1}^{M_1} L_{OLDh} + \sum_{i=1}^{M_2} L_{NEWi}}{\sum_{s=1}^{N_1} A_{OLDs} + \sum_{j=1}^{N_2} A_{NEWj}} \times \frac{\sum_{h=1}^{M_1} D_{L\text{-}OLDh} \times L_{OLDh} + \sum_{i=1}^{M_2} D_{L\text{-}NEWi} \times L_{NEWi}}{\sum_{h=1}^{M_1} L_{OLDh} + \sum_{i=1}^{M_2} L_{NEWi}}$$

关于式（13.7）的经济学含义、与现有研究的差别、创新与特色，参见 13.2.1 节相关内容。

13.4.3 基于数量结构对称的约束条件

资产负债管理要追求资产和负债的数量结构对称，即资产的数量结构要与负债的数量结构适应，减少期限错配带来的流动性风险。通过控制银行的资产负债比例，可以实现数量结构对称，即

（1）资产规模约束（资产=负债+所有者权益）

$$\sum_{j=1}^{7} X_j = \sum_{i=1}^{7} L_{NEWi} \tag{13.23}$$

（2）基于流动性的库存现金比例（银行测算）

$$A_{o1} + X_1 \geqslant 1.2\% \left(\sum_{h=1}^{9} L_{OLDh} + \sum_{i=1}^{7} L_{NEWi} \right) \tag{13.24}$$

（3）基于营利性的库存现金比例（银行测算）

$$A_{o1} + X_1 \leqslant 1.5\% \left(\sum_{h=1}^{9} L_{OLDh} + \sum_{i=1}^{7} L_{NEWi} \right) \tag{13.25}$$

（4）非负约束

$$X_j \geqslant 0 (j=2,3,\cdots,7) \tag{13.26}$$

以上流动性约束条件是对包括存量组合在内的全部组合进行约束，以控制流动性风险。

13.4.4 基于法律法规的约束条件

根据中国人民银行、中国银行保险监督管理委员会的最新法律法规建

立对应约束条件。

（1）根据流动性资产余额与流动性负债余额的比例不得低于 25%的规定，对资产流动性比例进行约束：

$$\left(\sum_{j=1}^{5} X_j + \sum_{s=1}^{4} A_{os} + A_{o6}\right) \bigg/ \left(\sum_{i=1}^{4} L_{\mathrm{NEW}i} + \sum_{h=1}^{4} L_{\mathrm{OLD}h}\right) \geqslant 0.25 \qquad （13.27）$$

其中，X_j 为第 j 笔增量资产的金额，为决策变量；A_{os} 为第 s 笔存量资产的金额，为已知量；$L_{\mathrm{NEW}i}$ 为第 i 笔增量负债的金额，为已知量；$L_{\mathrm{OLD}h}$ 为第 h 笔存量负债的金额，为已知量。

（2）法定存款准备金比例约束。根据 2016 年 3 月最新调整后的人民银行规定，法定存款准备金比例为 16.5%：

$$A_{o2} + X_2 = 16.5\% \times \left(\sum_{h=1}^{9} L_{\mathrm{OLD}h} + \sum_{i=1}^{7} L_{\mathrm{NEW}i}\right) \qquad （13.28）$$

（3）流动性覆盖率约束。根据《商业银行流动性风险管理办法（试行）》"流动性覆盖率应不低于100%"规定，建立约束条件：

$$\mathrm{LCR} = \frac{\mathrm{LA}}{\mathrm{CF}} \times 100\% \geqslant 100\% \qquad （13.29）$$

其中，LCR 为商业银行的流动性覆盖率；LA 为合格优质流动性资产，即通过出售或抵质押的方式，在无损失或极小损失的情况下能快速变现的各类资产；CF 为未来 30 天现金净流出量，即未来 30 天的预期现金流出总量与预期现金流入总量的差额。

未来 30 日现金流出量=∑各类负债金额×流失率+∑表外承诺等或有项目余额×流失率；未来 30 日现金流入=∑除优质流动性资产外的各类资产金额×流入率+∑表外或有资金余额×流入率。流失率及流入率由《商业银行流动性风险管理办法（试行）》给出。

13.4.5　应用实例

1. 应用背景

目前关于资产负债管理的研究主要有四个方面：一是基于利率风险控制的资产负债管理研究；二是基于信用风险控制的资产负债管理研究；三是基于流动性风险控制的资产负债管理研究；四是基于联合风险控制的资产负债管理研究。然而现有研究仅仅针对增量资产进行优化配置，可能导致配置后的资产负债组合仍然面临较大风险。同时现有资产负债管理策略不能针对利率的随机变化进行优化。

本章的研究成果可以应用在银行资产配置方面，考虑因素加入存量资产及负债组合的相应风险，建立全部资产负债组合的利率免疫条件，实现银行增量贷款组合决策时可以对包括存量与增量在内的全部资产组合的风险进行控制。这改变了现有研究在进行资产配置时，并不考虑包括存量组合与增量组合在内的全部资产风险叠加后的组合风险的弊端。本章的研究成果同时优化了银行的资产负债，通过使组合资产对应的随机久期等于组合负债对应的随机久期，保证二者受利率非预期波动的影响程度相同，改变现有久期不能准确识别实际利率随机变化的不足。

本章依据简化的银行贷款真实数据，通过模型的计算可知：本章构建的模型当利率上升1%时，资产久期和负债久期随利率的变化也发生变化。而传统模型在求解时麦考莱久期对所有现金流采用了相同的利率进行折现，不能反映不同期限的即期利率大小[2]，进而导致计算得到的现金流现值不准确及久期免疫约束条件设置失当，最终使得所有者权益出现较大变化。因此，通过本章构建的模型1配置增量资产，相较于传统久期能更有效控制利率风险。

2. 基本数据

某银行的存量负债、增量负债、存量资产及增量资产的数据信息分别如表13.11~表13.14所示。

表 13.11 银行存量负债的数据信息

（1）序号	（2）负债类别	（3）账面价值 L_{OLDh}/万元	（4）期限 n_{OLDh}/月	（5）已存入期限 k_{OLDh}/月	（6）利率 r_{OLDh}	（7）随机久期 $D_{L\text{-}OLDh}$/年
1	活期存款	21 000	1.2	0	0.29%	0.1
2	3个月存款	28 000	3	1	2.17%	2/12
3	半年期存款	18 000	6	3	2.3%	3/12
4	1年期存款	16 000	12	4	2.67%	8/12
5	2年期存款	3 000	24	7	3.08%	17/12
6	3年期存款1	1 000	36	20	3.65%	16/12
7	3年期存款2	3 000	36	11	3.65%	25/12
8	5年期存款1	1 000	60	34	4.45%	26/12
9	5年期存款2	1 000	60	8	4.17%	52/12

表 13.12　银行增量负债的数据信息

（1）序号	（2）负债类别	（3）账面价值 L_{NEWi}/万元	（4）期限 n_{NEWi}/月	（5）利率 r_{NEWi}	（6）随机久期 D_{L-NEWi}/年
1	活期存款	3 000	1.2	0.29%	0.1
2	3 个月存款	15 000	3	2.17%	0.25
3	半年期存款	23 000	6	2.3%	0.5
4	1 年期存款	3 000	12	2.5%	1
5	2 年期存款	3 000	24	2.92%	2
6	3 年期存款	1 000	36	3.33%	3
7	5 年期存款	2 000	60	3.75%	5

表 13.13　银行存量资产的数据信息

（1）序号	（2）资产类别	（3）账面价值 A_{os}/万元	（4）期限 n_{os}/月	（5）已贷出期限 k_{os}/月	（6）名义利率 R_{os}	（7）到期前每期的现金流 CF_t/万元	（8）到期时的现金流 CF_T/万元	（9）随机久期 D_{Aos}/年
1	库存现金	1 120.00	—	—	0	—	—	0
2	法定存款准备金	15 180.00	—	—	1.62%	—	—	0.1
3	备付金	1 500.00	—	—	0.72%	—	—	0.1
4	半年期贷款	5 000.00	6	2	4.5%	18.75	5 018.75	0.018 65
5	1 年期贷款	2 000.00	12	9	5%	8.33	2 008.33	0.001 03
6	1 年期贷款	3 000.00	12	5	4.7%	11.75	3 011.75	0.006 98
7	3 年期贷款	14 000.00	36	20	5.2%	60.67	14 060.67	0.056
8	3 年期贷款	10 000.00	36	25	5.2%	43.33	10 043.33	0.021 8
9	5 年期贷款	40 000.00	60	17	5.5%	183.33	40 183.33	1.063
10	8 年期贷款	8 200.00	96	56	6.6%	45.1	8 245.1	0.879

表 13.14　银行增量资产的数据信息

（1）序号	（2）资产类别	（3）账面价值 A_{Nj}/万元	（4）期限 n_{Nj}/月	（5）名义利率 R_{Nj}	（6）到期前每期的现金流 CF_t/万元	（7）到期时的现金流 CF_T/万元	（8）随机久期 D_{Anj}/年
1	库存现金	X_1	—	0	—	—	0
2	法定存款准备金	X_2	—	1.62%	—	—	0.1
3	备付金	X_3	—	0.72%	—	—	0.1
4	半年期贷款	X_4	6	4.2%	$0.003\,5X_4$	$1.003\,5X_4$	0.004 42
5	1 年期贷款	X_5	12	4.3%	$0.003\,58X_5$	$1.003\,58X_5$	0.017 99
6	3 年期贷款	X_6	36	4.5%	$0.003\,75X_6$	$1.003\,75X_6$	0.983 8
7	5 年期贷款	X_7	60	4.9%	$0.004\,08X_7$	$1.004\,08X_7$	3.857 5

需要说明的是：为简便计算，假设定期存款没有提前支取的情况，同时不存在不良贷款。并设银行所有的贷款均按月付息，到期偿还本金和最后一次利息。

1）存量负债组合数据

存量负债组合数据中，各负债对应的负债类别、账面价值、期限、已存入期限及利率如表 13.11 第 2~6 列所示。

对于表 13.11 第 2 列第 1 行所示的银行活期存款，借鉴现有研究[7]，令活期存款久期等于 0.1，列入表 13.11 第 7 列第 1 行。

由于 3 个月存款、半年存款等定期存款都是在剩余期限截止时还本付息，故其随机久期等于其剩余期限，由于随机久期单位为年，需变换单位，即

$$D_{\text{L-OLD}h} = (n_{\text{OLD}h} - k_{\text{OLD}h})/12 \qquad (13.30)$$

将表 13.11 第 2~9 行第 4 列负债期限 $n_{\text{OLD}h}$、第 5 列已存入期限 $k_{\text{OLD}h}$ 代入式（13.30），得到存量负债随机久期列入表 13.11 第 7 列。

2）增量负债组合数据

增量负债组合中，各负债对应的负债类别、账面价值、期限及利率如表 13.12 第 2~5 列所示。

令活期存款久期等于 0.1[7]，结果列入表 13.12 第 6 列第 1 行。

3 个月存款、半年存款等定期存款都是到期还本付息，故其久期等于其期限。由于随机久期单位为年，需要变换单位，即

$$D_{\text{L-NEW}i} = n_{\text{NEW}i}/12 \qquad (13.31)$$

将表 13.12 第 2~7 行第 4 列负债期限 $n_{\text{NEW}i}$ 代入式（13.31），得到增量负债随机久期列入表 13.12 第 6 列。

3）存量资产组合数据

存量资产组合中的资产类别、账面价值、期限、已贷出期限及名义利率如表 13.13 第 2~6 列所示。

现金流的计算：将表 13.13 第 3 列各行的账面价值 A_{os}、第 6 列的名义利率 R_{os} 代入式（13.21），得到到期前每期现金流 CF_t，列入表 13.13 第 7 列。将表 13.13 第 7 列的到期前每期现金流 CF_t，与第 3 列各行的账面价值 A_{os}，代入式（13.22），得到到期时现金流 CF_T，列入表 13.13 第 8 列。

随机久期的计算如下。

（1）库存现金对应的久期为 0，列入表 13.13 第 9 列第 1 行。

（2）借鉴现有研究[1]对法定存款准备金及备付金的随机久期处理方法，因法定存款准备金、备付金为保证银行资金的流动性而设立，故令法

定存款准备金及备付金的久期等同于活期存款久期，即等于 0.1 年。将法定存款准备金及备付金的随机久期结果列入表 13.13 第 9 列第 2~3 行。

（3）针对表 13.13 第 4~10 行的贷款，将表 13.13 第 7 列到期前每期的现金流 CF_t、第 8 列到期时的现金流 CF_T，以及表 13.10 第 5 列市场利率 r_t、第 6 列 $A(\tau)$、第 7 列 $B(\tau)$ 及第 8 列 $P(r,\tau)$ 数据，代入式（13.2）~式（13.6），得到对应的随机久期，列入表 13.13 第 9 列。

4）增量资产组合数据

增量资产组合的资产类别、账面价值、期限及名义利率组合信息如表 13.14 第 2~5 列所示。

现金流的计算：将表 13.14 第 3 列各行的账面价值 A_{Nj}，第 5 列的名义利率 R_{Nj} 代入式（13.21），得到到期前每期现金流 CF_t，列入表 13.14 第 6 列。将表 13.14 第 6 列的到期前每期现金流 CF_t，与第 3 列各行的账面价值 A_{Nj}，代入式（13.22），得到到期时的现金流 CF_T，列入表 13.14 第 7 列。

随机久期的计算如下。

（1）根据上文对存量资产对应随机久期的计算，分别将库存现金对应的久期为 0，列入表 13.14 第 8 列第 1 行。将法定存款准备金久期等于 0.1 年，列入表 13.14 第 8 列第 2 行。将备付金的随机久期 0.1 年，列入表 13.14 第 8 列第 3 行。

（2）针对表 13.14 第 4~7 行的贷款，将表 13.14 第 6 列到期前每期的现金流 CF_t、第 7 列到期时的现金流 CF_T，以及表 13.10 第 5 列市场利率 r_t、第 6 列 $A(\tau)$、第 7 列 $B(\tau)$ 及第 8 列 $P(r,\tau)$ 数据，代入式（13.2）~式（13.6），得到对应的随机久期，分别列入表 13.14 第 8 列。

3. 目标函数的建立

根据式（13.15），将表 13.14 第 3 列银行增量资产账面价值 A_{Nj}、第 5 列名义利率 R_{Nj} 代入式（13.15），建立目标函数如式（13.32）所示：

$$\max f = 0 \times X_1 + 1.62\% X_2 + 0.72\% X_3 + 4.2\% X_4 + 4.3\% X_5 + 4.5\% X_6 + 4.9\% X_7 \quad (13.32)$$

4. 约束条件的建立

1）随机久期利率风险免疫约束条件的建立

将表 13.11 第 3 列的银行存量负债账面价值 L_{OLDh} 及表 13.11 第 7 列存量负债对应的随机久期 $D_{L\text{-}OLDh}$、表 13.12 第 3 列的银行增量负债账面价值 L_{NEWi} 及表 13.12 第 6 列增量负债对应的随机久期 $D_{L\text{-}NEWi}$、表 13.13 第 3 列的银行存量资产账面价值 A_{os} 及第 9 列存量资产对应的随机久期 $D_{A_{os}}$、

表 13.14 第 3 列的增量资产账面价值 A_{Nj} 及第 8 列增量资产对应的随机久期 $D_{A_{Nj}}$ 代入式（13.7），得到利率风险免疫约束条件。

等式左边分子为

1120×0+15 180×0.1+1500×0.1+5000×0.018 65+2000×0.001 03+3000× 0.006 98+140 000×0.056+10 000×0.0218+40 000×1.063+8200×0.879+X_1×0 +X_2×0.1+X_3×0.1+X_4×0.004 42+X_5×0.017 99+X_6×0.9838+$X_7$3.8575=52 514.05+ 0.1X_2+0.1X_3+0.004 42X_4+0.017 99X_5+0.9838X_6+3.8575X_7

等式左边分母为存量资产总量与增量资产总量的和，且存量资产总量为

1120+15 180+1500+5000+2000+3000+14 000+10 000+40 000+8200=100 000

增量资产总量为 X_1+X_2+X_3+X_4+X_5+X_6+X_7，则等式左边分母为 100 000+ X_1+X_2+X_3+X_4+X_5+X_6+X_7

等式右边第一项分子为存量负债总量与增量负债总量的和，因此存量负债总量为

21 000+28 000+18 000+16 000+3000+1000+3000+1000+1000=92 000

增量负债总量为 3000+15 000+23 000+3000+3000+1000+2000=50 000，所以该项为 142 000。

等式右边第一项分母与等式左边分母相同，即为 100 000+X_1+X_2+X_3+ X_4+X_5+X_6+X_7。

等式右边第二项分子为

21 000×0.1+28 000×2/12+18 000×3/12+16 000×8/12+3000×17/12+1000 ×16/12+3000×25/12+1000×26/12+1000×52/12+3000×0.1+15 000×0.25+23 000 ×0.5+3000×1+3000×2+1000×3+2000×5=77 816.67

等式右边第二项分母同等式右边第一项分子，均为存量负债总量与增量负债总量的和，即 142 000 万元。

将上述结果进行整理，得到随机久期的约束条件为

0.1X_2+0.1X_3+0.004 42X_4+0.017 99X_5+0.9838X_6+3.8575X_7=25 302.62（13.33）

2）基于数量结构对称约束条件的建立

（1）资产规模约束。将表 13.12 第 3 列增量负债的账面价值 L_{NEWi} 与表 13.14 第 3 列增量资产的账面价值 A_{Nj} 代入式（13.23），又由上可知增量负债总规模为 50 000，则资产规模约束为

$$\sum_{i=1}^{7} X_i = 50\,000 \qquad (13.34)$$

（2）基于流动性的库存现金比例约束。将表 13.14 第 1 行第 3 列库存

现金的账面价值 X_1、表 13.13 第 1 行第 3 列原库存现金的账面价值 A_{o1}、表 13.11 第 1~9 行第 3 列存量负债对应的账面价值 L_{OLDh}、表 13.12 第 1~7 行第 3 列增量负债的账面价值 L_{NEWi}，代入式（13.24），得到基于流动性的库存现金比例约束，即

$1120+X_1 \geqslant 1.2\% \times (21\,000+28\,000+\cdots+1000+1000+3000+15\,000+\cdots+2000)$

化简得

$$X_1 \geqslant 584 \qquad (13.35)$$

（3）基于营利性的库存现金比例约束。将表 13.14 第 1 行第 3 列库存现金的账面价值 X_1、表 13.13 第 1 行第 3 列原库存现金的账面价值 A_{o1}、表 13.11 第 1~9 行第 3 列存量负债对应的账面价值 L_{OLDh}、表 13.12 第 1~7 行第 3 列增量负债的账面价值 L_{NEWi}，代入式（13.25），得到基于营利性的库存现金比例约束，即

$900+X_1 \leqslant 1.5\% \times (21\,000+28\,000+\cdots+1000+1000+3000+15\,000+\cdots+2000)$

化简得

$$X_1 \leqslant 1010 \qquad (13.36)$$

（4）非负约束，同式（13.26）所示。

3）基于法律法规约束条件的建立

（1）流动性资产余额与流动性负债余额的比例约束。该银行流动性资产包括表 13.13 第 3 列前 6 行、表 13.14 第 3 列前 5 行，以及一年内到期的表 13.13 第 8 行第 3 列。银行流动性负债包括表 13.11 第 3 列第 1~4 行及表 13.12 第 3 列第 1~4 行。将上述数据代入式（13.27），得到流动性资产余额与流动性负债余额的比例约束：

$(X_1+X_2+X_3+X_4+X_5) + (1120+15\,180+1500+5000+2000+3000+10\,000) \geqslant$
$(21\,000+28\,000+18\,000+16\,000+3000+15\,000+23\,000+3000) \times 0.25$

化简得

$$X_1+X_2+X_3+X_4+X_5+37\,800 \geqslant 31\,750 \qquad (13.37)$$

（2）法定存款准备金比率约束。根据表 13.13 的第 2 行第 3 列存量法定存款准备金账面价值 $A_{o2}=15\,180$、表 13.14 第 2 行第 3 列增量资产账面价值 X_2、表 13.11 第 1~9 行第 3 列存量负债的账面价值 L_{OLDh}、表 13.12 第 1~7 行第 3 列增量负债的账面价值 L_{NEWi}，将上述数据代入式（13.28），得到法定存款准备金比率约束：

$$15\,180+X_2=16.5\% \times (21\,000+28\,000+\cdots+1000+\cdots+2000) \qquad (13.38)$$

（3）流动性覆盖率约束。根据相关法律法规，该银行符合要求的合格优质流动性资产包括存款准备金、备付金等存放于中央银行的资金和现金。

将表 13.13 第 1~3 行第 3 列数据、表 13.14 第 1~3 行第 3 列数据加总，即

$$X_1+X_2+X_3+1120+15\,180+1500=X_1+X_2+X_3+17\,800$$

现金流出量为存款的不稳定部分，即增量和存量负债乘以折算系数 10%，将表 13.11 第 3 列全部数据和表 13.12 第 3 列全部数据加总乘以 10%，即（21 000+28 000+…+1000+3000+…+2000）×10%=14 200。

现金流入量为未来 30 天的利息收入，折算系数 50%。将表 13.13 第 7 列全部数据和表 13.14 第 6 列全部数据加总乘以 50%，即

（0.0035X_4+0.003 58X_5+0.003 75X_6+0.004 08X_7+18.75+8.33+11.75+60.67+43.33+183.33+45.1）×50%=（0.0035X_4+0.003 58X_5+0.003 75X$_6$+0.004 08X_7+371.26）×50%

即该流动性覆盖率约束为

$$\frac{X_1+X_2+X_3+17\,800}{14\,200-\left(0.0035X_4+0.003\,58X_5+0.003\,75X_6+0.004\,08X_7+371.26\right)\times50\%}$$
$$\geqslant100\%$$

$$(13.39)$$

5. 模型求解

利用 Matlab 求解由目标函数式（13.32）、约束条件式（13.33）~式（13.39）及式（13.26）组成的线性规划模型，可得出增量资产的最优配置方案，配置结果如表 13.15 第 3 列第 1~7 行所示。

13.4.6 对比分析

为了便于对比分析，首先定义不同的模型。

模型 1：本章建立的模型。

模型 2：在模型 1 的基础上，将式（13.7）的利率风险免疫条件中的随机久期约束改为传统久期约束，计算公式如式（13.40）所示，其他不变。

$$D_M=\frac{PV(CF_1)}{P}\times1+\frac{PV(CF_2)}{P}\times2+\cdots+\frac{PV(CF_T)}{P}\times T=\left(\sum_{t=1}^{T}\frac{t(CF_t)}{(1+k)^t}\right)/P\ (13.40)$$

其中，D_M 为麦考莱久期；P 为当前支付的价格（包括应付利息）；PV（CF_i）为第 i 期现金流 CF_i 的现值；T 为现金流的次数；k 为折现率。

1. 对比分析的有关计算

1）模型 1 和模型 2 的增量资产的分配结果

利用模型 1 优化的基本数据并仿照模型 1 的优化过程，采用式（13.40）计算传统久期，得到模型 2 的优化结果，列入表 13.15 第 1~7 行第 4 列。

表 13.15　模型优化结果

（1）序号	（2）项目	（3）模型 1 配置结果	（4）模型 2 配置结果
1	库存现金	584	1 010
2	法定存款准备金	8 250	8 250
3	备付金	0	3 134
4	半年期贷款	0	0
5	1 年期贷款	16 588.7	37 606
6	3 年期贷款	24 577.3	0
7	5 年期贷款	0	0
8	目标函数	1 952.94	1 773.28
9	利率上升 1%引起所有者权益变动	0.002 37	−391.7
10	所有者权益变动占所有者权益的比重	0	4.9%

2）目标函数值

将表 13.15 第 3 列 1~7 行模型 1 配置结果代入式（13.32），得到模型 1 对应的目标函数值列入表 13.15 第 3 列第 8 行。将表 13.15 第 4 列第 1~7 行模型 2 配置结果代入式（13.32），得到模型 2 对应的目标函数值列入表 13.15 第 4 列第 8 行。

3）利率上升 1%所引起的所有者权益变化量

设：Δv 为所有者权益变化量；A_i 为第 i 项资产的账面价值；Δr_i 为第 i 项资产利率的变化量；D_{A_i} 为第 i 项资产的久期；L_j 为第 h 项负债的账面价值；Δr_j 为第 j 项负债利率的变化量；D_{L_j} 为第 j 项负债的久期。则所有者权益变化量可以表示为[15]

$$\Delta v = \left[-\sum_{i=1}^{k} \left(D_{A_i} \times A_i \times \Delta r_i \right) \right] - \left[-\sum_{h=1}^{s} \left(D_{L_j} \times L_j \times \Delta r_j \right) \right] \qquad （13.41）$$

设资产负债的利率均上升 1%，即 $\Delta r_i = \Delta r_j = 1\%$。

将表 13.13 第 3 列存量资产账面价值 A_{os}、表 13.13 第 9 列存量资产随机久期 $D_{A_{os}}$、表 13.14 第 3 列增量资产账面价值 A_{Nj}、表 13.14 第 8 列增量资产随机久期 $D_{A_{Nj}}$、表 13.11 第 3 列存量负债账面价值 L_{OLDh}、表 13.11 第 7 列存量负债随机久期 $D_{L\text{-}OLDh}$、表 13.12 第 3 列增量负债账面价值 L_{NEWi}、表 13.12 第 6 列增量负债随机久期 $D_{L\text{-}NEWi}$，以及上文中的 $\Delta r_i = \Delta r_j = 1\%$ 带入式（13.41），得到利率上升 1%时模型 1 中配置方案的所有者权益变化量 Δv_1，列于表 13.15 第 3 列第 9 行。同理得到利率上升 1%时模型 2 中配置方案的所有者权益变化量 Δv_2，列于表 13.15 第 4 列第 9 行。

4）利率上升 1%引起所有者权益变动占所有者权益的比重

由上文可知所有者权益为（ 100 000+50 000 ）-（ 92 000+50 000 ）= 8000，将表 13.15 第 3~4 列第 9 行数据分别除以所有者权益总额（ 8000 ），得到模型 1 和模型 2 对应的所有者权益变动占所有者权益的比重，分别列于表 13.15 第 3~4 列第 10 行。

2. 对比分析结果

由表 13.15 第 8 行可知，模型 1 的目标函数值优于模型 2。模型 1 的目标函数值为 1952.94，即通过模型 1 的配置，银行全部资产的利息收益收入为 1952.94 万元。而模型 2 的目标函数值为 1773.28，即通过模型 2 的配置，银行全部资产的利息收益收入为 1773.28 万元。

由表 13.15 第 9 行可知，当利率上升 1%时，模型 1 中所有者权益变动为 0.002 37，模型 2 中所有者权益变动为-391.7。由表 13.15 第 10 行可知，当利率上升 1%时，模型 1 中所有者权益变动占所有者权益比重为 0，而模型 2 则达到 4.9%。

模型 1 与模型 2 模拟结果差异较大的原因分析：当利率上升 1%，即 $\Delta r_i = \Delta r_j = 1\%$ 时，式（13.41）中的资产久期 D_{A_i} 和负债久期 D_{L_j} 随利率的变化也发生变化。而模型 2 在通过式（13.40）求解时麦考莱久期时对所有现金流采用了相同的利率 k 进行折现，不能反映不同期限的即期利率大小[2]，进而导致计算得到的现金流现值 $\mathrm{PV}（\mathrm{CF}_i）$ 不准确和久期免疫约束条件设置失当，最终使得所有者权益出现较大变化。

因此，通过本章构建的模型 1 配置增量资产，相较于传统久期能更有效控制利率风险。

13.5   结   论

本章的主要结论有如下几个方面。

（1）通过随机久期约束可以有效控制银行资产负债管理中的利率风险，为银行实现安全性、营利性和流动性的资产管理目标打下基础。

（2）通过全部资产负债优化的思路和模型，可以将银行存量组合的风险纳入考虑，有助于银行总体组合的优化配置。

本章的主要创新与特色有如下几个方面。

（1）通过在资产配置时，考虑存量资产及负债组合的相应风险，建立全部资产负债组合的利率免疫条件，实现银行增量贷款组合决策时可以对包括存量与增量在内的全部资产组合的风险进行控制。改变了现有研究在进行资产配置时，并不考虑包括存量组合与增量组合在内的全部资产风险叠加后的组合风险的弊端。

（2）通过随机久期控制利率风险进行资产负债优化。通过使组合资产对应的随机久期等于组合负债对应的随机久期，保证二者受利率非预期波动的影响程度相同。改变现有久期不能准确识别实际利率随机变化的不足。

参 考 文 献

[1] 迟国泰. 投资风险管理[M]. 2 版. 北京：清华大学出版社，2014.

[2] 薛一飞，张维，刘豹. 我国债券投资中一种利率风险最小化模型的分析[J]. 系统工程理论方法应用，1999，（1）：1-6.

[3] 王克明，梁成. 基于利率期限结构的随机久期与凸度模型构建及应用[J]. 统计与决策，2010，（24）：158-160.

[4] Vasicek O. An equilibrium characterization of the term structure[J]. Journal of Financial Economics，1977，5（2）：177-188.

[5] Chan K C，Karolyi G A，Longstaff F A，et al. An empirical comparison of alternative models of short-term interest rates[J]. Journal of Finance，1992，47（3）：1209-1227.

[6] 谢赤，邓艺颖. 固定收入债券利率风险管理中的持续期度量方法[J]. 湖南大学学报（自然科学版），2003，30（6）：105-109.

[7] 池振球. 我国商业银行资产负债管理的动态匹配模型研究[D]. 广州：暨南大学，2007.

[8] 迟国泰，张玉玲，王元斌. 基于全部资产负债利率风险免疫优化的增量资产组合决策模型[J]. 管理工程学报，2011，25（2）：161-172.

[9] 迟国泰，徐趁挣，李延喜. 银行资产负债管理中资产分配模型[J]. 大连理工大学学报，2001，41（4）：501-504.

[10] 周颖颖，秦学志，杨瑞成. Shibor 适用的短期利率模型[J]. 系统管理学报，2009，18（1）：21-26.

[11] 蒋先玲，徐鹤龙. Shibor 利率市场化行为的实证研究——基于一般均衡模型的分析[J]. 价格理论与实践，2016，（2）：120-123.

[12] 行瑞. 寿险公司的资产负债管理及免疫模型的运用研究[D]. 大连：东北财经大学，2007.

[13] 贾俊平. 统计学[M]. 2 版. 北京：清华大学出版社，2006.

[14] 侯文琪，潘善宝. 基于单因素利率模型的 SHIBOR 利率行为实证研究[J]. 华东交通大学学报，2013，30（4）：82-88.

[15] 李丹，迟国泰，孙秀艳. 基于期权调整持续期的银行资产负债组合优化模型[J]. 价值工程，2006，25（11）：148-152.

第14章 基于随机久期缺口控制的全资产负债优化模型

14.1 引   言

资产负债管理是银行等金融机构在负债结构和总量一定的前提下，通过对资产进行优化配置，达到资产流动性、营利性和安全性"三性"之间的平衡。

本章基于 CIR 动态利率期限结构求解随机久期，对包括增量和存量在内的全部资产负债组合的久期缺口进行预留和约束，构建资产负债优化模型控制利率风险。本章的创新与特色有三：一是以控制 CIR 利率期限结构的随机久期缺口为约束条件建立非线性规划模型，对资产配置进行利率风险免疫，反映了利率随时间的动态变化，突破了 Macaulay 久期、F-W 久期等现有研究的利率随时间的变化是固定不变或平行移动的限定条件，使资产配置的利率风险免疫更加符合现实情况；二是建立了包括增量资产负债与存量资产负债的全资产负债优化配置模型，改变了现有资产负债模型大多只考虑增量资产负债而忽略存量资产负债的弊端；三是以市场利率朝着最不利方向变动时，预留缺口损失后的资本充足率仍满足监管要求为约束条件，保证了在利率不利变动的情况下损失仍在可控范围内，在利率有利变动时银行净值增加。

14.2 随机久期缺口控制的全资产负债优化原理

14.2.1 CIR 利率模型和随机久期

银行的实际业务中，贷款利率并非固定不变而是具有波动性、随机性等特征[1]，传统久期模型不能准确地识别实际利率的随机变化。随机久期基于动态利率期限结构提出，可以更好地描述收益率曲线的非平行移动等动态变化[2]。本章正是基于 CIR 动态利率模型和对应的随机久期，通过建立随机久期缺口约束利率风险，对资产进行优化配置。

Cox 等在连续时间框架下，采用一般均衡方法构造了动态利率期限结构模型[3]：

$$dR = k(\overline{R} - R_t)dt + \sigma\sqrt{R_t}d\omega_t \qquad (14.1)$$

其中，dR 为利率变化过程；k 为均值回复速度，是即期利率 R_t 回复到利率的长期平均水平 $\overline{R}$ 的速度；$\overline{R}$ 为长期利率的平均水平；R_t 为即期利率；σ 为利率的波动率；ω_t 为标准布朗运动。

式（14.1）的经济学含义：$k(\overline{R} - R_t)$ 为连续漂移项，反映了利率按照回复速度 k 回复到长期利率平均水平 $\overline{R}$ 的过程，当 $R_t > \overline{R}$ 时，R_t 逐渐减小并向 $\overline{R}$ 靠拢；当 $R_t < \overline{R}$ 时，R_t 逐渐增大并向 $\overline{R}$ 靠拢。k 的值越大，利率回复到长期利率平均水平 $\overline{R}$ 的速度越快，$\sigma\sqrt{R_t}$ 为波动项，反映了利率变动与均值的离散程度。

根据式（14.1）所示的 CIR 动态利率期限结构，可得基于 CIR 利率期限结构的随机久期为[4]

$$D_i = \frac{2}{R_t}\coth^{-1}\left[\frac{\pi - k}{\lambda} + \frac{\dfrac{2C_iP_{it}}{R_t\sum\limits_t\dfrac{2C_{it}P_{it}}{k - \pi + \lambda\coth\left(\dfrac{\lambda t}{2}\right)}}}{}\right] \qquad (14.2)$$

其中，D_i 为第 i 项资产或负债的久期；R_t 为即期利率；$\coth^{-1}$ 为反双曲余切函数；π 为流动性溢价（并非圆周率，故 π 值不为 3.1415）；k 为利率的均值回复速度；λ 为参数变量；C_i 为第 i 项资产或负债到期时的现金流；P_{it} 为第 i 项资产或负债在第 t 期的到期价值，需要通过市场利率 R_t 进行折现；C_{it} 为第 i 项资产或负债在第 t 期的现金流，当资产或负债尚未到期时 C_{it} 等于到期前第 t 期现金流 C_{it}^B，当资产或负债到期时，现金流 C_{it} 等于到期时现金流 C_i。

应该指出，本章的式（14.2）与现有研究[4]的差别是：当计算存量的资产或负债时，这里的期限 t 为剩余期限。例如，对于一笔已发放 3 个月的 1 年期贷款，在代入式（14.2）的随机久期计算时，代入 9 而非 12，即将该笔贷款视为期限为 9 个月的增量贷款。这才会为计算存量和增量叠加后的资产负债组合风险打下基础，其好处下文再述。

式（14.2）的好处在于基于 CIR 动态利率期限结构，将利率的随机变化考虑在内，改变了 Macaulay 久期、F-W 久期等不能识别利率随机变化的弊端。通过建立基于随机久期缺口控制的利率风险免疫条件，在控制利率风险的情况下最优配置资产。确保在利率发生变化时，银行股东的所有者权益不受损失。

14.2.2 基于存量与增量的随机久期缺口预留原理

大多数研究采用零缺口免疫方式控制利率风险[5-7]。但是，由于资产和负债每时每刻的变动，实践中总会或大或小地存在缺口，"零缺口"目标并不能达到[8]。此外，"零缺口"无法使银行在利率发生有利变动时增加净值。

本章在随机久期基础上，通过考虑存量与增量在内的全部资产负债久期并预留久期缺口，在控制风险的同时把握市场机会。

一般的久期缺口可表示为[9]

$$D_{\mathrm{GAP}} = D_A - \frac{L}{A}D_L = \frac{\sum\limits_{i=1}^{N} A_i \times D_{A_i}}{\sum\limits_{i=1}^{N} A_i} - \frac{\sum\limits_{i=1}^{M} L_i}{\sum\limits_{i=1}^{N} A_i} \times \frac{\sum\limits_{i=1}^{M} L_i \times D_{L_i}}{\sum\limits_{i=1}^{M} L_i} \qquad (14.3)$$

其中，D_{GAP} 为久期缺口；D_A 为资产的久期；L 为负债总额；A 为资产总额；D_L 为负债的久期；N 为资产项目数；A_i 为第 i 项资产的账面价值；D_{A_i} 为第 i 项资产的久期；M 为负债项目数；L_i 为第 i 项负债的账面价值；D_{L_i} 为第 i 项负债的久期。

在本章中，通过考虑存量与增量在内的全部资产或负债的随机久期，得到反映增量与存量资产负债的随机久期缺口[8]：

$$D_{\mathrm{GAP}} = \frac{\sum\limits_{i=1}^{N_1} A_{Oi} \times D_{A_{Oi}} + \sum\limits_{i=1}^{N_2} A_{Ni} \times D_{A_{Ni}}}{\sum\limits_{i=1}^{N_1} A_{Oi} + \sum\limits_{i=1}^{N_2} A_{Ni}} - \frac{\sum\limits_{i=1}^{M_1} L_{Oi} + \sum\limits_{i=1}^{M_2} L_{Ni}}{\sum\limits_{i=1}^{N_1} A_{Oi} + \sum\limits_{i=1}^{N_2} A_{Ni}} \times \frac{\sum\limits_{i=1}^{M_1} L_{Oi} \times D_{L_{Oi}} + \sum\limits_{i=1}^{M_2} L_{Ni} \times D_{L_{Ni}}}{\sum\limits_{i=1}^{M_1} L_{Oi} + \sum\limits_{i=1}^{M_2} L_{Ni}}$$

$$(14.4)$$

其中，D_{GAP} 为随机久期缺口；N_1 为存量资产项目数；A_{Oi} 为第 i 项存量资产的账面价值；$D_{A_{Oi}}$ 为第 i 项存量资产的随机久期；N_2 为增量资产项目数；A_{Ni} 为第 i 项增量资产的账面价值；$D_{A_{Ni}}$ 为第 i 项增量资产的随机久期；M_1 为存量负债项目数；L_{Oi} 为第 i 项存量负债的账面价值；M_2 为增量负债项目数；L_{Ni} 为第 i 项增量负债的账面价值；$D_{L_{Oi}}$ 为第 i 项存量负债的随机久期；$D_{L_{Ni}}$ 为第 i 项增量负债的随机久期。

式（14.4）的经济学含义：式（14.4）右边第一项为增量和存量资产的随机久期，第二项为负债总额与资产总额的比值，第三项为增量与存量负债的随机久期。故式（14.4）是考虑了增量和存量在内的全部资产负债组合的随机久期缺口。

式（14.4）与式（14.3）的区别：现有研究通过式（14.3）计算久期缺口时，只考虑了增量的资产负债的风险控制。事实上，由于银行存量资产负债规模远大于增量资产负债规模，一旦利率出现不利波动，存量资产负债造成的损失也将远大于增量资产造成的损失，故需要同时控制存量与增量资产负债组合的利率风险。本章通过式（14.4）对包括存量和增量在内的全部资产负债的利率风险进行控制。

本章的式（14.4）的表现形式与现有研究的缺口表达式相同，但内容或参数不同，其主要区别至少有两点。

一是现有研究的缺口表达式[6, 8-11]用的是 Macaulay 久期，而本章中式（14.4）的 $D_{A_{Oi}}$、$D_{A_{Ni}}$、$D_{L_{Oi}}$、$D_{L_{Ni}}$ 均为基于 CIR 模型的随机久期，是把 CIR 久期引入了缺口，其久期缺口用的不是 Macaulay 久期。至于引用久期的好处，在于改变了 Macaulay 久期、F-W 久期等不能识别利率随机变化的弊端[2]。

二是本章式（14.4）的久期，也并不完全是式（14.2）的 CIR 随机久期中的参数：形同式（14.2）的久期[4]中的时间参数是资产或负债的期限，也就是名义期限，因为随机久期是用来研究新增头寸的资产配置[4]。本章式（14.2）中的时间参数用的是"剩余期限"，因为只有"剩余期限"这个参数才能反映存量和增量资产负债的全部组合风险。不言而喻，忽略巨额的存量资产来仅仅研究为数相对很少的增量资产组合风险，并没有实际意义。

14.2.3 基于随机久期缺口的利率风险控制原理

1. 随机久期缺口的方向控制原理

若预测未来利率会上升，则预留负缺口，以保证银行所有者权益增加[12]，即

$$D_{\text{GAP}} = D_A - \frac{L}{A} \times D_L = \frac{\sum_{i=1}^{N_1} A_{Oi} \times D_{A_{Oi}} + \sum_{i=1}^{N_2} A_{Ni} \times D_{A_{Ni}}}{\sum_{i=1}^{N_1} A_{Oi} + \sum_{i=1}^{N_2} A_{Ni}}$$

$$-\frac{\sum_{i=1}^{M_1} L_{Oi} + \sum_{i=1}^{M_2} L_{Ni}}{\sum_{i=1}^{N_1} A_{Oi} + \sum_{i=1}^{N_2} A_{Ni}} \times \frac{\sum_{i=1}^{M_1} L_{Oi} \times D_{L_{Oi}} + \sum_{i=1}^{M_2} L_{Ni} \times D_{L_{Ni}}}{\sum_{i=1}^{M_1} L_{Oi} + \sum_{i=1}^{M_2} L_{Ni}} < 0 \qquad （14.5）$$

若预测未来利率会下降，则预留正缺口，仅将式（14.5）不等式的小

于号"＜"替换为大于号"＞"。其他不变。

式（14.5）的特点在于通过预留久期缺口，当利率有利变动时，银行可以增加所有者权益。改变了现有研究大多采用久期零缺口模型[5-7]，当利率有利变动时银行所有者权益无法增加的弊端。

2. 随机久期缺口的大小控制原理

正确的预留缺口可以帮助银行在利率变化的过程中获得利润，但银行对利率变化趋势的预测不能保证总是正确的。当预测错误时，银行就可能会遭受损失，因此需要将损失控制在银行可接受的范围内。

当利率发生变动时，银行的所有者权益变化可以表示为[11]

$$\Delta V = -\Delta R_t \times A \times D_{\text{GAP}} \tag{14.6}$$

其中，ΔV 为银行所有者权益变化量；ΔR_t 为市场利率的变化值；A 为银行资产总值；D_{GAP} 为随机久期缺口。

因为银行所有者权益变化量 ΔV 与利率变化值 ΔR_t 有关，而利率变化值 ΔR_t 与所选择的时间段有关，因此必须先估计出银行所有者权益变化量 ΔV 受利率变化值 ΔR_t 影响的时间长度，此处以久期缺口估计此时间长度，令[11]

$$t \geq \left| D_{\text{GAP}} \right| \tag{14.7}$$

式（14.7）的期限 t 可以先自行假定，然后模型求解计算出 D_{GAP}，检验 t 是否满足 $t \geq \left| D_{\text{GAP}} \right|$，若满足，则对 t 的假定正确，得出结论即可；若不满足，则需要对 t 重新假定并再次计算，直到假定的 t 满足 $t \geq \left| D_{\text{GAP}} \right|$ 为止。

银行所有者权益的最大变化额估计值 ΔV^* 为[11]

$$\Delta V^* = \left| -\Delta R_t^* \times A \times D_{\text{GAP}} \right| \tag{14.8}$$

其中，ΔV^* 为银行所有者权益的最大变化额估计值；ΔR_t^* 为市场利率的最大变化值；A 为银行资产总值，等于存量资产总额 A_O 与增量资产总额 A_N 之和；D_{GAP} 为随机久期缺口。

利用资本充足率对预留缺口进行约束，使利率发生不利变化时，银行的资本充足率也可以满足商业银行法和监管当局的要求。

设：C 为银行的资本总量；ΔV^* 为银行所有者权益的最大变化额估计值；N_2 为增量资产项目数；A_{Ni} 为第 i 笔增量资产；W_{Ni} 为第 i 笔增量资产的风险权数，由资产的风险等级决定；N_1 为存量资产项目数；A_{Oi} 为第 i 笔存量资产；W_{Oi} 为第 i 笔存量资产的风险权数，由资产的风险等级决定[11]，代表银行新增的风险加权总资产；$\sum_{i=1}^{N_1} (A_{Oi} \times W_{Oi})$ 为银行已有的风险加权总资产；8%为商业银行法和监管当局的要求；8%+δ 则为银行董事会决定的最低资本充足率。

则资本充足率的约束条件可以表示为[11]

$$\left\{\left(C-\Delta V^*\right)\Big/\left[\sum_{i=1}^{N_2}(A_{Ni}\times W_{Ni})+\sum_{i=1}^{N_1}(A_{Oi}\times W_{Oi})\right]\right\}\geqslant 8\%+\delta \quad（14.9）$$

应该指出，由于式（14.8）中银行净值变化量的估计额 ΔV^* 是随机久期缺口 D_{GAP} 的函数，故只需通过式（14.9）对 ΔV^* 进行约束，就能控制随机久期缺口 D_{GAP} 的大小。

式（14.9）的作用：银行对未来利率的预测并不总是准确的，当利率的变化方向与银行利率刚好相反时，由于缺口 D_{GAP} 的存在银行会受到损失，式（14.9）的约束可以使产生损失后的资本充足率仍然大于银行董事会规定的最低资本充足率。同时，由于 ΔV^* 与 D_{GAP} 有关，所以式（14.9）也可约束 D_{GAP} 的大小，使式（14.5）有下限。

14.3　CIR 模型和随机久期各参数的确定

14.3.1　CIR 模型的参数估计

通过离散模型方法估计 CIR 模型参数，即[13]

$$R_{t+1}-R_t=\alpha+\beta R_t+\varepsilon_{t+1} \quad（14.10）$$

其中，R_{t+1} 为 $t+1$ 时的利率；R_t 为 t 时的利率；α 和 β 为需要估计的参数；ε_{t+1} 为误差项。

式（14.10）的经济学含义：揭示了第 $t+1$ 时的利率 R_{t+1} 与第 t 时的利率 R_t 之间的关系，将连续的市场利率离散化。

误差项 ε_{t+1} 需要满足式（14.11）和式（14.12）的约束[3]：

$$E(\varepsilon_{t+1})=0 \quad（14.11）$$
$$E(\varepsilon_{t+1}^2)=\sigma^2 R_t^2 \quad（14.12）$$

令 $a=\alpha$，$b=\beta+1$，对式（14.10）进行变形：

$$R_{t+1}=a+bR_t+\varepsilon_{t+1} \quad（14.13）$$

又因为式（14.12）中 $E(\varepsilon_{t+1}^2)=\sigma^2 R_t^2$，此时不适合用最小二乘法估计参数[14]。故采用加权最小二乘法估计参数，选择权数为 $\dfrac{1}{\sqrt{R_t}}$ [14]。

将式（14.13）等式的两端同时乘以 $\dfrac{1}{\sqrt{R_t}}$，得到

$$\frac{R_{t+1}}{\sqrt{R_t}} = \frac{a}{\sqrt{R_t}} + b\sqrt{R_t} + \frac{\varepsilon_{t+1}}{\sqrt{R_t}} \qquad (14.14)$$

将样本的利率数据 R_{t+1} 和 R_t 代入式（14.14），可以得到 σ_ε^2 和参数 a、b 估计值 $\hat{a}$，进而根据式（14.15）~式（14.17）可得式（14.1）的参数值 $\overline{R}$、k 和 σ^2，即[15]

$$\overline{R} = \frac{\hat{a}}{1 - \hat{b}} \qquad (14.15)$$

$$k = -\ln\hat{b} \qquad (14.16)$$

$$\sigma^2 = \frac{2k\sigma_\varepsilon^2}{1 - \mathrm{e}^{-2k}} \qquad (14.17)$$

应该指出，若用来拟合 CIR 的利率数据为单利，则需要转换为复利形式，即[16]

$$R(T,t) = \frac{1}{T-t}\ln\left[1 + (T-t)r_{(T-t)}\right] \qquad (14.18)$$

其中，$R(T,t)$ 为连续复利；$(T-t)$ 为利率期限；$r_{(T-t)}$ 为 SHIBOR 隔夜利率的单利形式。

14.3.2　市场利率的拟合

根据式（14.2）可知，第 i 项资产或负债在第 t 期的到期价值 P_{it}，需要通过市场利率 R_t 进行折现。因此，需要对市场利率进行拟合。

假设市场利率 R_t 与期限 t 的函数关系满足[17]：

$$R_t = \alpha \times t^\beta \qquad (14.19)$$

其中，R_t 为市场利率；t 为期限；α 和 β 为需要进行估计的参数。

应该指出，14.3.1 节中的式（14.10）已经拟合了利率 R_t 的表达式，这里的式（14.19）还在对 R_t 进行再次拟合，其原因在于式（14.10）和式（14.19）的拟合用途不同。

式（14.10）描述的是 $t+1$ 时刻的利率 R_{t+1} 与 t 时刻利率 R_t 的函数关系，目的是描述利率 R_t 的动态变化过程，其用途在于通过估计 CIR 模型中的参数 k、$\overline{R}$ 和 σ，进而计算式（14.2）的随机久期 D_i。

而式（14.19）则是描述利率 R_t 与期限 t 的函数关系，目的在于通过期限 t 确定市场利率，其用途在于对资产或负债的到期价值 P_{it} 进行折现。

14.3.3　随机久期参数的确定

CIR 模型的参数一旦估计得到，便可以得到 CIR 随机久期。为阅读方便，在此再次列出式（14.2），并重新编号为式（14.20），各字母含义同式（14.2）。

$$D_i = \frac{2}{R_t} \coth^{-1} \left[\frac{\pi - k}{\lambda} + \frac{2C_i P_{it}}{R_t \sum_t \dfrac{2C_{it} P_{it}}{k - \pi + \lambda \coth\left(\dfrac{\lambda t}{2}\right)}} \right] \qquad (14.20)$$

如前所述，D_i 为第 i 项资产或负债的久期；R_t 为即期利率；$\coth^{-1}$ 为反双曲余切函数；π 为流动性溢价（并非圆周率，故 π 值不为 3.1415）；k 为利率的均值回复速度；λ 为参数变量；C_i 为第 i 项资产或负债到期时的现金流；P_{it} 为第 i 项资产或负债在第 t 期的到期价值；C_{it} 为第 i 项资产或负债在第 t 期的现金流，当资产或负债尚未到期时 C_{it} 等于到期前第 t 期现金流 C_{it}^B，当资产或负债到期时，现金流 C_{it} 等于到期时现金流 C_i。

其中[4]

$$\lambda = \sqrt{(k - \pi)^2 + 2\sigma^2} \qquad (14.21)$$

如前所述，λ 为参数变量；k 为利率的均值回复速度；π 为流动性溢价（并非圆周率，故 π 值不为 3.1415）；σ 为利率的波动率。令

$$A_{it} = \left[\frac{2\lambda e^{(\lambda + k - \pi)\frac{t}{2}}}{(\lambda + k - \pi)(e^{\lambda t} - 1) + 2\lambda} \right]^{\frac{2 \times k \times \bar{R}}{\sigma^2}} \qquad (14.22)$$

$$B_{it} = \frac{2}{k - \pi + \lambda \coth\left(\dfrac{\lambda t}{2}\right)} \qquad (14.23)$$

其中，A_{it} 为 P_{it} 求解过程中的参数；λ 为参数变量；k 为利率的均值回复速度；π 为流动性溢价（并非圆周率，故 π 值不为 3.1415）；t 为资产或负债的期限；$\bar{R}$ 为长期利率的平均水平；σ 为利率的波动率；B_{it} 为 P_{it} 求解过程中的参数。有[4]

$$P_{it} = A_{it} \times e^{-\lambda B_{it}} \qquad (14.24)$$

其中，P_{it} 为第 i 项资产或负债在第 t 期的到期价值；A_{it}、B_{it} 为 P_{it} 求解过程中的参数；λ 为参数变量。

此外，在通过式（14.20）求解随机久期 D_i 时，需要用到第 i 项资产或负债到期时的现金流 C_i、第 i 项资产或负债在第 t 期的现金流 C_{it}。

设：C_i 为第 i 项资产或负债到期时的现金流；L_i 为第 i 项负债的账面价

值；R_i 为第 i 项资产或负债的票面利率；C_{it}^B 为第 i 项资产或负债在到期前第 t 期的现金流；A_i 为第 i 项资产的账面价值。

对于包括存量与增量在内的负债，到期时的现金流计算公式为[2]

$$C_i = L_i \times R_i \times t + L_i \qquad (14.25)$$

对于包括存量与增量在内的资产，到期前每期的现金流计算公式为[2]

$$C_{it}^B = A_i \times R_i \qquad (14.26)$$

对于包括存量与增量在内的资产，资产到期时的现金流计算公式为[2]

$$C_i = A_i + C_{it}^B \qquad (14.27)$$

14.4 银行全资产负债优化模型的构建原理

14.4.1 目标函数的构建

银行追求的是全部资产的月利息收入最大，但是由于存量资产各项目的数额和利息收入已经为确定值，故只要银行增量资产的月利息收入最大，就能保证银行全部资产的月利息收入最大。

因此以增量资产利息收入最大为目标函数：

$$\text{Obj}: \ \max f = \sum_{i=1}^{N_2} X_i \times R_{Ni} \qquad (14.28)$$

其中，N_2 为增量资产的总项目数；X_i 为第 i 项增量资产的账面价值；R_{Ni} 为第 i 项增量资产的利率。

14.4.2 约束条件的构建

1. 预留缺口约束条件

根据 14.2.3 节，随机久期缺口的方向可由式（14.5）控制，随机久期缺口的大小可由式（14.9）控制。因此，分别以式（14.5）和式（14.9）约束预留缺口。

为方便阅读，再次给出式（14.5）并编号为式（14.29）：

$$D_{\text{GAP}} = D_A - \frac{L}{A} \times D_L$$

$$= \frac{\sum_{i=1}^{N_1} A_{Oi} \times D_{Ai} + \sum_{i=1}^{N_2} A_{Ni} \times D_{Ani}}{\sum_{i=1}^{N_1} A_{Oi} + \sum_{i=1}^{N_2} A_{Ni}} - \frac{\sum_{i=1}^{M_1} L_{Oi} + \sum_{i=1}^{M_2} L_{Ni}}{\sum_{i=1}^{N_1} A_{Oi} + \sum_{i=1}^{N_2} A_{Ni}} \times \frac{\sum_{i=1}^{M_1} L_{Oi} \times D_{Loi} + \sum_{i=1}^{M_2} L_{Ni} \times D_{Lni}}{\sum_{i=1}^{M_1} L_{Oi} + \sum_{i=1}^{M_2} L_{Ni}} < 0 \ \text{或} > 0$$

$$(14.29)$$

式（14.29）的含义：由于银行所有者权益变化量 ΔV 与久期缺口 D_{GAP} 的方向相反，因此当未来的利率上升时利率的变化量 ΔR_t 为正，应预留负的久期缺口，即 $D_{\text{GAP}}<0$。反之，当未来的利率下降时则预留正的久期缺口，即 $D_{\text{GAP}}>0$。

在此再次给出式（14.9）并重新编号为式（14.30），即

$$\left\{\left(C-\Delta V^{*}\right)\middle/\left[\sum_{i=1}^{N_2}\left(A_{Ni}\times W_{Ni}\right)+\sum_{i=1}^{N_1}\left(A_{Oi}\times W_{Oi}\right)\right]\right\}\geqslant 8\%+\delta \quad （14.30）$$

如前所述，C 为银行的资本总量；ΔV^{*} 为银行净值变化量的估计额；N_2 为增量资产项目数；A_{Ni} 为第 i 笔增量资产；W_{Ni} 为第 i 笔增量资产的风险权数，由资产的风险等级决定；N_1 为存量资产项目数；A_{Oi} 为第 i 笔存量资产；W_{Oi} 为第 i 笔存量资产的风险权数，由资产的风险等级决定[11]；8% 为商业银行法和监管当局的要求；8%+δ 则为银行董事会决定的最低资本充足率。

如前所述，式（14.8）中银行净值变化量的估计额 ΔV^{*} 是随机久期缺口 D_{GAP} 的函数，故通过式（14.30）约束 ΔV^{*}，就能控制随机久期缺口 D_{GAP} 的大小。

式（14.29）~式（14.30）与现有研究的区别至少有三。

一是缺口的表达式不一样。现有研究的缺口表达式[6, 8-11]用的是 Macaulay 久期，而本章式（14.4）的 $D_{A_{Oi}}$、$D_{A_{Ni}}$、$D_{L_{Oi}}$、$D_{L_{Ni}}$ 均为基于 CIR 模型的随机久期。事实上，利率的变化是随机的[1]，通过本章的随机久期能更好地识别利率的随机变化。

二是久期不一样。现有研究中久期[4]中时间参数是资产或负债的期限，也就是名义期限，因为 CIR 模型是用来研究新增头寸的资产配置[4]。本章的久期中时间参数用的是"剩余期限"，因为只有"剩余期限"这个参数才能反映存量和增量资产负债的全部组合风险。不言而喻，忽略巨额存量资产而仅考虑为数相对很少的增量资产风险并无意义。

三是现有研究采用的是零缺口[5-7]，而本章预留了久期缺口。一方面，由于在实践中很难保持零缺口[8]；另一方面，零缺口也不能使银行享受利率变动带来的收益。本章的式（14.29）~式（14.30）能根据利率判断，在利率有利变动时增加银行净值，又可在利率发生不利变动时控制风险。事实上，利率的中长期变化是可以预测的。

2. 其他约束条件

根据银行资产和负债的数量结构匹配原理[8]，辅以法律法规和银行经

营管理的要求，得到式（14.31）~式（14.38）的约束条件。

（1）资产规模约束：即增量资产的总额应该等于增量负债的总额[11]

$$A_N = \sum_{i=1}^{N_2} X_i = L_N \qquad （14.31）$$

其中，A_N 为增量资产总额；N_2 为增量资产的总项目数；X_i 为需要配置的第 i 项增量资产；L_N 为增量负债总额。

（2）库存现金流动性比例约束，总库存现金（包括存量库存现金及增量库存现金）应大于等于总负债（包括存量负债及增量负债）的 ρ_1。ρ_1 具体取值根据银行实践中相关要求确定。

$$A_{O1} + X_1 \geqslant (L_O + L_N) \times \rho_1 \qquad （14.32）$$

其中，A_{O1} 为存量库存现金；X_1 为需要配置的增量库存现金；L_O 为存量负债总额；L_N 为增量负债总额。

（3）非负性约束，即将配置的各项增量资产均应大于等于 0[11]。

$$X_i \geqslant 0 (i=1,2,\cdots,n) \qquad （14.33）$$

其中，X_i 为第 i 项需要配置的增量资产。

（4）资产流动性比例约束，短期资产（1 年期及以内）与短期负债（1 年期及以内）的比值应大于等于 ρ_2，具体取值根据银行实践中相关要求确定。

$$\left(\sum_{i=1}^{s_1} X_i + \sum_{i=1}^{s_2} A_{Oi} \right) \Big/ \left(\sum_{i=1}^{s_3} L_{Oi} + \sum_{i=1}^{s_4} L_{Ni} \right) \geqslant \rho_2 \qquad （14.34）$$

其中，s_1 为增量资产中的短期资产项目数；X_i 为需要配置的第 i 项增量资产项目；s_2 为存量资产中的短期资产项目数；A_{Oi} 为第 i 项存量资产；s_3 为存量负债中的短期负债项目数；L_{Oi} 为第 i 项存量负债；s_4 为增量负债中的短期负债项目数；L_{Ni} 为第 i 项增量负债。

（5）法定存款准备金约束，法定存款准备金（包括存量存款准备金及增量存款准备金）与总负债（包括存量负债及增量负债）的比值应大于等于 ρ_3，具体取值根据相关法律法规和监管要求确定。

$$(X_2 + A_2) / (L_O + L_N) \geqslant \rho_3 \qquad （14.35）$$

其中，X_2 为增量存款准备金；A_2 为存量存款准备金；L_O 为存量负债总额；L_N 为增量负债总额。

（6）现金及备付金比例约束，总库存现金（包括存量库存现金及增量库存现金）与总备付金（包括存量备付金及增量备付金）的和与总负债（包括存量负债及增量负债）的比值应大于等于 ρ_4，具体取值根据银行实践中相关要求确定。

$$(A_{O1}+A_{O3}+X_1+X_3)/(L_O+L_N) \geq \rho_4 \quad (14.36)$$

其中，A_{O1} 为存量库存现金；A_{O3} 为存量备付金；X_1 为增量库存现金；X_3 为增量备付金；L_O 为存量负债总额；L_N 为增量负债总额。

（7）中长期贷款结构约束，根据银行对贷款期限的偏好确定。例如，5 年期贷款的数额应小于等于 3 年期贷款的数额；8 年期贷款的数额应小于等于 5 年期贷款的数额[11]。

$$A^5 \leq A^3 \quad (14.37)$$
$$A^8 \leq A^5 \quad (14.38)$$

其中，A^5 为 5 年期贷款；A^3 为 3 年期贷款；A^8 为 8 年期贷款。

综上，以式（14.28）为目标函数，以式（14.29）和式（14.30）的预留缺口上下界为约束条件，辅以约束条件式（14.31）~式（14.38），建立银行资产负债优化模型。

14.5 银行全资产负债优化模型的构建

14.5.1 CIR 模型参数的确定

1. 样本的选取

选取 SHIBOR 数据作为 CIR 模型参数估计的数据来源。由于 SHIBOR 隔夜利率及一月利率的短期变化趋势与其他利率高度相关，并且以其为标准的衍生品交易量大，非常有代表性[16]。但是考虑到时间跨度及数据量，最终选用 2012~2016 年 SHIBOR 隔夜利率作为估计数据，数据来源为锐思数据库。

表 14.1 前 3 列的信息来源于锐思数据库。

表 14.1 SHIBOR 隔夜利率及连续复利数据

（1）序号	（2）日期	（3）单利 $r_{(T-t)}$	（4）复利 $R(T,t)$
1	2012/1/4	3.4975	3.4806
2	2012/1/5	4.0000	3.9779
3	2012/1/6	3.9979	3.9759
4	2012/1/9	4.0000	3.9779
5	2012/1/10	3.6933	3.6745
⋮	⋮	⋮	⋮
1245	2016/12/26	2.2940	2.2867
1246	2016/12/27	2.2640	2.2569

（1）序号	（2）日期	（3）单利 $r_{(T\text{-}t)}$	（4）复利 $R(T,t)$
1247	2016/12/28	2.2460	2.2390
1248	2016/12/29	2.2270	2.2201
1249	2016/12/30	2.2300	2.2231

由于查询到的 SHIBOR 利率为单利，故需要根据式（13.18）转换为复利形式。

本章选择 SHIBOR 隔夜利率，所以式（14.18）中的 $(T-t)$ 为 1/360。

将表 14.1 第 3 列 SHIBOR 隔夜利率单利数据代入式（14.18），得到转换后的连续复利，列入表 14.1 第 4 列。

将表 14.1 第 4 列的 SHIBOR 隔夜利率复利 $R(T,t)$，列入表 14.2 第 2 列第 2~1250 行。并将表 14.1 第 4 列的全部数据，列入表 14.2 第 3 列第 1~1249 行。由此就得到了拆分后的两列 R_{t+1} 和 R_t，其中 R_{t+1} 为 R_t 之后一个交易日的复利。

计算表 14.2 第 2 列的复利 R_t 的 $\dfrac{1}{2}$ 次方的值，将结果列入表 14.2 第 4 列。计算表 14.2 第 3 列的复利 R_{t+1} 除以第 4 列的 $\sqrt{R_t}$ 得到的值，将结果列入表 14.2 第 5 列。

表 14.2　SHIBOR 利率拟合需要的数据

（1）序号	（2）复利 R_t	（3）复利 R_{t+1}	（4）$\sqrt{R_t}$	（5）$R_{t+1}/\sqrt{R_t}$
1	—	3.4806	—	—
2	3.4806	3.9779	1.8656	2.1322
3	3.9779	3.9759	1.9945	1.9935
4	3.9759	3.9779	1.9940	1.9950
5	3.9779	3.6745	1.9945	1.8423
⋮	⋮	⋮	⋮	⋮
1246	2.2867	2.2569	1.5122	1.4925
1247	2.2569	2.2390	1.5023	1.4904
1248	2.2390	2.2201	1.4963	1.4837
1249	2.2201	2.2231	1.4900	1.4920
1250	2.2231	—	1.4910	—

2. CIR 模型的参数估计

以表 14.2 第 5 列的 $R_{t+1}/\sqrt{R_t}$ 作为因变量,以表 14.2 第 4 列的 $\sqrt{R_t}$ 作为自变量,对式(14.14)进行最小二乘法估计,就得到了表 14.3 前 4 行数据。

其中,参数 a、b 估计值 $\hat{a}=0.272$,$\hat{b}=0.898$ 列入表 14.3 第 3 列第 1~2 行。

表 14.3　CIR 模型参数估计结果

（1）序号	（2）参数	（3）估计值	（4）t 检验 Sig.
1	a	0.272	0.00
2	b	0.898	0.00
3	残差的方差 σ_ε^2	0.279	——
4	拟合优度 R^2	0.845	——
5	长期利率均值 $\overline{R}$	2.667	——
6	均值回复速度 k	0.108	——
7	参数 σ^2	0.310	——

表 14.3 第 4 列第 1~2 行是参数 a、b 估计值对应的 t 检验显著性水平,由于 sig.均为 $0.00<0.01$[17],故参数 a、b 均通过了 t 检验。

表 14.3 第 3 行是残差的方差 σ_ε^2 的估计值,第 4 行拟合优度 $R^2=0.845>0.5$[18],所以拟合效果较好。

将表 14.3 第 3 列第 1~2 行的 a,b 估计值分别代入式(14.15)、式(14.16),得到

$$\overline{R} = \frac{\hat{a}}{1-\hat{b}} = \frac{0.272}{1-0.898} = 2.667$$

$$k = -\ln\hat{b} = -\ln 0.898 = 0.108$$

列入表 14.3 第 3 列第 5~6 行。

将表 14.3 第 3 列第 3 行的 $\sigma_\varepsilon^2=0.279$,第 3 列第 6 行的 $k=0.108$,代入式(14.17)的右端,得到

$$\sigma^2 = \frac{2k\sigma_\varepsilon^2}{1-e^{-2k}} = \frac{2\times0.108\times0.279}{1-e^{-2\times0.108}} = 0.310$$

列入表 14.3 第 3 列第 7 行。

14.5.2　市场利率的拟合

选用 2017 年 5 月 3 日的国债即期利率数据,对市场利率进行拟合。表14.4 中的数据来源为 Wind 数据库。

表 14.4　国债即期利率数据

（1）序号	（2）期限 t/月	（3）即期利率 R_t
1	3	2.8343%
2	6	2.9921%
3	9	3.15%
4	12	3.3079%
5	15	3.3238%
⋮	⋮	⋮
30	87	3.5621%
31	90	3.5622%
32	93	3.5622%
33	96	3.5623%

以表 14.4 第 3 列的即期利率 R_t 为因变量，表 14.4 第 2 列的期限 t 为自变量，拟合式（14.19）中的参数 α 及 β。参数估计的结果列入表 14.5。

表 14.5　模型汇总和参数估计值

（1）序号	（2）参数估计	（3）参数值
1	拟合优度 R^2	0.908
2	t 检验显著性水平 Sig.	0.00
3	参数 α	2.778
4	参数 β	0.055

表 14.5 第 1 行第 3 列拟合优度 R^2=0.908>0.5，所以拟合效果较好[18]。表 14.5 第 2 行是 t 检验显著性水平，t=0.00<0.01，说明参数估计显著[17]。表 14.5 第 3~4 行是估计得到的参数 α 及 β 值，α=2.778，β=0.055。

将表 14.5 第 3~4 行的 α=2.778，β=0.055，代入式（14.19），得到

$$R_t = 2.778 \times t^{0.055} \tag{14.39}$$

式（14.39）即为市场利率 R_t 与期限 t 的表达式。

14.5.3　随机久期参数的确定

对流动性溢价 π，本章也像现有研究[7]那样不考虑流动性溢价的影响，即 π=0。

将表 14.3 第 6 行 k=0.108，表 14.3 第 7 行 σ^2=0.310，以及 π=0，代入式（14.21），得

$$\lambda = \sqrt{(k-\pi)^2 + 2\sigma^2} = \sqrt{(0.108-0)^2 + 2 \times 0.310} = 0.795$$

将表 14.3 第 5~7 行的 $\overline{R}$=2.667，k=0.108，σ^2=0.310，以及上文的 λ=0.795，π=0，代入式（14.22），得到参数 A_{it} 的表达式：

$$A_{it}=\left[\frac{2\lambda e^{(\lambda+k-\pi)\frac{1}{2}}}{(\lambda+k-\pi)(e^{\lambda t}-1)+2\lambda}\right]^{\frac{2\times k\times\overline{R}}{\sigma^2}}=\left[\frac{2\times0.795\times e^{(0.795+0.108)\frac{t}{2}}}{(\lambda+k-\pi)(e^{\lambda t}-1)+2\lambda}\right]^{\frac{2\times0.108\times2.667}{0.310}}$$

$$=\left[\frac{1.59\times e^{0.4515t}}{0.903(e^{0.795t}-1)+1.59}\right]^{1.858}$$

$$（14.40）$$

将表 14.3 中第 6 行 k=0.108，以及 λ=0.795 和 π=0，代入式（14.23），得到参数 B_{it} 的表达式：

$$B_{it}=\frac{2}{k-\pi+\lambda\coth\left(\frac{\lambda t}{2}\right)}=\frac{2}{0.108+0.795\times\coth\left(\frac{0.795t}{2}\right)}\quad（14.41）$$

$$=\frac{2}{0.108+0.795\times\coth(0.3975t)}$$

将式（14.40）计算得到的表达式 A_{it} 表达式，式（14.41）计算得到的 B_{it} 表达式以及 λ=0.795 代入式（14.24），得到市场价值 P_{it}：

$$P_{it}=A_{it}\times e^{-\lambda B_{it}}=\left[\frac{1.59\times e^{0.4515t}}{0.903(e^{0.795t}-1)+1.59}\right]^{1.858}\times e^{-0.795\times\frac{2}{[0.108+0.795\times\coth(0.3975t)]}}$$

$$=\left[\frac{1.59\times e^{0.4515t}}{0.903(e^{0.795t}-1)+1.59}\right]^{1.858}\times e^{\frac{-1.59}{[0.108+0.795\times\coth(0.3975t)]}}$$

$$（14.42）$$

最后将表 14.3 第 5~7 行的 $\overline{R}$=2.667，k=0.108，σ^2=0.310，以及上边计算得到的 λ=0.795 和 π=0，代入式（14.20），计算得出最终的久期表达式，如式（14.43）所示，各字母含义同式（14.2）：

$$D_i=\frac{2}{R_t}\coth^{-1}\left[\frac{\pi-k}{\lambda}+\frac{2C_iP_{it}}{R_t\sum_t\frac{2C_{it}P_{it}}{k-\pi+\lambda\coth(\frac{\lambda t}{2})}}\right]\quad（14.43）$$

$$=\frac{2}{R_t}\times\coth^{-1}\left[-0.136+\frac{2C_iP_{it}}{R_t\sum_t\frac{2C_{it}P_{it}}{0.108+0.795\coth(0.8975t)}}\right]$$

应该指出，式（14.43）是一个通式，可以计算存量资产、存量负债、增量资产及增量负债等的久期，详见下文。

14.5.4　应用背景

市场基准利率的变动直接影响了金融机构资产负债的市场价值，资产负债管理是银行等金融机构在负债结构和总量一定的前提下，通过对资产进行优化配置，达到资产流动性、营利性和安全性"三性"之间的平衡。目前相关的研究多数采取零缺口免疫方式控制利率风险[5-7]。然而，本章结合金融机构资产和负债时刻变化的现状，考虑到实践中总会或大或小地存在缺口，"零缺口"目标并不能达到[8]。此外，"零缺口"无法使银行在利率发生有利变动时增加净值。

因此，本章在随机久期基础上，通过考虑存量与增量在内的全部资产负债久期并预留久期缺口，在控制风险的同时把握市场机会。本章基于 CIR 动态利率期限结构求解随机久期，对包括增量和存量在内的全部资产负债组合的久期缺口进行预留和约束，构建资产负债优化模型控制利率风险。

本章通过如下几点进行阐释：首先，本章不同于 Macaulay 久期、F-W 久期等现有研究的利率随时间的变化是固定不变或平行移动的限定条件，通过控制 CIR 利率期限结构的随机久期缺口为约束条件建立非线性规划模型、对资产配置进行利率风险免疫，反映了利率随时间的动态变化，使资产配置的利率风险免疫更加符合现实情况；其次，本章在现有多数资产负债模型只考虑增量资产负债的基础上建立了包括增量资产负债与存量资产负债的全资产负债优化配置模型；最后，本章通过设置以市场利率预留缺口损失后的资本充足率仍满足监管要求为约束条件，保证了在利率不利变动情况下损失仍在可控范围内，在利率有利变动时银行净值增加。

14.5.5　银行数据及其有关参数的确定

1. 基本数据和现金流的计算

1）存量负债数据及有关参数的计算

表 14.6 前 6 列来源于某商业银行。

表 14.6　存量负债与所有者权益数据信息

(1)序号	(2)负债 L 和权益 E	(3)账面价值 L_{Oi}/（×10^6元）	(4)总期限 n_i/月	(5)已存入期限 k_i/月	(6)剩余期限 t	(7)市场利率 R_t	(8)负债月利率 R_i	(9)到期前每期的现金流 C_{it}^B /（×10^7元）	(10)到期时的现金流 C_i/（×10^7元）	(11)到期价值 P_{it}	(12)随机久期 $D_{L_{Oi}}$
1	活期存款	5 000	1	0	1	2.778%	0.250‰	0	5 001	0.425 5	1.645 0
2	3 个月期存款	12 000	3	2	1	2.778%	1.125‰	0	12 041	0.425 5	1.645 0
3	6 个月期存款	14 000	6	3	3	2.951%	1.292‰	0	14 109	0.083 5	2.207 5
4	1 年期存款	12 000	12	8	4	2.998%	1.458‰	0	12 210	0.041 0	2.222 7
5	3 年期存款 1	13 000	36	10	26	3.323%	2.272‰	0	14 063	3.06×10^{-8}	2.227 0
6	3 年期存款 2	11 000	36	22	14	3.211%	2.292‰	0	11 908	6.48×10^{-5}	2.226 6
7	5 年期存款 1	6 000	60	35	25	3.316%	2.296‰	0	6 826	5.79×10^{-8}	2.227 0
8	5 年期存款 2	5 000	60	48	12	3.184%	2.292‰	0	5 688	2.32×10^{-4}	2.226 4
9	存量负债总额 L_O	78 000	—	—	—	—	—	—	—	—	—
10	所有者权益 E	2 000	—	—	—	—	—	—	—	—	—
11	负债和所有者权益	80 000	—	—	—	—	—	—	—	—	—

表 14.6 第 7 列是表 14.6 第 6 列的 t 代入式（14.39），计算得到的利率 R_t 列入表 14.6 第 7 列。

表 14.6 第 8 列也来源于商业银行。

表 14.6 第 9 列为到期前每期的现金流 C_{it}。因为表 14.6 第 1~8 行各项存款均为到期一次还本付息，所以到期前每期的现金流 C_{it} 均为 0。

表 14.6 第 10 列为到期时的现金流 C_i，是将表 14.6 第 3 列的账面价值 L_{Oi}、第 6 列的剩余期限 t、第 8 列的月利率 R_i 代入式（14.25）中计算得到。

注意到上文的式（14.42）最后一个等号后的表达式，只与 t 有关，因此，将表 14.6 第 6 列的剩余期限 t，代入式（14.42），计算得到 P_{it} 的值列入表 14.6 第 11 列。

2）存量资产数据及其计算

表 14.7 前 6 列来源于商业银行。

表 14.7　存量资产数据信息

（1）序号	（2）资产 A_i	（3）账面价值 A_{0i}/ (×10^6元)	（4）总期限 n_i/月	（5）已放出期限 k_i/月	（6）剩余期限 t	（7）市场利率 R_t	（8）资产月利率 R_i	（9）到期前每期现金流 C_{it}^B/ (×10^6元)	（10）到期时的现金流 C_i/ (×10^6元)	（11）到期价值 P_{it}	（12）随机久期 $D_{A_{0i}}$
1	库存现金	600	0	0	0	0	0	0	600	—	0
2	存款准备金	13 100	1.5	0.5	1	2.778%	1.35‰	17.685	13 117.685	0.425 5	1.645 0
3	备付金	14 500	1.5	0.5	1	2.778%	0.6‰	8.7	14 508.7	0.425 5	1.645 0
4	6 个月期贷款	6 000	6	2	4	2.998%	3.625‰	21.75	6 021.75	0.041 0	2.244 4
5	1 年期贷款	10 000	12	3	9	3.135%	3.625‰	27.187 5	10 036.25	0.001 6	2.288 4
6	3 年期贷款 1	11 800	36	15	21	3.284%	3.958‰	46.704 4	11 846.7044	7.43×10^{-7}	2.400 7
7	3 年期贷款 2	13 000	36	22	14	3.212%	3.958‰	51.454	13 051.454	6.48×10^{-5}	2.338 6
8	5 年期贷款 1	2 000	60	27	33	3.367%	3.985‰	7.97	2 007.97	3.51×10^{-10}	2.509 2
9	5 年期贷款 2	7 000	60	48	12	3.185%	3.985‰	27.895	7 027.895	2.32×10^{-4}	2.321 4
10	8 年期贷款	2 000	96	60	36	3.383%	4.083‰	8.166	2 008.166	5.17×10^{-11}	2.543 6
11	存量资产总计 A_o	80 000	—	—	—	—	—	—	—	—	—

表 14.7 第 7 列为市场利率 R_t，将表 14.7 第 6 列剩余期限 t 的值代入式（14.39），计算得到的利率 R_t 列入表 14.7 第 7 列。

表 14.7 第 8 列也来源于某商业银行。

表 14.7 第 9 列为到期前每期的现金流 C_{it}。由于贷款为每月付息一次，故将表 14.7 第 3 列的账面价值 A_{0i}、第 8 列的月利率 R_i 代入式（14.26）计算得到。

表 14.7 第 10 列为到期时的现金流 C_i，是将表 14.7 第 3 列的账面价值 A_{0i}、第 9 列的到期前每期的现金流 C_{it} 代入式（14.27）计算得到。

表 14.7 第 11 列是到期价值 P_{it}，是将表 14.7 第 6 列的剩余期限 t，代入式（14.42），计算得到 P_{it} 的值列入表 14.7 第 11 列。

3）增量负债数据及其计算

表 14.8 前 5 列来源于商业银行。

表 14.8　增量负债数据表

（1）序号	（2）负债（i）	（3）账面价值 L_{Ni}/（×10⁶元）	（4）期限 t/月	（5）负债月利率 R_{Ni}	（6）市场利率 R_t	（7）到期前每期现金流 C_{it}^B/（×10⁷元）	（8）到期时现金流 C_i/（×10⁷元）	（9）到期价值 P_{it}	（10）随机久期 $D_{L_{Ni}}$
1	活期存款	10 000	1	0.250‰	2.778%	0	1 002.5	1.074 7	0.905 7
2	3 个月期存款	9 000	3	1.125‰	2.951%	0	9 030.375	0.039 4	1.887 6
3	6 个月期存款	7 000	6	1.292‰	3.066%	0	7 054.25	0.000 4	2.194 3
4	1 年期存款	5 000	12	1.458‰	3.185%	0	5 087.5	5.76×10^{-8}	2.228 2
5	3 年期存款	3 000	36	2.292‰	3.383%	0	3 247.5	2.31×10^{-23}	2.230 2
6	5 年期存款	1 000	60	2.292‰	3.480%	0	10 137.5	9.30×10^{-39}	2.231
7	增量负债总额 L_N	35 000	—	—	—	—	—		

表 14.8 第 6 列为市场利率 R_t，是将表 14.8 第 4 列期限 t 的值代入式（14.39），计算结果列入表 14.8 第 6 列。

表 14.8 第 7 列前 6 行为到期前的现金流 C_{it}，由于存款为到期一次还本付息，所以到期前的现金流 C_{it} 为 0。

表 14.8 第 8 列为到期时的现金流 C_i。将表 14.8 第 3 列的账面价值 L_{Ni}、第 4 列的期限 t、第 5 列的月利率 R_{Ni} 代入式（14.25）中计算得到。

表 14.8 第 9 列为到期价值 P_{it}，将表 14.8 第 4 列的期限 t 代入式（14.42），得到 P_{it} 的值列入表 14.8 第 9 列。

4）增量资产数据及其计算

表 14.9 前 5 列来源于商业银行。

表 14.9　增量资产数据表

（1）序号	（2）资产	（3）账面价值 L_{Ni}/（×10⁶元）	（4）期限 t/月	（5）月利率 R_{Ni}	（6）市场利率 R_t	（7）到期前每期现金流 C_{it}^B/（×10⁷元）	（8）到期时现金流 C_i/（×10⁷元）	（9）到期价值 P_{it}	（10）随机久期 $D_{L_{Ni}}$
1	库存现金	X_1	0	0	0	0	X_1	—	0
2	存款准备金	X_2	1	1.35‰	2.778%	$0.001\ 35X_2$	$1.001\ 35X_2$	0.425 5	1.645 0
3	备付金	X_3	1	0.6‰	2.778%	$0.000\ 6X_3$	$1.000\ 6X_3$	0.425 5	1.645 0
4	6 个月期贷款	X_4	6	3.625‰	3.066%	$0.003\ 625X_4$	$1.003\ 625X_4$	0.010 8	2.263 8
5	1 年期贷款	X_5	12	3.625‰	3.185%	$0.003\ 625X_5$	$1.003\ 625X_5$	0.000 2	2.312 9
6	3 年期贷款	X_6	36	3.958‰	3.383%	$0.003\ 968X_6$	$1.003\ 968X_6$	5.17×10^{-11}	2.534 7
7	5 年期贷款	X_7	60	3.985‰	3.480%	$0.003\ 985X_7$	$1.003\ 985X_7$	1.15×10^{-17}	2.750 6
8	8 年期贷款	X_8	96	4.083‰	3.571%	$0.004\ 083X_8$	$1.004\ 083X_8$	1.21×10^{-27}	3.093 8

表 14.9 第 6 列为市场利率 R_t，是将表 14.9 第 4 列期限 t 的值代入式（14.39），计算结果如表 14.9 第 6 列。

表 14.9 第 7 列为到期前每期的现金流 C_{it}，是将表 14.9 第 3 列的账面价值 A_{Ni}、第 5 列的月利率 R_{Ni} 代入式（14.26）计算得到。

表 14.9 第 8 列为到期时的现金流 C_i，是将表 14.9 第 3 列的账面价值 A_{Ni}、第 7 列到期前每期的现金流 C_{it} 代入式（14.27）计算得到。

表 14.9 第 9 列是到期价值 P_{it}，将表 14.9 第 4 列的期限 t 代入式（14.42），计算得到 P_{it} 的值列入表 14.9 第 9 列。

2. 各资产负债的久期计算

1）存量负债的随机久期计算

由于表 14.6 是存量负债及所有者权益数据表，故存量负债的随机久期应通过表 14.6 计算。

存量负债的久期 $D_{L_{oi}}$ 通过式（14.43）计算得到，式（14.43）共涉及 5 个参数，其中，第 1 个参数是市场利率 R_t，来源于表 14.6 第 7 列；第 2 个参数是剩余期限 t，来源于表 14.6 第 6 列；第 3 个参数是到期时的现金流 C_i，来源于表 14.6 第 10 列；第 4 个参数是到期价值 P_{it}，来源于表 14.6 第 11 列；第 5 个参数是每期现金流 C_{it}，包括表 14.6 第 9 列的到期前每期的现金流 C_{it}^{B}，以及表 14.6 第 10 列的到期时的现金流 C_i。

将上述参数代入式（14.43），计算得到随机久期 $D_{L_{oi}}$ 的值列入表 14.6 第 12 列。

2）存量资产的随机久期计算

由于表 14.7 是存量资产数据信息表，故存量资产的随机久期应通过表 13.7 计算。

存量资产的久期 $D_{A_{oi}}$ 是通过式（14.43）计算得到的，式（14.43）共涉及 5 个参数，其中，第 1 个参数是市场利率 R_t，来源于表 14.7 第 7 列；第 2 个参数是剩余期限 t，来源于表 14.7 第 6 列；第 3 个参数是到期时的现金流 C_i，来源于表 14.7 第 10 列；第 4 个参数是到期价值 P_{it}，来源于表 14.7 第 11 列；第 5 个参数是到期前每期现金流 C_{it}，包括表 14.7 第 9 列的到期前每期现金流 C_{it}^{B}，以及表 14.7 第 10 列的到期时的现金流 C_i。

将上述参数代入式（14.43），计算得到存量资产的随机久期 $D_{A_{oi}}$ 的值列入表 14.7 第 12 列。

3）增量负债的随机久期计算

由于表 14.8 是增量负债数据表，故增量负债的随机久期应通过表 14.8 计算。

增量负债的久期 $D_{L_{Ni}}$ 是通过式（14.43）计算得到的，式（14.43）共涉及 5 个参数，其中，第 1 个参数是市场利率 R_t，来源于表 14.8 第 6 列；第 2 个参数是期限 t，来源于表 14.8 第 4 列；第 3 个参数是到期时现金流 C_i，来源于表 14.8 第 8 列；第 4 个参数是到期价值 P_{it}，来源于表 14.8 第 9 列；第 5 个参数是到期前每期现金流 C_{it}，包括表 14.8 第 7 列的到期前每期现金流 C_{it}^B，以及表 14.8 第 8 列的到期时的现金流 C_i。

将上述参数代入式（14.43），计算得到增量负债的随机久期 $D_{L_{Ni}}$ 的值列入表 14.8 第 10 列。

4）增量资产的随机久期计算

由于表 14.9 是增量资产数据表，故增量资产的随机久期应通过表 14.9 计算。

增量资产的久期 $D_{A_{Ni}}$ 是通过式（14.43）计算得到的，式（14.43）共涉及 5 个参数，其中，第 1 个参数是市场利率 R_t，来源于表 14.9 第 6 列；第 2 个参数是期限 t，来源于表 14.9 第 4 列；第 3 个参数是到期时现金流 C_i，来源于表 14.9 第 8 列；第 4 个参数是到期价值 P_{it}，来源于表 14.9 第 9 列；第 5 个参数是到期前每期现金流 C_{it}，包括表 14.9 第 7 列的到期前每期现金流 C_{it}^B，以及表 14.9 第 8 列的到期时的现金流 C_i。

将上述参数代入式（14.43），计算得到增量资产随机久期 $D_{A_{Ni}}$ 的值列入表 14.9 第 10 列。

14.5.6　银行资产负债优化模型的建立

1. 目标函数的构建

由表 14.9 第 2 列可知资产项目数 $N_2=8$。将 $N_2=8$ 及表 14.9 第 5 列的月利率 R_{Ni} 代入式（14.28），得到

Obj：max $f=0 \times X_1+0.001\,35X_2+0.0006X_3+0.003\,625X_4+0.003\,625X_5$
$+0.003\,958X_6+0.003\,985X_7+0.004\,083X_8$

（14.44）

2. 基于预留缺口的约束条件

本章中预测利率将上升，故预留负缺口[12]。需要通过式（14.29）并且不等号取小于号 "<"，建立负缺口约束。

式（14.29）共涉及 12 个参数，其中，第 1 个参数是存量资产项目数 N_1，由表 14.7 第 2 列可知，N_1=10；第 2 个参数是存量资产的账面价值 A_{Oi}，来源于表 14.7 第 3 列；第 3 个参数是存量资产的随机久期 $D_{A_{Oi}}$，来源于表 14.7 第 12 列；第 4 个参数是增量资产项目数 N_2，由表 14.9 第 2 列可知，N_2=8；第 5 个参数是增量资产的账面价值 A_{Ni}，来源于表 14.9 第 3 列；第 6 个参数是增量资产的随机久期 $D_{A_{Ni}}$，来源于表 14.9 第 10 列；第 7 个参数是存量负债项目数 M_1，由表 14.6 第 2 列可知，M_1=8；第 8 个参数是存量负债的账面价值 L_{Oi}，来源于表 14.6 第 3 列；第 9 个参数是存量负债的随机久期 $D_{L_{Oi}}$，来源于表 14.6 第 12 列；第 10 个参数是增量负债项目数 M_2，由表 14.8 第 2 列可知，M_2=6；第 11 个参数是增量负债的账面价值 L_{Ni}，来源于表 14.8 第 3 列；第 12 个参数是增量负债的久期 $D_{L_{Ni}}$，来源于表 14.8 第 10 列。

将上述参数代入式（14.29）并化简，得到预留负缺口约束为

$$1.645X_2+1.645X_3+2.2638X_4+2.3129X_5+2.5347X_6+2.7506X_7+3.0938X_8 \\ -74\,043.34<0$$

（14.45）

3. 基于资本充足率的约束条件

本章假定银行董事会决定的资本充足率为 11%，银行资本 C 为 6900/（$\times 10^6$ 元）。

先假定式（14.7）中的 t 为 2 年[11]，再根据最终的计算结果判定 t 的取值是否合理。

则通过式（14.8）求解银行所有者权益变化量的估计额 ΔV^*。

式（14.8）涉及 3 个参数，其中，第 1 个参数 ΔR_t^*，根据表 14.1 第 4 列的 SHIBOR 近 2 年的数据中的最大值减去最小值，得到 ΔR_t^*=3.6217%–1.0255%=2.5962%；第 2 个参数是资产总额 A。根据式（14.31）的资产规模对称约束，增量资产总额 A_N 应等于增量负债总额 L_N，即 $A_N=L_N=35\,000$，又由表 14.7 第 11 行第 3 列可知，存量资产规模 $A_O=80\,000$，故资产总额 $A=A_N+A_O=35\,000+80\,000=115\,000$；第 3 个参数是缺口大小 D_{GAP}，来源于式（14.45）不等号的左侧。

将上述 3 个参数代入式（14.8），得到 ΔV^*：

$$\begin{aligned}
\Delta V^* &= \left| -\Delta R_t^* \times A \times D_{\text{GAP}} \right| \\
&= \left| -0.025\,962 \times 115\,000 \times (0 \times X_1 + 1.6450X_2 + 1.6450X_3 + 2.2638X_4 \right. \\
&\quad \left. + 2.3129X_5 + 2.5347X_6 + 2.7506X_7 + 3.0938X_8 - 74\,043.34) \right|
\end{aligned}$$

（14.46）

求解出 ΔV^* 后，通过式（14.30）求解得到资本充足率约束条件。

式（14.30）共涉及 9 个参数，其中，第 1 个参数是银行的资本总量 C，根据上文假定，C=6900；第 2 个参数是银行所有者权益变化量的估计额 ΔV^*，如式（14.46）所示；第 3 个参数是增量资产项目数 N_2，由表 14.9 第 2 列可知，N_2=8；第 4 个参数是增量资产的账面价值 A_{Ni}，来源于表 14.9 第 3 列；第 5 个参数是第 i 笔增量资产的风险权数 W_{Ni}，根据文献[11]确定；第 6 个参数是存量资产项目数 N_1，由表 14.7 第 2 列可知，N_1=10；第 7 个参数是存量资产的账面价值 A_{Oi}，来源于表 14.7 第 3 列；第 8 个参数是第 i 笔存量资产的风险权数 W_{Oi}，也根据文献[11]确定；第 9 个参数是银行决定的最低资本充足率（8%+δ），根据上文假定，8%+ δ=11%。

将上述 9 个参数代入式（14.30），即

$[6900-0.025\,962\times115\,000\times|\,(\,0\times X_1+1.6450X_2+1.6450X_3+2.2638X_4+2.3129X_5$
$+2.5347X_6+2.7506X_7+3.0938X_8\,)\,-74\,307.34|]/\,(\,0\times600+0\times13\,100+0\times$

$14\,500+6000+10\,000+11\,800+13\,000+2000+7000+2000+0\times X_1+0\times X_2+0\times X_3$
$+X_4+X_5+X_6+X_7+X_8\,)\geqslant11\%$

化简得

$$\frac{6900-2985.63\times\left|\begin{array}{l}1.6450X_2+1.6450X_3+2.2638X_4+2.3129X_5\\+2.5347X_6+2.7506X_7+3.0938X_8-74\,043.34\end{array}\right|}{51\,800+X_4+X_5+X_6+X_7+X_8}\geqslant11\%$$

（14.47）

4. 基于流动性风险的约束条件

1）资产规模对称约束

将表 14.8 第 3 列第 7 行增量负债总额 L_N=35 000、增量资产的项目数 N_2=8、表 14.9 第 3 列增量资产的账面价值 X_i 代入式（14.31），计算得到约束条件如下：

$$X_1+X_2+X_3+X_4+X_5+X_6+X_7+X_8=35\,000 \qquad (14.48)$$

2）库存现金流动性比例约束

库存现金流动性比例约束如式（14.32）所示，式（14.32）共有 5 个参数。其中，第 1 个参数存量库存现金账面价值 A_{O1}=600，来源于表 14.7 第 1 行第 3 列；第 2 个参数增量库存现金账面价值 X_1，是决策变量；第 3 个参数存量负债总额 L_O=78 000，来源于表 14.6 第 3 列第 9 行；第 4 个参数增量负债总额 L_N=35 000，来源于表 14.8 第 3 列第 7 行；第 5 个参数 ρ_1=0.6%，根据现有文献确定[11]。

将上述 5 个参数代入式（14.32），即

$600+X_1 \geqslant (78\,000+35\,000) \times 0.6\%$

化简得

$$X_1 \geqslant 78 \qquad\qquad (14.49)$$

3）非负性约束

$$X_i \geqslant 0 (i=1,2,\cdots,n) \qquad\qquad (14.50)$$

4）资产流动性比例约束

资产流动性比例约束如式（14.34）所示，式（14.34）共有 9 个参数。其中，第 1 个参数是增量资产中的短期资产项目数 s_1，由表 14.9 第 2 列可知，$s_1=5$；第 2 个参数是增量资产账面价值 X_i，是决策变量，$i=1,2,\cdots,5$；第 3 个参数是存量资产中的短期资产项目数 s_2，由表 14.7 第 2 列可知，$s_2=5$；第 4 个参数是存量资产账面价值 A_{Oi}，来源于表 14.7 第 3 列 1~5 行；第 5 个参数是存量负债中的短期负债项目数 s_3，由表 14.6 第 2 列可知，$s_3=4$；第 6 个参数是存量负债账面价值 L_{Oi}，来源于表 14.6 第 3 列 1~4 行；第 7 个参数是增量负债中的短期负债项目数 s_4，由表 14.8 第 2 列可知，$s_4=4$；第 8 个参数是增量负债账面价值 L_{Ni}，来源于表 14.8 第 3 列 1~4 行；第 9 个参数 $\rho_2 =25\%$，根据现有文献确定[11]。

将上述 9 个参数代入式（14.34），即

$X_1+X_2+X_3+X_4+X_5+600+13\,100+14\,500+6000+10\,000 \geqslant (5000+$
$12\,000+14\,000+12\,000+10\,000+9000+7000+5000) \times 25\%$

化简得

$$X_1+X_2+X_3+X_4+X_5+44\,200 \geqslant 18\,500 \qquad\qquad (14.51)$$

5）法定存款准备金约束

法定存款准备金约束如式（14.35）所示，式（14.35）共有 5 个参数。其中，第 1 个参数是增量法定存款准备金 X_2，是决策变量；第 2 个参数是存量法定存款准备金 $A_{O2}=13\,100$，来源于表 14.7 第 2 行第 3 列；第 3 个参数是存量负债总额 $L_O=78\,000$，来源于表 14.6 第 3 列第 9 行；第 4 个参数是增量负债总额 $L_N=35\,000$，来源于表 14.8 第 3 列第 7 行；第 5 个参数 $\rho_3 = 16.5\%$，根据中国人民银行现行规定确定[19]。

将上述 5 个参数代入式（14.35），即

$X_2+13\,100 \geqslant (78\,000+35\,000) \times 16.5\%$

化简得

$$X_2 \geqslant 5545 \qquad\qquad (14.52)$$

6）备付金比例约束

备付金比例约束如式（14.36）所示，式（14.36）共有 7 个参数。其中，第 1 个参数是存量库存现金 A_{O1}=600，来源于表 14.7 第 1 行第 3 列；第 2 个参数是存量备付金 A_{O3}=14 500，来源于表 14.7 第 3 行第 3 列；第 3 个参数是增量库存现金 X_1，是决策变量；第 4 个参数是增量备付金 X_3，也是决策变量；第 5 个参数是存量负债总额 L_O=78 000，来源于表 14.6 第 3 列第 9 行；第 6 个参数是增量负债总额 L_N=35 000，来源于表 14.8 第 3 列第 7 行；第 7 个参数是 ρ_4 =5%，根据现有文献确定[11]。

将上述 7 个参数代入式（14.36），即

$$(600+14\,500+X_1+X_3) \geqslant (78\,000+35\,000)\times5\%$$

化简得

$$X_1+X_3+15\,100\geqslant5650 \tag{14.53}$$

7）中长期存贷款结构约束

5 年期贷款 A^5 包括：表 14.7 第 3 列的 8~9 行的 5 年期贷款额 A_{O8}=2000、A_{O9}=7000，表 14.9 第 7 行第 3 列的新增 5 年期贷款额 X_7，即 A^5=2000+7000+X_7。

3 年期贷款 A^3 包括：表 14.7 第 3 列的 6~7 行的 3 年期贷款额 A_{O6}=11 800、A_{O7}=13 000，表 14.9 第 6 行第 3 列的新增 3 年期贷款额 X_6，即 A^3=11 800+13 000+X_6。

将上述参数代入式（14.37），得

$$(2000+7000+X_7) \leqslant (11\,800+13\,000+X_6)$$

化简得

$$X_7-X_6\leqslant15\,800 \tag{14.54}$$

同理 8 年期贷款 A^8 包括：表 14.7 第 3 列第 10 行的 8 年期贷款额 A_{O10}=2000，表 14.9 第 3 列第 8 行的新增 8 年期贷款额 X_8，即 A^8=2000+X_8。

将上述参数代入式（14.38），得

$$(2000+X_8) \leqslant (2000+7000+X_7)$$

化简得

$$X_8-X_7\leqslant7000 \tag{14.55}$$

综上，以式（14.44）作为目标函数，式（14.45）、式（14.47）~式（14.55）为约束条件，即建立了基于随机久期缺口控制的资产负债优化模型。

5. 模型的求解

1）本模型配置结果的求解

求解上文的资产负债优化模型，得到求解后的资产配置结果列入表14.10第3列第1~8行，对应的目标函数值列入表14.10第3列第9行。

表14.10　模型配置结果

（1）序号	（2）资产	（3）模型1配置结果/（×10^6元）	（4）模型2配置结果/（×10^6元）	（5）模型3配置结果/（×10^6元）
1	库存现金 X_1	2 109.494	1 735.004	5 295.019
2	存款准备金 X_2	8 875.665	9 545.096	13 723.42
3	备付金 X_3	3 330.663	3 999.609	1 540
4	6个月期贷款 X_4	3 878.296	3 478.41	2 506.715
5	1年期贷款 X_5	3 917.074	3 547.062	5 043.543
6	3年期贷款 X_6	4 092.247	3 863.112	2 591.911
7	5年期贷款 X_7	4 262.756	4 170.995	2 480.629
8	8年期贷款 X_8	4 533.805	4 660.711	1 818.767
9	目标函数值	94.045	91.799	72.46
10	利率上升1%所引起的所有者权益变动	3.335	0	37.95
11	利率下降1%所引起的所有者权益变动	−3.335	0	−37.95

将表14.10第3列第1~8行代入式（14.45）的不等号左端，得到久期缺口：

$$D_{GAP}=0×2109.494+1.6450×8875.665+1.6450×3330.663+2.2638×3878.296$$
$$+2.3129×3917.074+2.5347×4092.247+2.7506×4262.756$$
$$+3.0938×4533.805−74043.34=−0.0029$$

由于久期缺口的绝对值 $|D_{GAP}|=0.0029<2$，即久期缺口小于上文假定的 t 值（$t=2$），所以本章假定的 t 值为合理值，不需要重新计算。

2）利率变化1%所引起的银行所有者权益变化

通过式（14.6）计算利率上升1%时所有者权益变化量。式（14.6）共有3个参数，其中，第1个参数 ΔR_t，由于利率上升1%，故 $\Delta R_t=1\%$；第2个参数 A 包括存量资产账面价值 A_{Oi} 和增量资产账面价值 A_{Ni}，分别来源于表14.7第3列和表14.9第3列；第3个参数 D_{GAP}，由上文可知，$D_{GAP}=−0.0029$。

将上述参数代入式（14.6），得到利率上升1%时所引起的模型1结果的所有者权益变动，即

$$\Delta V = -\Delta R_t × A × D_{GAP} = -1\% × (80\,000 + 35\,000) × (-0.0029) = 3.335$$

列入表 14.10 第 3 列第 10 行。

将式（14.6）第 1 个参数 $\Delta R_t = -1\%$ 、其他条件不变，得到利率下降 1% 时所引起的模型 1 结果的所有者权益变动，列入表 14.10 第 3 列第 11 行。

14.5.7　对比分析

1. 对比模型的定义

为了便于分析，首先定义 3 个模型。

定义模型 1：本章构建的基于 CIR 模型的预留缺口的全资产负债模型。

定义模型 2：令式（14.45）的久期缺口为零，其他条件不变得到的资产负债优化模型。

定义模型 3：只考虑"增量"，不考虑"存量"的资产负债优化模型，则模型 3 与模型 1 存在以下不同。

一是在式（14.29）的预留缺口方向约束条件中，去掉了存量资产的账面价值 A_{Oi} 和随机久期 $D_{A_{Oi}}$，以及存量负债的账面价值 L_{Oi} 和随机久期 $D_{L_{Oi}}$，如式（14.56）所示：

$$D_{\mathrm{GAP}} = D_A - \frac{L}{A} \times D_L = \frac{\sum_{i=1}^{N_2} A_{Ni} \times D_{A_{Ni}}}{\sum_{i=1}^{N_2} A_{Ni}} - \frac{\sum_{i=1}^{M_2} L_{Ni}}{\sum_{i=1}^{N_2} A_{Ni}} \times \frac{\sum_{i=1}^{M_2} L_{Ni} \times D_{L_{Ni}}}{\sum_{i=1}^{M_2} L_{Ni}} < 0 \ \text{或} \ > 0 \quad (14.56)$$

二是在式（14.30）的资本充足率约束条件中，去掉了银行已有的风险加权总资产 $\sum_{i=1}^{N_1}(A_{Oi} \times W_{Oi})$，如式（14.57）所示：

$$\left(C - \Delta V^*\right) \bigg/ \sum_{i=1}^{N_2}(A_{Ni} \times W_{Ni}) \geqslant 8\% + \delta \quad (14.57)$$

其中，银行所有者权益的最大变化额估计值 ΔV^* 计算时，将原式（14.8）中的银行资产总值 A（A=存量资产总额 A_O+增量资产总额 A_N）改为增量资产总额 A_N，如式（14.58）所示：

$$\Delta V^* = \left| -\Delta R_t^* \times A_N \times D_{\mathrm{GAP}} \right| \quad (14.58)$$

三是在式（14.32）、式（14.34）、式（14.35）~式（14.38）的其他约束条件构建时，删除各式中的存量资产和存量负债。

2. 模型 2 的计算

1）模型 2 配置结果的求解

令式（14.45）为等式，即久期缺口为 0，即

$0 \times X_1 + 1.6450X_2 + 1.6450X_3 + 2.2638X_4 + 2.3129X_5 + 2.5347X_6 + 2.7506X_7$
$+3.0938X_8 - 74043.34 = 0$ （14.59）

目标函数及其余约束条件与原模型相同，得到模型 2。

以式（14.44）为目标函数，式（14.47）~式（14.55）及式（14.59）为约束条件，进行规划求解，得到的配置结果列入表 14.10 第 4 列第 1~8 行，对应的目标函数值列入表 14.10 第 4 列第 9 行。

2）利率变化 1%所引起的银行所有者权益变化

仿照上文所有者权益变化的计算过程，将式（14.6）中第 3 个参数 $D_{GAP}=0$，其他不变，代入式（14.6），得到利率变动 1%时所引起的模型 2 结果的所有者权益变动，列入表 14.10 第 4 列第 10~11 行。

3. 模型 3 的计算

1）随机久期缺口约束的确定

上文预测利率将上升，故式（14.56）中的不等号取小于号"<"，建立负缺口约束。

式（14.56）共涉及 6 个参数，其中，第 1 个参数是增量资产项目数 N_2，由表 14.9 第 2 列可知，$N_2=8$；第 2 个参数是增量资产的账面价值 A_{Ni}，来源于表 14.9 第 3 列；第 3 个参数是增量资产的久期 $D_{A_{Ni}}$，来源于表 14.9 第 10 列；第 4 个参数是增量负债项目数 M_2，由表 14.8 第 2 列可知，$M_2=6$；第 5 个参数是增量负债的账面价值 L_{Ni}，来源于表 14.8 第 3 列；第 6 个参数是增量负债的久期 $D_{L_{Ni}}$，来源于表 14.8 第 10 列。

将上述参数代入式（14.56）并化简，得到预留负缺口约束为

$1.645X_2 + 1.645X_3 + 2.2638X_4 + 2.3129X_5 + 2.5347X_6 + 2.7506X_7 + 3.0938X_8$
$-61\ 468.1 < 0$

（14.60）

2）资本充足率约束的确定

式（14.58）涉及 3 个参数，其中，第 1 个参数 ΔR_t^* 与上文一致，也取 $\Delta R_t^* = 2.5962\%$；第 2 个参数是增量资产总额 A_N，由上文可知 $A_N = 35\ 000$；第 3 个参数是缺口大小 D_{GAP}，来源于式（14.56）不等号的左侧。

将上述 3 个参数代入式（14.58），得到 ΔV^*：

$$\Delta V^* = \left| -\Delta R_t^* \times A \times D_{GAP} \right| = \left| -0.025\ 962 \times 35\ 000 \times (0 \times X_1 + 1.6450X_2 + 1.6450X_3 \right.$$
$$\left. +2.2638X_4 + 2.3129X_5 + 2.5347X_6 + 2.7506X_7 + 3.0938X_8 - 61\ 468.1) \right|$$

（14.61）

仿照式（14.30）的代入过程，将所有涉及的参数代入式（14.57），得

[6900-0.025 962×35 000×|（0×X_1+1.6450X_2+1.6450X_3+2.2638X_4+2.3129X_5 +2.5347X_6+2.7506X_7+3.0938X_8）-61 468.1|]/（0×X_1+0×X_2+0×X_3+X_4+X_5+X_6+ X_7+X_8）≥11%

化简得

$$6900-908.67\times\frac{\left|\begin{array}{l}1.6450X_2+1.6450X_3+2.2638X_4+2.3129X_5\\+2.5347X_6+2.7506X_7+3.0938X_8-61\,468.1\end{array}\right|}{X_4+X_5+X_6+X_7+X_8}\geqslant11\%\quad（14.62）$$

3）其他约束的确定

在式（14.32）、式（14.34）~式（14.38）的其他约束条件构建时，删除式中的存量资产和存量负债，则有

$$X_1\geqslant35\,000\times0.6\%\quad（14.63）$$
$$X_1+X_2+X_3+X_4+X_5\geqslant（10\,000+9000+7000+5000）\times25\%\quad（14.64）$$
$$X_2\geqslant35\,000\times16.5\%\quad（14.65）$$
$$（X_1+X_3）\geqslant35\,000\times5\%\quad（14.66）$$
$$X_7\leqslant X_6\quad（14.67）$$
$$X_8\leqslant X_7\quad（14.68）$$

4）模型 3 配置结果的求解

以式（14.44）为目标函数，式（14.48）、式（14.50）、式（14.60）、式（14.62）~式（14.68）为约束条件，进行规划求解，得到的配置结果列入表 14.10 第 5 列第 1~8 行，对应的目标函数值列入表 14.10 第 5 列第 9 行。

5）利率变化 1%所引起的银行所有者权益变化

将表 14.10 第 5 列第 1~8 行代入式（14.60）的不等号左端，得到模型 3 的久期缺口：

D'_{GAP}=0×5295.019+1.6450×13 723.42+1.6450×1540+2.2638×2506.715
　　　　+2.3129×5043.543+2.5347×2591.911+2.7506×2480.629
　　　　+3.0938×1818.767-61 468.1=-0.033

仿照上文所有者权益变化的计算过程，将式（14.6）中第 3 个参数 D'_{GAP}= -0.033，其他不变，代入式（14.6），得到利率变动 1%时，所引起的模型 3 结果的所有者权益变动，列入表 14.10 第 5 列第 10~11 行。

4. 对比分析结果

1）模型 1 与模型 2 的对比

由表 14.10 第 9 行第 3~4 列可知，模型 1 的目标函数值为 94.045，大于模型 2 的目标函数值，即 91.799，说明模型 1 比模型 2 能为银行争取到

更大的收益。

由表 14.10 第 10 行第 3~4 列可知，当对利率变化预测正确，即实际利率上升时，利率每上升 1%，模型 1 的所有者权益增长 333.5 万元。而此时模型 2 的所有者权益并未增长，说明当利率发生有利变动时，模型 1 优于模型 2。

由表 14.10 第 11 行第 3~4 列可知，当对利率变化预测错误，即实际利率下降时，利率每下降 1%，模型 1 的所有者权益将会减少，但由于模型 1 在约束条件中体现了资本充足率，所以仍可满足银行对资本充足率的要求。

综上，相比于令久期缺口为 0 的资产负债模型，本章构建的基于预留缺口的资产负债优化模型，不仅能有效增加银行收益，还能在利率有利变动时增加所有者权益，并能在利率不利变动情况下仍满足资本充足率的约束。

2）模型 1 与模型 3 的对比

由表 14.10 第 9 行第 3 列及第 5 列可知，模型 1 的目标函数值为 94.045，优于模型 3 的目标函数值（72.46），说明相较于模型 3，本章构建的模型 1 能为银行争取到更大的收益。

由表 14.10 第 10~11 行可知，虽然当利率变化预测正确，利率每上升 1%，模型 3 的所有者权益能增长 3795 万元，但也应看到，实际利率每下降 1%时，模型 3 的所有者权益损失则高达 3795 万元，占表 14.10 第 5 列第 9 行目标函数值，也即全部增量贷款利息收入的 52%！意味着增量贷款利息收入的一半以上发生了损失。这说明模型 3 不能有效控制整体资产负债组合的利率风险。究其原因，就是因为模型 3 在建模时没有考虑巨额的存量资产负债。

综上，通过考虑存量与增量在内的全部资产负债组合的模型，即模型 1，相较于只考虑增量，不考虑存量资产负债组合的对比模型，即模型 3，不仅能有效增加银行收益，更能有效控制资产负债组合的整体利率风险。

14.6　结　　论

本章的主要结论如下。

（1）本章以资产组合的收益最大为目标函数，预留随机久期缺口，并通过资本充足率约束久期缺口大小，构建了基于存量与增量的预留缺口资产负债优化模型。

（2）通过对比分析发现，相比于令久期缺口为 0 的资产负债模型，本章构建的基于预留缺口的资产负债优化模型，不仅能有效增加银行收益，还能在利率有利变动时增加所有者权益，并能在利率不利变动情况下仍满足资本充足率的约束。此外，本章建立的基于存量与增量全部资产负债组合风险控制模型，相较于只考虑增量，不考虑存量资产负债组合的对比模型，不仅能有效增加银行收益，更能有效控制资产负债组合的整体利率风险。

本章的主要创新与特色如下。

一是以控制 CIR 利率期限结构的随机久期缺口为约束条件建立非线性规划模型、对资产配置进行利率风险免疫，反映了利率随时间的动态变化，突破了 Macaulay 久期、F-W 久期等现有研究的利率随时间的变化是固定不变或平行移动的限定条件，使资产配置的利率风险免疫更加符合现实情况。

二是建立了包括增量资产负债与存量资产负债的全资产负债优化配置模型，改变了现有资产负债模型大多只考虑增量资产负债，而忽略存量资产负债的弊端。事实上，增量资产相较于存量资产占比较小，银行家真正关注的是包括存量和增量在内的全部资产负债组合的利率风险。

三是以市场利率朝着最不利方向变动时，预留缺口损失后的资本充足率仍然满足监管要求为约束条件，保证了在利率不利变动情况下损失仍在可控范围内，在利率有利变动时银行净值增加。

参 考 文 献

[1] 王克明，梁成. 基于利率期限结构的随机久期与凸度模型构建及应用[J]. 统计与决策，2010，（24）：158-160.

[2] 张志鹏. 随机久期利率免疫的银行全资产负债优化模型研究[D]. 大连：大连理工大学，2016.

[3] Cox J C，Ingersoll J E，Ross S A. Duration and the measurement of basis risk[J]. The Journal of Business，1979，52（1）：51-61.

[4] 谢赤，邓艺颖. 固定收入债券利率风险管理中的持续期度量方法[J]. 湖南大学学报（自然科学版），2003，30（6）：105-109.

[5] 邓黎阳，孙刚. 商业银行利率风险测度方法的现实选择——Fisher-Weil 久期模型的应用[J]. 国际金融研究，2005，（12）：4-11.

[6] 房启亮. 我国商业银行利率风险管理实证研究[D]. 沈阳：东北大学，2008.

[7] 吴琼. 基于动态利率风险免疫银行资产负债优化模型[D]. 大连：大连理工大学，2016.

[8] 迟国泰. 银行资产负债管理优化理论、模型与应用[M]. 北京：科学出版社，2014.

[9] 迟国泰，许文，王化增. 兼控利率风险和流动性风险的资产负债组合优化模型[J]. 控制与决策，2006，21（12）：1407-1411，1416.

[10] 迟国泰，闫达文. 基于 VaR 控制预留缺口的资产负债管理优化模型[J]. 管理工程学报，2011，25（3）：123-132.

[11] 闫达文，迟国泰，吴颢文. 资本充足率控制预留缺口的资产负债优化模型[J]. 运筹与管理，2011，20（2）：137-144.

[12] 俞乔. 商业银行管理学[M]. 上海：上海人民出版社，1998.

[13] Chan K C，Karolyi G A，Longstaff F A，et al. An empirical comparison of alternative models of the short-term interest rate[J]. Journal of Finance，1992，47（3）：1209-1227.

[14] 何晓群，刘文卿. 浅谈加权最小二乘法及其残差图——兼答孙小素副教授[J]. 统计研究，2006，23（4）：53-57.

[15] 范龙振，张国庆. 两因子 CIR 模型对上交所利率期限结构的实证研究[J]. 系统工程学报，2005，20（5）：447-453.

[16] 侯文琪，潘善宝. 基于单因素利率模型的 SHIBOR 利率行为实证研究[J]. 华东交通大学学报，2013，（4）：82-88.

[17] 陈雯，陈浪南. 国债利率期限结构：建模与实证[J]. 世界经济，2000，23（8）：24-28.

[18] 李湘鸣. SPSS 软件应用指导：常用医学生物统计[M]. 南京：东南大学出版社，2000.

[19] 中国人民银行. 中国人民银行决定下调存款准备金率[EB/OL]. http://www.pbc.gov.cn/zhengcehuobisi/125207/125213/125434/125798/3023454/index.html[2016-02-29].

附　　录

附录 A　资产项目风险权重系数表

资产	风险权重系数 w_1	备注
A_1	0	
A_2	0	
A_3	0	
A_4	100%	宁波银行只包含拆放金融机构
A_5	21.71%	政策性金融债券占比为78.29%
A_6	100%	
A_7	100%	
A_8	100%	
A_9	95.23%	个人住房贷款占9.54%，相应风险权重为50%，其余贷款为100%
A_{10}	68.90%	政府债权占比为31.10%。风险权重为0
A_{11}	0	均为政府债券
A_{12}	100%	
A_{13}	100%	
A_{14}	100%	
A_{15}	100%	
A_{16}	100%	
A_{17}	100%	
A_{18}	100%	

附录 B　收益率或成本费用率系数表

具体项目	收入或成本/元	本金/元	收益率 R_i/成本费率 C_i
利息收入			
A_1	743 797 000	62 194 816 000	0.011 9
A_2	1 137 867 000	38 964 591 000	0.029 2
A_4	125 860 000	548 000 000	0.229 7

具体项目	收入或成本/元	本金/元	收益率 R_i/成本费率 C_i
A_5	120 094 000	1 178 908 000	0.101 9
A_7	2 681 893 000	39 537 850 000	0.067 8
A_9	11 910 373 000	167 302 170 000	0.071 2
A_{10}	6 775 006 000	145 161 360 000	0.046 7
合计	23 494 890 000		
利息支出			
L_2	（2 222 147 000）	89 986 906 000	0.024 7
L_3	（342 406 000）	13 015 003 000	0.026 3
L_5	（3 215 483 000）	37 139 833 000	0.086 6
L_6	（5 219 738 000）	255 278 327 000	0.020 4
L_{10}	（783 869 000）	18 466 246 000	0.042 4
L_{12}	（452 558 000）	（19 183 870 000）	0.023 6
合计	（12 236 201 000）		
利息净收入	11 258 689 000		

后　记

　　资产负债管理是在一定的负债总量和结构的前提下，通过合理地调整资产负债总量上平衡、结构上对称、质量上优化，实现商业银行经营的流动性、安全性和营利性的目标。本书致力于介绍如何通过数据解析方法和关键技术揭示在利率波动的环境中，通过改变利率敏感资金的配置状况或者通过调整总体资产和负债的持续期，来实现金融机构的目标。

　　本书试图构建一个逻辑严谨并具有很好的应用价值的银行资产负债管理理论与方法体系。本书以"提出问题—理论分析—模型构建—求解方法—实际应用"的方式向读者展现一个个科学问题不断地提出、解决的思考和探索过程。

　　当前，我国金融市场进入快速变革时期，宏观形势的复杂多变加大了资产负债管理的难度。传统资产负债管理视角更多集中在总量的扩张上，而当前我国宏观经济进入"三期叠加"的新常态时期、经济增速放缓，加之金融创新加快、利率管制放开，使得外部经济环境下行且同业竞争压力增大，银行业无法通过高额的利差来吸收风险，传统的规模偏好和速度情节已经走到了尽头。在经济步入新常态、结构调整深入的大背景下，商业银行资产负债管理的转型发展势在必行。

　　本书的第1~3章的初稿由博士研究生丁士杰撰写；第4章、第7章、第8章、第10章的初稿由周颖撰写；第5章、第6章、第9章和第11~14章的初稿由迟国泰撰写。丁士杰整理了第1~2章的内容；研究生熊坚整理了第4~7章的内容；研究生苏小婷整理了第8~13章的内容。丁士杰在初稿整理上做了组织协调工作。博士研究生柏凤山、邢晋做了初稿的完善和校对工作。

　　作者最后对全书进行了整理和定稿。

　　本书的形成是近年来参与国家自然科学基金项目"基于组合风险控制的银行资产负债管理优化理论与模型（70471055）"、国家自然科学基金项目"基于违约风险金字塔原理的小企业贷款定价模型（71171031）"的研究和探索完成的，感谢国家自然科学基金资助。

　　2019年本书获得国家社科基金后期资助（19FJYB045）。感谢国家社科基金的资助，使得本书得以出版。

感谢研究团队的学术带头人迟国泰教授对本书的指导和帮助，并提供了第5章、第6章、第9章，以及第11~14章的初稿。

感谢迟国泰教授对我从事金融工程研究的引领、指导和帮助。

责任编辑李莉就本书内容的表述提出了很多宝贵的意见，谨致谢忱。

由于著者的学识水平所限，书中难免存在疏漏之处，诚恳地希望读者批评指正。

作　者

2020 年 1 月